劉盼遂著述集

朱小健　周篤文　劉小瑆　主編

百鶴樓校箋批注古籍十七種

劉盼遂　著

王京州　王魁偉　整理

遼寧人民出版社
遼海出版社

圖書在版編目（CIP）數據

百鶴樓校箋批注古籍十七種 / 劉盼遂著；王京州，王魁偉整理. —瀋陽：遼寧人民出版社，2019.12
（劉盼遂著述集 / 朱小健，周篤文，劉小堽主編）
ISBN 978-7-205-09788-2

Ⅰ.①百… Ⅱ.①劉… ②王… ③王… Ⅲ.①古籍整理—中國—文集 Ⅳ.①G256.1-53

中國版本圖書館CIP數據核字（2019）第270300號

出版發行：遼寧人民出版社
地址：瀋陽市和平區十一緯路 25 號　郵編：110003
電話：024-23284321（郵　購）　024-23284324（發行部）
傳真：024-23284191（發行部）　024-23284304（辦公室）
http://www.lnpph.com.cn
聯合出版單位：遼海出版社
印　　刷：遼寧新華印務有限公司
幅面尺寸：185 mm × 260 mm
印　　張：33.75
字　　數：650千字
出版時間：2019年12月第1版
印刷時間：2019年12月第1次印刷
特約編輯：那榮利
責任編輯：馬千里　李　麗　蓋新亮
封面設計：王曉慶
版式設計：高政華
責任校對：馮　瑩　吴艷傑　劉再昇
書　　號：ISBN 978-7-205-09788-2

定　　價：198.00元

國家古籍整理出版專項經費資助項目

《劉盼遂著述集》編輯整理委員會

學術顧問：許嘉璐　馮天瑜

主　編：朱小健　周篤文　劉小堽

編　委：王京州　王魁偉　王志勇　武黎嵩
朱昌元　榮宏君　畢紅剛　章增安
宋　健　王春翔　那榮利　馬之遠
李　麗　馮　瑩　吕志學　蓋新亮
王　維　王慶芳　王曉慶　常　策
顧冰峰　鄒逸軒　李思怡　石勖言
范高强　趙曉雲　王心童

資料提供：王保成　楊天亮　王　鵬　胡大勇
張　柱　楊　峰　張鄭芳　肖　彤
張　帆　劉　帥　吴曉楓　萬曉磊
宋銀羽

二十世紀六十年代在居之安

一九四一年在輔仁大學任教時

一九二五年在清華國學研究院讀書時

一九四九年在北師大任教時

一九二八年在燕京大學任教時

國立清華大學研究院第一屆畢業攝景（馮德清原藏）

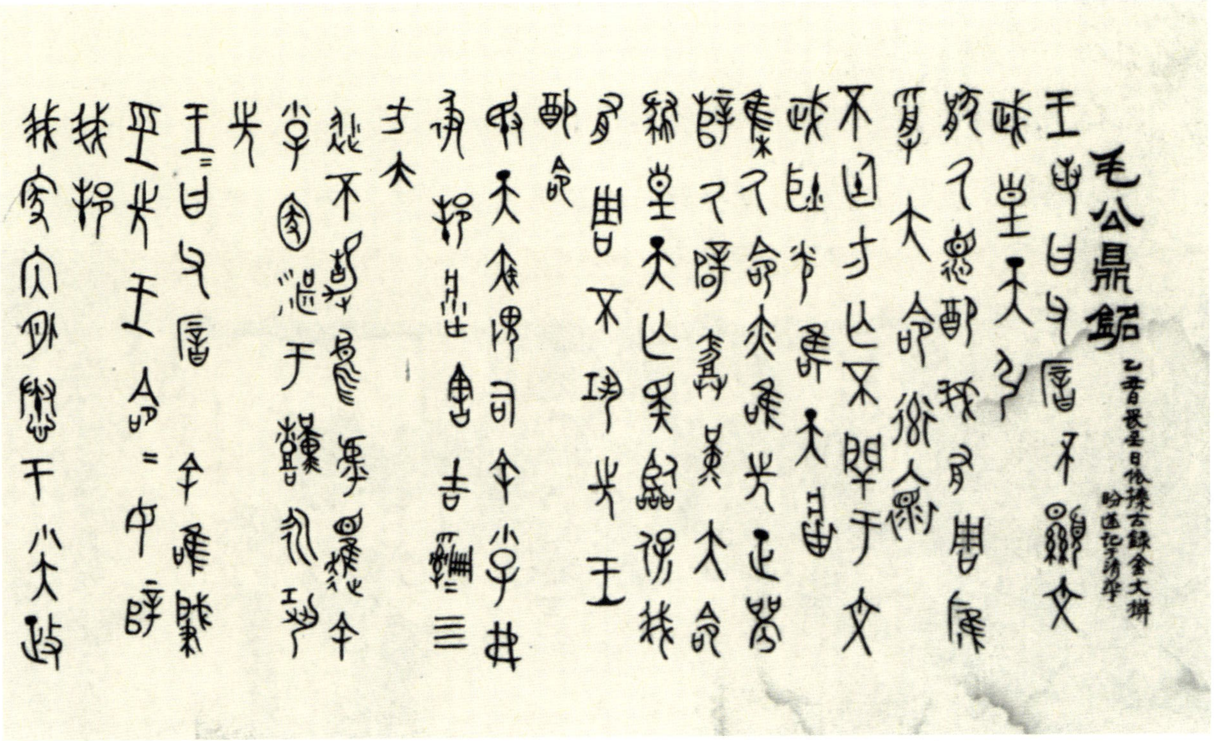

一九二五年臨毛公鼎銘文（馮德清原藏）

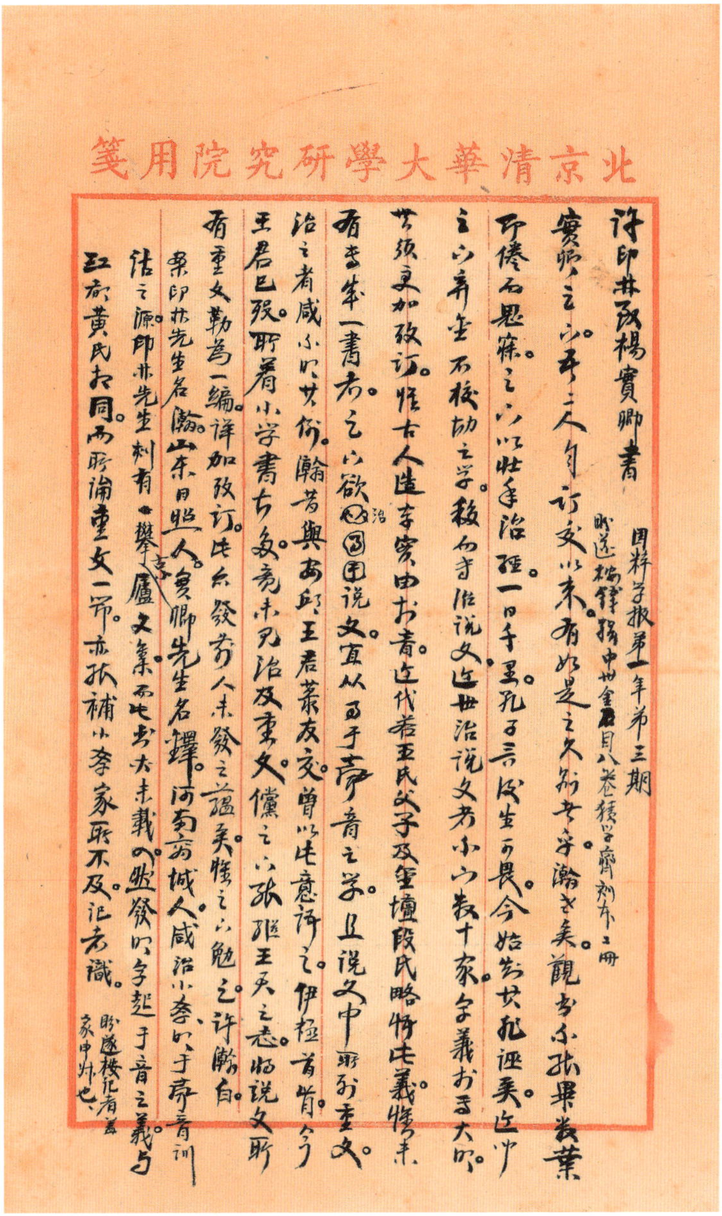
北京清華大學研究院用箋

許印林致楊實卿書

早年手迹（寄梅堂藏）

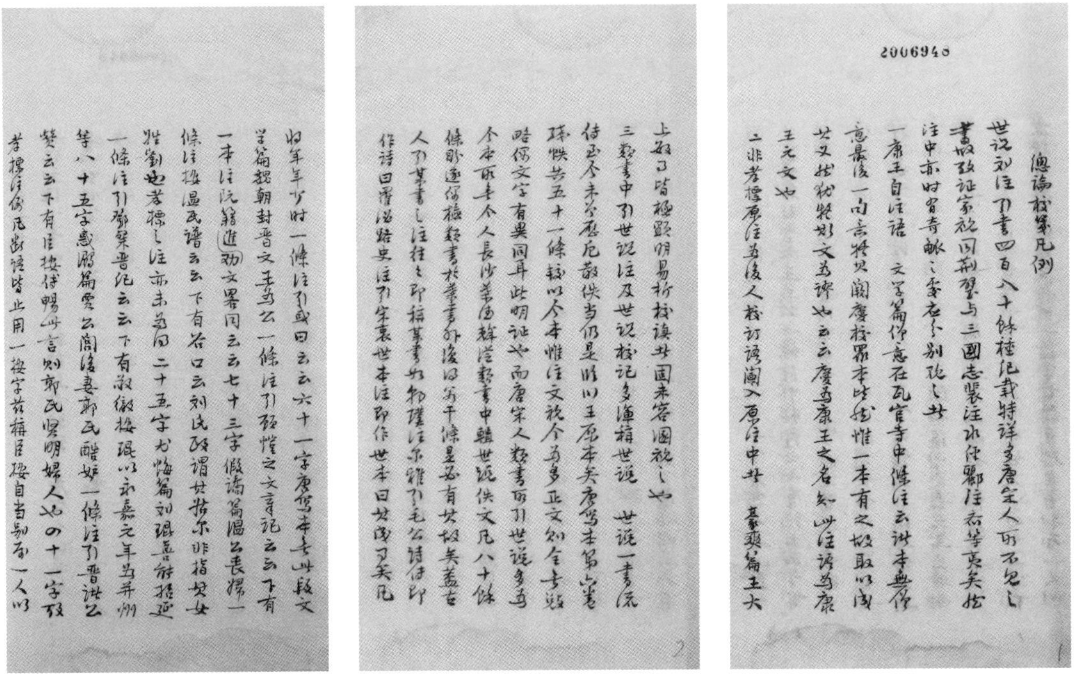

《世説新語校箋》稿本（北師大圖書館藏）

古文獻學家劉盼遂先生

聶石樵

劉盼遂先生曾師從黄季剛、王國維、梁啓超、陳寅恪等著名大師，治學又專攻疑難，是二十世紀不可多得的古文獻學家。

終身的事業——讀書、著書與教書

劉盼遂先生原名銘志，字昑遂，後來由於人們對「昑」字不熟識，多將「昑」誤寫爲「盼」，遂將「昑」改爲「盼」。他出身於書香門第，受過嚴格的家庭教育，自幼好學，能詩善文，一言一語都獨運匠心，多用奇文怪字，艱深難讀，前輩戲以唐代古文家樊宗師目之。一九一七年入河南省立二中讀書。一九二一年因爲仰慕黄季剛的學識，考入山西大學國文系，遊學於黄氏之門。不久，黄季剛因故離校，劉盼遂先生也離開了山西大學。一九二三年至一九二五年，他先後任教於菏澤山東省立第二女子師範學校和曲阜山東省立第二師範學校。一九二五年他考取清華國學研究院研究生，成爲國學研究院首届學員中的翹楚，深受該院的導師梁啓超、王國維、陳寅恪的賞識。在他們的指導下，劉盼遂先生在文字、音韻、訓詁、鐘鼎、甲骨、經學、史學、辭章、校勘、目録等方面進行了廣泛的學習與研究，先後發表了多篇相關的論文。其中《黄氏古音二十八部商兑》，對黄季剛主張之古音分二十八部的觀點，提出不同的看法。又如《六朝唐代反語考》，甄録六朝唐代之反語三十餘條，比顧炎武《音論》和俞正燮《反切證義》中所甄録的多一倍。其他各篇也都表現了他學問的淵博、治學的精審，提出了許多真知灼見，在學術界産生廣泛的影響。同時，黄季剛在北京師範大學、中國大學講授《文心雕龍》，他又師從黄氏學習這部文學理論名著。一九二八年從清華大學國學研究院畢業，畢業論文《天問校箋》深受王國維、梁啓超、陳寅恪諸導師的嘉許和贊揚。

一九二八年到一九二九年，他應聘爲河南中山大學教授，兼任河南通志館編纂。一九二九年至一九三〇年應聘爲北平女子師範大學一九三一年併入北師大。歷史語言研究所研究員。一九三一年到一九三四年應聘爲清華大學副教授。一九三四年至一九三五年又應聘爲河南大學教授，兼河南通志館編纂。這期間他先後編撰有《長葛縣志》、《太康縣志》、《汲縣新志》三書，這些書以嫻於中州掌故見長。一九三五年出版《文字音韻學論叢》，收集他已發表的論文二十四篇，成爲當時語言學界的重要著作。一九三五年到一九四〇年應聘爲燕京大學的副教授。一九三六年出版《段王學五種》，其中包括《經韻樓集補編》、《段玉裁先生年譜》、《王石臞文集補編》、《王伯申文集補編》、《高郵王氏父子年譜》，對段、王學的發展作了考察，是對段、王學研究的重要貢獻。

劉盼遂先生對歷史、地理也有很深的研究，他曾經説：「任何一個事件都發生在一定的時間，這屬於歷史；它同時也發生在一定的空間，這屬於地理。研究歷史而不研究地理，那就像孫猴兒翻跟斗，一個跟斗十萬八千里，不知翻到什麼地方去了，怎麼行呢？」他的著述與地理有關的除三部縣志外，還有《齊州即中國解》、《冀州即中原説》、《六朝稱揚州爲神州考》、《評日本大宫權平著河南省歷史地圖》等。在他對一些古書的箋疏中，也表現了他對歷史、地理的熟諳。一九四〇年至一九四六年，他應聘爲輔仁大學教授。一九四六年至一九六六年逝世，皆執教於北京師範大學中文系，爲國家二級教授。

劉盼遂先生是在「文化大革命」中慘遭迫害致死的。消息傳出後，知識學術界莫不爲之悲痛！他的好友謝國楨寫了五首懷念他的詩歌，抒發對畏友的真摯情感。謝國楨還寫了一篇《記清華四同學》的文章，其中記述劉盼遂先生説：

劉盼遂，河南息縣人。少治文字訓詁之學，亦辨聲韻，宗許氏《説文》之旨，能爲魏晉之文，慕章太炎先生之學風，而以未能親炙其門爲平生之憾。……一九二五年考取清華，竟冠其軍。以其記聞淹雅，考證精湛，爲梁、王、陳諸先生所賞識。自其結業，旋講授於燕京、河南、輔仁、北京師範諸大學，以終其身。及門之士，多有成材而去者。余與君忝屬同鄉，又同學，君年長余五歲，余以兄侍之。君好静，而余喜動；君恬於榮利，而余嗜躁進，至屢躓而不悔，凡有取咎之事，輒請教於君，君嘗誨之不倦。曾以梁鴻「不因人熱」之語教余，如服一劑「清涼散」也。見其《瓜蒂庵文集》。

文中對劉盼遂先生的學術成就和精神「記聞淹雅，考證精湛」，以及在清華同學中「竟冠其軍」，極其歎服，這已超出一般平輩同學的稱道，而是發自内心的景仰。

治學的路數——重師承尚開創

劉盼遂先生最重要的學術成就是在古文獻學方面，他對我國古代典籍作了大量的收集、整理、訓釋、校勘和考證工作。他精於小學，但他的成就不止於此，即不只是表現在單純地研究小學上，而更重要的在於他把音韻、文字、訓詁等方面的學問，用到箋釋、校勘、辨僞、輯佚、教研等方面。他重師承，能够「轉益多師」，廣泛地汲取前輩的經驗，形成自己的治學路數。他的《論衡集解》、《顔氏家訓集解》、《世説新語集解》等論著，以及《穆天子傳古文考》、《嫦娥考》、《天問校箋》等絶大部分論文，都是這方面成就的體現。因爲他精於音韻、文字、訓詁之學，所以對古籍的整理頗具有科學性。這種治學的路子，與王念孫、王國維的學術路數一脉相承。他曾爲王念孫編撰年譜，又受業於王國維，所以可以説他遠紹王念孫，近承王國維，是對二王的直接繼承。我們可以具體地進行考察，如他爲王石臞念孫、王伯申引之編年譜，特意將王氏父子「治學切要語」附於譜後，説明他對王氏父子治學經驗的重視，也説明他自己的治學道路與王氏父子多有契合之處，或者説他是有意繼承王氏父子的治學道路的。劉盼遂先生共輯録王氏父子「治學切要語」四十一則，兹擇其要者抄録如下：

余自壯年有志於許、鄭之學，考文字，辨音聲。非唐以前書，不敢讀也。《群經識小序》。

世之言漢學者，但見其異於今者則寶貴之，而於古人之傳授，文字之變遷，多不暇致辨，或以細而忽之。《拜經日記序》。

訓詁聲音明而小學明，小學明而經明。《説文解字讀序》。

訓詁之旨，本於聲音，故有聲同字異，聲近義同。雖或類聚群分，實亦同條共貫。譬如振裘必提其領，舉網必挈其綱，故曰「本立而道生」，「知天下之至嘖而不可亂也」。此之不寤，則有字别爲音，音别爲義，或望文虚造，而違古義；或墨守成訓，而尠會通，易簡之理既失，而大道多歧矣。今則就古音以求古義，引伸觸類，不限形體。苟可以發明前訓，斯凌雜之譏，亦所不辭。《廣雅疏證序》。

以上四則之中心意思是説明王氏父子之治學道路是考文字、辨聲音，以聲求義，所謂「聲音明而小學明，小學明而經明」，一句話即以小學通經。劉盼遂先生往往於王氏父子「治學切要語」之後，加上自己的案語，表示自己的認識和理解。這正表明他對王氏父子治學道路的心領神會，説明他與王氏父子采取着同樣的治學方法。劉盼遂先生這種以小學通經的學術路數，不僅源於王氏父子，也源於他的老師王國維。我們也可以從他對王國維的評述中得到印證。他曾有《觀堂學書記》、《觀堂學禮記》、《説文師説》、《古史新證筆記》、《金文舉例筆記》以上後二種未見到。等聽王國維講課的筆記，他在《説文師説序》中説：

乙丑、丙寅之際，海寧王靜安師在清華研究院宣講許書。盼遂時懷鉛侍側，每遇奥論，輒札存簡端，殆不下數百千事。恒置行篋，籍供玩索。惜累年梗泛南北，散佚過半。爰亟加香録，公之當世。雖斷璧零珪，固自精光奪目，足令人失色辟易矣。

說明對王國維講解《説文》之精闢，「雖斷璧零珪，固自精光奪目」，他自己是深有領悟的。又他在《觀堂學禮記序》中説：

先師海寧王先生，學綜内外，卓然儒宗。而於甲部之書，尤邃《書》、《禮》。比歲都講清華園，初爲諸生説《尚書》二十八篇，盼遂既疏刺之，成《觀堂學書記》矣。大抵服其樹義恢郭甄微，而能闕疑闕殆，以不知爲不知，力剔嚮壁回穴之習。此則馬、鄭、江、段之所未諭，詢稱鴻寶。今年春，復説《禮經》十七篇，甫至《士喪》下篇，適暑假休課。方意下季賡續畢業，而先生遽沈身御園，蹈彭咸之遺則。哀哉！盼遂一年來，復牽於人事，時作時輟。於先生所講述者，匪能全録。微言精指，多所淪越。由今日寫定此篇，不覺承睫潅焉，悼先生亦自咎也。然此區區數十葉中，固已精光赩燿，一字一珠，寧可以其少而忽之歟？嗟乎！梁木其壞，吾將安放？口澤猶新，恍接謦欬。懷方之禮，雖付諸戚衮；而韓集之編，自怍於李漢。凡我同門，盍共勖諸。

劉盼遂先生這裏所講者，當然不是王國維的治學經驗，而是對王突然謝世的悼念。這段文字有重要的史料價值，它一方面記述了王國維是在課程未講完的情況下，「遽沈身御園，蹈彭咸之遺則」的；另一方面也爲我們留下了王先生講課時的具體情景，皆「微言精指」，「精光赩燿，一字一珠」。王國維講授者，是以小學解讀古經，以小學解讀古史。劉盼遂先生深爲其學術精神所折服，「服其樹義恢郭甄微」，自然將其治學方法融匯於自己的治學實踐之中，形成了自己的治學道路。所以，劉盼遂先生不僅以小學訓解經書，也以小學訓解史志。

劉盼遂先生自己是怎樣講述其著述思路的？他在《論衡集解自序》中説：

> 原夫《論衡》一書，歷來號稱難讀者，約有四因：一曰用事之沈冥，二曰訓詁之奇觚，此二者屬於著作人之本文然也；三曰極多誤衍誤脱之字，四曰極多形誤音誤之文，此二者屬於後代鈔手及梓人之不慎而然也。……予自負笈清華園，初有志於修正是書。暇日抽讀，每遇疑難，隨下一籤。計起乙丑訖於今兹，此七年中，銖積寸累，所發正者無慮數百千事。於仲任之語法及字學，尤反覆三致意焉。清藁凡經數易始定，匪敢曰勤劬，蓋鑽仰無匱之情則然爾。

劉盼遂先生這裏明確地講，他是以音韻、文字訓解《論衡》，所謂「於仲任之語法及字學，尤反覆三致意焉」。又他在《世説新語校箋後叙》中説：

> 臨川王《世説》之作，清新俊逸，咳唾珠璣。孝標作注，亦稱踵美。前修論之者審矣。……惟臨川喜用六朝代語，南服方言，往往姦格難驟通。又是書本雜采《郭子》、《語林》、《俗説》諸書，耆戢而成，多有與情實觝午者。間或循其款竅，發其蒙帟，胥存簡耑，自備遺忘。積歲既久，所獲遂多。……蓋是書之作，所以齊方言之傀牙，覈史事之情誣，補參軍所未備，繹辟咡之隊歡，此盼遂之志也。

劉盼遂先生以「齊方言之傀牙，覈史事之情誣，補參軍所未備，繹辟咡之隊歡」爲己志以校箋《世説新語》，整齊方言，疏釋俚語，尋檢古籍，辨析情僞，輯佚補闕，以廣異聞。既考察史實，又訓解文學。這種治學路數與王念孫、王國維的治學精神一脉相承。

卓越的貢獻——廣泛涉獵，專攻疑難

劉盼遂先生的學問極其淵博，其讀書之廣，從經、史、子、集，到戲曲、小説，靡不閲讀；從敦煌曲子詞到民俗方言，無不瞭解，博聞强記，觸類旁通。他的全部學問，可以用「博雅」二字概括。他不僅以小學通經、通史、通諸子，而且通古詩文，通一切古文獻。

劉盼遂先生曾開設過「三禮」的課程。六經皆史，有了對經學研究的基礎，對史學研究就有新的開拓。他開設過「諸子」、《漢書》等課程，並進而對文學有進一步的發掘。他講授過《詩經》、《楚辭》、《文選》、漢魏樂府、唐詩等。他認爲經學是中國學問的基礎，有了這個基礎，其他方面的問題就好解決了。劉盼遂先生日常讀書，習慣於批書頭，即把讀書時發現的問題和解决這一問題的史料根據用蠅頭小楷寫在書頁的上端，然後再把這一問題寫在每一部書的卷首，以便於翻檢。問題積累多了，不斷仔細考覈史料證據，最後再整理成文。

他的文章從不發空論，總是重事實，重證據。一個詞，一句話，一個典故，一段史事，凡有不同的理解，都儘可能多地找到幾條史事作例子予以論證，文約而旨博。他很少做理論性的大塊文章，總是把精力用在對古代文獻的詮釋、解讀上，用在解决具體的疑點、難點上。他所寫的東西都是讀書時遇到疑難問題，經過認真鑽研後，記録下的自己的所得。他也從不作全書理解一類的工作，他説：我不想抄書，别人講過的我不講，别人未講或講錯的，我有看法和見解，我纔講。所以劉盼遂先生的文章與論著都是考證解决古書中的疑難問題的。例如他對李義山《出關宿盤豆館對叢蘆有感》一詩的解釋，詩中有「此日初爲關外心」一句，「關外心」的含義是什麽？很難理解。他引用兩條材料加以説明，其一是「楊僕移關」的事；其二是倪若水和班景倩的事。這兩條材料都説明漢、唐兩代人的重關内而輕關外，重内任而輕外任。李義山宦途漂泊，在心靈上受時代思潮的影響，他的「關外心」，即被遷徙之心，即被排擠離開長安遠去江南的落魄之感。通過這兩條材料，把李義山此時此際的沉痛心情體味盡了。又如他解南朝樂府《丁督護歌》，詩中有「聞歡去北征，相送直瀆浦」之句，「直瀆浦」作何解釋？古今注者皆云「未釋何地」。劉盼遂先生認爲「直瀆浦在今天南京城東北三十五里處，依幕府山東北一帶，係吴主孫皓所開，詳見《輿地紀勝》卷十七『建康府』」。他不但説明了「直瀆浦」的確切所在，而且證明了《丁督護歌》確屬吴聲曲詞。再如他的好友王重民輯録的《補全唐詩》，將增補的佚詩《拗籠籌》，臆測爲李嶠、樊鑄的作品，而劉盼遂先生的校語則指出其爲朱灣的《奉使設宴戲擲籠籌》詩，顯示了劉盼遂先生的學術功力。又王重民補入了李昂的《馴鴿篇并序》，其中有「亦聞無角巢君屋，諸處不栖如擇林」一句，劉盼遂先生出校云：「『林』當作『木』，與『屋』爲韻。《世説新語·言語》篇李弘度説：『窮猿奔林，豈暇擇木。』」當陳尚君對《全唐詩外編》進行全面校訂時，重新覈對敦煌原卷，果然發現「林」字應當是「木」字之誤。劉盼遂先生在没有見到伯希和敦煌文書原件的情况下，據音韻學的原理和「擇木」的用典，判斷出「林」字的錯誤。這顯示了劉盼遂先生的博識。劉盼遂先生對古書的校理、訓釋，堪稱精金美玉，字字珠璣。

劉盼遂先生讀書的興趣在解决難點，似乎越是疑難的問題，越能調動起他的精神和注意力。二十世紀六十年代，學術界展開了關於《胡笳十八拍》爲誰所作的討論，當時以郭沫若爲代表的人們主張是蔡文姬所作。劉盼遂先生寫了一篇《談胡笳十八拍非蔡文姬所作》的文章，他認爲《胡笳十八拍》「是嚴守唐人官韻規範的」，因此不是蔡文姬作的。他説，唐代詩人不但作近體詩都恪守官韻，而且「唐人守官韻已成習慣，到作古體，有些人仍然遵守律令，不敢稍有出入」。他列舉第一拍十個押韻字「爲」、「衰」、「離」、「時」、「危」、「悲」、「虧」、「宜」、「誰」、「知」，全在唐官韻四支部，而漢魏詩押韻往往出入於微、灰、尤諸韻，很少限於四支一韻的。他又列舉第二拍七個押韻字「家」、「涯」、「遐」、「沙」、「蛇」、「奢」、「嗟」，全在唐官韻六麻部，而漢魏詩押韻則麻韻與歌韻都不分家，是互相通押的。其他各拍與此相同。因此他得出結論説：「《胡笳十八拍》的作者，是服習於唐代的功令，而不能適應於漢魏的規律，則説它是唐以後的作品，也不爲過。」用科學的論證，否定了《胡笳十八拍》是蔡文姬所作的説法，使人心悦誠服。其學問之淵博、深廣，不見涯涘。

化雨春風——以身示範，傳道解惑

劉盼遂先生自從二十六歲登上講臺後，一生始終未曾離開。他極重視言傳身教，以自己的勤奮苦讀爲學生示範。他對學生從不訓斥或强行要求，而是在平時接觸中具體地傳授自己的治學經驗和爲人之道。如向他請教一字、一詞或一個典故，他便會尋根溯源，從原始出處，到後人的歧解，到他的看法全詳細地做出講解，使學生能够問一得十，在文獻知識和研究方法上有很多收穫。他根據自己的經驗，體會到一個人要在學業上有所成就，必須具備三個條件：其一，不要做官，因爲做官便不能專心致志地鑽研學問了；其二，要生活穩定，生活不穩定，亂事纏身或到處遷徙漂泊，就什麼事也幹不成；其三，要書多，他説：「人好比魚，書好比水。水有多大，魚就能游多廣。」他的學術事業正是在這三個條件下完成的。在他的一生中除了教書、學術研究，從未做過其他工作。他長期居住在北京，當日本帝國主義占領北平時，儘管生活十分困難，也未曾離開。他藏書之多，爲學術界所公認，其中包括許多珍本、善本、孤本書，如所藏海内孤本宋版《十三經注疏》、《永樂大典》零本、《字牖》均是存世的無價之寶。他衣着樸素，飯食簡單，薪金積攢起來用以購買昂貴的書籍却從不吝惜。他曾説：「我活着與書共存，死後，這些書就捐獻給學校或國家。」没想到在當年那場浩劫中，他的許多藏書竟被當作「四舊」，一部分被送到燕京造紙廠，去製作紙漿了；一部分不知經過什麼途徑轉到了北京圖書館。殘留的部分多是斷簡殘篇，最後被送到了學校的圖書館。在許多書頁上都有劉盼遂先生多年閲讀時書寫下的批注，那是他一生的心血，頓時烟消雲散，怎不令人痛惜！

對我國浩如烟海的古書，怎樣閲讀，劉盼遂先生也有自己的看法。他認爲應當從讀儒家的經書入手，他主張治經不能以意來衡量，必須求之於文字的源流。要通過研究經學以考證古史，通過考證典章名物，以尋求古今治亂的根源。但是歷代有關經書的注釋極其繁瑣，是否要逐條閲讀？他説：「我們没有古人那麽多時間，所以只要能讀懂原文，就不要逐條看注釋，不然頭髮白了，一部書還没讀完。」他主張讀書既要廣泛涉獵，又要有重點，他説：「認真讀一部《史記》，漢以前的歷史、文化、典章制度，便全部掌握了。」他主張讀書要有目的性，「要研究什麽，就讀什麽。把要研究的問題和讀書結合起來，學以致用，對所讀的書印象纔深，理解纔透。不然，漫無邊際地讀，讀完了，也就忘光了」。他還主張對重要的古書必須讀懂，不然，怎麽評價呢？他經常在自己讀過的古書旁邊，畫一筆豎道，批「未讀懂」三個字，以指責原書作者對古書未理解即妄加評議。劉盼遂先生這些讀書的經驗，對後學也是一筆寶貴的精神財富。

劉盼遂先生具有高尚的民族氣節，日本帝國主義占領北平時，曾成立「東方文化事業委員會」，編纂《續修四庫全書提要》，多次要他參加。當時學校停課，他生活十分艱難，仍嚴辭予以拒絶，寧肯餓死，也不失節。日軍侵占海南島之後，他曾寫了一首詠海棠的詩，詩云：「海紅豆出海南天，記入巨唐海藥篇。欲爲名花問初地，夷謳卉釋已三年。」海棠花産於海南島，這見於唐人的記載，但今天海棠的産地却被夷狄占據三年了。表現了對海南島淪陷的悲痛！

劉盼遂先生在學術研究上取得很高的成就，一者在於他的勤奮，他每天工作孜孜不倦，手不釋卷，幾十年如一日；二者在於他淡泊名利，心無旁騖。用他規勸謝國楨先生的話説「不因人熱」，不汲汲於富貴，不戚戚於貧賤，把名利看作身外之物，全副精力貫注於教書和學術研究工作中去。

業精於勤並成於專，這是劉盼遂先生一生的學術活動留給後人的啓示。

（原載《北京師範大學名人志·大師篇》。此次出版時，經鄧魁英先生授權使用）

出版説明

《劉盼遂著述集》收録現代著名學者、文獻學家、語言學家劉盼遂先生（一八九六—一九六六）的主要著述，今暫編爲五卷，即《百鶴樓校箋批注古籍十七種》、《百鶴樓文史論叢》、《段王學五種》、《論衡集解》和《筆記詩文及其他》。

整理出版劉盼遂先生的所有已知著述是學術界、出版界許多學者企盼已久的事。劉盼遂先生弟子、已故北京師範大學文學院教授聶石樵先生曾輯校有《劉盼遂文集》，北京師範大學出版社於二〇〇二年出版。此書僅收劉盼遂先生發表過的文章，因出版比較匆忙，失收的文章很多。聶先生生前一直在修訂和增補，希望出修訂本《文集》，但未能如願。已故北京師範大學文學院教授、著名文藝理論家童慶炳先生生前也曾計劃整理出版「劉盼遂全集」，並想親自撰寫一部《劉盼遂傳》，但未及動筆即溘然長逝。本套《著述集》的編輯當年與聶、童二位先生有過交往，曾爲聶先生修訂《文集》提供材料，所以對此情況較爲瞭解。

二〇一六年秋，在劉盼遂先生誕辰一百二十週年之際，經與劉盼遂先生嫡孫劉小塤先生商定，遼寧人民出版社和遼海出版社決定聯合整理出版劉盼遂先生的著述，並爲此做了必要的前期準備。二〇一七年秋，項目正式啓動，定此書名爲「劉盼遂著述集」。之所以不稱「全集」，是因爲我們在前期調查中發現，劉盼遂先生還有大量的遺文存世，專著、單篇文章皆有，但散於各地，且不易蒐求。另外劉盼遂先生生前還曾主纂過四種方志，按道理皆應收入「全集」之列，但這些方志非一人所編，涉及版權問題，並且還有一部方志即《汲縣新志》的稿本至今尚未公開，申請複製的手續較爲複雜，暫時無法見到原稿。也就是説，目前我們整理的内容尚不足以囊括劉盼遂先生的全部著述，故暫以「著述集」名之。

這部《著述集》由北京師範大學人文宗教高等研究院院長許嘉璐教授和武漢大學歷史學院馮天瑜教授擔任學術顧問，由北京師範大學文學院朱小健教授、原中國新聞學院周篤文教授和劉小垣先生擔任主編，集合北京師範大學、暨南大學、南京大學、南京師範大學、遼寧大學、陝西省社會科學院等高校和科研院所的十餘名學人，對劉盼遂先生的遺文作較爲系統的整理和編輯。計劃逐卷出版，在二〇二一年左右全部出齊。

《百鶴樓校箋批注古籍十七種》是《著述集》中的一卷，收録劉盼遂先生生前對《莊子》、《荀子》、《廣韻》、《淮南子》、《説文解字》、《世説新語》、《論衡》、《天問》、《後漢書》、《顔氏家訓》、《文選》、《水經注》、《補全唐詩》、《敦煌曲子詞集》等十七種古籍所作的校箋、批注、選注等屬於古籍整理範疇的文章，另附劉盼遂先生所輯訂的《古小學書輯佚表》一篇。「百鶴樓」是劉先生的齋號，他的老師梁啓超先生曾爲其題此齋號，王國維先生曾爲其題聯，他在去世前書房中一直挂着梁、王的這兩件墨迹。他的一位清華國學研究院的同學今不知其名。曾爲其刻「百鶴樓」陽文印，今所存劉盼遂先生藏書及信札中尚可見此印。不過，上述兩種墨迹及藏書印的原件今已不知去向。

對古籍進行整理、校勘，是劉先生一生最重要的學術貢獻之一。他在一九四九年之前便以整理古籍而著名，一九五八年全國第一届古籍整理出版規劃小組成立，他是其中哲學組的成員。他的弟子聶石樵先生對他在此方面的成就最爲瞭解，聶先生在他所作的《古文獻學家劉盼遂先生》一文中論之甚明。我們認爲，在對劉盼遂先生學術的認知和瞭解方面，目前尚無其他任何一篇文章可以超越聶先生此文，故本次整理時徵得聶先生夫人鄧魁英教授的許可，將此文置於正文之前，以便讀者在閲讀此書前，可以先對劉先生的生平和學術成就尤其是古籍整理方面的成就有所瞭解。

本卷收録劉盼遂先生的文章共二十二篇，其中十五篇是劉先生生前已經發表過的，聶石樵先生輯校的《劉盼遂文集》

已收，但因當時出版條件所限而有脱漏。此次依據原刊作了重新整理。另外七篇皆是聶先生未及整理的，其中有的是劉盼遂先生去世後刊出的，包括《全校水經注批語》、《魏晋南北朝歌謡選注》；有的是我們根據他的未刊稿整理出的，包括《荀子校箋》殘稿；有的是我們根據他的藏書上的批語整理出來的，包括《海日樓札叢批校》、《影宋本陶淵明集眉批》摘抄；還有的是從其他學者書中輯出並整理復原的，包括《補全唐詩校語》、《敦煌曲子詞集校語》。從門類上看，這些文章涵蓋經、史、子、集四部，範圍頗廣。從中可以看出，劉盼遂先生尤其在《論衡》、《世説新語》和《顔氏家訓》三部古籍的校箋方面最爲用力。一九五七年出版的《論衡集解》是他最著名的作品，不過該書的主要成果，其實都已在本卷所録的《論衡校箋》一文中體現。《論衡校箋》一文長達六萬字，也是現代學術史上第一篇對《論衡》進行系統整理的文章，具有標志性意義。《世説新語校箋》和《顔氏家訓校箋》也是他早年的重要學術成果，余嘉錫先生的《世説新語箋疏》和王利器先生的《顔氏家訓集解》多有徵引。劉先生於二十世紀六十年代應中華書局之約，又對《世説新語》和《顔氏家訓》進行了全面整理，他與中華書局負責人關於此二書出版事宜的部分往來信件至今尚存，不過這兩部整理稿而今却不知下落，頗令人遺憾。另外像《説文漢語疏》、《廣韻序録校箋》、《天問校箋》、《文選校箋》、《文選篇題考誤》等文章，皆在各自領域有重要價值，至今常被學人引用。對此學界自有認知，此不必贅述。

現就本卷的整理方式作幾點説明。

每篇文章之後皆注明出處，如是發表的文章，則標明刊名、卷數、出版時間等信息；如是未刊稿，則標明其來源；如是從他書中輯出的，還説明本次整理時對原文所作的處理情况等。

劉先生早年好用古字、奇字，其文章中有大量的異體字、避諱字，本次整理時尊重他的用字習慣，不作統改。原文表示自謙而使用的偏右小字，現改爲與正文相同的字號。原文加括號或雙行小字夾注，一律改爲單行小字夾注。原文漫漶不清以致無法識別之字，用「□」替代。

劉先生在文章中引述他書時，常用節引或撮其大意的方式，如無礙文意，則不作校改。原刊因撿字誤排而導致的錯別字、脱字、倒字等，徑作改正，不出校。

總而言之，本次整理以不輕易改動劉先生原文爲首要原則，儘可能還原作的本來面目。

本卷由暨南大學文學院王京州教授和遼寧大學文學院王魁偉教授負責整理，參與本項工作的還有暨南大學的鄒逸軒、李思怡，北京師範大學的石勖言，阿壩師範學院的畢紅剛，遼寧大學的王春翔，以及出版單位的編輯馬之遠、李麗、吕志學、馮瑩、王維、蓋新亮、常策等同志。本套《著述集》的主編朱小健教授最後作了統稿和審定。

因整理者水平有限，本卷成書後還可能存在不少錯誤，這完全是整理者的問題，與劉盼遂先生無關，在此申明。也歡迎讀者批評指正，以便再版時修訂。

目録

莊子天下篇校釋

神何由降？明何由出？聖有所生，王有所成。

按：神明與聖王平列爲句。下文「配神明，醇天地」，又「備於天地之美，稱神明之容」，下即接以「内聖外王之道」，是皆以神明與天地、聖王連言。此四句似側而實平，「神何由降？明何由出？」易爲「神有所降，明有所出」可；即「聖有所生，王有所成」易爲「聖何由生？王何由成？」亦無不可。古人文法原自有此例也。說出章氏《明解故》篇。

注、疏皆未能悉。

以衣食爲主，蕃息蓄藏，老弱孤寡爲意。

按：此句本爲「以衣食蕃息蓄藏爲主」，特移出「蕃息蓄藏」於句尾，以便與「常」、「養」韻耳。《詩·大雅·桑柔》篇「大風有隧，有空大谷」，本作「大谷有空」，以匹上句；特下文「穀」、「垢」爲韻，不得不變作「有空大谷」，以求相叶，亦此例推。又按：「老弱孤寡」上當有「以」字，上文「以某爲某」之句凡十三見，此「以老弱孤寡爲意」，例正相同。

察古人之全。

梁任公師讀「察」爲「際」，《廣雅》「際」、「邊」並訓方，謂古人之全得其一邊也。

盼遂謹按：師説未確，「察」當借爲「粲」。「察」、「粲」同居泰部，齒音互轉。《説文·米部》：「粲，散米也。」亦省作「殺」，《孟子》「殺三苗於三危」，謂放散也。「察古人之全」云者，即放散古人之全，與上文「判天地之美，析萬物之理」同一「不該不徧」。「察」之借爲「𥻘」，猶《左傳》「蔡蔡叔」之「蔡」借爲「殺」矣。

已之大順。

章太炎曰：「『順』借爲『踳』。」是也。

盼遂按：已，當從《說文》「已，用也」之訓，以與上句之「爲」對文。言用節葬、非樂之說，其踳戾於人生也。成疏本作「己」字，云「適周己身自順」，遠失之矣。

又好學而博不異，不與先王同。

按：「不異」之「不」，疑涉上下文「不」字而衍。博異，謂博涉異端。墨子之學在諸子中最稱繁廣，《墨辯》六篇，實包含異端多種，即其證也。否則方言不異，又言不同，亦矛盾之至矣。

九雜天下之川。

盼遂按：九，讀如字。雜，當從《釋文》所引別本作「⿱人杀」，「⿱人杀」實又「突」之譌字。《說文·穴部》：「突，深也。讀若禮『三年導服』之『導』。」凡《說文》中「讀若」之字與正篆相通用，故《莊子》以「突」爲延導字。而經典「突」與「罙」往往相混，《詩·商頌·殷武》篇「罙入其阻」，毛傳訓深，則謂「突」字，鄭箋訓冒，則謂「罙」字，即其證也。「突」《說文》或體作「宷」，後因譌爲「⿱人杀」耳，形雖譌變而音仍如「突」。作「雜」者，以「⿱人杀」形不易識，徑易爲「集」而致耳。「九導」者，作九處之疏瀹，如《尚書·皋陶謨》所謂「決九川」也。考《禹貢》紀禹治水之迹，曰「導弱水」，「導黑水」，「導河積石」，「嶓冢導漾」，「岷山導江」，「導沇水」，「導淮自桐柏」，「導渭自鳥鼠同穴」，「導洛自熊耳」，恰得九數。故知「九導」本爲實指，非虛擬也。賈子《新書·修政》篇「禹曰『鬟河而導之九牧，鑿江而導之九路』」，《淮南子·要略訓》「禹身執虆垂，以爲民先，剔河而道九岐，鑿江而通九路」，文即本於《莊子》，而亦以「九」讀如字，不讀「鳩」也。《釋文》：「九，音鳩。」疏謂：「舟檝往來，九州雜易。」又解爲：「九度，言九雜也。」章太炎《莊子解故》謂「九」當從別讀爲「鳩」，「雜」借爲「集」，胥失之矣。

接萬物以別宥爲始。

郭、向云：「不欲令相犯錯。」崔譔云：「以別善惡，宥不及也。」

盼遂按：二説未是。別，猶辯也，分也。《吕氏春秋·去宥》篇：「凡人必別宥，然後知。別宥，則能全其天矣。」高注：「宥，利也。」高氏之注，最爲遠識。別宥，猶辯利矣。《孟子·告子》篇宋牼之楚説秦、楚罷兵，專言其利與不利，即宋鈃、尹文辯利之證，亦即宋、尹接物以別宥爲始之證。《吕覽》與高注之説，蓋有所受於宋、尹之徒也。又按：《尸子·廣澤》篇云「料子貴別宥」，《爾雅·釋詁》疏引。《列子·周穆王》篇有老成子學於尹文之説，「料」、「老」聲韻皆同，料子蓋即老成子，又足證宋、尹之學以別宥爲主旨矣。

以調海内請欲。曰：「請欲固置五升之飯，足矣。」

任公師據《墨子》「請」、「情」通用，證「請欲」皆當讀若「情欲」。

盼遂謹按：師説極精。《荀子·正論》「子宋子曰『人之情欲寡，而皆以己之情欲爲多』」，下文亦屢言「情欲」，即此文之「請欲」也。王石渠讀《荀子》乃謂「人之情」連讀，「欲寡」連讀，是謂「欲」爲動字，將何以解宋子「有見於欲」之説邪？得《莊子》「請欲」連文之説，益徵王説之非矣。

先生恐不得飽，弟子雖飢，不忘天下。

注、疏皆謂：「宋鈃、尹文稱天下爲先生，自稱爲弟子也。」

盼遂按：以「先生」稱「天下」，説太詭異。「先生」斥宋鈃、尹文，「弟子」其黨徒也。《列子》稱尹文之徒老成子，《周穆王》篇。《荀子》稱宋鈃「聚人徒，立師説」，《正論》。是宋、尹有弟子之證。上文「置五升之飯，足矣」，五升飯者，數人之餐，《墨子·耕柱》篇「二三子過之，食之三升」可證。使弟子宋鈃或尹文一人，將恐飽欲死矣，尚何飢之云乎？緣郭、成之誤，由於誤仞此三句與上句同爲宋、尹之言而爲耳。實則上「請欲固置五升之飯」句爲宋、尹之言，此三語則爲莊子較評宋、尹之言，不相蒙也。

公而不當，易而無私。

按：二語宜作「公而無私，易而不黨」。《釋文》：「當，崔本作『黨』。」「黨」與下文「兩」、「往」字爲韻。《説文》：「黨，不鮮也。」引申爲堅晦之意。「易而不黨」謂宅心平易明暘，無城府也。下文「慎到棄知」即不黨之證，「去己」即無私之證。後人昧於「黨」之本義，因迻置以配「公」字，「易而無私」句遂難於索解矣。

道則無遺。

按：「遺」借爲「遂」。《説文》「旞」或從遺作「⿸㫃遺」。《詩·小雅》「莫肯下遺」，《荀子》引作「下隧」，此「遺」、「遂」通用之證。「遂」者，成也，《月令》注。長也。《齊語》注。言加以勸道，則無所成就，與上文「選則不偏，教則不至」一律，皆彭蒙、田、慎「泠汰於物」之義矣。成疏云「率至玄道，則物皆自得而無遺失」，與文義匡剌矣。

不知前後。

按：「前後」本作「後前」，「前」與上文「轉」、「免」爲韻；今作「不知前後」，失其韻。古書往往倒文以協韻，俞氏樾《古書疑義舉例》卷一《倒文協韻例》。後人不知而誤改者甚多。《山木》篇「一上一下，以和爲量」，亦後人所改，《莊子》原文作「一下一上」，與「量」爲韻也。《秋水》篇「無東無西，始於玄冥，反於大通」，原文作「無西無東」，與「通」爲韻也。以上二事，王氏念孫、俞氏樾已訂正。「上下」、「東西」、「前後」，人所恒言，淺學者口耳習孰，因妄加改作耳。

魏然而已矣。

郭注云：「任性獨立。」《釋文》：「魏，魚威反。」非也。

按：上文言「與物宛轉，舍是與非」，下文言「飄風之還，若羽之旋」，與「魏然獨立」爲不類。竊疑「魏」爲「隤」借，二字脂部雙聲。《説文》：「隤，下隊也。」《易·繫辭》「夫坤隤然，示人簡矣」，馬注：「隤然，柔皃。」孟喜本「隤」作「退」。本《周易釋文》。「隤然而已矣」與「飄風」、「羽旋」之喻可無格姦矣。

若磨石之隧。

《釋文》：「徐『隧』句絶，一讀至『全』字絶句。」

盼遂按：「隧」字句絶是。「隧」與下「罪」字爲韻，古音同在段氏十五部。「全」則失韻矣。

時恣縱而不儻。

盼遂按：「不」疑當爲「弔」，緣隸書「弔」或作「吊」，與「不」之作「𣎴」者形似而誤。「弔儻」亦即「恣縱」之意，與上「荒唐之言」相應。此段爲莊子自述，故多用連語以兹永歎。如「芴漠」、「謬悠」、「荒唐」、「恣縱」、「曼衍」、「敖倪」、「瓌瑋」、「連犿」、「參差」、「稠適」、「芒昧」之等皆是，「弔儻」亦猶是矣。又考「弔儻」亦可單言「弔」，《齊物論》「其名爲弔詭」，郭注：「弔當卓詭。」「弔」以韻轉作「諔」，經典中「不弔」，彝器多作「不淑」。本篇「辭雖參差而諔詭可觀」，「諔」亦「弔」也。其爲連綿字者，本作「跌踼」，《説文·足部》「踼，跌踼也」，徐鍇曰：「過越不拘也。」「跌踼」雙聲，字無定式，亦作「倜儻」，《玉篇》「倜，倜儻也」，引司馬相如《封禪文》「倜儻窮變」，儻，倜儻不羈也。亦作「椒儻」，《廣雅・釋訓》「椒儻，卓異也」，《漢書・司馬遷傳》「惟椒儻非常之人稱焉」。亦作「饕餮」，《左氏・文公十八年傳》「謂之饕餮」，按：「饕餮」猶「跌踼」也，與檮當從《説文》作「擣」。柮、《玉篇》：「柮，當月反。」《説文》：「柮，女滑反。」故「擣柮」雙聲。渾敦、諄部叠韻字。窮奇，牙音雙聲字。同爲連綿形容字。杜注：「貪財爲饕，貪食爲餮。」非經意也。亦作「佚宕」，《穀梁・文十一年傳》「長狄弟兄三人佚宕中國」，《釋文》：「佚，大結反。」按：「佚宕」亦「跌踼」也。亦作「跌宕」，《文選》江文通《恨賦》「跌宕文史」，李善注引揚雄《自叙》曰：「雄爲人跌宕。」亦作「佚蕩」，《漢書・揚雄傳》「爲人簡易佚蕩」，張晏曰：「佚，音鐵。」韋昭：「佚，音替。」亦作「佚傷」，蕭讀《漢書》本「佚蕩」字如此作。亦作「陶誕」，《荀子・榮辱》篇「陶誕突盜」，《强國》篇「陶誕比周」，章太炎説之曰：「陶誕，詐也。今人謂欺詐爲陶誕。」《新方言・釋言第二》。按：章説意是而未盡，「陶誕」亦即「倜儻」，欺詐其一耑耳。亦作「挑達」，《詩・鄭風・子衿》篇「挑兮達兮」，馬瑞辰曰：「挑達，雙聲字，蓋疾行滑利之皃。」亦作「條達」，鄭康成注《尚書大傳》曰：「條達，行疾貌。」亦作「叏達」，《説文・又部》「叏」下引《詩》「叏兮達兮」。亦作「駘蕩」，本篇「駘蕩而不得」，《釋文》：「放蕩不得也。」亦作「弔儻」，亦作「弔當」，《莊子・齊物論》郭注：「故謂之弔當卓詭。」亦作「鬪歎」，《晉書・五行志》妖詩曰「盧健健」，曰「鬪歎鬪歎」，曰「翁年老，翁年老」。按：「翁年老」疑爲「翁老年」之誤倒。蓋「鬪歎」亦「饕餮」之意，斥盧循也。亦作「澹蕩」，白居易《湖上》詩「烟波澹蕩摇空碧，樓殿參差倚夕陽」，「澹蕩」與「參差」對文，亦駘蕩之意也。今吾鄉有「掉誕」之語，用以稱人之詭譎豪放、事之變幻無憑者，與上方所列諸字，並字異而音義同。後人徒泥於形義以求通，尠不偵矣。

連環可解也。

古之環制，用至三片，每片下侈上弇，三合而成規。片之兩邊各有一孔，以物繫聯，因之成環。玦者，缺環之一二而成，皆可以隨時分解。說本王静安師。故《春秋傳》紀「韓宣子有環，其一在鄭商」也。後世日趨簡易，環、玦皆以一片之，遂失其制。朱氏《古玉圖》及吳氏《古玉圖考》所收古代環、玦，皆由一玉製成，無由二片或三片集合者。戰代以還，人昧於古，獨惠子灼知前制，爲「連環可解」之説，以破咫見之迷，非詭異也。

丁子有尾。

《釋文》謂「丁子」二字左波爲尾，洪頤煊《讀書叢録》謂「丁子」爲「孑孓」之誤，章太炎謂爲「頂趾之借」，皆非。成玄英謂「丁子」爲蝦蟆，是也，然意有未盡。丁子者，蝦蟆子也。《爾雅·釋魚》：「科斗，活東。」注：「蝦蟆子也。」「斗」、「東」與「丁」係端母聲轉，丁子之爲蝦蟆子，蓋由此也。又按：《荀子·不苟》篇舉惠施難持之説，有「鉤有須」一事，楊氏引或説謂即《莊子》「丁子有尾」，然又弗能疏證。竊謂「鉤」借爲「䵶」，《説文·黽部》：「䵶，䵹屬。頭有兩角」，「䵹，水蟲也」。䵶、䵹殆猶今日之水雞矣。段茂堂注語。字之從句者均有幼小意，則「䵶」爲蝦蟆子，亦即丁子矣。莊云「有尾」，荀云「有須」，辭雖異，意則一也。

指不至，至不絶。

盼遂按：「至不絶」三字爲「至」之注脚，疑係後人沾附，故此條與「山出口」、「目不見」、「火不熱」諸條，文法不能一律；抑或莊子以「至」之含義艱深，自注此三字，以惠來學，未可知也。「指不至」與下條「鑿不圍枘」同一用意。夫鑿之與枘合爲一形，然鑿、枘異圍，必存餘間；餘間既存，未可云圍，以見兩物之各存本性，從難㒼而爲一。「指不至」者，亦猶此矣。指之取物，恒見其與物接，莫不謂之爲「至」。實則「至」者，天然一物，堅莫能破，如今世科學所謂「化合」然矣。淄、澠之和，俞兒能辨；膠漆之堅，蟹螯可消，尚非至也。謂「指不至」，孰能反詰？當中朝時，客有問樂令「指不至」者，樂亦不復剖析文句，直以麈尾柄確几曰：「至不？」客曰：「至。」樂因又舉去麈尾，曰：「若至者，那得去？」於是客乃悟服。《世説新語・文學》篇。烏乎！若樂令者，誠足聆公孫子之玄諦矣，而自來無稱引之者。或乃引公孫龍子「旨物」之説以塗附，亦云怪矣。

黄馬驪牛三。

《釋文》引司馬云：「牛馬以二爲三：曰牛，曰馬，曰牛馬，形之三也；曰黄，曰驪，曰黄驪，色之三也；曰黄馬，曰驪牛，曰黄馬驪牛，形與色爲三也。」

按：如司馬之説，則是黄馬、驪牛九矣，而且無義。竊疑此句當爲「黄馬三，驪牛三」，特古人行文有探下省字之例，《古書疑義舉例》卷二。故省「馬」下之「三」以成文，黄馬、驪牛各三也。所謂「黄馬驪牛三」者，以黄一、馬一、黄馬一，得數三也；「驪牛三」者，亦復如是。《公孫龍子・白馬論》以「馬者所以命形也，白者所以命色也」，白馬者所以命兼也，與此條蓋㒳合矣。

（原載《清華週刊・十五週年紀念增刊》，一九二六年四月出版）

荀子正名篇札記

丙寅三月十四日

「異形離心交喻，異物名實玄紐」解

《正名》篇中，此二語最爲艱深，而亦最爲緊要。楊注全無是處。後儒説解，若王葵園斷句爲二，郝蘭皐釋「玄紐」爲「眩亂連繫」，梁任公師讀「離」爲「百穀草木麗乎地」之「麗」、「名」讀「黄帝正名百物」之「名」，皆足邵也，然迄未能全體貫通。盼遂謹依諸大師之榘矱，爲疏證如下。按：「喻」當爲「瘉」，因下文多「喻」字而譌。下文云：「志必有不喻之患。」使「交瘉」而如今本作「喻」，則既已交喻，何以復有不喻之患？此一證也。荀子蓋用《詩》「交相爲瘉」字，《詩·小雅·正月》「胡俾我瘉」，《角弓》「交相爲瘉」，傳皆云「病也」，《爾雅·釋詁》同。「瘉」本義爲瘳，而得訓病者，循雅詁「相反爲訓」之條也。「異形離心交瘉」者，謂同時有兩以上之形情止於心，心者，有所謂「一不能兩知」，則形心交僨矣。右腕畫圓，左腕畫方，手撝五弦，目送飛鴻者，夫人稔其無成，「交喻」之説殆如是矣。「異物名實玄紐」，「物」者，謂物之德。本篇下文臚舉天官所意之物，如色、理、清、濁、甘、苦、鹹、淡、香、臭、芬、鬱、疾、養、滄、熱、喜、怒、哀、樂之等是矣。《詩·小雅》「三十維物」，《周禮》「鷄人辨其物」，《穆天子傳》「收皮效物」，傳、注均謂「物」爲毛色，則「物」猶末年之狀詞矣。所謂「異物名實」云者，假有於此，爰以違異於實之詞命名之。指涇川以爲濁，呼荼□以成甘，看朱成碧，曰火不熱，而謂聞者其誰，不眩回鬱結者乎？荀子蓋疾當時所謂「白狗黑」、「龜長於蛇」諸説之殽實，故立是説以破之也。

說故喜怒哀樂愛惡欲以心異。

楊倞注：「說，讀爲脫，誤也。脫故，猶律文之『故誤』也。」

王先謙《集解》曰：「說者，心誠悅之。故者，作而致其情也。」

前者任公師籀講是篇，謂「故」當爲「固」，「固」通作「錮」，謂錮蔽也。盼遂當時亦舉《說文》「說，釋也」之訓，以明「說」爲解脫之義，與「固」相對成文，猶下方「喜怒哀樂愛惡」之以相對爲義也。梁師亦以爲然。「說」、「故」二字之訓，已較楊、王二氏之說賢矣。及退私室，因思下文「心徵之而無說」之「說」，當即此「說故」之「說」。苟釋爲解脫，則文義有扞格之虞。竊疑「說」當爲「娧」之假字或誤字。《說文·女部》：「娧，好也。」字亦作「侻」，《廣雅·釋詁三》：「侻，可也。」《文選》宋玉《神女賦》：「侻薄裝。」注：「好也，又可也。」《法言·君子》篇：「荀卿非數家之書，侻也。」然則古人言娧、言侻，猶今人言對矣。「說」、「娧」同從兑聲，可以通用。「故」當訓爲胡，本書《解蔽》「故爲蔽」，俞曲園曰：「故，猶胡也。」《墨子·尚賢》「故不察尚賢爲政之本也」，下文作「胡」。《管子·侈靡》「公將有行，故不送公」，「胡不送公」也。是皆「故」、「胡」同用之證。「胡」與「何」、「惡」、「奚」、「瑕」同聲一語，故引用有妄亂之意。如「胡呰」，章氏《新方言》卷一。盼遂按：《鹽鐵論·散不足》篇「若胡車相隨而鳴」，即「胡呰」也。胡亂常語也是矣。凡從古之字多有蔽錮、苟且之意，阮元《釋且》篇。故「胡」之訓爲謬妄，與「娧」之訓可與好，恰相對也。

所受乎天之一欲，制於所受乎心之多，固難類所受乎天也。

劉師培釋此文曰：「『欲』字涉上文而衍。此言人性雖受於天，然外欲甚多，若本性爲其所制，則人性遂與本性相違。此即性制於欲之說也。」

盼遂按：「欲」非衍文。「心之多」下亦宜有「欲」字，特蒙上文而省耳。上文「欲不待可得」、「而求者從所可」，次「可」字下亦省「得」字，即其例也。「天之一欲」者，上文所謂「不待可得」，下文所舉「欲生」、「惡死」之例是也。「心之多欲」者，上文所謂「求者從所可」，下文所舉「從生成死」之例是也。「天之一欲，制於心之多欲」，謂人往往違其好生惡死之本性，而奔赴於成仁取義之涂。古來烈士之借交報仇，貞女之殉夫絶命，孝子之投死贖親，忠臣之捐軀報國，胥是道也。至是則「欲之所受乎心」者，固已大異所受於天者矣。荀子主性惡，故以欲之受於天者爲不肖，尚須受制於心之欲，然後可也。如劉氏之説，是此文爲節欲之證，將何以解於荀子之攻排去欲、寡欲者歟？

凡人之取也，所欲未嘗粹而來也；其去也，所惡未嘗粹而往也。故人無動而不可以不與權俱。衡不正，則重縣於仰，而人以爲輕；輕縣於俛，而人以爲重。此人所以惑於輕重也。權不正，則禍託於欲，而人以爲福；福託於惡，而人以爲禍。此亦人所以惑於禍福也。道者，古今之正權也。離道而内自擇，則不知禍福之所託。

盼遂按：自上文「道者，進則近盡，退則節求」至此，皆論道不可須臾離之理，與權無與也。乃自唐已多譌舛，後人又不能定訂，其誤凡有數端：「故人無動而不可以不與權俱」，此「權」字上無所承，一誤也；衡、權本屬一事，今衡、權分喻，有複沓之嫌，且權喻下言禍福欲惡，尤爲無關，二誤也；「道者，古今之正權」句承上衡、權二喻而言，今遺衡舉權，迹近偏枯，三誤也。由此三誤，知此文經淺人改易，本義沈淪也。今爲釐定如次：凡人之取也，所欲未嘗粹而來也。楊注「粹，全也」，非。按：「粹」爲「萃」之借。《易·序卦傳》：「萃者，聚也。」下同。其去所惡，未嘗粹而往也，故人無動而不可以不與道俱。任公師謂「無」字衍文宜删，王石渠謂上「不」字涉注文「不可不與道俱」而衍，皆失之。

盼遂謂「無」，發聲詞，詳王氏《釋詞》，意猶每也，《詩·文王》曰「無念爾祖」，每念爾祖也；《小旻》曰「如彼泉流，無淪胥以敗」，每淪胥以敗也；本文則爲「故人每動而不可以不與道俱」也，此「道」字正承上文「故知者，論道而已矣」來。**權不正，則重懸於仰而人以爲輕，輕懸於俛而人以重，此人所以惑於輕重也。**權者，稱之權，所以知輕重也，故以喻道之知禍福。今謂「權」爲「衡」，義難通矣。**道不正，則禍託於欲而人以爲福，福託於惡而人以爲禍，此亦人所以惑於禍福也。**人之禍福，惟道能刑之，猶權之能辨重輕也。今「道」謂爲「權」，楊注因塗附失真。**道者，古今之正權也，離道而內自擇，則不知禍福之所託。**楊注：「道能知禍福之正，如權之知輕重之正，離權則不知輕重，離道則不知禍福也。」

（原載《清華週刊》第二十五卷第十號，一九二六年四月出版）

荀子校箋

殘稿

修身

扁善之度。

王念孫云：「扁，讀爲徧。『徧善』者，無所往而不善也。君子依於禮，則無往而不善，故曰『徧善之度』。下文『以治氣養生』六句，正所謂『徧善之度』也。」

按：王釋「扁」爲「徧」是而未明。至謂「以治氣養生」六句即徧善之度，則未免倒果爲因，其説非也。愚謂：扁善之度，猶言盡善之法，此由語下六句言，以盡善之法治氣養生，則壽於彭祖；以盡善之法修身自强，則名配堯、禹也。

宜於時通，利以處窮。

按：以，猶於也，見《詞詮》。互文，言禮、信處窮、通，無不宜、利。

不由禮，則觸陷生疾。

按：陷，猶失過也，見《國語·魯語》注。居處、動静不由禮，則觸犯過失；食飲、衣服不由禮，則生禍病。

治氣養心之術。

按：此句領下文，言學問之道，在乎變化氣質，補偏捄弊，爲之中和。《皋陶謨》曰「寬而栗，柔而立，願而恭，亂而敬，擾而毅，直而温，簡而廉，剛而塞，彊而義」，《洪範》曰「沈潛剛克，高明柔克」，本書《不苟》篇「君子寬而不慢」一節，均其義也。

則一之以易良。

按：一，齊也。見《淮南子·原道》、《俶真》篇注。齊，讀如「齊之以刑」、「齊之以禮」之「齊」。

則輔之以道順。

俞曰：「順，當讀爲訓。道訓即導訓也。」鍾曰：「道、順一義。《書·禹貢》『九河既道』，謂順其道也。是道亦有順義。」

按：俞説非，鍾説意是而未達。《管子·勢》篇「修陰陽之從，而道天地之常」，又《任法》篇「民不道法，則不祥」，《禁藏》篇「故凡治亂之情，皆道上始」，注並曰：「道，從也。」《史記·始皇紀》「道上黨入」，《索隱》云：「道，猶從也。」《高紀》「道太原入，定代地」，《集解》引韋昭云：「道，猶從也。」此「道順」即從順。從順者，勇毅猛戾之反。賈誼《治安策》云：「今令此道順，而全安甚易。」此「道順」並用之證。

程役而不録。

楊注：「程，功程。役，勞役。録，檢束也。」

按：「程」當爲動詞。《廣雅·釋詁》：「程，量也。」《文選·魏都賦》注：「程，猶限也。」録，讀如「録囚」之「録」，詳審之意。言限量勞役而不詳審，即上文「拘守而詳」之反。

其折骨絶筋，終身不可以相及也。

《柬釋》：「其，猶殆也。」

按：「其」字指駑馬。此節言學問有適當之範圍，有當然之目的，過此以往，不致力焉。千里者，馳騁之範圍、目的，驥一日及之，駑馬十駕亦及之，譬生知、學知、困知，及其知之一也。苟無範圍、目的，則駑馬雖折骨絕筋，不可以相及。故學者必有一範圍、目的而止之。堅白、同異、有厚無厚之辯、倚魁之行，非當務之急，非所止也。然則所止者何？《勸學》篇云：「始乎誦經，終乎讀禮」，「學至乎禮而止矣」。

故學曰遲。

楊注：「遲，待也。」

按：上下文兩言「或遲或速」，此「遲」字當亦同義。上云「駑馬十駕」，下云「跛鱉千里」、「丘山崇成」，皆遲之事也。曰，於也。見《詩·園有桃》箋、《詩·綿》疏。「故學曰遲」者，言學問之道，在於蹞步不休，積累而至；才性雖美，亦未足恃，正所以勉人也。

六驥不致。

楊注：「不能致道路也。」

按：謂不能致千里也。上云「蹞步而不休」、「跛鱉千里」，下云「跛鱉致之，六驥不致」，均可證。

《詩》云：「不識不知，順帝之則。」此之謂也。

楊注：「引此以喻師法暗合天道。如文王雖未知，已順天之法則也。」

按：引此以喻當尊師隆禮也。楊說曲。

天其不遂乎？

俞曰：「遂，成也。言雖有大禍，天必不成之也。」

按：如俞説，則荀文須删「不」字爲通，非也。遂，謂成全、覆育之也。《廣雅·釋言》：「遂，育也。」言雖有大禍，天豈有不成全、覆育之者乎？

不苟

君子易知而難狎。

俞曰：「知者，接也。古謂相交接曰知。」

按：俞説是。《莊子·庚桑楚》曰：「知者，接也。」《漢書·朱建傳》：「建號平原君。辟陽侯欲交建，建不肯。及建母死，家貧。陸賈乃見辟陽侯，曰：『平原君必不知君者，爲其母。』」上云「欲交建，建不肯」，下云「必不知君者」，是「知」即「交」也，可證俞説。

君子大心則敬天而道。

楊注：「謂合於天而順道。」

《柬釋》：「道，直也。」

按：道，從也，見上篇餘義。下云小人「大心則慢而暴」，正從順之反。

君子養心莫善於誠。

按：明道曰荀子未識誠，誠則無待於養矣。愚謂此「誠」字未説到「至誠無息」之「誠」，蓋堯夫所謂「君實脚踏實地」之「實」。《中庸》所言之誠，是極詣；《荀子》所言之誠，是功夫。謂「養心莫善」者，言以實心守仁行義，非此，別無善道也。

善之爲道者。

按：此句申上文「養心莫善」之意也。下文反證之，言誠之所以爲善道者，蓋不誠則不獨不形，而民不從矣。

不上同以疾下。

楊注：「『疾』，與『嫉』同。」

按：疾，害也。見《後漢書·傅毅傳》注。故下云：「分争於中，不以私害之。」

是非仁人之情也。

俞曰：「『仁』字衍。」

潘重規《荀子集解訂補》曰：「類傲富貴，求榮貧賤，本非凡人之情，而亦非仁人之情也。然非凡人之情易知，非仁人之情則難知。故曰：『是姦人將以盜名於晻世者也。』『仁』字非衍。」

按：俞説本明，潘説妄生枝節。凡人之情猶不然，而況於仁人乎！著一「仁」字知語義，潘所云其直囈語耳！

是姦人將以盜名於晻世者也。

楊注：「姦人盜富貴、貧賤之名於昏闇之世。」

按：當謂盜不諂富貴，不驕貧賤之名。楊注不明。

榮　辱

雖欲不謹，若云不使。

楊注：「雖欲爲不謹敬，若有物制而不使之者。」

《柬釋》：「言雖欲不謹，而事實上不使之不謹也。」

按：楊注不明。《柬釋》意是而詁訓不合。若，猶誰也，孰也。言行於涂者，雖欲不謹，孰謂不使之不謹乎？下句反詰，以明上句也。

快快而亡者，怒也。

《柬釋》引梁任公師云：「『快快』疑當作『怏怏』。」

按：快快，懟也，即怒之輕微者，梁師説非。言快意以行，本欲求勝而反以亡者，由於怒也。當從王先謙説。

富國

名聲足以暴炙之。

《詩·桑柔》：「反予來赫」。傳：「赫，炙也。」《史記·酷吏傳》：「舞文巧詆下户之猾，以焄大豪。」《漢書·杜周傳》：「欲以熏轑天下。」「轑」蓋是「燎」。今諺猶是，凡熏人者，亦曰嚇人也。《癸巳存稿》三。

（據劉盼遂先生手稿殘本整理。原稿今在北京師範大學圖書館）

廣韻序録校箋

大宋重修廣韻

《四庫總目提要》曰：「考《唐志》、《宋志》皆載陸法言《廣韻》五卷，按此言失實，新舊《唐志》均無此說。《宋志》所紀，殆亦字誤。則法言《切韻》亦兼《廣韻》之名。又孫愐以後、陳彭年以前，修《廣韻》者尚有嚴寶文、裴務齊、陳道固三家。三家之書，宋初尚存。故彭年等所定之本不曰『新修』，而曰『重修』，明先有此《廣韻》也。」

盼遂按：《通志·藝文略》、《宋史·藝文志》均載：「句中正《雍熙廣韻》一百卷。」《玉海》四十五藝文類亦載，「太平興國二年六月丁亥，詔太子中舍陳鄂等五人同詳定《玉篇》、《切韻》」，是「爲新定《雍熙廣韻》一百卷。端拱二年六月丁丑」書成，「上之，詔付史館」。真宗大中祥符元年上距端拱不越廿載，太宗修《切韻》名「新定廣韻」，故真宗再纂之書錫名爲「重修廣韻」矣。紀氏之説，未爲得也。

凡二萬六千一百九十四言，注一十九萬一千六百九十二字。

顧炎武《書重刊廣韻後》曰：「《玉海》言《廣韻》凡二萬六千一百九十四言，注一十九萬一千六百九十二字。按：顧氏不見宋本，故引《玉海》。今僅二萬五千九百二言，注一十五萬三千四百二十一字。則注之删去者，三萬八千二百七十一，而正文亦少二百九十二言矣。」

盼遂按：亭林所刊之本，乃明内府略本，注經删芟故也。據予所見《古逸叢書》覆宋本、澤存堂翻宋本、海鹽張氏藏宋巾箱本，正文之數皆同顧本，注則遠較顧氏爲多。如一東公下，顧本注止廿五字，三宋本則有九百字，或三宋本注文之多逾於《玉海》所云，惜未能細按也。元邵光祖《跋切韻指掌圖》云：「《廣韻》凡二萬五千三百字，有《切韻》者三千八百九十文。」是《廣韻》當元代已大有譌奪。顧氏所據之明内府本，當即由光祖所斥本而加以補葺者也。

又考《封氏聞見記》云：「《切韻》凡一萬二千一百五十八字。」然則《廣韻》增加者一萬四千三十六字，倍於陸氏原文矣。

陸法言撰本

此謂隋仁壽元年本也。法言事迹知之者少，惟朱彝尊謂「法言家魏郡臨漳」。王静安師又考：「《隋書·陸爽傳》：『爽子法言，敏學有家風。』開皇初，法言與蕭、顔諸公論韻時，年纔弱冠，而諸公於法言均爲丈人行矣。」又因新舊《唐志》並有「陸慈《切韻》五卷」，日本古類書亦多引「陸詞《切韻》」，疑「慈」即「詞」之音譌，法言即詞之字，詞蓋以字行也。詳師《書巴黎國民圖書館所藏唐寫本切韻後》。

著作郎魏淵

敦煌石室所出唐寫本《切韻》法言自序作「魏彦淵」。

按：《隋書》卷五十八《魏澹傳》：「澹字彦深，按：唐臣避高祖諱改「淵」爲「深」。鉅鹿下曲陽人也。專精好學，博涉經史，善屬文，詞采贍逸。與諸學士撰《御覽》。開皇初，遷著作郎。」此處「澹」爲「淵」之誤字無疑，或「淵」上奪「彦」字也。朱竹垞《與魏善伯書》歷舉當時諸公鄉貫而不及彦淵，是朱氏未能知其誤也。

散騎常侍李若

當時同撰集者八人，惟若之名僅見於《隋書·崔儦傳》，儦在齊時，「與頓丘李若俱見稱重，時人語曰：『京師灼灼，崔儦李若。』」卷七十八。餘七人正史皆自有傳：顔之推，琅玡臨沂人，見《北史·文苑傳》；劉臻，沛國相人，見《隋書·文學傳》；魏彦淵，鉅鹿人，辛德源，隴西狄道人，同見卷五十八；盧思道，范陽人，薛道衡，河東汾陰人，同見卷五十七；蕭該，蘭陵人，見《儒林傳》。朱竹垞謂八人中惟蕭該南士，餘皆北方之學者，是也。

郭知玄拾遺緒正，更以朱箋三百字。

郭忠恕《汗簡》引郭知玄《字略》，夏竦《古文四聲韻》引郭知玄朱箋。

静安師云：「《日本見在書目》有郭知玄《切韻》五卷，《倭名類聚鈔》引『郭知玄韻』一條、『郭知玄曰』五條，《净土三部經音義集》引郭知玄五十三條。」

盼遂又按：此文上當别有「厶伯增加字」一句，下當有「長孫訥言增加字」一句方合。敦煌本《切韻》大題下另一行「伯加千一字」，長孫自序云「又加六百字，用補闕遺」，可證知玄、關亮之前尚有人增字，惜陳彭年、丘雍等當時未能詳覈也。

薛峋

静安師《唐諸家切韻考》曰：「郭知玄、關亮、薛峋、王仁煦、祝尚丘、孫愐、嚴寶文、裴務齊、鄭道固，凡九人，皆唐時撰《切韻》者也。日本《倭名類聚鈔》引『薛峋切韻』一條，『薛峋曰』一條，日本《净土三部經音義集》引薛峋三十條。」

王仁煦

静安師云：「《日本見在書目》有王仁煦《切韻》五卷，《净土三部經音義集》引王仁煦十三條。」

盼遂按：仁煦《切韻》，前歲清大内檢出殘箋三十九幅，首題「朝議郎行衢州信安縣尉王仁煦字德温新撰」，已由上虞羅氏影寫印行。乃此書不見於《唐志》及各家書目，抑可怪矣。

祝尚丘

夏竦《古文四聲韻》引祝尚丘《韻書》。

靜安師云：「《日本見在書目》有祝尚丘《切韻》五卷，《倭名類聚鈔》引『祝尚丘韻』一條、『祝尚丘曰』一條，《浄土三部經音義集》引祝尚丘十九條。」

孫愐

愐之家世不詳。魏鶴山、吴彩鸞《唐韻後序》曰：「若夫孫愐叔文較定今本，亦有增加書字處。」據此知愐字叔文。

裴務齊

郭忠恕《佩觿》引裴務齊《切韻序》，辨考老之説。王仁煦《韻序録》有「承奉郎行江夏縣主簿裴務齊正字」一行。

靜安師云：「《日本見在書目》有裴務齊《切韻》五卷，《倭名類聚鈔》引『裴務齊韻』二條。」

陳道固

靜安師云：「《日本見在書目》有陳道固《切韻》五卷。」

支脂、魚虞共爲一韻，先仙、尤侯俱論是切。

敦煌本「一」字作「不」，非是。按：此四句承上「秦隴去聲似入，梁益平聲似去」而言，所以譏時人於韻、切之不分也。支脂、魚虞之非共一韻，夫人而知之。若夫「先」下注云「蘇前切」，「仙」下注云「相然切」者，蓋法言注出時人之音，並讀「先」、「仙」爲心母雙聲，以譏其俱論是切也。法言於韻部正文「先」字下注云「蘇前切」，「仙」字下注云「胡然切」，（惟敦煌本作「胡然」不誤，別本作「相然切」者，乃據《切韻序》妄改。）「蘇」字本正齒心紐，

「胡」字爲喉音匣紐，則時人讀「先」、「仙」同紐之失昭然。法言之名其書爲「切韻」者，以其功半在甄明雙聲，不廩廩於辨章紐韻已也。「尤」、「侯」二字下，敦煌本不注切語，想當時體文同讀喻紐或匣紐，如「先」、「仙」之渾淆等也。後學昧於陸意，妄依韻部中切語沾益，「尤」字下《廣韻序録》作「羽求反」，《佩觿序》引作「羽後翻」；「侯」字下《廣韻序録》作「胡溝反」，《佩觿序》引作「乎溝」，則二字異紐矣。使二字當時果異紐者，又何以解於下文「清濁皆通」、「輕重有異」之説邪？張守節《史記正義·論音例》云：「先仙、尤侯、治持、之脂，若斯清濁，實亦難分，博學碩才，乃有甄異。」知聲紐之不辨也久矣，非精邃如法言者，孰能正之？謂宜亟依敦煌本删去俗本「尤侯」下切語。

夏侯該《韻略》

敦煌本「該」作「詠」，是也。《隋書·經籍志》：「《四聲韻略》十三卷，夏侯詠撰。」李涪《刊誤》亦曰：「梁夏侯詠撰《四聲韻略》十二卷。」知「該」爲「詠」之形譌。《顏氏家訓》和凝本《書證》篇有「夏侯詠」，宋以後亦誤作「夏侯該」。

周思言《音韻》

按：思言事迹無考。《隋書·經籍志》：「《聲韻》四十一卷，周研撰。」謝啓昆疑「思言」即研之字，《小學考》卷二十九。其説殆是。陸序下文稱李季節，亦舉其字也。

李季節《音譜》

《隋書·經籍志》：「《音譜》四卷，李槩撰。」「季節」疑即槩之字也。《北齊書·邢邵傳》：「妻弟李季節，才學之士。」《隋志》又有槩「修續《音韻決疑》十四卷」。《顏氏家訓·音辭》篇謂「李季節著《音韻決疑》」。

南北是非、古今通塞。

陸氏造《切韻》，離聲勢爲一百九十類，據本師所考訂。學者靡不疑焉。實則分部之多，全由於有南北古今之異耳。如支、脂、之三部在今音固難有别，儻一考其源，則支爲佳歌戈麻之尾閭，脂爲微齊之族屬，之爲咍尤之原泉，固皆有條不紊，若網之在綱矣。推之東冬、虞模、蕭宵諸部，靡不同然。今音同而古音有異，則依古音而分部，此因古今通塞之故而分韻者，一也。次則隋、唐之際，方音沸騰，之推《家訓》屢揭北音，元朗《釋文》時標南讀，故正名之事，收聲部位雖則相同，而聲有輕淺重濁之異，因而韻有開合洪細之别。《切韻》之中，魂、痕同一收聲，以魂合口、痕開口而分二部；真、臻同一收聲，以真齊齒、臻開口而分二部，犓舉一隅，其全可占。古音同而方音有異，亦據方音而分部，此則因「南北是非」之故而分韻者，二也。依音理，聲勢至多不能過十名，陸韻之所以繁穰至二百者，誠上二故之由，學者苟察及法言此語，則可以無惑矣。又見餘杭章先生《音理論》有言：「《廣韻》所包，兼有古今方國之音，非並時同地得有聲勢二百六種也。」自注：「東鍾、陽唐、清青之辨，蓋由方國殊音，甲方作甲音者，乙方則作乙音；乙方作甲音者，甲方又作乙音。本無定區，故殊之以存方語耳。」

按：此説亦即足明陸氏南北古今之意，故迻録如右。

今返初服，私訓諸弟子，凡有文藻，即須明聲韻。

敦煌本「弟」下無「子」字，「須」下無「明」字，是也。《隋書・陸爽傳》：「初，爽之爲洗馬，嘗奏高祖云：『皇太子諸子請更立名字。』及太子廢，上追怒爽曰：『其身雖故，子孫並宜屏黜，終身不齒。』法言竟坐除名。」

考太子勇廢在開皇二十年，時法言年當四十左右。

以報絶交之旨。以前所記者。

上「以」字讀爲「已」，「以」、「已」古同字。下「以」字聲借作「與」，《鄉射禮》：「各以其耦進。」注：「以，與也。」

前費州多田縣丞郭知玄拾遺緒正，更以朱箋三百字，其新加無反音，皆同上音也。

敦煌本奪此三十二字，玩文義，爲訥言序後附注語。敦煌本法言序前有「伯加千一字」一行，亦訥言注語也。乃敦煌本奪此「郭箋」條，今本又奪「伯加」條，因知物情之難齊也。

迄開元三十年。

唐女仙吴彩鸞《楷書四聲韻帖序》作「開元廿年」，是也。開元無三十年，開元廿九年之次年爲天寶元年。後人妄改「廿」作「卅」，蓋欲取合於書中州縣名號而然耳。

愧以上陳天心。

按：「上陳天心」句不辭。「天心」疑爲「悳」之誤分，吴彩鸞寫《唐韻序》正作「悳愧上陳」。卞令之《式古堂書畫彙考》卷之八。後「悳」譌爲「天心」，因遂置「陳」下，又加之字耳。又按：此句以上皆開元廿年上書舊文，自「又有元青子」以下至「徒拘桎於文辭耳」四百三十九字，則天寶十載所補綴者也。說本本師《書式古堂書畫彙考所録唐韻後》。

汝陽侯榮

遵義黎氏刊《元本廣韻》，「汝陽侯榮」作「汝陽侯陽」。考唐代以前封汝陽侯者五人：竇景、《後漢書·竇融傳》。唐衡、《後漢書·宦官傳》。吕思禮及子暨、《周書·吕思禮傳》。陸延。《魏書·陸真傳》。不聞有榮及陽。此句或有誤字，然不可考矣。

又紐其唇齒喉舌牙部件而次之。

近儒陳蘭甫嘗引此句而説之曰：「佇者，參錯無次弟也。韻有一東、二冬、三鍾、四江之次弟，而聲則無次弟。如『東』字、『冬』字舌音，『鍾』字齒音，『江』字牙音，而皆可爲韻部之首也。」《切韻考》卷二《聲類考序》。盼遂按：陳氏之言是，而義未洽。所謂「佇其脣齒喉舌牙」者，即謂一部之字佇並而陳列也。今且舉東韻字言之：「公」、「弓」牙音見母，「空」、「穹」牙音溪母，「窮」牙音群母，「㟪」牙音疑母，「東」舌頭端母，「通」舌頭透母，「同」舌頭定母，「中」舌上知母，「忡」舌上徹母，「蟲」舌上澄母，「篷」重脣並母，「蒙」、「瞢」重脣明母，「風」輕脣非母，「豐」輕脣敷母，「馮」輕脣奉母，「葼」正齒精母，「怱」正齒清母，「叢」正齒從母，「檧」、「嵩」正齒心母，「終」齒頭照母，「充」齒頭穿母，「崇」齒頭床母，「翁」喉音影母，「融」、「雄」喉音喻母，「烘」喉音曉母，「洪」喉音匣母，「籠」、「隆」舌齒音來母，「戎」舌齒音日母。使《唐韻》當日循此序排比，經以聲勢，緯以體文，可以消後人《切韻表》之紛紜矣。惜孫氏不解出此，而猥以「東」、「同」、「中」、「蟲」爲系，春戢凌雜，漫無倫禱，所謂「部佇而次」，正斥此也。

有可紐不可行之及古體有依約之並采以爲證。

數語不能句讀，必有譌奪。《圖書集成·經藝典》引作「其可紐不可行及古體有依納當爲「約」誤。之音，並采以爲證，庶無壅而昭其憑」，較爲明瞭。或所據本不誤，抑經臆改，未敢知也。

前後總加四萬二千三百八十三言。

按：此指注釋字數言也。孫氏所增加正文，據吴縣蔣氏《唐韻殘卷》計之，不過陸韻七分之一也。盼遂著《敦煌本切韻殘卷字數考》言之甚詳。晁公武《讀書志》乃謂愐加正文有此數，失考甚矣。又前者謂開元二十年所注，後者謂天寶十載復編入元青子、吉成子所談説也。

「論曰」一段。

静安師云：「此段爲孫氏部叙後之總論。魏鶴山《唐韻後序》謂孫氏部叙於一東下注云：『德紅反。濁，滿口聲。』自此至三十四乏皆然。此論即自諭所爲用五音清濁分韻之理。今本皆删削部目，遂使孫氏論旨不易考見矣。」

盼遂按：師説極塙，惟此論文極樸古，不易瞭然。近儒陳蘭甫《切韻考》卷六於此段釋之甚詳，雖有戾於本師之恉，師意謂孫氏清濁以韻部爲單位，即平上去入四聲，每聲中各韻自有清濁。陳氏則謂清濁以平上去入四聲爲單位，不關於二百六部也。亦録之以見一耑：

古無平上去入之名，借宫商角徵羽以名之。李登《聲類》以五聲命字，吕静《韻集》宫商觕徵羽各爲一篇。此所謂「宫商觕徵羽」，即平上去入四聲。其分爲五聲者，蓋分平聲清濁爲二也。陸氏《切韻》清濁合爲一韻，孫愐《唐韻序》後論云云。此解説《切韻》之書分四聲不分五聲之故也。所謂宫羽徵商，即平上去入也。平上去入各有清濁，不可但分一聲之清濁，以足五聲之數。若四聲皆分清濁爲二部，則太繁碎，故不可分也。

兹駙敦煌本《切韻》陸法言、長孫訥言序，式古堂本孫愐《唐韻》第一序，以資參鏡。

切韻〔一〕序　陸法言撰

盼遂按：兹依静安師臨敦煌本寫出。凡字外有方匡者，皆盼遂據《廣韻序録》補入。

伯加千一字

昔開皇初，有劉儀同臻、顏外史之推、盧武陽思道、魏著作彥淵、李常侍若、蕭國子該、辛諮議德原、薛史部道衡等八人，同詣法言門宿。夜永酒闌，論及音韻，以古今聲調，既自有别，諸家取舍，亦復不同。吴楚則時傷輕淺〔二〕，燕趙則多涉重濁，秦隴則去聲爲入，梁益則平聲似去。又支章移反。脂、旨夷反。魚語俱反。虞語俱反。共爲不韻，先蘇前反。仙、相然反。尤侯俱論是切。欲廣文路，自可清濁皆通；若賞知音，即須輕重有異。吕静《韻集》、夏侯詠《韻略》、陽休之《韻略》、李季節《音譜》、杜臺卿《韻略》等〔三〕，各有乖互。江東取韻，與河北復殊。因論南北是非，古今通塞，欲更捃選精切，除削疎緩。顏外史、蕭國子多所決定，魏著作謂法言曰：「向來論難，疑處悉〔四〕盡。何爲不隨口記之？我輩數人，定則定矣。」法言即燭下握筆，略記綱紀。後博問英辯〔五〕，殆得精華。於是更涉餘學，兼從薄宦，十數年間，不遑修集。今返初服，私訓諸弟，凡有文藻，即須聲韻。屏居山野，文遊阻絶。疑或之所，質問無從。亡者則生死路殊，空懷可作之歎；存者則貴賤禮隔，以報絶交之旨。遂取諸家音韻、古今字書以前所記者，定之爲《切韻》五卷。剖析毫氂〔六〕，分别黍累。何煩泣玉，柒可懸金。藏之名山，昔怪馬遷之言大；持以蓋醬，今歎揚雄之口吃。非是小子專輒，乃述群賢遺意。寧敢施行人世，直欲不出户庭。於時歲次辛酉大隋仁壽元年也。

切韻箋序

訥言謂：陸生此製，酌古沿今，推而言〔七〕之，無以加也，然苦傳之已矣。按：「矣」爲「久」之譌。失本一畫，詎唯千里。弱冠嘗覽顏公《字樣》，《中興書目》：「顏師古《字樣》一卷。」見「炙」從肉，莫究厥由。輒意形聲，固當從夕。及其晤矣，彼乃乖斯。若靡馮焉，他皆倣此。頃以佩經之隟，沐雨之餘，楷其紕繆，曉兹得失。銀鈎刱閲，晉豕成群；蕩櫛行披，魯魚盈貫。遂乃廣徵金篆，遐泝石渠。略題會意之訶，仍絶按：「絶」爲「紀」誤。所由之典。亦有一文兩體，不復備陳；數字同歸，唯其擇善。勿謂有增有減，更慮不同；一點一撇，咸資則像。又加六百字，用補闕遺。其雜[類]並爲訓解〔八〕，但稱按者，俱非舊説。傳之弗謬，遮當爲「庶」之譌。[將]箋云。於時歲次丁丑，大唐儀鳳二年也。

唐韻序 第一

朝議郎行陳州司法參軍事臣孫愐上

蓋文字聿興，音韻乃作。《蒼》、《雅》吳氏《大觀録》作《蒼頡》、《爾雅》。爲首，詩、頌次之，則有《字統》、《字林》、《韻略》。《大觀録》「字林」下有「韻集」。述作頗衆，得失平《大觀録》作「互」。分。惟陸法言《切韻》，盛行於代。《大觀録》作「世」。然隨珠尚纇，和璧仍瑕。《大觀録》「璧」作「玉」。遺漏字多，訓釋字少。若無刊正，何以討論？我國家偃武修文，大崇儒術。置集賢院，《大觀録》「賢」下有「之」字。召才學之流。自開闢以來，未有如今日之盛。上行下效，比屋可封。輒罄謏聞，敢補遺闕。兼集《大觀録》「集」作「翟」。諸書，爲注訓釋。《大觀録》作「具爲訓釋」。州縣名目，多據今時。《大觀録》「目」作「號」，「多」作「亦」。又字體偏傍，點畫意義，從才從木，著亻著亻，並悉具言，庶無紕謬。其異聞奇怪傳説殊，《大觀録》「殊」下有「譌」字，「其」下有「有」字。姓氏源由，土地總産，《大觀録》「總」作「物」。山河草木，鳥獸蟲魚，略載其間，《大觀録》「略」作「備」。皆引憑據。今加三千五百字，通舊總一萬五千文。其注訓解，不在此數。勒成一家，《大觀録》「家」作「書」。並具三教。名曰「唐韻」，蓋取《周禮》之義也。《大觀録》「取」下有「周易」二字。皆按《三蒼》、《爾雅》、《字統》、《説文》、《玉篇》、《石經》、《聲類》、《韻譜》、九經、諸子、《史》、《漢》、《三國志》、《晉》、《宋》、《後魏》、《周》、《隋》、《陳》、《梁》、兩《齊》等史，《本草》、《姓苑》、《風俗通》、《古今注》、賈執《姓氏英賢傳》、王僧孺《百家譜》、《文選》諸集，《孝子傳》、《輿地志》《大觀録》「字統」下有「字林」，「聲」下無「類」字，「史經漢」作「史漢」，「諸集」作「諸賢集」。及武德以來創置，迄於開元廿年，《大觀録》作「三十年」。並列注中。等夫輿誦，戰汗交集。《大觀録》「戰」作「流」。悪媿上陳，死罪死罪。

盼遂按：卞、吴二書所録孫氏第一序互有異同得失，今以卞爲主，而附吴書異文於每句之下，以備參稽。

唐韻卷第一　平聲五十 平聲上廿六韻

唐韻卷第二　平聲下 廿八韻

唐韻卷第三　上聲 五十二韻

唐韻卷第四　去聲 五十七韻

唐韻卷第五　入聲 三十二韻

盼遂《重定唐韻叙目考》附

唐韻序 第二

陳州司法孫愐序 文存《廣韻》首，不録。

部目

唐韻卷第一　平聲上二十九韻

一　東德紅反。濁，滿口聲
二　冬都宗反
三　鍾職容反
四　江古雙反
五　支章移反
六　脂旨夷反
七　之止而反
八　微無非反
九　魚語居反
十　虞語俱反
十一模莫胡反
十二齊俱稽反
十三栘成臡反
十四佳古膎反
十五皆古諧反
十六灰呼灰反
十七咍呼來反
十八真職鄰反
十九諄章倫反
廿　臻側詵反
廿一文武分反
廿二殷於斤反
廿三元愚袁反
廿四魂户昆反
廿五痕户恩反
廿六寒胡安反
廿七桓胡官反
廿八删所姦反
廿九山所間反

唐韻卷第二　平聲下二十九韻

卅　先蘇前反
卅一仙相然反
卅二蕭蘇彫反
卅三宵相焦反
卅四肴胡茅反
卅五豪胡刀反
卅六歌古俄反
卅七戈古禾反
卅八麻莫霞反
卅九覃徒含反
卌　談徒甘反
卌一陽與章反

卌二唐徒郎反　卌三庚古行反　卌四耕古莖反　卌五清七精反
卌六青倉經反　卌七尤雨求反　卌八侯胡溝反　卌九幽於求反
五十侵七林反　五十一鹽余廉反　五十二添他兼反　五十三蒸諸膺反
五十四登都滕反　五十五咸胡讒反　五十六銜户監反　五十七嚴語輸反
五十八凡扶芝反

唐韻卷第三　上聲五十四韻

一　董多動反。濁，滿口聲　二　腫之隴反。濁，滿口聲　三　講古項反　四　紙諸氏反
五　旨職雉反　六　止諸市反　七　尾無匪反　八　語魚舉反
九　麌虞矩反　十　姥莫補反　十一薺似禮反　十二蟹鞋買反
十三駭諧揩反　十四賄呼猥反　十五海呼改反　十六軫之忍反
十七準之允反　十八吻武粉反　十九隱於謹反　廿　阮虞遠反
廿一混胡本反　廿二很痕懇反　廿三旱河滿反　廿四緩呼管反
廿五潸數板反　廿六産所襉反　廿七銑蘇顯反　廿八獮息淺反
廿九篠穌鳥反　卅　小私兆反　卅一巧苦絞反　卅二皓胡老反
卅三哿古我反　卅四果古火反　卅五馬莫下反　卅六感古禫反
卅七敢古覽反　卅八養餘兩反　卅九蕩堂朗反　卌　梗古杏反

卌一耿古幸反　卌二静疾郢反　卌三迥户鼎反　卌四有云久反
卌五厚胡口反　卌六黝於糾反　卌七寑七稔反　卌八琰以冉反
卌九忝他玷反　五十拯蒸上聲　五十一等多肯反　五十二豏下斬反
五十三檻胡黤反　五十四范防錽反

唐韻卷第四　去聲五十九韻

一送蘇弄反。濁，滿口聲　二宋蘇統反。濁，滿口聲　三用余頌反　四絳古巷反
五寘支義反　六至脂利反　七志職吏反　八未無沸反
九御牛據反　十遇牛具反　十一暮莫故反　十二泰他蓋反
十三霽子計反　十四祭子例反　十五卦古賣反　十六怪古壞反
十七夬古邁反　十八隊徒對反　十九代徒耐反　廿廢方肺反
廿一震章刃反　廿二稕之閏反　廿三問亡運反　廿四焮香近反
廿五願魚怨反　廿六慁胡困反　廿七恨胡艮反　廿八翰候幹反
廿九換胡玩反　卅諫古晏反　卅一襉古莧反　卅二霰蘇甸反
卅三線私箭反　卅四嘯蘇弔反　卅五笑私妙反　卅六效胡教反
卅七號胡到反　卅八箇古賀反　卅九過古卧反　卌禡莫駕反
卌一勘苦紺反　卌二闞苦濫反　卌三漾餘亮反　卌四宕徒浪反

卅五映居慶反　卅六諍側迸反　卅七勁居正反　卅八徑古定反

卅九宥丁救反　五十候胡遘反　五十一幼伊謬反　五十二沁七鴆反

五十三豔以贍反　五十四㮇他念反　五十五證諸應反　五十六嶝都鄧反

五十七陷户韽反　五十八鑑格懺反　五十九梵扶泛反

唐韻卷第五　入聲三十四韻

一屋烏谷反。濁，滿口聲　二沃烏酷反。濁，滿口聲　三燭之欲反　四覺古嶽反

五質之日反　六術食聿反　七物無弗反　八櫛阻瑟反

九迄許訖反　十月魚厥反　十一没莫勃反　十二曷胡葛反

十三末莫割反　十四黠胡八反　十五鎋胡瞎反　十六屑先結反

十七薛私列反　十八錫先擊反　十九昔私積反　廿麥莫獲反

廿一陌莫白反　廿二合胡閤反　廿三盍胡臘反　廿四洽侯夾反

廿五狎胡甲反　廿六葉與陟反　廿七怗他協反　廿八緝七入反

廿九藥以灼反　卅鐸徒合反　卅一職之翼反　卅二德多則反

卅三業魚怯反　卅四乏方法反

右《唐韻部目表》者，盼遂據王静安師《唐時韻書部次先後表》比葺而成也。平聲一先以下，不特起數者，魏鶴山

跋所藏《唐韻》後云：「於二十八删、二十九山之後，繼之以三十先、三十一仙，上聲、去聲亦然。今之爲韻者，平聲輒分上下，自以一先、二仙爲下平之首。」由魏氏之言，知《唐韻》本不分上下，其記數起東畢凡，一以貫之也。至若孫氏前後學者類多析平聲爲上下，要自以卷袠貤重之故，無關於音理也。師謂孫氏《唐韻》有二本：式古堂所藏，開元二十年本也；吴縣蔣氏所藏，天寶十載本也。前者一準陸舊，後者自成别裁。盼遂謂鶴山所藏亦後本矣。前本上平韻只二十六，入聲三十三。鶴山本則有二十八删、二十九山，入聲有三十四，其爲後本可知。魏氏《唐韻》又有部叙，於一東下注云「德紅反。濁，滿口聲」，自此至三十四乏皆然。嘗擬據之補清濁於韻表中，惟六朝唐人所云清濁，至爲蔄胡，難於塙指。魏文帝云：「文以氣爲主，氣之清濁有體，不可力强而致。」《典論·論文》。范蔚宗云：「性别宫商識清濁，斯自然也。」《後漢書自序》。顔之推云：「南方水土和柔，其音清舉而切詣；北方山川深厚，其音沈濁而鈋鈍。」《家訓·音辭》篇。陸法言云：「吴楚則時傷輕淺，燕趙則多涉重濁。」《切韻序》。陸德明云：「方言差别固自不同，河北江南，最爲巨異。或失在浮清，或滯於沈濁。」《經典釋文序録》。孫愐云：「引字調音，各自有清濁。」《唐韻序論》。景審云：「吴音與秦音莫辨，清韻與濁韻難明。」慧琳《一切經音義序》。凡斯清濁難爲義界，立字母四聲呼等之説者，亦徒滋紛紜，未擿玄珠。惟張守節《史記正義·論例》云：「先仙、尤侯、治持、之脂、僖熙、嬉嘻，並許其反。希晞睎稀，並虚哉反。若斯清濁，實亦難分，博學碩材，乃能甄異。」張氏此言亮爲達識。彼誠慨夫清濁之難理董，學士之務破碎也。今於韻目下，不盡如孫氏注清濁，以附於疑事無質之訓，亦以師張公之意爾。

【校記】

〔一〕「切韻」原刊作「切均」。「均」古同「韻」，敦煌原本是「韻」字，依敦煌本改。

〔二〕「淺」原刊作「清」，據敦煌本改。

〔三〕「等」字原刊無，據敦煌本補。

〔四〕「悉」原刊作「都」，據敦煌本改。

〔五〕「辯」原刊作「辨」，據敦煌本改。

〔六〕「毫氂」原刊作「豪釐」，據敦煌本改。

〔七〕「言」原刊作「論」，據敦煌本改。

〔八〕「解」原刊作「釋」，據敦煌本改。

（原載《實學》第四期、第五期，清華學校研究院實學社一九二六年七月、八月出版。後收録於《文字音韻學論叢》，北平人文書店一九三五年出版。本次整理時，以《文字音韻學論叢》所録爲底本，參照《實學》所刊原文。文末所附敦煌本《切韻序》，係劉盼遂先生在清華讀書時，自其師王國維先生之摹本所抄。當時敦煌寫本《切韻序》並未刊印，一再傳抄，難免疏漏。今據英藏斯二〇五五號敦煌卷子照片覈校）

淮南子許注漢語疏

原道訓

婦人不孀。

許注：「楚人謂寡婦曰孀。」《詩·桃夭》正義。

盼遂按：《説文》無「孀」字，《雨部》「霜」下云：「喪也。」《漢書·董仲舒傳》：「霜者，天之所以殺也。」《白虎通·災變》：「『霜』之爲言亡也。」《釋名·釋天》：「霜，喪也。」寡妻喪其所夫，稱「未亡人」，象秋霜之肅殺無生意，故稱「霜」焉。加女傍者，後世之分别纍增文，非舊式也。陶方琦謂許注「孀」作「霜」爲用假借，失之。

俶真訓

人莫鑑於流潦，而鑑於澄水。

許注：「楚人謂水暴溢曰潦。」《文選·江賦》注。

「潦」字《説文》無，《泉部》有「𤽶」字，云：「泉水也。」段注：「潦即𤽶字，泉水暴溢曰𤽶也。」盼遂謂：

《説文》：「瀡，大波也。」朱允倩繫「瀭」於「瀡」下，謂即「瀡」之異字，較勝。

覽冥訓

短褐不完。

高注：「短，或作裋。」許注：「楚人謂褐曰裋。」《後漢書·王望傳》注文、《列子釋文》。盼遂按：《説文·衣部》：「裋，豎使布長襦。」凡從「豆」之字，多含短意。此「長」字疑「短」之譌。故《淮南王書》「裋褐」亦作「短褐」，《史記·秦始皇紀》「裋襦」，徐廣云「別作短襦」，皆其證也。《方言》四：「襜褕，江淮、南楚之間謂之褈褣，自關而西謂之襜褕，其短者謂之裋褕。以布而無緣、敝而紩之謂之襤褸。下文「楚謂無緣之衣曰襤褸」。自關而西謂之統裾，其敝者謂之緻。」今按：此段以江淮、南楚爲主，猶云江淮、南楚謂襜褕爲褈褣，其短者謂之裋褕。以布而無緣、敝而紩之謂之襤褸，其敝者謂之紩。自關而西謂褈褣爲襜褕，謂襤褸爲統裾也。不然則重出「自關而西」四字，果何謂乎？錢氏《箋疏》説此段殊不了了。許君此注楚人名褐爲裋，蓋據《方言》文也。

主術訓

楚文王好服觟冠。

許注：「觟冠，今力士冠。觟，胡瓦反。」《藝文類聚》、《太平御覽》。

「觟」在古音支部，「瓦」在古音歌部，得相反切者，以支、歌二部字古代多所出入故也。又按：《唐書·藝文志》：「《淮南鴻烈音》二卷，高誘撰。」《初學記》、《文選注》、《太平御覽》引誘及許注，亦或見翻語。議者或謂東漢無切音之學，《鴻烈音》乃後人所追記，應如《舊唐書》所記爲何誘撰也。然盼遂嘗考切音之學，東漢已盛，如衛宏《古文官書》、杜林《蒼頡訓詁》、服虔《通俗文》、應劭《漢書注》所用反切，亦云夥頤。因著《反切不始於孫叔然辨證》一篇，論之詳矣。今《淮南書》有許、高反語，蓋當然之事，無足詫也。

繆稱篇

句吴其庶乎？

許注：「句吴，夷語不正，言吴加以句也。」

《漢書·地理志》：「太伯初奔荆蠻，荆蠻歸之，號曰句吴。」顏師古注：「句，音鉤，夷俗語之發聲也。亦猶越爲於越也。」説即本許。

劉師培云：「吴人以『格』音爲語端，『格』、『句』一聲之轉，故吴曰『句吴』。越人用『阿』音爲發聲，『阿』、『於』古音相近，故越曰『於越』。此古語因今言而通者也。」見《新方言後序》。想會稽人言吴加句，在許君時尚如此也。

齊俗篇

其兵戈銖而無刃。

許注：「楚人謂刃頓爲銖。」

按：《説文》「銖」無頓意。《唐韻》：「銖，市朱反。」爲齒頭音。古音齒頭歸舌，故「銖」與「頓」爲雙聲，宜作「錭」矣。『朱』、『周』古聲通，如「侏儒」亦曰「周僥」，《海外南經》。「裯馬」本爲「侏大」，《周禮》「甸祝」注。故「銖」、「錭」得相假借。《説文》：「錭，鈍也。」「鈍」、「頓」古通用。是「銖」、「錭」、「鈍」音義全同，古蓋一字而後漸歧異耳。「楚人謂刃頓爲銖」，此音義之最古者。洪筠軒謂「銖」即「殊」之借字，《説文》「殊，死也」，於「刃頓」之義有何關乎？

譬若俔之見風。

許注：「綄，候風之羽也。楚人謂之五兩。」

按：候風羽，今江淮間舟子尚多用之。至其所以得名「五兩」者，實難索解。《太平御覽·舟部》引《兵書》：「凡候風法，以雞羽重八兩，建五重旗，取羽繫其巔，立軍營中。」所説乃軍中五兩之制。然於五兩之名，仍未合也。

爲天下顯武。

許注：「楚人謂士爲武。」

《覽冥訓》高誘注「江淮間謂士曰武」，《史記・淮南王列傳》徐廣注「淮南人名士曰武」，皆本許氏之說。

盼遂按：「武」以雙聲借爲「夫」，《山海經》有「武夫之丘」，爲雙聲連語。《風俗通》「夫，賦也」，是「夫」、「武」古通之證。《説文》：「夫，丈夫也。」《郊特牲》：「夫也者，以知帥人者也。」《風俗通》：「夫者，膚也，言其知膚敏宏教也。」故「夫」與「士」可同類而共稱矣。陶方琦謂叔重注《淮南鴻烈・内篇》稱篇不稱訓，今依之。

道應篇

方倦龜殼而食蛤梨。

許注：「楚人謂倨爲倦。」

盼遂按：「倨」爲「踞」之借。《説文》：「踞，蹲也。」古之踞猶今所謂坐矣。倦，《説文》訓罷，人罷則不能危坐而就踞矣。以「倦」代「踞」，雖楚之方言，尚未離其宗也。再按之《華嚴字母》，「倨」入見紐，「倦」入溪紐，同爲牙音雙聲，此又由音理有可通之術焉。

乃止駕，心柸治，悖若有喪也。

許注：「楚人謂恨不得爲柸治也。」

王懷祖《讀書雜志》云：「柸治，疊韻字，言其心柸治然也。《論衡》作『乃止喜，心不怠，悵若有喪』，『不怠』即『柸治』之借字。」俞蔭甫《淮南鴻烈平議》云：「『柸治』即『不怡』也。『不怡』二字，本於《虞書》，古人習用之。《國語·晉語》曰：『主色不怡。』太史公《報任少卿書》曰：『聽朝不怡。』此言『心不怡』，非必楚語。因聲誤而爲『柸治』，其義始晦矣。《論衡·道虚》篇作『乃止喜，心不怠』，『怠』者，『怡』之假字也。」盼遂按：俞説是也。凡方言衍變，多由雅言音轉而成。「治」與「得」古雙聲通用，「柸治」蓋亦「不得」之音謁歟！

説林篇

山雲蒸，柱礎潤。

許注：「楚人謂柱碣曰礎。」《一切經音義》。

盼遂按：「碣」、「礎」二字皆不見於《説文》。《文選·東京賦》「雕楹玉碣」，李善注：「『碣』與『舄』古字通。」碣爲「柱下石」，《廣韻·二十二昔》。猶人足之着舄，故名「舄」矣。從「石」傍者，後人分别文飾字也。楚人作「礎」，以「舄」與「楚」爲魚部雙聲，得以互轉也。

要略篇

操舍開塞，各有龍忌。

許注：「中國以鬼神之亡日爲忌，北胡、南越皆謂之請龍。」

盼遂按：「請龍」二字無義。「龍」當爲「靈」之借。張平子《南都賦》「赤靈解角」，李注：「赤靈，赤龍也。」蔡邕《獨斷》：「靈星，火星也。一曰龍星。」《漢書·郊祀志》「立靈星祠」，顔注引張晏曰：「龍星左角曰天田，則農祥也。」此皆「龍」、「靈」通用之證。又按：《詩·周頌·絲衣序》：「高子曰：『靈星之尸也』。」《風俗通》：「辰之神爲靈星。」亦皆借「靈」爲「龍」，謂東宮蒼龍七宿，角、亢、氐、房、心、尾、箕也。故胡、越語得轉「靈」作「龍」，謂「請靈」爲「請龍」矣。靈者，本泛言鬼神，《大戴禮》、《尸子》、《風俗通》、《楚辭注》。中國謂爲「鬼神忌日」，胡、越謂爲「請靈」，文義實同。惟聲轉作「龍」，因難知耳。《墨子·貴義》篇：「子墨子北之齊，遇日者。日者曰：『帝以今日殺黑龍於北方，而先生之色黑，不可以北。』」孫仲容《閒詁》引許君此注，説曰：「按：此日者以五色之龍定吉凶，疑即所謂『龍忌』。許君『請龍』之説，未詳所出，恐非吉術也。」孫氏蓋不知《淮南》「龍忌」之爲「靈忌」，「請龍」之爲「請靈」，故有是説。實則龍僅爲天地間神祇之一，未能代表諸神也。

玄眇之中，精搖靡覽。

許注：「楚人謂精進爲精搖。」

《方言》卷六：「遥，疾行也。南楚之外曰遥。」《淮南王書》假「搖」爲之，許注本楊説也。

棄其畛挈，斟其淑静。

許注：「楚人謂渾濁爲畛挈也。」

盼遂按：「畛」假爲「沴」，「挈」假爲「丯」，非連字也。《説文》：「沴，水不利也」，「丯，艸蔡也，象艸生之散亂也」。「㓞」從「丯」聲，故得通假。

丙寅正月於清華園。

（原載《國學論叢》第一卷第一號，清華學校研究院一九二七年六月出版。後刊入《文字音韻學論叢》，北平人文書店一九三五年出版）

春麥爲䅘《示部》："䅘，讀若春麥爲䅘之䅘。"

段茂堂改"爲䅘"之"䅘"字作"𥣬"，從木，引《廣雅》"𥣬，舂也"，云："《説文》無『𥣬』字，即舂去麥皮曰臿也。"王菉友不謂段爲然，曰："王煦欲改爲『𥣬』，余亦謂然。由今思之，殊不達也。《説文》主於分別，固是眼學。然當時口授，亦兼耳學。『春麥爲䅘』乃當時諺語。諺語在人口中，未嘗著於竹帛。許君欲人以口中之音，識目中之字，本無可疑。"按：王説極通，實不啻爲《説文》引諺"讀若"起例，然段亦未嘗不知此理。《髟部》："鬗，讀若江南謂酢母曰鬗。"段注："『鬗』無異字者，方言固無正字。知此俗語，則髮皃之字之音可得矣。"此説亦爲明瞭。獨惜其蔽於"春麥爲䅘"一條，亦千慮之一失矣。

盼遂謂凡"讀若"所舉俗諺，而必求正字實之，則如"楷"、"棳"、"嫘"、"匿"、"蠸"諸字下"讀若"之字，將何以解乎？《木部》："楷，讀若驪駕。"按："楷"與"驪駕"在音理均難溝通，必漢語説"驪駕爲某"，而某之音與"楷"相佛仿，然今日則不能知也。"棳，讀若指撝。"按："棳"與"指撝"在音理均難溝通，必漢語説"指撝爲某"，而某之音與"棳"相佛仿，然今日則不能知也。學者不能闕疑，往往求通其所不可通，其殆也宜矣。

鼻子《王部》"皇"下："今俗以始生子爲鼻子。"

按：此謂牲畜生子也。《方言》十三："鼻，始也。嘼之初生謂之鼻，人之初生謂之首。"許説本此。桂氏謂《方言》「人」與「罾」字互倒，非也。王章《封事》：「羌胡尚殺首子以盪腸正世。」《漢書・元后傳》。又按：《韓非子・二柄》、《十過》、《難一》諸篇皆言「易牙蒸其首子，以進桓公」。是漢語人之始生謂首矣。《洪武正韻》「鼻先受形」之説，蓋不知而作。

畜牧《玉部》：「珛，讀若畜牧之畜。」

桂氏曰：「《禮記》『與其有聚斂之臣』，皇侃《論語疏》引作『與其畜聚斂之臣』；又『寧有盗臣』，《唐書・食貨志》引作『寧畜盗臣』，是『有』、『畜』聲相近。」

盼遂按：東京初葉，詩文尚不讀「珛」入幽部韻。《唐韻正・上聲・四十四有》。據《説文》「珛，讀若畜」、「玖，讀若句」觀之，知之部字之轉入他部，蓋權輿於和、殤、安之世矣。

蛤蚌《玉部》：「玤，讀一曰若蛤蚌。」

人句脊《玉部》：「玖，或曰若人句脊之句。」

按：「句」本當作「痀」。《疒部》：「痀，曲脊也。」許時或俗讀傴僂者爲句脊，與「痀」音異，因書「句」以表「玖」字之音。更知「讀若」之功，非在推迹本字矣。

莒《艸部》：「莒，齊謂芋爲莒。」

《本艸圖經》陶隱居注：「種芋三年，不采成梠。」按：「梠」即「莒」之異文。是謂「芋」、「莒」有異。

按：「芋」、「莒」同屬魚部喉音，特稍有深淺之異耳。《管子・小問》紀：「桓公口開而不闔，是言莒也。」

桂氏據此文謂「齊呼莒同芋」矣。

蘺《艸部》：「蘺，楚謂之蘺。」

本篇「蘺」下云：「江蘺，蘼蕪。」桂氏謂「江蘺、蘼蕪非一物」，宜改曰「虈也。楚謂之蘺」。

虈《艸部》：「虈，晉謂之虈。」

《埤倉》：「齊曰芷，晉曰虈。」

茝《艸部》：「虈，齊謂之茝。」

《本草綱目》引掌禹錫曰：「《范子計然》曰：『白芷出齊郡。』」

芰《艸部》：「蔆，楚謂之芰。」

薢茩《艸部》：「蔆，秦謂之薢茩。」

王安貧《武陵記》：「四角、三角曰芰，兩角曰蔆。」

盼遂按：「蔆」之言棱也，「芰」之言支也，皆謂支離觚棱之義。薢茩，爲曉母雙綿字，亦即支離之意。《莊子·胠篋》篇：「堅白，解垢同異之變多。」《釋文》引崔譔、司馬彪云：「解垢，隔角也。或云詭曲之辭。」「解垢」即「薢茩」也。《荀子·儒效》：「逢衣博帶，解果其冠。」按：「解果」即「解垢」之音轉，謂章甫之冠棱角峨峨也。《魏略》崔林論崔琰曰：「大丈夫爲有邂逅耳。」亦謂其厓岸斬絶、光燄四注耳。按：「薢茩」、「解垢」、「解果」、「邂逅」四詞，並形異而音義同。「薢茩」之得名，以其奇偶不仵，猶之棱者名曰蔆，支者名曰芰矣。

茚《艸部》：「昌蒲也。從艸，卬聲。益州云。」

葼《艸部》：「葼，青、齊、沇、冀謂木細枝曰葼。」

《方言》二：「木細枝謂之杪。青、齊、沇、冀之間謂之葼。故傳曰：『慈母之怒子也，雖折葼笞之，其惠存焉。』」

盼遂按：嵏聲之字，多以細小爲義。《玉篇》：「⿱竹㚇，木細枝也。」《爾雅·釋器》：「緵罟謂之九罭。」郭璞注：

「今之百囊罟是。」《詩·豳風》傳：「九罭，緵罟，小魚之網也。」《說文·禾部》：「稯，布之八十縷爲稯。」《史記·孝景紀》正義：「緵，八十縷也。」《詩·豳風》傳：「豕一歲曰豵，三歲曰豜。」《釋文》：「豵，本作豵。」

以上諸字，與「葼」皆一原泉。

莽《茻部》：「莽，南昌謂犬善逐兔茻中爲莽。」

徐灝《說文解字注箋》曰：「犬逐兔茻中，蓋即田獵之事而言。」

盼遂按：此義不見他書，蓋古語之僅存者。

糗糧《牛部》：「𤛓，讀若糗糧之糗。」

咺《口部》：「咺，朝鮮謂兒泣不止曰咺。」

《方言》一：「咺，痛也。凡哀泣而不止曰咺。朝鮮、洌水之間，少兒泣而不止曰咺。」「咺」亦作「喧」，《漢書·外戚傳》：「悲愁於邑，喧不可止兮。」顏師古注：「朝鮮之間，謂小兒泣不止爲喧。」錢繹《方言箋疏》云：「卷十二：『爰，哀也。』《楚辭·九章》：『曾傷爰哀永歎喟兮。』『爰』、『咺』古同聲通用。」

咣《口部》：「咣，秦、晉謂兒泣不止曰咣。」

《方言》一：「自關而西秦、晉之間，凡大人、少兒泣而不止謂之咣。哭極音絕，亦謂之咣。平原謂啼極無聲謂之咣哴。」

郭注：「今關西語亦然。」謂晉時關西亦謂啼極無聲爲咣哴也。

盼遂按：咣，短言之；咣哴，則舒氣長言之耳。

噭咷《口部》：「咷，楚謂兒泣不止曰噭咷。」

《方言》一：「楚謂之噭咷。」《曲禮》：「毋噭應。」鄭注：「噭，號呼之聲也。」《公羊·昭二十五年傳》：

「昭公於是噭然而哭。」何休注：「噭然，哭聲皃。」是「噭咷」亦可單言「噭」也。字亦作「號咷」，《易·同人·九五》、《旅·上九》皆言「號咷」，《太玄·樂·次三》「號咷倚户」，皆謂泣不止也。

喑

《口部》：「喑，宋、齊謂兒泣不止曰喑。」

《方言》一：「齊、宋之間謂之喑。」郭璞：「音蔭。」

按：「喑」之言瘖也，謂瘖啞不成聲也，聲轉作「嗄」。《莊子·庚桑楚》：「兒子終日嗥而嗌不嗄。」《釋文》引司馬彪曰：「楚人謂啼極無聲爲嗄。」知此語不限於宋、齊之域矣。

咦

《口部》：「咦，南陽謂大呼曰咦。」

段注：「大呼，太息也。」

按：《言部》：「誒，可惡之詞也。」《欠部》：「欸，訾也。」《史記·項羽本紀》：「范增曰：『唉，豎子不足與謀。』」唉，即太息之聲。「咦」與「誒」、「欸」、「唉」皆形異而聲義同也。《詩·周頌》傳：「噫，歎也。」《言部》：「譆，痛也。」《檀弓》注：「嘻，悲恨之辭。」以上三字與「咦」亦有聲義相關之理。

呬

《口部》：「呬，東夷謂息爲呬。」

《方言》二：「呬，息也。東齊曰呬。」《爾雅·釋詁》郭注：「今東齊呼息爲呬也。」據此，則「東夷」爲「東齊」誤字。《詩·邶風》、《大雅》毛傳並云：「暨，息也。」《説文·尸部》：「屓，卧息也。」「呬」與「暨」、「屓」同音，虚器反，故字得通用矣。《釋詁》某氏注引《詩》「民之攸暨」作「民之攸呬」，玄應《一切經音義》卷一云「屓，今作呬，同」，皆其證矣。

井汲綆

《口部》：「哽，讀若井汲綆。」

按：《土部》：「埂，讀若井級綆。」《糸部》：「綆，汲井綆也。」《方言》五：「繘，自關而東周、洛、韓、魏之間謂之綆。」知「井汲綆」三字爲漢時方語矣。

髰結《走部》：「𧾍，讀若髰結之結。」

桂氏云：「薊、結聲相近。今俗謂打結，聲如薊。」

盼遂按：《髟部》：「髰，喪結也」，「䯏，簪結也」。「䯏」正字，「結」借字。用借字者，便俗也。

小兒咳《走部》：「䞒，讀若小兒咳。」

按：「咳」今「孩」字。稱小兒爲咳，今猶然矣。

無尾之屈《走部》：「趉，讀若無尾之屈。」

按：本書《尾部》：「屈，無尾也。」《淮南子·原道》：「怳兮，惚兮，用不屈兮。」高注：「屈，讀秋雞無尾屈之屈。」《方言》九：「隆尾。」郭音：「尾，屈。」據上三事，可證「尾屈」連文，「之」字乃淺人所沾。今吾鄉斥雞鴨之短尾高喬者曰「尾把屈」，「屈」作瞿勿反，與「屈申」之「屈」迥別。《楚辭·招魂》：「土伯九約。」王逸注：「約，屈也。」《吕氏春秋·本味》篇：「肉之美者，旄象之約。」高注：「飾也。」按：約，亦屈也，皆斥其尾也。《玉篇》：「屈，短尾也。」又疑「約」爲「要」之借字，《説文》：「節，竹約也。」猶竹要也。《漢書·高帝紀》「定要束耳」，顔師古注：「要，亦約。」按：《史記》作「約束」。今人謂内腎曰要，豬要、雞要皆爲佳膳，疑亦古語也。

𨒪《辵部》：「𨒪，往也。齊語。」

《方言》一：「徂，往也。徂，齊語也。」《爾雅·釋詁》：「徂，往也。」亦通作「殂」，《歺部》：「殂，往死也。」亦通作「且」，《詩·鄭風·溱洧》篇：「士曰既且。」《釋文》：「音徂，云往也。」又《出其東門》

篇「匪我思且」，箋曰：「匪我思且，猶非我思存也。」《釋文》：「且，音徂。」

適《辵部》：「適，之也。宋、魯語。」

《方言》一：「適，往也。適，宋、魯語也。」桂氏曰：「《論語》又云『子適衛』，『赤之適齊也』，皆魯語。」

盼遂按：桂説太泥。

迎《辵部》：「逆，關西曰迎。」

逆《辵部》：「逆，關東曰逆。」

《方言》一：「逢、逆，迎也。自關而西或曰迎，或曰逢。自關而東曰逆。」《爾雅·釋言》：「逆，迎也。」按：「迎」、「逆」牙音疑母雙聲，得以通用，於古或一字也。《書·禹貢》「同爲逆河」，《今文尚書》作「迎河」，《漢書·溝洫志》。此「逆」、「迎」同字之證矣。

迣《辵部》：「迣，迾也。晉、趙曰迣。」

「迣」、「迾」古通，泰部叠韻字。《漢書·禮樂志》：「迣萬里。」晉灼曰：「迣，古『迾』字。」《鮑宣傳》：「男女遮迣。」晉灼曰：「迣，古『列』字。」按：「列」亦「迾」字也。

逞《辵部》：「逞，楚謂疾行爲逞。」

《方言》三：「逞，疾也，楚曰逞。」卷二：「逞，快也。江、淮、陳、楚之間曰逞。」

盼遂按：吾鄉俗形容人之疾步者曰「逞逞奮」，音如挺。馬疾行謂之騁，《説文·馬部》「騁，直馳也」，亦受聲義於逞矣。

踔苕《辵部》：「逴，讀若掉苕之掉。」

段氏曰：「掉苕未聞。或曰：『苕者，末也。禽獸之趠於木杪曰掉苕。』蓋漢時語。」按：段引「或曰」鑿。掉苕，疊韻連綿字。

蹠《足部》：「蹠，楚人謂跳躍曰蹠。」

《方言》一：「跳也，楚曰蹠。」

斟《十部》：「斟，汝南名蠶盛曰斟。」

《方言》三：「斟、協，汁也。北燕、朝鮮、洌水之間曰斟。」

按：「斟」爲「斟」之借字，謂衆多而和同也。段氏曰：「今江蘇俗語多云『蜜斟』，斟音如蟄。」徐灝曰：「粵語亦然。」

訦《言部》：「訦，燕、代、東齊謂信曰訦。」

《方言》一：「信，燕、代、東齊曰訦。」本書《手部》「抌，讀若告言不正曰抌」，意即此「訦」字。以相反爲義，猶之「孎，謹也」，而人之不謹，俗語亦稱「孎」矣。許君於《手部》「抌」主明字音，故不暇考其本字矣。

正月《言部》：「證，讀若正月。」

《史記·秦始皇本紀》：「以秦昭王四十八年正月生於邯鄲。及生，名爲政。」張守節《正義》曰：「正，音政，『周正建子』之『正』也。始皇以正月旦生於趙，因爲政。後以始皇諱，故音征。」許君時言「正月」之「正」，當仍如征，按：至今日尚呼正月如征月。則「證」讀若征矣。

謳《言部》：「謳，齊歌也。」

《太平御覽·樂部》引《古樂志》：「齊歌曰謳，吳歌曰歈，楚歌曰艷，淫歌曰哇。」《漢書·禮樂志》：「齊謳員六人。」《文選・吳趨行》：「齊娥且莫謳。」五臣注：「齊娥，齊后也，善爲謳歌。人皆采以爲曲。」凡此皆「齊謳」之證。

反目相睞《言部》：「誀，讀若反目相睞。」

按：反目，猶回顧也。「睞」爲「覫」假，《目部》：「覫，内視也。」

謬欺《言部》：「譎，益、梁曰謬欺。」

譎《言部》：「譎，欺天下曰譎。」

《方言》三：「膠、譎，詐也。涼州、西南之間曰膠。自關而東西或曰譎，或曰膠。」

按：「膠」即「謬」也，「膠」、「謬」聲同義近，古字通。《廣雅・釋詁三》：「謬、譎、詐、膠，欺也。」蓋據《方言》存「膠」字，據《説文》存「謬」字，非謂「膠」、「謬」二字皆出《方言》也。錢氏《箋疏》謂「謬」字脱，因補「謬」字於「膠」下，殆失之矣。

訏《言部》：「訏，詭譌也，齊、楚謂信曰訏。」

按：「訏」本詭譌，而方語又得爲信者，以相反爲義，循《爾雅》「苦，快」、「肆，故」之例也。《玉篇》引《説文》「齊謂大言曰訏」，似《説文》「信」字爲「大言」之譌。凡從「于」之字皆有大意，《爾雅・釋詁》：「訏，大也。」《方言》一：「訏，大也。中齊、西楚之間曰訏。」段氏據此謂許引方語多本子雲，則「信」當爲「大」之誤字。按：段説亦近是。然「信」誤爲「大言」易，誤爲「大」難，不如前説之安也。

訆叕《言部》：「訆，扣也。如求婦先訆叕之。」

徐楚金《通釋》曰：「此引當時俗語爲證也。訆叕，猶言扣嗑之也。」

按：「扣嗑」之爲南唐時俗語。

心中滿該《言部》：「該，讀若心中滿該。」

顧千里《説文解字校録》云：「該，當作侅。《韓非子》曰：『若人之有腹心之病也，則侅然。』此所謂心中滿侅也。」桂未谷從其説。

盼遂按：許書「讀若」類引俗諺，非主於求正字。如「抌」下「讀若告言不正曰抌」，不作正字之「詋」是矣。解者於此等處，往往未之瞭也。

書卷《廾部》：「弮，讀若書卷。」《目部》：「䀠，讀若書卷之卷。」

按：以帛寫書，始於周季，而盛於兩漢。故漢《藝文志》所記書籍，大半以卷稱。書卷之得名，在此時也。

騁蜃《革部》：「⿰革蚩，讀若騁蜃。」

本書《虫部》：「蚩，從中聲，讀若騁。」

按：《唐韻》：「中，丑列反」，「騁，丑聘反」。舌上雙聲相轉也。段氏據「蚩，讀若騁」，謂此文「多『蜃』字。疑當爲又讀若蜃也」。盼遂謂「騁蜃」蓋當時俗語，且「蚩」、「蜃」二音亦無交通之理，段説非是。

絡鞮《革部》：「鞮，革履也。胡人履連脛，謂之絡鞮。」據《韻會》引。

鬻《䰜部》：「鬻，陳留謂鍵曰鬻。」

鬻《䰜部》：「鬻，凉州謂鬻曰鬻。」

三合繩糾《鬥部》：「鬮，讀若三合繩糾。」

本書《丩部》：「糾，三合繩也。」「鬮」從龜，得讀若糾者，許君時之部字已多讀幽部音矣。

瞉《又部》：「瞉，楚人謂卜問吉凶曰瞉。」

今吾鄉凡卜問吉凶，玩其繇辭曰「瞉籤」，音讀舌頭。錢獻之《説文斠詮》據《儀禮·士冠禮》注「筮所以問吉凶」，謂「瞉」即「筮」字，然二字韻部絶遠，殊難爲一。

叔《又部》：「叔，汝南名收芋爲叔。」

《詩·豳風》：「九月叔苴。」《傳》：「叔，拾也。」按：「叔」、「收」二字聲義亦近。

聿《聿部》：「聿，楚謂之聿。」

不律《聿部》：「聿，吴謂之不律。」

弗《聿部》：「聿，燕謂之弗。」

盼遂按：「聿」、「律」、「弗」、「筆」四字同在古音脂部，且「筆」、「律」從聿受聲，「弗」、「筆」並屬脣音，惟聲等略異，則四字由方音不同，非異字也。《爾雅·釋器》：「不律謂之筆。」郭注：「蜀人呼筆爲不律。」變吴人爲蜀人者，《方言》時有流轉，不常厥居。郭氏注《方言》有廣地之例，亦猶然矣。本師王君《書郭注方言後二》。桂氏《義證》謂：「不律，猶令丁爲鈴，終葵爲椎，不疑當爲丕也。」盼遂按：「不」爲發聲詞，羌無實義，猶毛公《詩傳》「雝夫不」、《爾雅·釋魚》「左倪不類，右倪不若」之「不」矣。

筆《聿部》：「筆，秦謂之筆。」

戴侗《六書故》曰：「蒙恬始束豪爲筆。」《古今注》牛亨問，畣曰：「蒙恬始作秦筆耳，所謂蒼豪，非兔豪竹管也。」盼遂按：古之聿惟用刀削，至秦以竹管，盡文飾，乃於「聿」上加「竹」字以示别。形雖增華，音義仍舊。謂宜列爲「聿」之重文或體，可也。

鏗鏘《臤部》：「臤，讀若鏗鏘之鏗。」

按：本書無「鏗鏘」字，知「鏗鏘」爲彼時俗語矣。又按：《禮·樂記》已見「鏗鏘」字。

矔《目部》：「矔，益州謂瞋目曰矔。」

《方言》六：「矔，轉目也。梁、益之間瞋目曰矔，轉目顧視亦曰矔。」

眮《目部》：「眮，吴、楚謂瞋目顧視曰眮。」

《方言》六：「眮，轉目也。吴、楚曰眮。」段注：「瞋目、顧視是二事。吴、楚皆曰眮也。」

盱《目部》：「盱，朝鮮謂盧童子曰盱。」

《方言》二：「黸，瞳之子。燕、代、朝鮮、冽水之間曰盱。」

按：本部：「矊，盧童子也。」「盧」者，「黸」之借字，後或單稱作「矑」。揚子雲《甘泉賦》：「玉女亡所眺其清矑兮。」服虔注：「矑，目童子也。」「矑」即「黸」矣。弟盱爲目瞳，義不多見。朱允倩疑俗「眸子」字爲「盱」之譌，「盱」之訓義，爲「眸」假冒以行，説頗近是。

睎《目部》：「睎，海、岱之間謂眄曰睎。」

《方言》二：「睎，眄也。東齊、青、徐之間曰睎。」通作「希」，《莊子·讓王》篇「希世而行」，《後漢書·黨錮傳》「海内希風之流，遂共相摽搒」，司馬彪及李賢注皆云：「希，望也。」

按：「希」、「睎」聲義並同。

瞯《目部》：「瞯，江、淮之間謂眄曰瞯。」

《方言》二：「瞯，眄也。吴、揚、江、淮之間或曰瞯。」

眄《目部》：「眄，一曰衺視也，秦語。」

《方言》二：「自關而西秦、晉之間曰眄。」《古樂府·艷歌行》：「夫婿從門來，斜柯西北眄。」此用「眄」之本意也。後多假「盼」字爲之。

睇《目部》：「睇，南楚謂眄曰睇。」

《方言》二：「睇，眄也。陳、楚之間，南楚之外曰睇。」

畜牲《鼻部》：「齅，讀若畜牲之畜。」

雅《隹部》：「雅，秦謂之雅。」

按：《唐韻正》：「雅，古音伍。」與「烏」喉音雙聲，魚部叠韻，本非乖異。《淮南子·原道訓》：「烏之啞啞，鵲之唶唶。」按：「唶唶」以象鵲聲，與「鵲」同音，則「啞啞」以象烏聲，「啞」、「烏」同聲亦明矣，知兩漢時「啞」尚讀五户反也。「啞」、「鴉」同聲，「鴉」即「雅」字，《莊子·齊物論》釋文：「雅，本亦作鴉。」知「雅」與「烏」音相同矣。

櫱岸《歺部》：「歺，讀若櫱岸之櫱。」

段氏曰：「櫱岸未聞。櫱當作屵。」

盼遂謂「櫱岸」，許引俗語，難索本字。

大𣨶《歺部》：「𣨶，俗謂死曰大𣨶。」

按：𣨶，棄也，本條下文。非也。《廣雅·釋詁》。死乃其引申之義。亦通作「奇」，《黃帝·素問》有《大奇》篇，皆言人之死證。

䑋《肉部》：「䑋，益州鄙言人盛，諱其肥謂之䑋。」

《方言》二：「䑋，盛也。秦、晉或曰䑋。梁、益之間凡人言盛及其所愛偉其肥晠，謂之䑋。」錢氏《箋疏》曰：「《漢書·鄒陽傳》晉灼注引《方言》『偉』作『諱』是，今本作『偉』者，乃後人因前卷『碩、沈、巨、濯，大也』條内有『愛偉』二字連文而妄改也。」

盼遂按：錢説非是。《説文》此條「諱」字亦「偉」之譌。愛偉者，驚訝歆羨之詞。《方言》一「自關而西秦、晉之間，凡物之壯大者而愛偉之謂之夏」及「愛偉其肥晠謂之䑋」皆是。「愛偉」遺語今尚存於江、淮之間，俗作「哎唷」。《説文》單言「諱」，「諱」亦「愛偉」字也。惡有稱人大，稱人肥，而以爲諱者？錢説殆失之矣。盧抱經校《方言》曰：「今俗間於小兒猶然。江、淮人謂質弱力薄者爲䑋。亦語之反也。」錢子樂云：「今吴俗謂皮裏肉外白脂曰䑋。」盼遂謂今吾鄉謂人之優渥自得者曰䑋，音正讀如兩反，此真古之遺語矣。

脙《肉部》：「脙，齊人謂臞脙。」

《爾雅·釋言》：「臞脙，瘠也。」郭注：「齊人謂瘠瘦爲脙。」《玉篇》：「齊人謂瘠瘦爲脙。」郝蘭皋《爾雅義疏》云：「今驗蛷螋之蟲腹甚瘠瘦。《廣雅》謂之『蛷螋』，《博物志》謂之『臞螋』，與『臞脙』、『瘦』聲義正同。」

盼遂按：古音幽、侯最近，「臞」、「脙」又群母雙聲，得互轉矣。

腒《肉部》：「腒，北方謂鳥腊曰腒。」

盼遂按：「腒」之爲言倨也。鳥腊恒挺直名曰腒，與肉之屈曲者名曰朐，同一例矣。何休《公羊注》。鄭注《内則》曰：「腒，乾雉。」亦言其一耑耳。

魝《刀部》：「魝，楚人謂治魚也。」

段注曰：「魝爲治魚，蓋楚語。」

盼遂按：《爾雅・釋器》：「魚曰斮之。」郭注謂「削鱗」。李巡本同《内則》作「作之」，云「作之魚骨小，無所去」，皆言治魚事也。今吾鄉治魚曰魝。讀鍥平聲。

箬《竹部》：「箬，楚謂竹皮曰箬。」

段注云：「今俗云筍籜，箬是也。」

篇《竹部》：「篇，關西謂榜曰篇。」

本書《册部》：「扁，署也，從户册。户册者，署門户之文也。」即榜額之意。關西不言扁而言篇者，聲音輕重之分耳。

⿱竹稍《竹部》：「⿱竹稍，秦謂筥曰⿱竹稍。」

段氏曰：「《方言》：『⿱竹旅，南楚謂之筲。』郭曰：『盛飯筥也。』按：『⿱竹旅』即『筥』字，『筲』即『⿱竹稍』字也。」

盼遂按：段注甚塙。《廣雅》：「⿱竹稍，⿱竹旅也。」即謂《説文》之「⿱竹稍」爲《方言》之「筲」也。章太炎《新方言》六云：「今淮南謂飯筥爲⿱竹稍箕，⿱竹稍音如消。」知此語今猶存矣。

䈰《竹部》：「䈰，陳留謂飯帚曰䈰。宋、魏謂箸筩曰䈰。」

盼遂按：吾鄉俗謂飯帚曰「䈰杷」，洗飯斛水曰「䈰水」，此漢語之存於今者。《方言》五：「箸筩，陳、宋、楚、魏之間謂之筲。」「筲」與「䈰」通，猶其與「⿱竹稍」通矣。箸筩曰筲，劍室曰削，俗作鞘。其受聲義一也。

牆居《竹部》：「篝，宋、楚謂竹篝牆以居也。」

《方言》五：「篝，陳、楚、宋、魏之間謂之牆居。」《廣雅・釋器》：「熏篝謂之牆居。」辭章家謂之熏籠，今俗謂之烘籃。

笘《竹部》：「笘，潁川名小兒所書寫爲笘。」

按：「所」下似敚「以」字，「所以書寫」者，籥也，潁川人名之曰笘耳。桂氏據《玉篇》有「笘篙」字，謂「寫」當作「篙」，非是。本部：「籥，書童竹笘也。」《廣雅·釋器》：「笘，籥也。」陸機《文賦》李善注：「觚，木之方者。古人用之以書。猶今之簡也。」是笘又有籥與觚之名矣。

甹《丂部》：「甹，三輔謂輕財者爲甹。」

本書《人部》：「俜，俠也。」「俜」即「甹」之增飾字。《史記·季布傳》：「爲氣任俠。」《集解》：「俠，俜也。」今通語謂輕生爲甹命，山東曹、沇間謂輕僄豪舉亦曰甹。

饘《食部》：「饘，周謂之饘。」

餬《食部》：「饘，宋謂之餬。」

《檀弓音義》、《初學記》並引作「宋、衛謂之餰」。鈕匪石《説文校録》云：「『餰』爲『饘』之重文。」據《玉篇》。故周謂之「饘」，與宋謂之「餰」，本屬一字，非有異也。自「餰」譌爲「餬」，不易明其義矣。

饕《食部》：「饕，陳、楚之間相謁食麥飯曰饕。」

《方言》一：「饕，食也。陳、楚之間相謁而食麥饘謂之饕。」麥飯者，《急就篇》：「餅餌、麥飯、甘豆羹。」顔師古注：「麥飯，磨麥合皮而炊之也。」《周官》「籩人」鄭注：「今河間以北煮種麥賣之，名曰逢。」饕是也。今固始縣人相聚盛饌，名之曰「飲饕」。

風溓溓《食部》：「鰜，讀若風溓溓。」

段氏曰：「風溓溓，未聞。《禾部》：『穅，讀若風廉之廉。』蓋同此，未知孰是。」嚴鐵橋《説文校議》云：「『風』

疑作『水』。潘安仁《寡婦賦》：『水溓溓以微凝。』」朱允倩《説文通訓定聲》曰：「風溓溓，微波之皃。」

盼遂謂「風溓溓」蓋當時俗語，存之區蓋可也。

饟《食部》：「饟，周人謂餉曰饟。」

本部：「餉，饟也」，「饁，餉田也」。知「饟」爲野饋之事矣。「饟」《説文》「人漾反」。《爾雅·釋詁》「饟，饋也」，《詩·周頌》「其饟伊黍」，《釋文》並云：「饟，式亮反。」與「餉」同音。《廣韻·去聲·四十一漾》「餉」、「饟」同在式亮組中，知此二字音義無殊，而別爲二形，亦循轉注造字之軌耳。《韓非子·外儲説左上·經》：「求其誠者，非歸餉也不可。」《説》中作「歸饟」。《漢書》顏注中云「饟，古『餉』字」者，凡十餘見，皆古「餉」、「饟」一字之徵。

飵《食部》：「飵，楚人謂相謁食麥曰飵。」

《方言》一：「飵，食也。相謁而食麥饘。楚曰飵。陳、楚之郊，南楚之外相謁而餐或曰飵。」

盼遂按：「飵」之言醋也。《酉部》：「醋，客酌主人也。」《蒼頡篇》：「客報主人曰酢。」酢亦醋也。飵即主客酬醋，與醋同受聲義矣。

䭡𩜹《食部》：「䭡，秦人謂相謁而食麥曰䭡𩜹。」

徐楚金曰：「相謁，相見後設麥飯爲常禮，如今人之相見飲茶也。」《方言》一：「相謁而食麥饘，秦、晉之際，河陰之間曰䭡𩜹。此秦語也。」郭注：「今關西人呼食欲飽爲䭡𩜹。」

盼遂按：「䭡𩜹」爲諄部疑母雙聲。

恚人《食部》：「𩛿，讀若楚人言恚人。」

盼遂按：許君意謂楚人言恚人其詞如𩛿，非謂「𩛿」讀恚或讀人也。《匸部》：「匿，讀若羊騶箠。」羊騶箠者，笍也。

則「匿」讀若笍，非謂讀若羊也，𩦞也，箠也。舉此一事，餘可隅反。或乃執「飳」讀恚，繳繞申證，失之迂矣。

餽《食部》：「餽，吴人謂祭曰餽。」

决引《䰜部》：「𩰲，讀若拔物爲决引也。」

蔮《𦱶部》：「𦱶，楚謂之蔮。」

《爾雅·釋艸》「蔮，蘮」，郭注：「大葉，白華，根如指，正白，可啖。」「蔮，蘮茅」，郭注：「蔮花有赤者爲蘮。蘮、蔮一名耳。」如郭注是蔮、蘮同物，名隨色移。許不同《雅》詁者，本當時方語爲説也。

蘮《𦱶部》：「𦱶，秦謂之蘮。」

䍺《弟部》：「䍺，周人謂兄曰䍺。」

《詩》十五國風惟《王風·葛藟》篇：「謂他人昆。」傳云：「兄也。」是周人謂兄爲䍺之證。

盼遂按：親戚稱謂本出自語詞。《兄部》：「兄，兹也。語詞。」後借爲先生者之稱。「䍺」則由「兄」别造分别文，非「先生」者之本字也。「兄」屬喉音，故與「䍺」得聲近相轉矣。

夃《夊部》：「夃，秦以市買多得爲夃。」

《玉篇》：「夃，多債利也。」桂氏據此謂「市買」爲「市賣」之譌。

盼遂按：「夃」兼買、賣二義。本條下引《論語》「求善價而夃諸」，謂賣也；《詩》曰「我夃酌彼金罍」，謂買也。又按：「夃」與「賈」聲韻相同，「賈」亦兼買、賣二義。頗疑「夃」即「賈」之孳乳字，由秦音而造也。

㓷《廣韻·尤部》引《説文》：「關西呼鐮爲㓷。」

㮰《木部》：「㮰，秦名爲屋椽，周謂之㮰。」

按：「秦名屋椽爲榱」句，文宜改作「榱，秦名屋椽也」。「周謂之榱」，「榱」爲「椽」之誤。段氏據《周易釋文》、《左傳釋文》引改，是也。

桷 《木部》：「榱，齊、魯謂之桷。」

徐鼎臣曰：「《春秋》『刻桓宮桷』，《左傳》『刻桓宮之桷』，以此見齊、魯謂之桷也。」

盼遂按：《詩·閟宮》「松桷有舄」，亦《魯詩》也。

楣 《木部》：「楣，秦名屋櫋聯也。」

段氏曰：「秦人名屋櫋聯曰楣也。」

檐 《木部》：「楣，齊謂之檐。」

按：《厂部》「厃」下云：「一曰屋梠也，秦謂之桷，齊謂之厃。」段注云：「齊人或云檐，或云厃也。」段此説甚是。反觀《木部》「楣」下乃改「檐」作「厃」，專求合於《厂部》，則自爲雌黄矣。蓋「厃」古字，「檐」後世增纍字也。徐氏灝又復説「厃」爲「危」，以譏段氏，不足以服其心也。

梠 《木部》：「楣，楚謂之梠。」

杇 《木部》：「杇，秦謂之杇。」

槾 《木部》：「杇，關東謂之槾。」

《金部》又有「鏝」字，云：「鐵杇也。」是漢時圬者所用幔具，本有金、木兩種。今人則以金製者狀如桐葉，以木製者狀如半月，名曰「泥鏝子」，「鏝」讀如某。

蕩 《木部》：「桱，桯也。東方謂之蕩。」

《方言》五：「榻前几，江、沔之間曰桯。」《廣韻》：「桯，他丁反。」今作「凳」，讀舌頭音。東方謂「桯」爲「蕩」，實同聲假借耳。

茉《木部》：「茉，兩刃臿也。宋、魏曰茉。」

《方言》五：「臿，宋、魏之間謂之鏵。」「茉」、「鏵」同字。《一切經音義》引《古文官書》。《淮南鴻烈·精神訓》高注：「青州謂之鏵，三輔謂之鍤。」是當時呼茉者不獨宋、魏已也，許君特舉其一區耳。今吾鄉呼犁鏵爲犁茉，音如華，則以今犁鏵之形與古臿形相合故也。

梠《木部》：「梠，臿也。一曰徙土輂，齊人語也。梩，或從里。」

《方言》五：「臿，東齊謂之梩。」段注《説文》云，「一曰徙土輂」五字當在「齊人語也」下，方與《方言》合。

鎡錤《木部》：「欘，齊謂之鎡錤。」

《孟子》：「齊人有言曰：『雖有鎡基，不如待時。』」趙注：「田器耒耜之屬。」知「鎡錤」爲齊語矣。《蒼頡篇》、《周官》「薙氏」注作「兹其」，《漢書·樊酈滕灌傅靳周傳贊》作「兹基」，《爾雅釋文》引《説文》作「兹箕」，並字異而音義同也。又按：「鎡錤」爲古韻之部叠韻連綿字。

柍《木部》：「枷，淮南謂之柍。」

《方言》五：「僉，齊、楚、江、淮之間謂之柍。」注云：「僉，今連枷，所以打穀者。」《廣雅·釋器》：「柍，杖也。」

按：「柍」之爲言抰也。《説文·手部》：「抰，車鞅擊也。」《廣雅·釋詁》：「抰，擊也。」今吾鄉呼連枷爲連僉，音如儉。

驪駕《木部》：「棤，讀若驪駕。」

段茂堂曰：「楷，讀若驪駕之驪。此清、支二部合韻也。」王貫山曰：「蓋謂讀若駕也。」桂未谷於「讀若」之下引《集韻》「楷，居迓反」，蓋亦同王説。朱允倩曰：「謂讀若參也。猶『參』之讀若森。『森』、『省』雙聲。」徐灝曰：「『讀若驪駕』疑有誤。」以上諸家各執一説，莫定其是。

盼遂按：皆坐未通許書「讀若」之例耳。蓋漢人説驪駕爲某，必有某字在人口耳之中，某之音同於楷，許故舉某之音以況楷，非謂驪或駕之音等於楷也。他若「鞻」、「嫖」、「匿」、「蠸」、「楥」諸字之「讀若」，胥此例矣。

槌《木部》：「槌，關東謂之槌。」

《方言》五：「槌，自關而西謂之槌」。錢氏《箋疏》曰：「『槌』之言縋也。《説文》：『縋，以繩有所縣鎮也。』」

持《木部》：「槌，關西謂之持。」

《方言》五：「槌，齊部謂之持。」

盼遂按：《説文》「關東」、「關西」之「東」、「西」二字互倒，宜作「關西謂之槌，關東謂之持」也。王貫山乃謂《方言》「關西」當作「關東」，失之甚矣。「持」之爲言峙也，與「栚」之爲横槌者對文。《禮記·月令》：「具曲植籧筐。」注：「植，槌也。」段「植」爲「持」，則「持」之爲「峙」，更可知矣。

㯨《木部》：「栚，關西謂之㯨。」

《方言》五：「槌，東齊、海岱之間謂之繏。」「繏」與「㯨」同，《説文》本之，則「西」疑爲「東」之誤也。横者謂之㯨，與樂簴横者曰筍，同矣。「筍」又作「簨」。

楥《木部》：「楥，讀若指撝。」

已詳上文「舂麥爲糵」條。或謂「椄」與「撝」爲歌、寒陰陽對轉，然許不言「指撝」之「撝」，恐亦非是。

終葵《木部》：「椎，齊謂之終葵。」

《周禮·考工記》「玉人」注：「終葵，椎也。」《廣雅·釋器》：「柊楑，椎也。」按：「終葵」即「椎」之反語。

柿《木部》：「柿，陳、楚謂櫝爲柿。」

《一切經音義》引《三蒼》云：「今江南謂斫削木片爲柿。」《説文》「櫝」訓匱，兩義相遠，此文「櫝」當是「牘」之誤字。吾鄉俗謂札樸爲樹柿材。

唫唫《日部》：「㬎，讀若唫唫。」

按：唫唫，漢語，蓋有音與「㬎」字有會，與單言唫者異，故必舉「唫唫」重言以擬㬎音。許君於「讀若」，期其通俗，固不嫌有俗字、有俗讀也。段、桂、王、朱四家之説，各持一耑，因其於「讀若」之例有所未澈故也。

夥《多部》：「夥，齊謂多爲夥。」

本書《旡部》：「旣，讀若楚人名多夥。」《方言》一：「凡物盛多，齊、宋之郊，楚、魏之際曰夥。」《説文》於《多部》言齊，《旡部》言楚，各舉一地也。

私主人《禾部》：「私，北道名禾主人曰『私主人』。」

段氏曰：「『北道』蓋漢時語。」按：「私主人」亦漢時語，絕不見於他書者。

稬《禾部》：「稬，沛國謂稻曰稬。」

《爾雅·釋艸》：「稌，稻。」郭注：「今沛國呼稌。」是漢、晉口語遞變，故音隨之轉耳。今吾鄉讀稬稻音如懦。

《齊民要術》：「糯米，俗云亂米。」

盼遂按：「稻」、「稉」、「稌」、「糯」、「亂」皆由舌聲之轉變故也。

稴廉《禾部》：「稴，讀若風廉。」

按：「風廉」二字亦漢語。當與《食部》之「風溓溓」有關。

䅘《禾部》：「䅘，齊人謂麥䅘。」

段氏、朱氏皆謂「䅘」爲「來」之俗。

盼遂按：「來」、「䅘」、「麥」三字同義。蓋「來」兼瑞麥、行來二義。後因「行來」義造「麥」字，朱允倩謂「麥」爲《爾雅》「徠」字。因瑞麥義造「䅘」字，所以示別。方國皆以行來之「麥」代瑞麥字，惟齊語尚存「䅘」之音義耳。

𥦗户《穴部》：「𥦗，北方謂地空，因以爲土穴，爲𥦗户。」

《廣雅·釋室》：「𥦗，窟也。」按：「地空」者，應劭注《漢書·百官表》曰：「空，穴也。司空主土。古者穴居，主穿土爲穴以居人也。」

𡬗《㝱部》：「𡬗，楚人謂寐曰𡬗。」

㝲《㝱部》：「㝲，一曰河内相評也。」

段注：「評者，召也。相召曰㝲。如言『咄，少卿良苦』，言『嚄，大姊之比』。河内人語如此。」

溝洫《疒部》：「𤸬，讀若溝洫之洫。」

按：「𤸬」古音在之部，「洫」在脂部。得相通者，漢時二部已不甚分也。

痛瘌《疒部》：「瘌，楚人謂藥毒曰痛瘌。」

《方言》三：「凡飲藥、傅藥而毒，南楚之外謂之瘌。」《爾雅翼》引《説文》曰：「瘌，音辛辣之辣。」

盼遂按：今通語物之味辛澀口者曰𤸸，俗作辣。

癆《疒部》：「癆，朝鮮謂藥毒曰癆。」

《方言》三：「凡飲藥、傅藥而毒者，北燕、朝鮮之間謂之癆。」郭注：「癆、𤸸，皆辛螫也。」本書《口部》：「嗽，食辛嗽也。」

盼遂按：「𤸸」、「癆」、「嗽」，三皆一語。今通語飲藥而毒曰癆，讀勞去聲。

艸莓莓《冂部》：「冂，讀若艸莓莓。」

注家多謂文有譌誤，實未通「讀若」之例。蓋漢語「艸莓莓」猶《人部》「倲」下所舉之「華倲倲」矣。

帔《巾部》：「帔，弘農謂帬帔也。」

《方言》四：「帬，陳、魏之間謂之帔。」

按：此皆言下裳之帬帔也。至《方言》：「繞衿謂之帬。」《廣雅·釋器》：「繞領，帔帬也。」所謂「帔帬」則《方言》所名爲「帍裱」，與此處之「帬帔」大别，未可混視之也。

帉《巾部》：「帉，楚謂大巾曰帉。」

《禮·内則》：「紛帨。」段「紛」爲「帉」，注：「今齊人有言紛者。」則亦齊語也。《方言》四：「大巾謂之帉。」則又爲通語也。

按：「帉」之言頒也。《説文》：「頒，大頭也。」凡從「分」字多有大意，其原蓋出於「墳」。錢氏謂《方言》「帉」根於「汾」，失之。

末殺《巾部》：「幭，讀若末殺之殺。」

按：「帴」、「殺」一聲之轉。《漢書·谷永傳》：「欲末殺災異，滿讕誣天。」師古曰：「末殺，掃滅也。」《釋名》：「摩娑，猶末殺也，手上下之言也。」

㡉《巾部》：「㡉，楚謂無緣衣。」

本書《衣部》：「襤，無緣衣也。」《方言》四：「楚謂無緣之衣曰襤。」又曰：「以布而無緣、敝而紩之謂之襤褸。」許意蓋謂「㡉」、「襤」同字，特因偏傍而隸二部耳。按：「㡉」之言檻也，鶉衣百結象檻楯也。

帣《巾部》：「帣，今鹽官三斛爲一帣。」

段氏曰：「舉漢時語證之。」

水温䵎《巾部》：「𢄼，讀若水温䵎也。」

按：「水温䵎」三字漢語。今吾鄉謂不暖不寒曰「温䵎䵎」，「䵎」作端村切。

倩《人部》：「倩，東齊壻謂之倩。」

《方言》三：「東齊之間聓謂之倩。」《史記·倉公傳》：「黃氏諸倩。」徐廣注：「倩者，壻。」

按：倉公齊人，故操齊音矣。「倩」之爲言婧也，亦言請也。郭注《方言》曰：「言可借倩。」即謂「倩」爲「請」字之借矣。

華僷僷《人部》：「僷，宋、衛之間謂華僷僷。」

《方言》二：「奕、僷，容也。凡美容謂之奕，或謂之僷。宋、衛曰僷。」注：「奕奕、僷僷，皆輕麗之貌。」《廣雅·釋訓》：「僷僷，容也。」王氏《疏證》引《漢先生郭輔碑》：「葉葉昆嗣，福禄茂止。」「葉葉」即「僷僷」也。

僭《人部》：「僭，自關以西，物大小不同謂之僭。」

《方言》六：「傜，衺也。自關以西，凡物細大不純者謂之傜。」「傜」即「⿰亻䚻」之隸變。錢氏《箋疏》據《初學記》引《韓詩章句》云：「有章句曰歌，無章句曰謡。無章句者，謂聲之長短高下有不齊也。歌高下不齊謂之謡，猶物大小不齊謂之⿰亻䚻矣。」

盼遂按：許書列「⿰亻䚻」於「俄」、「御」之間，蓋以物之大小不同爲正義矣。

萆《衣部》：「衰，秦謂之萆。」

按：本書《艸部》：「萆，雨衣，一曰衰衣。」不稱秦語。「萆」之爲言裨也。《衣部》：「裨，接益也。」雨衣、衰衣多加於上衣之表，成裨益也。

⿰衤葉《衣部》：「⿰衤葉，南楚謂禪衣曰⿰衤葉。」

《方言》四：「禪衣，江淮、南楚之間謂之褋。」

按：「褋」之言枼也。《木部》：「枼，薄也。」《楚辭·九歌》：「遺余褋兮醴浦。」《墨子·公輸》篇：「子墨子以褋爲械。」二書皆操南音也。

耿介《老部》：「⿱耂舌，讀若耿介之耿。」

按：「⿱耂舌」、「耿」於音理難以相通，此蓋漢語。《三國志·蜀志·簡雍傳》裴注：「雍本姓耿。幽州人語謂耿爲簡，遂隨音變之。」「⿱耂舌」音近簡，故亦讀耿。

舳艫《舟部》：「舳，漢律名船方長爲舳艫。」

段氏曰：「『方長』當作『方丈』。《史》、《漢》之《貨殖傳》皆曰『船長千丈』，注者謂總積其丈數，蓋漢時計船以丈，每方丈爲一舳艫也。」

夥《旡部》：「𣄼，讀若楚人名多夥。」

詳上「夥」條下。

⿱髟爾《髟部》：「⿱髟爾，讀若江南謂酢母爲⿱髟爾。」

按：《周禮》「媒氏」鄭注：「齊人名麴麩爲媒。」「⿱髟爾」即「媒」之借音。許君於「讀若」，重擬其音，不暇探其正字也。

寫書《卩部》：「卸，讀若汝南人寫書之寫。」

按：寫書即著之於書之意，與發寫之義略別。

嶞《山部》：「嶞，讀若相推落之嶞。」

按：漢時謂「推落曰嶞」，其音如「嶞」，其字則無也。許君以「山之嶞嶞」之音同於俗語中嶞落之音，故取以相况，非謂「嶞」即推落之字也。後世別作「墮」、作「隳」，皆俗字。

厃《厂部》：「厃，一曰屋梠也。秦謂之桷，齊謂之厃。」

已詳前「桷」條。

豰《豕部》：「豰，上谷名豬豰。」

《初學記》、《太平御覽》引「豬」下有「曰」字，是也。

㣇《㣇部》：「㣇，河内名豕也。」

趙宧光《説文長箋》曰：「當是『河内名豕曰㣇也』。」

按：「豕」、「㣇」同屬古音脂部，特以聲有輕重而分耳。

獿獀《犬部》：「獀，南越名犬獿獀。」

按：「獿獀」疊韻連綿字。今通呼狗之長豪者曰「獿獀狗」，惟「獀」因雙聲轉讀若師，遂昧其語原耳。

猲《犬部》：「猲，南楚謂相驚曰猲。」

《方言》二：「猲，透驚也。宋、衛、南楚凡相驚曰猲。」朱允倩云「猲」爲「䇌」之借。《說文》：「䇌，驚皃。」

按：朱說非也。「猲」本義爲「犬猲猲不附人也」，「不附人」即驚獷之意。用爲相驚詞者，由引申之義耳。

⿰酉犬《犬部》：「⿰酉犬，隴西謂犬子爲⿰酉犬。」

按：「⿰酉犬」之言幼也，幼小也。

黸《黑部》：「黸，齊謂黑爲黸。」

《玉篇》：「齊人謂黑爲黸。」

按：從「盧」字多有黑意：目瞳子謂之「矑」，以其黑也；黑犬謂之「盧」；黑水謂之「瀘」；黑土謂之「壚」。

字亦作「玈」，弓矢之黑者曰「玈弓」，曰「玈矢」。

緅黚《黑部》：「黚，讀若染繒中束緅黚。」

飴豋《黑部》：「⿰黑鬼，讀若飴豋字。」

《淮南·時則訓》：「天子衣苑黃。」高注：「苑，讀豋飴之豋。」許言「飴豋」，高言「豋飴」，皆漢語也。

吴師道注《國策》曰：「古語只稱菽，漢以後方言豆。」《說文·尗部》：「豉，俗枝從豆。」知「豆」爲漢時俗字也。知「豋」字爲漢字，「飴豋」爲漢語矣。

芥荎《黑部》：「⿱𥫗黑，讀若以芥爲齏，名曰芥荎也。」

本書《艸部》：「荎，芥脆也。」

蔽人俾夾《亦部》：「夾，盜竊褱物。俗謂蔽人俾夾。」

按：「夾」古通「陝」，亦通「閃」。班昭文「視聽陝輸」，趙壹文「榮納由於閃榆」，木華賦「罔象暫曉而閃屍」，「陝輸」、「閃榆」、「閃屍」，皆謂反覆不定之貌。唐宋以後別作「閃鑠」，皆「蔽人俾夾」之意矣。

㚔《㚔部》：「㚔，一曰俗語以盜不止爲㚔。」

伴侶《夫部》：「扶，讀若伴侶之伴。」

按：《説文》無「侶」字。「伴」訓大也。徐灝曰：「許稱伴侶，用通俗語也。」

憮《心部》：「憮，愛也。韓、鄭曰憮。」

《方言》一：「憮，愛也。韓、鄭曰憮。」又曰：「憮，愛也。宋、衛、邠、陶之間曰憮。」字通作「㤹」，《爾雅·釋詁》：「㤹，愛也。」郭注云：「㤹，韓、鄭語。」

按：「某」、「無」同聲通用。

惏《心部》：「惏，河内之北謂貪曰惏。」

《方言》一：「晉、魏、河内之北謂㨆曰殘，楚謂之貪。」卷二：「惏，殘也。陳、楚曰惏。」本書《女部》：「婪，貪也。」

按：「㨆」、「婪」、「惏」三字古通用。僖二十四年《左傳釋文》及《正義》並引《方言》：「殺人而取其財曰惏。」「惏」本訓貪，貪則殘矣。

慦《心部》：「慦，楚、潁之間謂憂曰慦。」

《爾雅·釋詁》：「悝，憂也。」「悝」、「慭」字通。

悼
《心部》：「悼，陳、楚謂懼曰悼。」

按：檢之群書，「悼」無懼意，宜從《方言》改「懼」爲「哀」。《方言》一：「悼，哀也。陳、楚之間曰悼，秦、晉之間或曰矜，或曰悼。」又曰：「悼，傷也。秦謂之悼。」許君引俗語多采《方言》，知「懼」爲字之誤也。

桂未谷乃謂《方言》「哀」當爲「懼」，殆顛倒矣。

㥏
《心部》：「㥏，青、徐謂慚曰㥏。」

《方言》六：「㥏，慚也。荆、揚、青、徐之間曰㥏，若梁、益、秦、晉之間言心内慚矣。」郭注：「㥏，音腆。」

按：「㥏」之言腆也。腆，厚也。《詩·何人斯》「有靦面目」，謂慚也。

泔
《水部》：「泔，周謂潘曰泔。」

漊
《水部》：「漊，汝南謂飲酒習之不醉曰漊。」

段氏曰：「不善飲者，每日飲少許，久久習之，漸能不醉。汝南曰漊也。」

盼遂按：吾鄉俗謂沈湎於飲者曰「酒漊子」，古語猶存矣。息縣於漢爲汝南郡地。「漊」蓋由「簍」字衍出，静安師說。

涾
《水部》：「涾，今河朔謂沸溢爲涾。」

《曰部》：「沓，語多沓沓也。」《孟子》：「泄泄，猶沓沓也。」「泄」猶溢也。是「沓」本爲沸溢之意。「涾」從沓聲，亦猶沓矣。木華《海賦》李善注：「涾涾，相重之貌。」按：亦沸溢之意也。

澗
《水部》：「澗，海、岱之間謂相汙曰澗。」

《方言》三：「澗，洿也。東齊、海、岱之間或曰澗。」

按：「潿」即「滔」字。本部：「滔，泥水滔滔也。」

霣《雨部》：「霣，齊人謂靁爲霣。」

《廣雅・釋天》：「霣，靁也。」

按：「靁」、「霣」脂、諄陰陽對轉字。「雷」之言回也，「霣」之言運也。

䨙《雨部》：「䨙，南陽謂霖䨙。」

按：「䨙」與「霖」爲侵部疊韻字，聲有輕重而形遂，實非異字。經典皆假「淫」爲之。

霄《雨部》：「霄，雨䨘爲霄，齊語也。」

按：「䨘」者，「霰」之或字。霄、霰一物而二名。「霄」之爲言消也。雪爲凝雨，著地而出；若霰則先雪而集，下遺即消，故名霄矣。

鮪《魚部》：「鮪，周、洛謂之鮪。」

䱎魧《魚部》：「䱎，蜀謂之䱎魧。」

今本《説文・魚部》「䱎」下云：「《周禮》謂之䱎。」段氏據《史記》李奇注改之如此，今從之。《詩・衛風》釋文引沈重《詩音義》説：「江淮間曰叔，伊洛曰鮪，海濱曰鮥。」陸璣《詩蟲魚疏》曰：「益州人謂之䱎鱈，大者爲王鮪，小者爲叔鮪。」二家殆皆本李氏之説矣。又按：「魧」與「鱈」爲微母雙聲，實則一字。《説文》無「鱈」字，知陸疏從俗作也。「䱎」、「魧」於字母有脣牙之異，段氏謂爲雙聲，亦非也。

䨞《雨部》：「䨞，雨皃，方語也。」

《集韻》引吕静説「北方謂雨曰䨞」。今按：本部有「䨥」字，云：「水音也。」「雨」、「䨞」、「䨥」皆音「王矩切」，古三蓋一字。

魿《魚部》：「鰲，南方謂之魿。」

鰲《魚部》：「鰲，北方謂之鰲。」

《周禮》「庖人」注：「四時所爲膳食，若今荆州之鮺魚。」是南方亦言鰲也。

按：「鰲」、「魿」二字亦聲同通用。《唐韻》：「鰲，側下反」，「魿，徂慘反」。

乞《乞部》：「乞，玄鳥也。齊魯謂之乞，取其鳴自呼。」

《爾雅·釋鳥》：「燕燕，鳦。」郭注：「齊人呼鳦。」

按：乞傍鳥出後加，俗字。「乞」、「燕」皆影母雙聲，又泰、寒陰陽對轉也。

㡿《鹵部》：「鹵，東方謂之㡿。」

鹵《鹵部》：「鹵，西方謂之鹵。」

按：「㡿」、「鹵」魚部疊韻通用。《禹貢》：「海濱廣㡿。」鄭康成注：「㡿，謂地鹹鹵者是也。」或謂「㡿」爲「澤」借，謬矣。

鹺《鹵部》：「鹺，河内謂之鹺。」

《曲禮》注云：「大鹹曰鹺，今河東人云。」

盼遂按：河内、河東二郡地望相近，故方言相通矣。

閶闔《門部》：「閶，楚人名門曰閶闔。」

《離騷》：「倚閶闔而望予。」王逸《章句》：「閶闔，天門也。」

按：許時楚人通呼門爲閶闔，故許説解引俗語於天門下也。《三輔黄圖》：「宫之正門曰閶闔。」亦非謂天門也。《白虎通》説「昌盍風主收藏」，是閶闔風者，以門得名也。或謂吴閶門爲迎閶闔風而得名，斯倒植矣。

閈《門部》：「閈，汝南、平輿里門曰閈。」

《招魂》王逸注：「閈，里也。楚人名里曰閈。」《漢書·叙傳》：「綰自同閈。」應劭注：「閈，音扞，楚人名里門曰閈。」

按：春秋時汝南屬楚，故當許君之世，楚之古語猶存於汝南、平輿鄉矣。

聹《耳部》：「聹，益、梁之州謂聾爲聹，秦、晉聽而不聞、聞而不達謂之聹。」

《方言》六：「聹，聾也。半聾，梁、益之間謂之聹。秦、晉之間聽而不聰、聞而未達謂之聹。」

⿰耳月《耳部》：「⿰耳月，秦、晉、中土謂墮耳者⿰耳月也。」

《方言》六：「其言⿰耳闕者，若秦、晉、中土謂墮耳者⿰耳月也。」

按：「⿰耳月」之言猶跀也。本書《足部》：「跀，斷足也。」「⿰耳月」與「跀」同以斷得名。

⿰耳闕《耳部》：「⿰耳闕，吴、楚之外凡無耳者謂之⿰耳闕。」

《方言》六：「聾之甚者，秦、晉之間謂之⿰耳闕。」郭注：「言聉無所聞知也。」又云：「吴、楚之外郊，凡無有耳者亦謂之⿰耳闕。」

盼遂按：《説文》：「⿰耳月，墮耳也」，「聉，無知意也」，「睽，目不相視也」。與「⿰耳闕」並形異而聲義同。

行遲驒驒《手部》：「撣，讀若行遲驒驒。」

按：此爲漢俗語。《廣雅·釋訓》：「驒驒，緩也。」

控弦《手部》：「控，匈奴引弓爲控弦。」

玄應《一切經音義》引作「匈奴名引弓曰控弦也」。《漢書·婁敬傳》：「匈奴控弦四十萬騎。」

掊《手部》：「掊，今鹽官入水取鹽爲掊。」

《後漢書·百官志》注引胡廣曰：「鹽官掊坑而得鹽。」

揜《手部》：「揜，自關以東謂取曰揜。」

《方言》六：「掩，取也。自關以東曰掩。」《文選》注引《方言》：「揜，取也。」是《方言》本作「揜」，與《説文》同。

撟捎《手部》：「捎，自關以西凡取物之上者爲撟捎。」

《方言》二：「撟捎，選也。自關而西秦、晉之間，凡取物之上謂之撟捎。」《廣雅·釋詁》：「撟捎，選擇也。」

按：撟捎，叠韻連綿字。今吾鄉謂物之精選者曰撟，或曰捎，讀稍之去聲。蓋連言、單言一也。

拓《手部》：「拓，拾也。陳、宋語。」

《方言》一「摭，取也。陳、宋之間曰摭。」

按：《説文》：「摭」爲「拓」之或。

𢶍《手部》：「𢶍，拔取也。南楚語。」

《方言》一：「攓，取也。南楚曰攓。」《楚辭·離騷》：「朝搴阰之木蘭兮。」《九歌》：「搴芙蓉兮木末。」

按：「攓」、「搴」與「𢶍」並一字。

扰《手部》：「扰，讀若告言不正曰扰。」

段氏曰：「扰，未知何字之誤。」

盼遂按：段説非是，詳上「訦」字條下。

姐

《女部》：「姐，蜀謂母曰姐。」

《廣韻》：「姐，羌人呼母。」

按：今山西、河東地尚呼母曰姐。長沙人則謂祖母曰唉姐。唉，發聲字。

社

《女部》：「姐，淮南謂之社。」

《方言》六：「南楚、瀑、洭之間謂婦妣曰母姼，稱婦考曰父姼。」《淮南子·説山訓》：「社何愛速死，吾必悲哭社。」

高氏注：「江淮謂母爲社。社讀雒家謂公爲阿社之社也。」

按：社、姼同用，或稱妻之考妣，或稱己之父母，其意一也。「社」與「姐」字古音同在魚部，今音同在禡韻。「社」之受義，或自「姐」字假借出矣。《廣韻》「社」常者反，正齒禪母；「姐」兹野反，齒頭精母。古音正齒、齒頭不分。

媦

《女部》：「媦，楚人謂女弟曰媦。」

《玉篇》：「媦，楚人呼妹。」《廣雅·釋親》：「媦，妹也。」桓二年《公羊傳》：「若楚王之妻媦。」注：「媦，妹也。」

按：「媦」爲春秋時楚語，至漢猶然。許君因即其方言説之，其有古方言至漢不行者，則僅作詁訓，不説某處方言也。

娙娥

《女部》：「娥，秦、晉謂好曰娙娥。」

《方言》一：「娥，好也。秦曰娥，秦、晉之間凡好而輕者謂之娥。」

按：末句有誤，當作「凡好者謂之輕娥」，「輕」與「娙」同，《説文》本《方言》也。《史記·外戚世家》：「邢夫人號娙娥。」《索隱》引《方言》：「美貌謂之娙娥。」按：《方言》別無「娙娥」之文，則此處之錯誤，益可證矣。戴氏、錢氏疏《方言》皆未能理董也。漢世内宫有娙娥之職。

嬃《女部》：「嬃，楚人謂姊爲嬃。」

按：王逸注《離騷》，鄭玄畣泠剛問，皆謂屈原之姊名嬃。後人因緣附會，至漢時楚人遂以私名爲共名，猶《墨子》所謂「臧獲」矣。至《集韻》、《楚辭補注》引《説文》「楚人謂女曰嬃」，則「女」又「姊」之誤字。鄭注《周易》「屈原之妹名女須」，「妹」爲「姊」誤，段氏已訂之。

嫷《女部》：「嫷，南楚之外謂好曰嫷。」

《方言》二：「嫷，美也。南楚之外曰嫷。」郭注：「言婑媠也。」宋玉《神女賦》：「媠被服。」《漢書·張敞傳》：「被輕媠之名。」「媠」即「嫷」之省。

嬽《女部》：「嬽，讀若蜀郡布名。」

本書《虫部》「蠸」字下亦云：「是若蜀郡布名。」桂氏曰：「揚雄《蜀都賦》：『筩中黄潤，一端數金。』左思《蜀都賦》：『黄潤比筒。』劉淵林注：『黄潤，謂筒中細布也。』是黄潤者，蜀布名。許蓋言讀嬽與蠸皆若潤矣。」

王氏曰：「布之細者絹，言嬽讀若絹。」

盼遂按：上二説皆非。許於「讀若」而不舉字者，悉有音無字也。使讀若潤與絹，許君惡有不明言之，而故作廋語乎？

韭菁《女部》：「婧，讀若韭菁。」

嫢《女部》：「嫢，秦、晉謂細要爲嫢。」

按：「嫢」本爲細小貌，專言女要，則其引申義也。《方言》二：「嫢，細也。自關而西秦、晉之間凡細而有容謂之嫢。」

《廣雅》：「嫢，小也。」又：「嫢，好也。」要若束素，正以其細小，得名爲嫢矣。

媞《女部》：「媞，江、淮之間謂母曰媞。」

《廣韻》：「媞，江淮呼母也。」《爾雅·釋言》：「恀，恃也。」郭注：「江東呼母爲恀。」《方言》：「南楚謂婦妣曰母㚬。」

按：「媞」古音支部字，「恀」、「㚬」古音歌部字，支、歌於古通用。則是「媞」、「恀」、「㚬」三字，於昔初同一語原矣。

孎《女部》：「孎，讀若人不遜爲孎。」

《說文》：「孎，謹也。」《集韻》：「嫡孎，女謹順皃。」玆用爲不遜義者，漢之方語則然，以相反爲義矣。

今曲阜俗謂極其善美者曰「不善」，猶「孎」之比矣。

謹敕數數《女部》：「娕，讀若謹敕數數。」

擊擊《女部》：「嫛，讀若擊擊。」

娃《女部》：「娃，或曰吳、楚之間謂好曰娃。」

《方言》一：「娃，美也。吳、楚、衡、淮之間曰娃。」故吳有館娃之宮。服虔《通俗文》：「南楚以好爲娃。」

左思《吳都賦》：「幸乎館娃之宮。」劉淵林注：「吳俗謂好女曰娃。」字亦作「佳」，《楚辭·九歌》「與佳期兮夕張」，「佳」即「娃」字，謂美人也。音近作「乖」，今淮水南北凡與女子相憐愛者則呼爲「小娃娃」，俗書作「乖」矣。

烟火炔炔《女部》：「妜，讀若烟火炔炔。」

《火部》無「炔」字，疑本作「妜妜」以擬音，淺人改從火。

竹皮箬《女部》：「婼，讀若竹皮箬。」

《竹部》：「箬，楚謂竹皮曰箬。」箬，竹箬也。

嫍《女部》：「嫍，今汝南人有所恨曰嫍。」

《古樂府》有綠珠《懊儂歌》，「儂」蓋「嫍」之聲轉字也。

嫪毐《毋部》：「毐，世罵淫曰嫪毐。」

《史記·呂不韋傳》：「不韋私求大陰人嫪毐進之太后。太后私與通，絶愛幸之，有身。」《説文》亦引賈侍中説「秦始皇母與嫪毐婬，坐誅」。至東漢泛指婬人爲繆毐，則以私名爲達名矣。今俗斥婬夫爲婟嫪，蓋沿漢語而稍異也。

《女部》：「嫪，婟也」，「婟，嫪也」。「嫪毐」之得名，「嫪」字訓妬；《廣雅·釋言》。毐者，士無行。然則秦大陰人之得名嫪毐，殆猶今世之綽號矣。論者多以嫪爲姓爲氏，而斷斷然訂其家世，蓋失之矣。

氏《氏部》：「氏，巴蜀名山岸脅之𠂤旁箸欲落墯者曰氏。」

《玉篇》：「巴蜀謂山岸欲墮曰氏，崩聲也。」《揚雄傳》顔師古注：「巴蜀人名山旁堆欲墮落曰阺。」

按：氏，古「阺」字，通用。

羊騶箠《匸部》：「匿，讀若羊騶箠。」

鈕匪石云：「此當讀若羊箠蟄之蟄。」朱允倩是之。桂未谷曰：「讀若羊騶箠，當再有『之笍』二字。《竹部》：『笍，羊車騶箠。』」王菉友是之。

盼遂按：諸家皆坐未通《説文》「讀若」之例，故有是膠繞耳。

由

《由部》：「由，東楚謂缶曰由。」

《方言》五：「𦈢，罌也。淮、汝之間謂之𦈢。」郭注：「𦈢，音由。」

按：「由」、「𦈢」古今字。作「甾」者，又「𦈢」之譌體。方言之與雅言，多由一音轉變。「𦈢」、「由」、「缶」三古音同在幽部，故相爲挹注。後儒皆誤「𦈢」爲側菑反，此大誤也。王静安師《釋由》上下二篇論之綦詳，殆撥雲霾而青天見矣。

瓬破

《瓦部》：「瓬，讀若抏破之抏。」

按：「抏」仍當作「瓬」，從方。瓬破，漢俗語。許君引以況瓬之音，其義則未知也。桂未谷謂「瓬」從瓦聲，「瓦」、「甫」聲近，非是。

弲

《弓部》：「弲，洛陽名弩曰弲。」

按：「弲」字或作「弮」。《漢書·司馬遷傳》李奇注：「弮，弓也。」

綾

《糸部》：「綾，東齊謂布帛之細者曰綾。」

《方言》二：「繒帛之細者謂之纖。東齊言布帛之細者曰綾，秦、晉曰靡。」

按：「曰纖」、「曰綾」、「曰靡」，皆以纖細凌歷爲義。許書本《方言》也。

縛衣

《糸部》：「縛，蔽貉中女子無絝，以帛爲脛空，用絮補核，名曰縛衣。」

《急就篇》：「襌衣蔽郄布母縛。」顔注用《説文》。段氏曰：「若今江東婦之卷胖。」

盼遂按：此制今已不存。

緍

《糸部》：「緍，吴人解衣相被謂之緍。」

《方言》六：「緍，綿施也。秦曰緍，趙曰綿。吴、越之間脱衣相被謂之緍綿。」郭注：「相覆及之名也。」按：「緍綿」雙聲疊韻字。凡連語，曼聲爲二，疾言則一。故《方言》與《説文》或單言緍，或兼言緍綿矣。

蠸《虫部》：「蠸，讀若蜀郡布名。」

按：已詳上「嬛」條下。

蟣《虫部》：「蟣，齊謂蛭曰蟣。」

《爾雅·釋魚》：「蛭，蟣。」郭注：「今江東呼水中蛭蟲入人肉者爲蟣。」《字林》：「蟣，齊人名蛭也。」

蜹《虫部》：「蜹，秦、晉謂之蜹。」

元應引作「秦人謂之蜹，楚人謂之蚊」，《後漢書·崔駰傳》注引作「秦謂之蜹，齊謂之蚊」。疑「晉」衍字。

蚊《虫部》：「蜹，楚謂之蚊。」

按：「蚊」正作「蟁」，「蚊」俗字也。説解中不廢俗字。

地螭《虫部》：「螭，若龍而黃，北方謂之地螭。」

戾草《虫部》：「蜦，讀若戾艸。」

注家謂「戾」當爲「⿱艹戾」。

盼遂按：「戾」、「蜦」聲之轉，猶「綟」、「綸」相通矣。許於「讀若」主音不主形，非字誤。

牡厲《虫部》：「蛗，秦謂之牡厲。」

《字林》：「蛤，燕雀所化也。秦曰牡蠣。」

蛩《虫部》：「蛩，秦謂蟬蛻曰蛩。」

圣

按：「蛩」之言空也，空腔也。「蛩」、「空」同從工聲。《玉篇》「蛩」字或作「蛭」，「蛭」即「空」之纍增字。

圣

《土部》：「圣，汝、潁之間謂致力於地曰圣。」

按：字從又、土，謂以手有事於土也。今吾鄉謂以手刺土入穴出物曰圣，音如寇之上聲。《儀禮·鄉飲酒》：「左何瑟，後首，挎越。」鄭注：「挎，持也。越，瑟下孔也。」《釋文》：「挎，口侯反。」敖繼公云：「挎，以指鈎之也。」

盼遂按：「挎」字古字書無之，疑爲「圣」之後出字。《說文》：「圣，苦骨反。」

埂

《土部》：「埂，秦謂阬爲埂。」

按：「埂」、「阬」古音同爲陽部雙聲字。疑「埂」即「阬」之或體，由秦語而造也。《說文》「迒」或作「𨓈」，「秔」或作「稉」，皆「亢」、「更」通用之證。綆，《漢書·枚乘傳》作「抗」。

坥

《土部》：「坥，益州部謂螾場曰坥。」

《方言》六：「坥，場也。梁、宋之間螾場謂之坥。」郭注：「螾，蛐蟮也。其糞名坥。」錢氏《箋疏》謂「梁宋」爲「梁益」之譌，蓋未悟於方言區域亦時有轉徙之故矣。《肉部》：「胆，蠅乳肉中也。」蠅乳形似螾糞，故同得坥名矣。《山部》：「岨，石戴土也。」《詩·周南》傳：「石上戴土曰砠。」是「岨」、「砠」亦與「坥」、「胆」同一語原矣。

圯

《土部》：「圯，東楚謂橋曰圯。」

《史記·留侯世家》徐廣注：「圯，橋也。東楚謂之圯。」又引李奇曰：「下邳人謂橋。」《漢書音義》引服虔曰：「圯音頤，東楚謂橋爲圯。」

按：「圯」與「圮」疑古本一字。《說文》：「圮，毀也」，「毀，缺也」。原於《爾雅·釋詁》。《爾雅釋文》：

「圮，岸毀也。」原橋梁之設，必於岸毀，或水缺之處。楚人因之以圮爲名，猶象魏之立於城觖，因而謂爲觖矣。古者「巳」、「己」音幾全同，隸書形尤相似，故「圮」譌而爲「圯」，從巳，遂若專爲楚橋造字矣。

畂

《田部》：「畂，一曰陌也。趙、魏謂陌爲畂。」

今人謂田上陌曰「畂」，音古杏反，仍趙、魏之古語也。俗通以埂爲之。朱氏謂「埂」爲「防」借，非也。

莢魚

《金部》：「鋏，讀若魚人莢魚之莢。」

按：許用漢語，段氏必欲改「莢」作「夾」，非也。

鍇

《金部》：「鍇，九江謂鐵曰鍇。」

《方言》二：「自關而西秦、晉之間曰鍇。吴、揚、江、淮之間曰鏅。」與《說文》不合。疑《方言》「鍇」、「鏅」二字互易。《史記·高祖功臣侯表》「稾侯」下，《索隱》引《三蒼》：「九江人名鐵曰鍇。」是子雲前後人皆謂九江名鍇。《方言》此誤宜正。

鍱

《金部》：「鍱，鏶也。齊謂之鍱。」

錡

《金部》：「錡，江、淮之間謂釜曰錡。」

《方言》五：「鍑，江、淮、陳、楚之間謂之錡。」毛公《詩傳》、杜預《左傳注》皆云：「有足曰錡。」

按：「錡」之言踦也。《鬲部》有「𩰫」、「鬹」二字，並云「三足釜」。𩰫，魚綺切。鬹，讀若嫣，與「錡」在古音爲雙聲叠韻。則此三古同字。《說文》：「錡，魚綺反。」《鬲部》又有「鬳」字，鬲屬，牛建切。按：鬲爲三足鼎，是「鬳」與「錡」又歌、寒對轉字也。

鏊

《金部》：「鏊，河内謂臿頭金也。」

《方言》五「臿」條下注：「江東又呼鍬刃爲鍫。」

轒《車部》：「轒，淮陽名車穹隆轒。」

穹隆者，《方言》九：「車枸簍，或謂之𥴦籠，西隴謂之㡓，南楚之外謂之篷，或謂之隆屈。」郭云：「即車弓也。」

盼遂按：「枸簍」、「𥴦籠」、「隆屈」皆係「穹隆」音轉，語有順逆耳。「㡓」、「篷」亦即「轒」之聲轉形異字也。

《廣雅·釋器》：「𥴦籠，軬也。」「軬」亦「㡓」字。

虹蜺《𨸏部》：「隉，讀若虹蜺之蜺。」

按：《虫部》：「蜺，寒蜩也，兒聲。」今讀同隉者，蓋通假作「霓」。「霓」本受聲義於䨏，《漢書·天文志》注：「如淳曰：『蜺，讀曰䨏。』」「蜺」亦「霓」借。故「蜺」之音得讀五結反矣。然考宋玉《舞賦》以「結」、「絶」、「列」韻「蜺」，知「蜺」有隉音，自漢前而然焉。

酸《酉部》：「酸，關東謂酢曰酸。」

卷尾識語

書中所云「吾鄉」者，皆指河南息縣。許君爲汝南人，息縣於漢屬汝南郡。故許君方言，今息縣多有存者。

丙寅小除夕，盼遂再志於清華園。

（原載《國學論叢》第一卷第二號，清華學校研究院一九二七年九月出版。後收録於《文字音韻學論叢》，

北平人文書店一九三五年出版，文字較《國學論叢》所刊有增補。今據《文字音韻學論叢》本整理，參之以《國學論叢》原刊）

世說新語校箋

依明袁氏嘉趣堂本

德行

太史奏：「真人東行。」

按：《一統志》：「潁陰，今許昌縣治。」漢之許昌在今許昌縣西南，作「真人西行」爲是，星文與地理、方隅相值也。

元方難爲兄，季方難爲弟。

注云：「一作『元方難爲弟，季方難爲兄』。」

按：一本是也。《規箴》篇注：「王珉聲出兄珣右，時人語曰：『法護非不佳，僧彌難爲兄。』」陸龜蒙《小名録》卷一：「僧珍珉小字。難爲兄，法護珣小字。難爲弟。」可爲極佳之傍證。

汝何男子，而敢獨止？

按：東漢稱平民爲男子。孔融以位不副才，不肯稱官，自稱「魯國男子」。

寧割席分坐曰：「子非吾友也。」

按：《禮記·曲禮》：「群居五人，則長者必異席。」鄭注：「席以四人爲節，因宜有所尊。」管寧與華歆同席坐，故割席以示絕交。

「華歆、王朗俱乘船避難」條。

注引華嶠《譜叙》。

按：華嶠乃華歆之孫，此書當是爲其祖所作之傳。本書《方正》篇「魏文帝受禪」條亦引華嶠《譜叙》，説華歆故事。

「王祥事後母朱夫人」條。

注引《晉陽秋》祥剖冰求魚事。

按：《搜神記》卷五載楚僚爲後母卧冰求鯉事，與祥全同，想一事而傳歧歟？

值祥私起，空斫得被。

按：《左氏·襄十五年傳》：「師慧過朝，將私焉。」杜注：「私，小便也。」

「晉文王稱阮嗣宗」條。

注引李康《家誡》。又《言語》篇「李弘度常歎不被遇」條注引《中興書》：「李充，江夏鄳人也。祖康、父矩，皆有美名。」

按：二「康」字皆「秉」之誤。《魏志》十八《李通傳》注引王隱《晉書》：「秉嘗答司馬文王問，因以爲《家誡》。」可證。《晉書·李重傳》：「重字茂曾，秉子。」因「秉」音同「昺」，避唐祖嫌名，故易爲「景」。使玄胄而名康，何緣改作景邪？魏時本有字蕭遠之李康，作《運命論》，特早卒，不及與晉文王問答也。以上説略本嚴氏《全晉文》卷五十三注語。

「王戎父渾有令名」條。

按：《漢書·游俠傳》原涉父南陽太守，没，涉讓還賻送千萬以上，「繇是顯名京師」。濬冲蓋規其事也。

鄉人以公名德，傳共飴之。

按：「飴」讀去聲，如寺，在寘韻。以食食人爲飴，亦寫作「飼」。「飴」實當是「食」字，《史記·淮陰侯列傳》：「推食食我。」上「食」字名詞，下「食」字動詞，後遂分別作「飴」字。

庾公乘馬有的盧。

按：的，《説文》作「旳」，「明也」。段注：「白之明也。俗字作『的』。」《易經·説卦傳》「爲旳顙」，即「的盧」也。「盧」即「顱」之省寫。

殷仲堪既爲荆州。

按：爲，知也，動字。「爲荆州」猶宋以後言「知荆州」也。六朝通用「爲」字。

云我豁平昔時意。

按：豁，痛快也。杜牧詩：「不識長楊事北胡，且教紅袖醉來扶。狂風烈焰雖千尺，豁得平生俊氣無。」杜氏「豁得俊氣」之語，即出於此「豁平昔時意」也。

言語

「孔文舉年十歲」條。

注引《續漢書》：「孔融，字文舉，孔子二十四世孫。」

按：《後漢書》融本傳及孔繼汾《闕里文獻考》皆謂融「孔子二十世孫」。注文「四」字乃羡文，宜删。

不愛其親而愛他人者，不爲悖德乎？

按：二句爲《孝經·聖治》章語。注於引經處或不明出典，今略爲補之。

子適知邪徑之速，不慮失道之迷。

按：適，古音都歷反，《廣韻·入聲·二十三錫》。屬舌頭，與「第」、「但」、「特」、「直」、「徒」、「獨」諸字相通，用爲詞之僅也。《孟子·告子》篇：「口腹豈適爲尺寸之膚哉？」正以「適」爲「徒」之證。

亦由陛下綱目不疏。

注云：「楨被刑魏武之世，而謂楨得罪黄初之時，謬矣。」

按：正文「陛下」蓋指魏武，漢晉之間通以「陛下」爲人臣私言君上之辭。《史記·田儋傳》：「田横謂其客曰：『陛下所以欲見我者，不過欲一見吾面貌耳。今陛下在洛陽。』」《淮陰侯列傳》：「淮陰侯謂陳豨曰：『公，陛下之信幸臣也。人言公之畔，陛下必不信；再至，陛下乃疑矣。』」《漢書·李陵傳》：「夜半時，虜騎數千追之。陵曰：『無面目報陛下。』遂降」。《晉書·胡貴嬪傳》：「入選，號泣。左右曰：『陛下聞聲。』貴嬪曰：『死且不畏，何畏陛下！』」皆其證也。公幹正謂魏武綱目不疏，自與文帝無與。孝標於「陛下」之稱未瞭，認爲公幹之斥魏文，因匡臨川之謬，失之。

戰戰惶惶，汗出如漿。戰戰慄慄，汗不敢出。

按：此處答詞，以「惶」、「漿」爲一韻，「慄」、「出」爲一韻，所謂出言成文也。

千里蓴羹，但未下鹽豉耳！

按：《晉書·陸機傳》作「千里蓴羹，末下鹽豉。」《金陵地志録》《小方壺齋輿地叢鈔》中。云：「秣陵，據沈文季云『秣，當作末』，陸機云『末下鹽豉』，即秣陵。」據上二事，則《世説》「未」爲「末」誤，但字由後來衍也。劉辰翁云：

「千里，鄉名。」

「崔正熊詣都郡」條。

按：《搜神記》卷四，記崔皓問雍州秀才陳龍文事，全與此符。殆本一事而誤易其名耳。

每至美日，輒相邀新亭。

按：新亭，據陳文述《秣陵集》卷首附圖，亭在今南京聚寶門外雨花臺之東側。

當共戮力王室，克復神州。

按：《史記·孟子荀卿列傳》：「中國名曰赤縣神州。赤縣神州內自有九州，禹之序九州是也。」

此子珪璋特達。

按：《小戴記·聘義》：「珪璋特達，德也。」鄭注：「惟有德者，無所不達，不有須而成也。」王丞相引《禮》文以贊顧，蓋用鄭義，謂顧不須紹介，自足通達也。

周僕射雍容好儀形，詣王公，初下車，隱數人。

解者多謂「隱」爲蔭映。

按：此說非也。「隱」即「𤔌」之借字。《說文·𠬪部》：「𤔌，有所依也。從𠬪、工。讀與隱同。」故「𤔌」亦可用「隱」爲之。《孟子》「隱几而卧」，趙注：「隱，倚也。」本書《賢媛》篇：「韓康伯母隱古几毁壞。」是「隱」解作「依」之證。而「隱」、「依」亦聲轉也。僕射之「隱數人」，蓋謂憑依數人而行耳。本書《雅量》篇：「子敬神色恬然，徐喚左右，扶憑而出，不異平常。」「顧和始爲揚州從事」條注引《語林》曰：「周侯飲酒已醉，箸白祫，憑兩人來詣丞相。」《宋書·五行志》一：「謝靈運每出入，自扶接者常數人。民間謠曰：『四人挈衣裙，按：「裙」疑爲「裾」之誤。「裾」與「席」均。三人捉座席。』」是南朝人士出入扶依人者，自成見慣。僕射之下車隱數人，亦猶是矣。《容止》篇記庾長仁「策仗將一小兒，始入門，諸客望其神姿，一時退匿」云云。庾之「將小兒」，與周之「隱數人」，蓋同一狂態矣。

澄以石虎爲海鷗鳥。

注引《莊子》。

按：「海鷗鳥」今見《列子·黄帝》篇，實張湛摭《莊子》佚文而然，非孝標誤引。詳《夙惠》篇下。

庾法暢造庾太尉。

注：「法暢氏族所出未詳。」

按：慧皎《高僧傳》四《康僧淵傳》同行過江者有康法暢。《太平御覽》七百三卷引《語林》「康法暢麈尾過麗」事，則「庾」爲「康」之誤字，亦族出西域。嚴氏可均辨之審矣。《全晉文》一百五十七。

庾穉恭爲荆州，以毛扇上武帝。

按：《晉書·庾翼傳》，翼以穆帝永和元年卒，年四十一。後此二十八年武帝始即位。翼爲荆州時年方二十四，則距武帝時幾五十年矣，惡得貢獻及之哉？檢《庾懌傳》載「懌嘗以白羽扇獻成帝」，事與《世説》全同。知此固叔豫故實也。孝標注謂懌獻扇武帝，亦誤以成帝爲武帝，懌之卒更早於穉恭也。《晉書》爲得。

「桓公北征經金城」條。

按：《宋書·州郡志》：「晉亂，琅邪國人隨元帝過江千餘户。大興三年立懷德縣。成帝咸康元年，桓温領郡，鎮江乘之蒲洲金城上，求割丹陽之江乘縣境立郡。」則金城即温爲琅邪時駐節之所矣。準地望，當在今江蘇江寧縣東北境。此本李申耆《歷代地理志韻編》説，顧祖禹《讀史方輿紀要》則謂在江寧府句容縣北。《晉書·桓温傳》：「温自江陵北伐，行經金城，見少爲琅邪時所種柳皆已十圍」云云。錢氏大昕《考異》云：「温自江陵北伐，何容取道江南邪？推其致誤，乃因庾信《枯樹賦》有『昔年移柳，依依漢南』之語，遂疑金城爲漢南地耳。不知賦家寓言多非其實。」云云。盼遂按：《通鑑・晉紀》，穆帝永和十二年，温自江陵北伐。海西公太和四年，温發姑孰伐燕。金城泣柳事，當在太和四年之行。由姑孰赴廣陵，金城爲所必經。攀枝流涕，當此時矣。及唐修《晉書》，誤繫此事於永和十二年北伐之役，可云大誤。温於永和十二年之役，北伐姚襄，由江陵赴洛陽，浮漢北上，寧容迂道丹陽？此一不合也。太和四年枋頭之役，温時已成六十之叟，覽此樹之葱蘢，傷大命之未集，故撫今追昔，悲不自勝。若洛陽之役，在兹十年前，正温强武之時，寧肯穨唐若是？此二不合也。緣《晉書》致誤，由於采擴《世説》及庾賦而未加以覈校，故有此失。錢氏《考異》亦止考其不合，而未能求其合也。

又按：「木猶如此，人何以堪」，亦猶「爲此寂寂，殊令文景笑人」之意。或釋作陶潛「善萬物之得時，感吾生之行休」之意者，亦乖厥指。

卿若知吉凶由人，吾安得不保此！

按：《晉書・王羲之傳》無「不」字，非也。此言富貴由我自致，我安得不保此床帷與飲食乎？脱「不」字，則神理全失。

白雪紛紛何所似？

按：謝家男婦皆沈浸詩教。寒雪内集，自放漢武柏梁體聯句，故每句末押韻。「似」、「擬」、「起」三字均在《唐韻・上聲・六止》。唐人修《晉書》乃改作「安曰：『何所似也？』」，違其本指遠矣。

殷揚州知其家貧，問：「君能屈志百里不？」

按：《晉書·李充傳》作褚裒相問，不謂浩也。

「李弘度常歎不被遇」條。

注引《中興書》：「李充，江夏鄳人。」王校周氏紛欣閣本作「江夏鄍人」。校勘記云：「《晉書·地理志》江夏有鄳無鄍。袁本是也。」《賞譽》篇「謝公與時賢共賞説」條注引《晉諸公贊》：「李重，江夏鍾武人。」按：重乃充之父行。《魏志·李通傳》：「通，江夏平春人也。」按：通乃充之高祖。《晉書·李重傳》：「重，江夏人。」郡邑錯雜，不可究極。

按：鍾武當今河南信陽縣東南，平春當今信陽縣西北，鄳當今河南羅山縣西南，本非一地，而史家遽由便稱謂，未可訓也。

「王子敬語王孝伯」條。

按：子敬此語，於羊公可謂醜詆極矣。考《晉書·羊祜傳》「時人語曰『二王當國，羊公無德』」，本書《識鑑》篇注引《晉陽秋》及《漢晉春秋》羊祜事，綜合觀之，則知子敬輕詆羊公之故矣。

「王子敬云『從山陰道上行』」條。

按：《戲鴻堂帖》載《子敬雜帖》云：「鏡湖澄徹，清流寫注，山川之美，使人應接不暇。」較《世説》爲詳備。

注引《會稽郡記》文，與《雜帖》相合，殆取子敬文所綴歟？

將不畏影者，未能忘懷。

注引《莊子》「則無異矣」。

按：「異」宜依《莊子·漁父》篇作「累」，傳寫之誤也。

政事

道聞民有在草不起子者。

按：句謂於産室中將嬰兒扼殺死也。草爲婦人分娩時藉薦之具。古者小兒誕生之先，鋪草於地，俟兒降落其中，猶今日北京俗之鋪草紙矣。《晉書·惠賈皇后傳》：「后詐有身，内藁物爲産具，遂取妹夫韓壽子養之。」《元帝紀》：「生於洛陽，所藉藁如始刈。」藁亦草也。《高僧傳》四：「于法開嘗投人家，值婦人在草危急。開針之，須臾，羊膜裹兒而出。」今沇、沂之間，言小兒始生曰「落草」。

蘭闍，蘭闍。

按：「蘭闍」或爲梵語之ranja，此云樂也。

文學

嘗筭渾天不合。

按：渾天係古時天算之一種。《書經·舜典》疏引王蕃《渾天説》云：「天之形狀似鳥卵，天包地外，猶卵之裹黄，圓如彈丸，故曰渾天。」

恐玄擅名而心忌焉。

按：劉敬叔《異苑》九亦載此事，而説尤奇離。考鄭君注書，累引前儒，而絶不稱引季長，獨於《小戴·月令》

注云：「今俗人皆云周公作《月令》，未通於古。」疏云：「俗人謂賈逵、馬融之徒，皆云《月令》周公所作。」觀鄭玄觳於師門之情，則臨川之言固非無因也。

融果轉式逐之。

按：式者，占卜之具。以楓子棗心木爲之，置棊其中，轉之以占。《隋書·經籍志》注：「梁又有《式經》三十三卷，亡。」

老、莊未免於有，恒訓其所不足。

按：《三國志·王弼傳》注引何劭《王弼傳》云：「老子是有者也，故恒言無所不足。」較《世説》爲晰。此文「其」字當亦「無」之譌也。

客問樂令「旨不至」者。

按：孝標注語極其玄遠，然未得樂令之旨。盼遂往作《莊子天下篇校釋》，於「旨不至，至不絶」條，自謂頗得樂令之旨，玆迻寫於次。

盼遂按：「至不絶」三字爲「至」之注脚，疑係後人沾附。故此條與「山出口」、「目不見」、「火不熱」諸條，文法不能一律；抑或莊子以「至」之含義艱深，自注此三字，以惠來學，亦未可知也。「指不至」與下條「鑿不圍枘」同一用意。夫鑿之與枘合爲一形，然鑿、枘異圍，必存餘間；餘間既存，未可云圍，以見兩物之各存本性，從難䓣而爲一。「指不至」者，亦猶此矣。指之取物，恒見其與物接，莫不謂之爲「至」。實則「至」者，天然一物，堅莫能破，如今世科學所謂「化合」然矣。淄、澠之和，俞兒能辨；膠漆之堅，蟹漦可消，尚非至也。指至則不能絶，能絶既已非至。謂「指不至」，正由其能絶之故矣。當中朝時，客有問樂令「指不至」者，樂亦不復剖析文句，直以麈尾柄確几曰：「至不？」客曰：「至。」樂因又舉去麈尾，曰：「若至者，那得去？」於是客乃悟服。《世説新語・文學》篇。烏乎！若樂令者，誠足聆公孫子之玄諦矣。而自來無偁引之者，或乃引公孫龍子「旨物」之説以塗附，亦云怪矣。

初，注《莊子》者數十家，莫能究其旨要。向秀於舊注外爲解義，妙析奇致，大暢玄風。

注云：「秀唯好《莊子》，聊應崔譔所注。」

按：《經典釋文序録》：「崔譔《注》十卷二十七篇，清河人，晉議郎。」崔氏似早於向秀，故秀得以「檃括」崔氏之注，而成隱莊之書。上文「未若隱莊之絶倫也」一語，即此「隱崔譔所注」，其意可知矣，則注之「應」字當是「隱」字之誤。

郭象見秀義不傳於世，遂竊以爲己注。

按：此語失實，昔嘗作《申郭》篇以辨其非。今迻寫於左。

《世説新語・文學》篇：「向秀爲《莊子解義》，妙析奇致，大暢玄風。惟《秋水》、《至樂》二篇未竟而卒。郭象遂竊以爲己注。乃自注《秋水》、《至樂》二篇，又易《馬蹄》一篇，餘直點定文句而已。後秀本别出。」云云。盼遂按：康王此言，可謂誣枉之至矣。子玄注《莊》，純出心裁，不因人熱，非宋齊邱之剽譚峭、虞預之襲王隱者比也。雪此覆盆，凡有三證。今遂依陳蘭甫氏《申范》之例作《申郭》篇。

一事，向本與郭本篇卷之不同也。按：《隋書・經籍志》子部「道家」：「《莊子》二十卷，晉散騎常侍向秀注。本二十卷，今闕。」又：「《莊子》三十卷，目一卷，晉太傅主簿郭象注。梁《七録》三十三卷。」是《隋志》謂二本之不同也。陸氏《經典釋文序録》：「《莊子》，向秀注二十卷二十六篇。

郭象注三十三卷三十三篇。向秀爲《音》一卷，「一」字今譌爲「三」。《隋·經籍志》注：「梁有向秀《莊子音》一卷。」宜據以訂正。又按：《釋文序録》謂「秀注二十六篇，一作二十七篇，一作二十八篇」。今謂此賸餘之篇，當即其《音》或目也。郭象爲《音》三卷。」是《釋文》謂二本之不同也。篇卷既大差牾，則内涵勢難苟合。且《釋文》明言向秀注無《雜篇》。考郭本《雜篇》凡十一篇，三十三去十一，得二十二篇。今向秀注《内外篇》有二十六，則其有出郭本之外若《意脩》、《游凫》之類矣。向秀無《雜篇》注，今郭本兹十一篇注文固赫然在，非出於子期之手明矣。然則象但「點定文句」之説，果何自來哉？此《世説》謂郭本即向本之謬，可不考而自解矣。

二事，向本與郭本章句釋義之不同也。按：《莊子釋文》引向秀之説綦多，率皆異於郭義。如《逍遥游》「海運則徙於南冥」，郭注：「非冥海不足以運其身。」向注則云：「非海不行，故云海運。」又「瞽者無以與乎文章之觀，聾者無以與乎鐘鼓之聲」，向本於此下更有「眇者無以與乎眉目之好，夫刖者不自爲假文履」二語。《齊物論》「是黄帝之所聽熒也」，向本則「聽熒」作「𪏰榮」。「何其無特操歟？」向本則「特」作「持」，注云：「無持者，行止無常也。」《養生主》「官知止而神欲行」，郭讀「知」如字，向則「知」音智，謂「專所司察而後動，謂之官智」。凡此類者甚夥，不待毛舉。是由陸氏《釋文》可見向、郭二書之不同矣。再證以張湛《列子注》，姑即《黄帝》一篇言之：「是故遻物而不慴」，注引向秀曰：「遇而不恐也。」今《莊子·達生》篇郭象本無此注。「而況得全於天乎」，注引向秀曰：「得全於天者，自然無心，委順至理也。」今《達生》篇亦無此注。「時其饑飽，達其怒心」，注引向秀曰：「達其心之所以怒而順之也。」今《人間世》篇郭注無此文。「衆雌而無雄，而又奚卵焉？」注引向秀曰「夫實由文顯，道以事彰」云云凡六十字，今《應帝王》篇郭注止有言「列子之未懷道也」一語。「是爲九淵焉」，注兼舉向、郭二家之説，而各自不同。「壹以是終」，注引向秀曰：「遂得道也。」今郭注則云：「使物各自終。」凡皆此義相非違，難於同歸。其間亦偶有二家合璧之處，不越十之一二爾。此又由張湛《列子注》而足證向、郭之不同矣。《列子》書雖僞，而注則誠出於張湛。湛生於中朝，去向、郭甚親，所引據諒不誣也。綜上陸、張二書所采者觀之，則向、郭二家之章句、訓詁、音讀皆有所逕廷，蓋昭昭矣。即郭注中偶雷同子期之義，迹遍千流。然子慎詁左，多本鄭義；顏籀注班，時擷游秦。苟司契之在我，縱盈匊其何傷？況子玄之采獲於子期者，又非服、顏之若是巨乎，奈何哉遽以剽竊目之邪？

三事，康王之前後學者均無是説也。按：《世説·文學》篇注引《文士傳》《隋書·經籍志》：「《文士傳》五十卷，晉張隱撰。」云：「象慕道好學，託志老莊，人以爲王弼之亞。作《莊子注》，最有清辭遒旨。」陸元朗《經典釋文序録》云：「惟子玄所注，特會莊生之旨，故爲世所貴。徐仙民、李弘範作《音》，皆依郭本，今以郭爲主。」按：張隱、徐邈、李軌皆生東晉初葉，爲康王以前之鴻生碩儒，於郭注《莊子》，斠若畫一，曾無異議。陸氏造《莊子郭注釋文》，博訪墳丘，摭及向氏《音注》，亦未聞有郭象剽劓之言，然則郭注之爲匠心獨妙者，從可知矣。康王此言於是爲無稽。原《世説》中紕誤之言最多，孝標作注，指尺而糾彈者不少，惟此條則未之及，是不可不辨。

自以上三耑論之，則郭象之不盜向義，固已昭昭焉若縣魏闕。乃唐修《晉書》於《郭象傳》備載《世説》之讕語，漫不察其情僞，遂使子玄沉冤，千載莫洗。汪子之夢，難通於下泉；攘瑜之嘲，永流於奕葉。悲夫！

老、莊與聖教同異？

按：《晉書·阮瞻傳》作：「王戎問瞻曰：『聖人貴名教，老莊明自然。其旨同異？』瞻曰：『將無同。』」不作阮修、王衍問對也。《資治通鑑》從《晉書》。

顧看兩王掾，輒翣如生母狗馨。

按：桓宣武語人曰：「顧看兩王掾，輒翣如生母狗馨。」劉尹曰：「田舍兒强學人作爾馨語。」《方正》篇：「劉尹曰：『使君如馨地，寧可鬬戰求勝？』」《品藻》篇：「王丞相舉手指地曰：『正自爾馨。』」《忿狷》篇：「王螭曰：『冷如鬼手馨，强來捉人臂。』」《容止》篇注引《語林》云：「王仲祖每覽鏡自照，曰：『王文開那生如馨兒。』」《晉書・王衍傳》：「山濤目而送之，曰：『何物老嫗，生寧馨兒。』」《太平御覽》三百二十九引《世説》有此條，作「生如寧馨兒」，非。《南史・宋本紀》：「前廢帝太后曰：『將刀來破我腹，那得生寧馨兒。』」綜上數則觀之，是「馨」字自是晉宋人習語，而由來説者多不能抉其真諦。洪氏《容齋隨筆》曰：「今吴中人語尚多用『寧馨』字爲言，猶言若何也。劉夢得詩『爲問山中學道者，幾人雄健得寧馨？』蓋得其義，以『寧』字作平聲讀。」盼遂按：洪氏之言，蓋不經矣。考「馨」字本爲「𠷎」字，《説文・只部》：「𠷎，謦也。從只，甹聲，讀若馨。」謦者，意内而言外也，則「馨」之用本爲語助，自無實義。「寧馨兒」三字讀之爲「寧兒」，亦無不可。「寧」又「若」之假借字也。《説文》：「寧，願詞也。」考經典「寧」與「若」多以同聲通用。「若」有如此之義，如《莊子・外物》篇之「若魚」、《論語・公冶長》之「若人」是矣。王氏《經傳釋詞》。故「寧」亦有如此之義矣。唐宋以來，音義貤變，「寧」與「若」皆廢不用，又作「恁」字代之。《語録》中謂「是像」曰「恁樣」，謂「此中」曰「恁裏」，謂「此人」曰「恁人」，皆晉宋間言「寧」、周秦間言「若」之字，循其音義而昧形骸者也。唐以後人不解「寧」即當時之「恁」字，故引《晉書》「生寧馨兒」皆作「生此寧馨兒」，《御覽》引《世説》此條，係引《晉書》而誤，予别有辨。而沈休文《宋書》亦經改作「生如此寧馨兒」矣。上既云「如」，下復安「寧」，不亦重床疊架之可怪乎？「寧馨兒」之義既明，則「翣如生母狗馨」者，「翣如生母狗」矣；「冷如鬼手馨」者，即「冷如鬼手」矣；「田舍兒强學人作爾馨語」者，即「强學人作爾語」矣；「使君如馨地」者，即「使君如此地」矣；「正自爾馨」者，即「正自爾」矣；「王文開那得生如馨兒」者，即「那得生如此兒」矣。「寧馨」、「如馨」、「爾馨」，「寧」、「如」、「爾」三字一聲之轉，則「寧馨」、「如馨」、「爾馨」三者實一語也。世有以叠韻連語解「寧馨」，亦可以爽然自失矣。段茂堂注《説文》，謂「隋唐後則又無馨語」矣，第三卷《只部》。此言亦爲失考。按：隋唐人語詞多用「生」字，即晉宋之「馨」字也。「馨」、「生」本同韻，可以互轉，如「作麽生」、《傳燈録》天柱釋師語。「太瘦生」、孟棨《本事詩》引李白詩。「阿誰生」、盧仝《月蝕》詩：「徑圓千里入汝腹，如此癡骸阿誰生？」「太憨生」《全唐詩話》虞世南詩：「學畫鴉黄半未成，垂肩𨎵袖太憨生。」等，即「作麽馨」、「太瘦馨」、「阿誰馨」、「太憨馨」也。《六一詩話》云：「太白詩中『太瘦生』，唐人語也。猶謂語助。」是永叔尚能知所本矣。再證以《宋書·五行志》：「哀帝興寧初，民間歌曰：『雖復改興寧，亦復無聊生。』」是用「生」爲語助之始，亦易「馨」爲「生」之始也。訖今日河南、湖北間猶存此語，談説時語尾恒加「生」字以足句，音略如覢，則又「生」之所雙聲迤變者也。段氏所云，蓋昧於語言流變之迹矣。

俞理初《癸巳類稿》七「乃淯還音義」條引日本《全唐詩逸·游仙窟詩》云：「婀娜腰支細細許，𥇖䀹眼子長長馨。」以證「馨」字之用。盼遂按：「馨」與「許」對文，是作語詞用也，猶盧仝、李白之「生」字矣。是又足爲予唐人以「生」代「馨」之證。

殷中軍見佛經云：「理亦應阿堵上。」

按：「阿堵」二字，自來多昧其解。俞理初《癸巳類稿》卷七「等還音義」條引此事謂「『等』義爲何等，又爲此等，故通『底』，又通『堵』。所謂『阿堵』、『寧底』，皆言此等也」云云，其説迂曲。按：「阿」本爲「丂」

之借字，《説文》：「𠀀，反丂也。讀若呵」，「丂，气欲舒出，勹上礙於一也」。故「𠀀」、「丂」爲發聲之詞，通以「阿」字爲之。「堵」即「者」字，同音互用。《史記·張釋之傳》：「堵陽人也。」韋昭注：「堵音赭。」《漢書·張釋之傳》師古注：「堵音者。」是六朝舊音，「堵」讀爲者，故可互用。《説文》：「者，别事詞也。」《漢書·藝文志》曰「儒家、句。者流」云云，「道家句。者流」云云，「者」皆訓爲此。句讀本蘄春黄先生説。今人尚謂「此」爲「者」，如「者裏」、「者回」是也。俗書作「這」，無以下筆。古人語緩，故「堵」字上加「阿」，以足語氣。猶名蒙者自稱「阿蒙」，言誰者語作「阿誰」耳。「阿」字本自無意義也。知乎此，則殷中軍之言「理亦應阿堵上」，以宋、元語録例之，乃「名理應當在者上」也。由此説推之，《巧藝》篇「顧長康畫人」條云「傳神寫照，正在阿堵中」，即「傳神寫照，正在者裏」也。《規箴》篇「王夷甫雅尚玄遠」條「呼婢舉阿堵物却」，從唐寫本改正。即「呼婢舉者物出去」也。《雅量》篇「桓公伏甲設饌」條注「明公何有壁間置阿堵輩」，即「壁間置者輩」也。如此乃至爲明皙易讀，何勞俞氏以浙西方音證之邪？況夷甫諸人淵源本非吴士乎！又按：古音無齒頭五母，多歸舌頭。是「堵」、「者」古音同在舌頭端母，無何區别。至舌音蟺變孳爲齒頭，「堵」仍在端，而「者」因入照。後人昧其變遷之迹，因滋迷陽爾。實則司馬氏時，「者」字仍讀爲「堵」音也。後閲郝蘭皋《晉宋書故》，其解「阿堵」與予説闇合，以所引佐證較郝氏爲多，可以存參，故不删。

康伯未得我牙後慧。

按：「牙後慧」猶所謂齒牙餘論，《南齊書·謝朓傳》。美韓能含其菁華，吐其渣滓也。從來引者多未識此語。

支道林在白馬寺中。

按：張敦頤《六朝事迹編類·寺院門》無白馬寺。然《南史·鄭灼傳》：「德基少遊學於京邑。嘗於白馬寺前逢一婦人，容服甚盛。」是南京當日確有白馬寺也。或疑支公無緣在洛陽白馬寺，非是。

人以比王苟子。

注引《文字志》曰：「修弟熙乃歎曰：『無愧於古人，而年與之齊也。』」

按：本書《雅量》篇注引《中興書》云：「熙爲修弟蘊之子。」《晉書·外戚傳》亦言曰：「濛有修、蘊二子。」此注「修弟」之下顯敚「子」字。又按：「無愧古人」二句，乃用曹子桓《與吴質書》中語。「無」疑「德」之誤字。《晉書》作「修臨終自歎」，較《世説》爲勝。又按：「古人」謂王弼也。弼年二十四卒，修死時亦二十四，故云「年與之齊」也。南朝崇尚《易》、《老》，故於輔嗣極貴視矣。

「康僧淵初過江」條。

注：「僧淵氏族，所出未詳，疑是胡人。」

按：孝標擬僧淵爲胡人是也。本書《排調》篇記「康僧淵目深而鼻高」。考群書記胡人容貌，多謂爲深目高鼻，如《漢書·西域傳》：「自宛以西至安息，其人皆深目。」《北史·于闐傳》：「自高昌以西諸國人皆深目高鼻。」梁簡文帝《謝安吉公主餉胡子一頭啓》云：「方言異俗，極有可觀。山高水深，宛在其貌。」《藝文類聚》三十五引。唐陸巖夢《桂州筵上贈胡子女》詩云：「眼睛深却湘江水，鼻孔高於華岳山。」《雲溪友議》載。以上本静安師《西胡考》。《晉書·石季龍載記》：「石宣諸子中最胡狀，目深。」以上諸書，皆以深目高鼻狀之，是胡人之容貌可識矣。僧淵鼻既山高，目亦淵深，則其爲胡斷可知矣。又按：《北史·西域列傳》：「康國人皆深目高鼻多髯。」僧淵者名，而又冠以康者，取國籍别也。僧淵成帝時同行過江者有康法暢，《高僧傳》四《康僧淵傳》。當時沙門又有康法邃，《全晉文》一百五十七引《釋藏迹》九。想皆康國人，因以康姓之。與中國上古神農居姜水因姓姜，黄帝居姬水因姓姬，虞帝居姚墟因姓姚之事，《説文》十二篇《女部》。恰有會也。又中原當時無康姓，康僧淵實爲西域民族，蓋無疑義。不知孝標何以不能質言之也？《高僧傳》四：「康僧淵本西域人，生於長安。貌雖梵人，語實中國。」又按：康氏諸人，蓋皆西域康居國人。魏晉之世西來佛徒率以祖國爲姓，從安息來之安世高即以安爲姓，從月支來之支婁迦讖即以支爲姓，自天竺來之竺法蘭、竺佛念諸人即以竺爲姓。想康僧淵等自不違此公例也。康居至隋代滅，稱康。

「左太冲作《三都賦》初成」條。

注云：「凡諸注解，皆思自爲。」

按：《晉書·左思傳》：「造《齊都賦》，一年乃成。」《隋書·經籍志》：「《齊都賦》二卷，左思撰。」今《文選》卷二十八注、《水經·淄水》注、《史記·孟荀列傳》集解，皆引左思《齊都賦》注語。《齊都賦》注既思自爲，則《三都賦》注之係假銜他人，可以言而喻矣。又按：《管子·經言》爰復作解，《韓非子·儲説》自釋其經，嗣後若孟堅著史於《藝文》、《地理》手繕注語，則爲文自注，古之人有行之者，況太冲《三都賦自序》云「聊舉其一隅，攝其體統，歸諸訓詁」，則自己顯言之矣。

意氣所寄。

按：語意不究，下有闕文。臨川此書本未寫定，詳後總例。

不長於手筆。

按：六朝以前，通以有韻者爲「文」，無韻者爲「筆」，阮伯元《文筆對》言之綦詳。筆亦稱「手筆」，范曄書云：

「手筆差易，文不拘韻故也。」

可三《二京》，四《三都》。

按：此謂張平子之《二京賦》若得此《揚都賦》，可稱《三京賦》，左太冲之《三都賦》得此《揚都賦》，可稱《四都賦》矣。《北史·李彪傳》有「四三皇而六五帝」之語，與此同一文法。《困學紀聞》卷二十引《燕丹子》：「荊軻曰：『高欲令四三王，下欲令六五霸。』」王氏自注：「四三王，六五帝，四三墳，六五典，三二曜，六五緯，皆本於此。」

「習鑿齒史才不常」條。

注引《續晉陽秋》云：「鑿齒在郡著《漢晉春秋》，斥温覬覦之心也。」

按：《史通·探賾》篇極駁檀氏此説，文繁不録。

玄度五言詩，可謂妙絶時人。

注引《續晉陽秋》。

按：魏文帝《與吴質書》云：「公幹五言詩之善者，妙絶時人。」簡文此用其語也。又按：檀氏論詩，洞見淵源，故後人多踵之者。沈約《宋書·謝靈運傳論》：「有晉中興，玄風獨振。爲學窮於柱下，博物止於七篇。仲文始革許、孫之風，叔源大變太元之體。」鍾嶸《詩品》上：「孫、許、桓、庾諸公詩，皆平典似道德論，建安風力盡矣。逮義熙中，謝益壽混小字。斐然繼作。」蕭子顯《南齊書·文學傳論》：「江左風味，盛道家之言。郭璞舉其靈變，許詢極其名理，仲文玄氣，猶不盡除，謝混情新，得名未盛。」此皆本諸檀氏之説也。又按：注中「加以三世之辭」，蓋指禪氏説過去、見在、未來爲三世，與《春秋》之張三世非一物。

袁自詠其所作《詠史》詩。

按：宏詩載本集中。今録出以見其微言澹思、傾倒時賢之概焉。

周昌梗概臣，辭達不爲訥。汲黯社稷器，棟梁表天骨。陸賈厭解紛，時與酒檮杌。婉轉將相門，一言和平勃。趨舍各有之，俱令道不没。

無名困螻蟻，有名世所疑。中庸難爲體，狂狷不及時。楊惲非忌貴，知及有餘辭。躬耕南山下，蕪穢不遑治。趙瑟奏哀音，秦聲歌新詩。吐音非凡唱，負此欲何之？

王東亭作《經王公酒壚下賦》。

按：「王公」疑爲「黄公」，聲之誤也。「黄公酒壚」或即謂王濬冲所過處也。見《傷逝》篇。本書《輕詆》篇注引《續晉陽秋》，正作《黄公酒壚賦》。

袁伯彦作《名士傳》成。

按：「伯彦」二字誤倒。袁宏字彦伯。崇文書局本已改正。

袁宏始作《東征賦》。

注：「則宣城之節，信爲允也。」

按：「允」與上文「引」、「隕」爲韻，當爲一四字句。《晉書·袁宏傳》作「宣城之節，信義爲允」是也，當據以訂正。

方正

「和嶠爲武帝所親重」條。

按：注引《晉諸公贊》，謂荀顗往看太子。又引《晉陽秋》，謂荀勗往看太子。孝標駁傅氏之説，傥也。逮唐修《晉書》，乃爲調胹之説，於《和嶠傳》云：「顗、勗並詣太子。」殊屬草草。《魏志・荀彧傳》注又謂詣太子者爲荀愷，則更異矣。

「武帝語和嶠」條。

注引《晉諸公贊》曰：「王濟累遣常山主與婦長廣公主共入。」

按：《晉書・王濟傳》：「濟尚常山公主。」長廣公主則甄德妻也。注中「婦」字當在「常山主」上。

它人能令疎親，臣不能使親疎。

按：《晉書・王濟傳》、《通鑑・晉紀》皆作「他人能令親疎，臣不能令親親」。揆之情實，較《世説》爲長。

勖方更覓車，然得去。

按：「然」以雙聲借爲「乃」，「然得去」者，「乃得去」也。《莊子・天地》篇「今然君子也」，《晉語》「文公曰『豈不知女言，然是吾惡心也』」，「然」並解作「乃」字。《世説》宋本「然」下有「後」字，是不知古義者沾也。

太守劉淮横怒。

注引《世語》證非劉淮事。

按：《晉書・向雄傳》作「劉毅」，又誤之誤矣。考毅生平不爲河内。勞格《晉書校勘記》云：「《世説》『劉準』後誤爲『淮』。」

盼遂按：準事見《劉喬傳》、《周處傳》。準字君平。

鬼子敢爾。

注引《孔氏志怪》。

按：注文譌奪甚多，今以《搜神記》校之。「門中一鈴下，有唱家前」，作「門中一鈴下唱客前」，「一犢車」作「二犢車」，「遣視之」作「遣兒視之」，「我舅甥」作「我外甥」，皆較《世說》注爲長。又注中「即字温休。温休者，幽婚也」，按：温休切「幽」，休温切「婚」，是二字反覆讀之得幽婚也。反切之法，實具於此。世謂反語始於孫叔然者，誤也。盼遂別有文，文中不引此證者，以其出稗官也。後人放行之，見於正史者，若吳人之「於何相求成子閤」，反石子岡也；《三國志·諸葛恪傳》。荆州人之「黄曇郎」，反王忱也；《宋書·五行志》。晉人之「清暑殿」，反楚聲也；《晉書·孝武帝紀》。梁人之「同泰寺」，反太通也。《梁書·武帝紀》。按：温休之生，當在東京初葉，與予反語始於東京之説正合。

處仲狼抗剛愎。

按：狼抗，叠韻連綿字，形容貪殘之貌。亦作「𣣲㰠」，《廣韻·十一唐》：「𣣲㰠，貪貌。」本書《識鑒》篇：「嵩性狼抗，亦不容於世。」尤爲明據。胡身之注《通鑑·晉紀》云：「狼似犬，鋭頭白頰，高前廣後，貪而敢抗人，故以爲喻。」是未達狀字之例也。夫雙聲叠韻之字，因聲以見義，固不拘絞於形體也。王石渠《廣雅疏證》屢陳之。

尚書郎正用第二人。

注：「郎官，寒素之品。」

按：《晉書·王國寶傳》：「除尚書郎，國寶以中興膏腴之族，惟作吏部，不爲餘曹，甚怨望，固辭不拜。」足見尚書郎爲寒素之品也。

故應讓杜許。

按：「杜許」未詳。《晉書·王述傳》作「坦之諫，以爲故事應讓」。

拄杖前庭消搖。

按：《禮記・檀弓》：「負手曳杖，消摇於門。」疏：「消摇，放蕩以自寬縱。」《莊子・逍遥遊》釋文云：「義取閒放不拘，怡然自得。」按：「逍遥」即「消摇」之俗字。

語信云：「可擲箸門外。」

按：《世説》中「信」多謂使人，漢魏六朝文例如此。詳黄伯思《東觀餘論》、顧炎武《日知録》。

雅　量

《廣陵散》於今絶矣。

按：《御覽》五百七十九引《世説》云：「會稽賀思令善彈琴。忽有一人，形器甚偉，著械，有慘色，自云是嵇中散。謂賀於古法未備，因授以《廣陵散》，遂傳之於今不絶。」説殊詭誕。

「王戎七歲」條。

注引《名士傳》曰：「戎由是幼有神理之稱也。」

按：《名士傳》，晉袁宏撰，凡三集。此引中集，即《竹林名士傳》中語也。書今已不傳。

遺筒中箋布五端。

按：《晉書・王戎傳》作「筒中細布五十端」。《説文・糸部》：「𦅗，蜀細布也。」《蜀都賦》注：「黄潤，謂筒中細布也。」又按：《説文・女部》：「嬽，讀若蜀郡布名。」《虫部》：「蠸，讀若蜀郡布名。」「嬽」、「蠸」與「箋」三字聲韻相近，殆「箋」本是布名，而「嬽」、「蠸」其音歟？解《説文》者得斯義，於「嬽」、

「蠸」之讀若，可以豁然矣。

故可有兩娑千萬。

按：「兩娑千萬」者，兩三千萬也。「娑」以聲借作「三」，「娑」、「三」雙聲，今北方多讀「三」如「沙」，想當典午之世而已然矣。《世説》多録當日方言，此亦一斑。劉淇《助字辨略》云：「兩娑千萬，娑，語辭，猶言兩個千萬也。」按：淇以「娑」爲語辭，無徵。《晉書·庾敳傳》作「兩千萬」，蓋不知古語而删。

許上床便咍臺大鼾。

按：《莊子·達生》篇：「公反，誒詒爲病。」《釋文》：「誒詒，司馬云『解倦貌』，李頤云『失魂魄也』。詒，音臺。」「咍」、「誒」同從「㠯」聲，「咍臺」即「誒詒」也，之部疊韻連語。

丞相語郗信。

按：六朝人稱使者爲「信」，取「人言」之義。此「郗信」即郗家使者也。

「謝太太傅盤桓東山」條：「如此將無歸。」

按：「將無歸」者，歸也。「將」、「無」皆發語辭。「無」者，《漢書·貨殖傳》注：「孟康曰：『無，發聲助也。』」不盡作有無字用。不直云歸，而云將無歸者，晉人清談、春容之語度然也。《晉書·謝安傳》曰：「舟人以安爲悦，猶去不止。風轉急，安徐曰：『如此將何歸邪？』」易「無」作「何」，下添「邪」字，與原意全乖矣。由此而觀本書，《德行》篇王戎謂太保「將無以德掩其言」，即謂太保以德掩其言也；《任誕》篇劉尹語謝公曰「安石將無傷」，即謂安石將傷也；《識鑑》篇「武昌孟嘉作庾太尉州從事」條注引《嘉别傳》曰「亮指嘉曰：『將無是乎？』」，即謂是也；《晉書·阮瞻傳》「王戎問：『聖人貴名教，老、莊明自然，其旨同異？』瞻曰：『將無同。』」，即謂同也。以上所舉「將」、

「無」二字，皆羌無實義可詁。又「無」與「不」係同聲，且同屬語辭，故「將無」亦作「將不」，本書《言語》篇「謝靈運好戴曲柄笠」條「謝答曰：『將不畏影者未能忘懷。』」，即「畏影者未能忘懷」也；《政事》篇「殷仲堪當之荆州」條「王東亭問曰：『與本操將不乖乎？』」，即言「與本操乖」也。《通鑑·晉武帝紀》胡身之注引程大昌《演緐露》中釋「將」、「無」之説，亦不能冰釋，故條辨之如此。

諷「浩浩洪流」。

按：謂讀嵇叔夜《贈秀才入軍》詩也。詩見《文選》，其第三章云：「浩浩洪流，帶我邦畿。」

謝萬石後來，坐小遠。

按：慧皎《高僧傳》作「謝安石」是。謝氏無萬石其人，蓋太傅之弟名萬，兄名石，因以致繆。

「損米。」愈覺有待之爲煩。

按：《莊子·齊物論》：「景曰：『吾有待而然者邪？吾所待又有待而然者邪？吾待蛇蚹蜩翼邪？』」安公蓋引此語。

賞譽

世目李元禮。

按：目，題目也，亦猶品也。自魏以九品取人，士夫多長於分别流品，擅譽月旦，如劉劭《人物志》等書出焉。其品藻謂之「題」，如「何晏題王弼，後生可畏」是也。《文學》篇注。亦謂之「目」，有取以成書者，若《天下人士目》、《晉書·王澄傳》。《名德沙門題目》、《名士題目》皆見本書注。是矣。惟其字例刁鑿，造語模略，如「張憑勃窣爲理窟」、「劉尹茗柯有實理」、「王忱羅羅清疎」、「中郎窟窟成就」、「袁羊洮洮清便」、「衛虎奕奕神令」、「卞壼峰距」、「高坐淵著」，凡諸此類，難於殫列，皆依希其旨，莫能洽醳。意爾時自有品藻語例，若周元公謚法之屬，革命時散佚耳。《隋志》絶無題目之籍。

傅蘭碩汪廧靡所不有。

按：《晉書·裴楷傳》作「傅嘏汪翔靡所不見」。「汪廧」與「汪翔」同，通作「汪洋」。又按：蘭碩，《晉書》本傳作「蘭石」，「碩」、「石」古同字。

磊砢有節目。

按：磊砢，《晉書·和嶠傳》作「磥砢」，《庾敳傳》作「礧砢」。《文選·上林賦》「水玉磊砢」，郭璞注：「魁壘貌。」

常自神王。

按：《莊子·養生主》：「不蘄畜乎樊中，神雖王，不善也。」《釋文》：「王，于況切。」

家從談談之許。

按：《傷逝》篇：「羊孚卒，桓玄與羊欣書曰：『賢從情所信寄，暴疾而殞。』」注引《羊氏譜》曰：「孚即欣從祖。」庾亮與庾敳行輩無可考，據「家從」之言，知敳爲亮祖父行也。

題目高坐。

按：《高僧傳》一：「帛尸梨密多羅，時人呼爲高坐。」

精神淵著。

按：《高僧傳》一《帛尸梨密傳》作「桓宣武每云少見高座，稱其精神著出當年」。

胡毋彦國吐佳言如屑。

按：本條宜連上「王平子與人書」爲一條。《晉書·胡毋輔之傳》：「澄嘗與人書曰：『胡毋彦國吐佳言如鋸木屑，霏霏不絶，誠爲後進領袖也。』」嚴鐵橋輯《全晉文》於王澄卷中迻録《輔之傳》中此札，此實連《世説》中「兒風氣日上，足散人懷」，實爲一牋，嚴氏未采，失之。乃注出《世説》注，且於王澄標目下注「太原人」，纒貤㒹謬矣。

人所應有，其不必有；人所應無，己不必無。

按：「己不必無」，「不」字係涉上文而衍。本篇「王長史道江道群『人可應有，乃不必有；人可應無，己必無』」，可據正也。《晉書·桓彝傳》作「人所應有，而不必有；人所應無，而不必無」，亦誤。

金玉滿堂。

按：老子《道德經》九章語。

思懷所通，不翅儒域。

按：《衆經音義》引《蒼頡篇》：「不啻，多也。」「翅」、「啻」古通。「不啻儒域」，謂所通不止於儒域，以其並綜玄學也。《文學》篇「殷歎曰：『使我解《四本》，談不翅爾。』」，謂談議當勝於此也；晉人用「爾」多作如此解。《排調》篇「婦笑曰：『若使新婦得配參軍，生兒故可不啻如此。』」，《晉書·列女傳》作「不翅」。謂生兒當勝於此也；《假譎》篇「王文度弟阿智惡乃不翅」，謂頑冥殊甚也。世儒習知「不翅」爲無異，因鉏鋙而尟通矣。《孟子》之「奚翅食重」、「奚翅色重」，《告子下》。注：「若言何其重也。」依阮校删「不」字。正與此同。

阮光禄云：「王家有三年少。」

注：「安期，王應也。」

王先謙《校勘小識》補云：「《晉書·王羲之傳》：『阮光禄裕目羲之與王承、王悦爲王氏三少。』不及王應，此注語應有誤。」

按：《晉書》蓋摭《世説》而誤，未可據《晉書》駁《世説》也。考王承字安期，王應亦字安期。承卒於元帝渡江之初，自不與敬豫、羲之相接。應名德雖不若長豫、羲之，然應覈荆州之守文，本書《識鑒》篇文。知回帆於楇鼓，本書《豪爽》注。敦亦稱「其神候似欲可」者，則應亦爾時之髦士也。與長豫、羲之既同德業，又居昆弟，三少同稱，亦固其所。且三年少皆出琅琊，承望屬太原，何能與長豫、逸少並論乎？特以世人知承字安期者多，知應字安期者少，故唐修《晉書》遂誤王應爲王承，而未計及於情勢及劉注皆不合也。葵園乃是《晉書》而非劉注，是可謂倒植矣。

若遇七賢，必自把臂入林。

按：《晉書·劉伶傳》：「與阮籍、嵇康相遇，欣然神解，攜手入林。」謝公此語正用其事也。

自是鉢釪後王、何人也。

按：慧皎《高僧傳》四《支道林傳》：「濛詣遁，遁曰：『君語了不長進。』」濛退乃歎曰：「實縡鉢之王、何也。」《音釋》：「縡，側持切。舊作『紂』，與『緇』同。」今《世説》正文及注皆舛譌不可讀，宜據正。

王修載樂託之性。

按：「樂託」即「落拓」，樂，音洛。連綿字，無定形也。亦作「落魄」、《漢書·酈食其傳》。「落穆」、《晉書·王澄傳》。「落度」，《通鑑·晉紀》。今世則言「邋遢」。

我家亦以爲徹朗。

按：「我家」似指其父右軍也。《品藻》篇「謝公問孫僧奴：紞子也。『君家道衛君長云何？』」，《排調》篇「嘉賓謂郗倉曰：『人以汝家比武侯，復何所言。』」，皆以「家」謂父。

阿見子敬，尚使人不能已。

按：阿，我也。乃謝公自謂。《三國志·辰韓傳》：「東方人名我爲阿。」今山西、陝西人自稱爲「阿」，南方鄙人自稱「小可」，猶代遺語也。此謂我見子敬，尚不能已已，則汝見真長，足重可知矣。注意以「阿」爲車騎，亦未思「阿」於古絶無「汝」之訓也。注中「汝阿見子敬」，「汝阿」不辭，「汝」爲後人沾也。

品藻

蜀得其龍，吴得其虎，魏得其狗。

按：《爾雅·釋獸》：「熊虎醜，其子狗。」《釋畜》：「犬未成豪，狗。」《晉律》：「捕虎一，購錢五千，其狗半之。」知「狗」爲稱物幼小之意，按字例，凡從「句」之字皆有幺小之義。非必犬也。誕之得「狗」名者，直緣叔季之故，非蔑之也。誕在當日固亦聲問休暢，與二昆頡頏，讀《國志》本傳及《世説》中瑣事可知。後之人昧於「狗」之訓詁，遂菲薄之，其繆甚矣。

喬雖高韻，而檢不匝。

按：「檢不匝」，不辭。《三國志》注引《冀州記》作「神檢不逮」，與《世説》上文相應，所宜據改。

宋褘曾爲王大將軍妾。

注：「未詳宋褘。」

按：「未詳」與「宋褘」四字互倒。《初學記》笛類云：「古之善吹笛者有宋褘。」自注：「見《世説》」，石崇緑珠弟子。」《藝文類聚》笛類引《俗説》同。宋吴淑《笛賦注》引《世説》：「石崇婢緑珠弟子名宋褘，國色，善笛。後入宫，帝疾篤，出宋褘。帝曰：『誰欲得者？』阮遥集曰：『願以賜臣。』即與之。」據三書所引，似出《世説注》，而今亡矣。詳統説。又按：如吴氏所據，則宋褘殆由金谷園入宫，而歸阮乎，而歸王敦，而歸謝尚。一是簪笄，數易主君，如春秋夏姬之行，亦足悼矣。

見謝仁祖恒令人得上。

按：玩下文「以手指地」，則王丞相説謝仁祖時，當以手指天，方合「令人得上」語氣。《世説》固善於圖貌者矣。

但恐狐狸猯狢噉盡。

注：「才智無聞，身盡於狐狸」云云。

按：詳注意謂曹、李身噉於狐狸也，其説遠失。庾道季本謂天下人盡如曹、李之踈於世慮，則誰將烈山澤而焚之？誰復敺虎豹犀象而遠之？如是則禽獸逼人，人盡爲狐狸猯狢之餕餘矣。

吉人之辭寡，躁人之辭多。

按：二語本《易・繫辭傳》。

君書何如君家尊？

按：唐孫過庭《書譜》：「謝安素善尺牘，而輕子敬之書。安嘗問：『卿書何如右軍？』答云：『故當勝。』又答：『時人那得知。』子敬雖權辭折安，自稱勝父，不亦過乎！後右軍題壁，子敬輒書易其處，羲之還見，乃歎曰：『吾去時真大醉也！』敬乃内慚。子敬不及逸少，無惑疑焉。」按：後世書家亦有謂子敬筆由篆勢，實堪跨竈，然率皆遊談不根。江湖之習，今不取焉。

井丹高潔。

注：「四向長揖。」

按：四向長揖，猶袁紹之横揖也。《魏志·紹傳》注引《獻帝春秋》。今吾鄉謂之撒網揖。王葵園校謂「四向」無解，改作「西向」，失之。

「王珣疾，臨困」一條：「世以比王北中郎。」

注：「珣意以其父名德過坦之而無年。」

按：孝標指北中郎爲王坦之。坦之學詣績業，與安石齊名，洽非其比。借時人阿好擬於不倫，珣亦宜欣然相領，不致有無年之歎。竊謂北中郎係指王舒，《晉書》舒本傳：「裒薨，遂代裒鎮，除北中郎將。」考舒平生，庸庸無奇迹，正洽之媲，故時人得以相提並論。特人知王坦之之爲北中郎者多，知舒之爲北中郎者少，故孝標有此失耳。又南朝矜尚伐閱，擬人往往取其支屬之中，此處不應獨以太原王比琅琊也，其失二矣。

規　箴

何晏、鄧颺令管輅作卦。

按：注文脱誤甚多。今迻唐寫本注如下，以見梗概：

《輅别傳》曰：「輅字公明，平原人。八歲便好仰觀星辰，得人輒問。及成人，果明《周易》，仰觀風角占相之道，聲發徐州，號曰神童。冀州刺史裴徽召補文學，一見清論終日，再見轉爲部鉅鏕從事，三見轉爲治中，四見轉爲别駕。至十月舉爲秀才。臨辭，徽謂曰：『何、鄧二尚書有經國才幹，於物理不精也。何尚書神明清徹，殆破秋豪，君當慎之。自言不解《易》中九事，必當相問。比至洛，宜善精其理也。』輅曰：『若九事皆王義者，不足勞思也。若陰陽者，精之久矣。』輅至洛，果爲何尚書所請，共論《易》九事，九事皆明。何曰：『君論陰陽，此世無雙也。』時鄧尚書在坐，曰：『此君善《易》，而語初不及《易》中辭義，何耶？』輅尋聲答曰：『夫善《易》者不論《易》。』」盼遂按：《荀子·大略》：「善爲《詩》者不説，善爲《易》者不占。」輅言蓋本於此。何尚書含笑贊之曰：『可謂要言不煩也。』因謂輅曰：『聞君非徒善論《易》而已，至於分蓍思爻，亦爲神妙。試爲作一卦，知位當至三公不？又頃連青蠅數十頭來鼻上，駈之不去，有何意故？』輅曰：『鴟鴞，天下賊鳥。及其在林，食桑椹，則懷我好音。况輅心過草木，注情葵藿，敢不盡忠？唯之耳。昔元凱之相重華，惠和仁義之至也；周公之翼成王，坐而待旦，敬慎之至也。故能流光六合，萬國咸寧，然後據鼎足而登金，調陰陽而濟兆民。此履道之休應，非卜筮之所明也。今君侯位重山岳，勢若雷電，望雲赴景，萬里馳風。而懷德者少，畏威者衆，殆非小心翼翼、多福之士。又鼻者艮，此天中之山，高而不危，所以長守貴也。今青蠅，臭惡之物，集而之焉。位峻者顛，輕豪者亡，必至之分也。夫變化雖相生，極則有害；虚滿雖相受，溢則有竭。聖人見陰陽之性，明存亡之理，損益以爲衰，抑進以退，是故山在地中曰「謙」，雷在天上曰「大壯」。謙則裒多益寡，壯則非禮不履。仲伏願君侯上尋文王六爻之旨，下思尼父彖象之義，則三公可决，青蠅可駈。』鄧尚書曰：『此老生之常談。』輅曰：『夫老生者見不生，常談者見不談也。』」

「何晏、鄧颺令管輅作卦」條。

注引《管輅別傳》曰：「若九事皆至義，不足勞思。若陰陽者，精之久矣。」唐寫本「至義」作「王義」，是也。王謂王輔嗣也。輔嗣本荀、劉之義注《易》，盡袪陰陽飛伏之説，獨有千古。輔嗣以魏正始十年卒，公明以正始九年十月舉秀才入洛，是時輔嗣《易注》當早已傳寫，洛陽紙貴矣。公明於《易》特精陰陽，不崇玄論，故以王義爲不足勞思。若今本作「至義，不足勞思」，既云「至義」，如之何勿思？况輅所視「至義」者，即陰陽邪？

唐本一字之微，值等千金矣。

「小庾在荆州」條注。

今録唐寫本注，以補宋本剥敓之失，如次：

《漢晉陽秋》曰：「翼風儀美劭，才能豐贍，少有經偉大略，乃繼兄亮居方州之任，有匡維内外、掃蕩群凶之志。是時杜乂、殷浩諸人盛名冠當世，翼皆弗之貴也，常此輩宜束之高閣，俟天下清後議其所任耳。意氣如此。惟與桓友善，相期以寧濟宇宙之事。初，翼取輙發部奴及車牛驢馬以萬數，率大軍入沔，將謀伐狄，遂次於襄陽。」《翼別傳》：「翼之爲荆州，雅有志，每以門地威重，兄弟寵授，不陳力竭誠，何以報國？雖蜀阻險，胡負凶力，然皆無道酷虐，易可乘滅。當吾時不能掃除二寇，以復王業，非丈夫也。於是徵役三州，悉具帑實，成衆五萬，兼率荒附，治戎大舉，直指趙魏。軍次襄陽，躍威沔漢。」按：唐本多爲譌脱，不敢改正，期以存真。餘條倣此。

謝中郎在壽春敗。

注：「按：萬未死之前，安高卧東山，何肯輕入軍旅邪？」

按：本書《簡傲》篇「謝萬北征」條：「謝公甚器愛萬，而審其必敗，乃俱行。自隊主將帥以下，無不身造，厚相遜謝。」

是本書明言安在軍旅中矣。又《太平御覽》卷七百一引《俗説》云：「謝萬作吴興郡，其兄安時隨至郡中。萬眠常晏起，安清朝便往床前，叩屏風呼萬起。」此亦可爲壽春之役謝公從行之旁證也。劉氏之糾於是爲失。

雙甄所指。

按：《左傳·文公十年》：「遂道以田孟諸。子朱及文之無畏爲左司馬。」杜注：「將獵，張兩甄，故置二左司馬。」《釋文》：「甄，吉然反。」是「甄」讀若「中堅」之「堅」矣。又按：《文選》注引《孫子兵法》：「直陣曰甄。」《晉書·陶侃傳》：「侃令趙誘、周訪爲前鋒，兄子輿爲左甄擊賊。」知「甄」字晉世通用。

「王緒、王國寶相爲脣齒」條注。

今録唐寫本注：

《王氏譜》曰：「緒字仲業，太原人。祖延，早終。父乂，撫軍。」《晉安帝紀》曰：「緒爲會稽王從事中郎，以佞耶親幸，間王珣、王恭於王。王恭惡國寶與緒亂政，與殷仲堪克期同舉，内匡朝廷。及恭至，乃斬緒於市，以説於諸侯。」《國寶别傳》曰：「國寶字國寶，平北將軍坦之第三子也。少不脩士業，進趣當世。太傅謝安，國寶婦父也，惡其爲人，每抑而不用。會稽王妃，國寶從妹也，由是得與王早遊，間安於王。安薨，相王輔政，超遷侍中、中書令，而貪恣聲色，妓妾以百數，坐事免官。國寶雖爲相王所重，既未爲孝武所親，及上覽萬機，乃自進於上，上甚愛之。俄而上崩，政由宰輔。國寶從弟緒有寵於王，深爲其説，王忿其去就，未之納也。緒説漸行，遷左僕射、領吏部、丹陽尹，以東宫兵配之。國寶既得志，權震外内。王珣、恭、殷仲堪並爲孝武所待，不爲相王所昵，國寶深憚疾之。仲堪、王恭疾其亂政，抗表討之。國寶懼，不知所爲，乃求計於王珣。珣曰：『殷、王與卿素無深讎，所競不過勢利之間耳。

若放兵權，必無大禍。』國寶曰：『將不爲曹爽乎？』珣曰：『是何言歟！卿寧有曹爽之罪，殷、王，宣王之疇耶？』車胤又勸之，國寶尤懼，遂解職。會稽王既不能距諸侯之兵，遂委罪國寶，收付廷尉賜死也。」《史記》曰：「漢丞相周勃就國，有上書告勃反。文帝下之廷尉，吏稍侵辱，勃以千金予獄吏，吏教勃以其子婦公主爲證。帝於是赦勃，復爵邑。勃既出，曰：『吾嘗將百萬之軍，安知獄吏爲貴耶？』」

「蘇峻東征沈充」條。

唐寫本注：「《晉陽秋》曰：『充字士居，吴興人。少好兵，諂事王敦。敦克京邑，以充爲車騎將軍，領吴國内史。明帝伐王敦，充衆就王含，謂其妻曰：「男兒不建豹尾，不復歸矣！」敦死，使蘇峻討充，充將吴儒斬送充首。』」

捷悟

黄絹幼婦，外孫齏臼。

按：「絶」字，《説文》從刀糸，卪聲，非從色也。「妙」字不見古籍，推美好之意，於《説文》當爲「懇」字，從章氏《小斆畣問》説。不從少女也。文辭之「辭」，從𤔔辛，會意。從受辛者，誼爲辤攘，未可掍也。伯喈於「絶妙好辭」四字謬者凡三，甚矣。漢魏小學之不講也，此等譌誤，在漢碑已觸目而是。然碑刻以行文，不主説字，故無足責。

王敦引軍垂至大桁。

按：「大桁」即南桁，亦名朱雀桁，亦名朱雀橋。《晉書》與《世説》數名間出，未能講畫。

「郗司空在北府」條。

唐寫本注：「《晉陽秋》曰：『大司馬將討慕容暐，表求申勒平北將軍愔及袁真等嚴辯。愔以素羸疾，不堪戎行，自表求退，聽之。詔大司馬領愔所任，授愔冠軍將軍、會稽内史。』按：《中興書》：『愔辭此行，温責其不從處分，轉授會稽。』疑《世説》爲謬者。」

盼遂按：由平北將軍轉會稽，謫之，非奬之也。如劉説，則宜奬以崇授矣。

夙惠

何晏七歲，明惠若神。

按：注文脱譌，今録唐本：

《魏略》曰：「晏父早亡，太祖爲司空時，納晏母，并收養。其時秦宜禄、何鰺亦隨母在公家，並見如寵公子。鰺性謹慎，而晏無所顧，服餝擬太子，故太子特憎之，每不呼其姓字，常謂之假子。」《魏氏春秋》曰：「晏母尹爲武王夫人，故晏長於王宫也。」

晉明帝數歲，坐元帝厀上。

按：唐寫本有注八十餘字，今本挩去，爰迻録之：

按：桓譚《新論》：「孔子東遊，見兩小兒辯，問其遠近，日中時遠。一兒以日初出遠，日中近者，日初出大如車蓋，日中裁如槃蓋，此遠小而近大也。言遠者，日初出愴愴凉凉，及中如探湯，此近熱遠愴乎。」明帝此對，爾二兒之辯耶也。

又按：此注語有足資考證者。兩兒辯日事見今傳世《列子·湯問》篇中，孝標注《世説》不引《列子》而引《新論》，亦足爲《列子》僞書之一證矣。又按：本書《言語》篇「佛圖澄與諸石遊」條注引《莊子》曰：「海上之人好鷗者，每旦之海上，從鷗遊，鷗之至者數百而不止。其父曰：『吾聞鷗鳥從女游，取來玩之。』明日之海上，鷗舞而不下。」云云。此文今見《列子·黄帝》篇，而《莊子》中俄空焉。蓋本《莊子》篇文，作僞《列子》者鈔襲之。孝標作注時僞《列》尚未大顯，故及《莊子》、《新論》而不及《列子》。後《莊子》此文放失，學者反據僞《列子》以疑孝標誤引矣。馬氏叙倫《列子僞書考》極精博，惜未知此。又沙鷗佚文，亦從來輯《莊子》佚文所未及也。王伯厚《困學紀聞》卷十舉《莊子》佚文三十九條，閻百詩箋亦舉八事，而均不及此。後見馬氏叙倫所輯《莊子佚文》已引此條。

豪爽

誰能作此溪刻自處。

按：《莊子·天下》篇：「謑髁無任。」《釋文》引王叔之云：「謑髁爲謹刻也。」按：謑髁，雙聲連語，即「溪刻」矣。「謑」、「溪」同音，「髁」、「刻」溪母同紐，得通用也。《荀子·非十二子》篇：「忍情性，綦谿利跂，苟以分異人爲高，不足以合大衆、明大分。是陳仲、史鰌也。」「利」當爲「刻」之誤字，桓公此語正用《荀子》。

「桓玄西下」條。

注：「孔璞奉珍之奔尋陽。」

按：《晉書·元四王傳》作「奔壽陽」，唐寫本正作「壽陽」。

在平乘上笳鼓並作。

按：本書《輕詆》篇：「桓公在平乘樓，眺矚中原。」《通鑑》胡注：「平乘樓，大船之樓。」知「平乘」爲戰艦名也。

容止

溪狗我所悉。

按：陶久刺交廣，五溪卵育之地，故温取以戲之也。

老子於此處興復不淺。

按：自稱「老子」爲當時通語，陶侃怒庾亮「築石頭以擬老子」、《通鑑·晉成紀》。何點謂梁武帝「乃欲臣老子」《南史》本傳。皆是。今北人往往自誇曰「喒老子」，其遺語也。此語始見於韓康。《後漢書·逸民傳》。

飄如遊雲，矯若驚龍。

按：《晉書·王羲之傳》：「尤善隸書，爲古今所無，時人論其書勢，飄若遊雲，矯若驚龍。」考羲之生平，謹數敕敕守禮人也。其容止端凝，不飄不矯，斷然可知。《世説》采當時熟語，未加甄辨，誤入《容止》類矣。宜從《晉書》之説改入《巧藝》中。

仁祖企脚北窗下彈琵琶。

按：《樂府廣題》云：「謝尚爲鎮西將軍，嘗著紫羅襦，據胡床，在市中佛國門樓上彈琵琶，作《大道曲》。市人不知其爲三公也。」較《世説》爲詳。

自新

義興人謂爲三橫。

注引《孔氏志怪》曰：「義興有邪足虎，溪渚長橋有蒼蛟，並大噉人，郭西周，時謂郡中三害。」

按：注中「邪足虎」、「蒼蛟」、「郭西周」三句爲韻語，實當時民謡也。「周」讀若「調」，與「蛟」押韻。

乃自吴尋二陸。

按：「自」字不合，應從宋本作「入吴」。

古人貴朝聞夕死。

按：清河用《論語・里仁》句。

企羡

王右軍得人以《蘭亭集序》方《金谷詩序》。

按：《晉書・王羲之傳》：「或以潘岳《金谷詩序》方其文。」考《金谷詩序》爲石崇作，備載本書《品藻》篇注中，不聞潘有所作也，《晉書》誤記。又按：羲之《臨河叙》極橅石氏《金谷詩叙》，故時以爲比，而王欣然就之也。

傷逝

文帝臨其喪。

按：「臨」字讀去聲，在沁韻。《周禮》「醫人」：「吊臨。」謂以尊哭卑也。曹丕以王世子哭賓佐，故曰「臨」。

體似真聲。

按：「真聲」宜從《晉書》乙作「聲真」。

遂不執孝子手而出。

按：弔喪臨去，與孝子把握爲禮，在古無徵。此自當時習俗，僅於此及下文「王東亭哭謝公」條見之。

賢媛

漢元帝宫人。

注：「昭君乃吞藥自殺。」

按：《漢書·匈奴傳》：「呼韓邪單于死，復株纍若鞮單于立，復妻王昭君，生二女。」則《琴操》吞藥之説失實。

賈充前婦。

注引《婦人集》：「充妻李氏，名婉，字淑文。」

按：《隋志》注：「晉太宰賈充妻《李扶集》一卷。」不作婉。

群從兄弟，則有封、胡、遏、末。

按：封、胡、遏、末，劉注不能確定主名。《晉書·列女傳·王凝之妻謝氏》：「封謂謝歆，胡謂謝朗，羯謂謝玄，末謂謝川。」川即淵也，唐人諱改。《謝萬傳》：「封謂韶。」按：「韶」字是。《列女傳》「歆」乃字誤。餘同《列女傳》。又考《傷逝》篇「王珣不執末婢手而退」，注謂「末婢，謝琰」，則末乃謝琰歟？琰小字又名望蔡，見《輕詆》篇注。《假譎》篇注「遏，謝玄小字」，《文學》篇「與謝孝劇談」注「謂謝玄也」，則玄小字復又名孝。晉人小名紛繁，往往又安頭減尾，故易於混淆矣。

術解

後有一田父耕於野，得周時玉尺，便是天下正尺。荀試以校己所治鐘鼓、金石、絲竹，皆覺短一黍。

按：《晉書·律曆志》：「始平掘地得古銅尺，歲久欲腐，不知所出何代，果長勖尺四分。」云云。較《世説》爲析。

又按：《隋書·律曆志》云：「諸代尺度一十五等。一周尺。《漢志》王莽時劉歆銅斛尺。後漢建武銅尺。晉泰始十年荀勖律尺，爲晉前尺。祖冲之所傳銅尺，其銘曰：『晉泰始十年，中書考古器，揆校今尺，長四分半。所校古法有七品：一曰姑洗玉律，二曰小吕玉律，三曰西京銅望臬，四曰金錯望臬，五曰銅斛，六曰古錢，七曰建武銅尺。姑洗微强，西京望臬微弱，其餘與此尺同。』銘文止此。盼遂按：祖氏尺即荀勖部劉恭依《周禮》所製之尺也。《晉志》所載，勖尺銘文也。此尺者，勖新尺也。今尺者，杜夔尺也。今以此尺爲本，以校諸代尺。」云云。宋王厚之《鐘鼎款識》有古尺銘曰：「周尺，《漢志》鎦歆銅尺，後漢建武據阮伯元訂補。銅尺，晉前尺並同。」程瑤田氏《通藝録》云：

「據王莽所鑄貨布貨泉，及大小泉流傳於今，擇其邊郭完好者，互相比較，定爲莽時造錢布之尺，與此晉尺盼遂按：謂荀勖尺也。豪髮不爽。」據以上三書之言，知荀尺合於周漢之尺，誠天下之正尺也。阮氏始平玉尺較勖尺長羨四分，其不合古度可知。而時人寡識，據無聞之一尺，忽周漢之兩器，誣荀生爲不調，揚阮氏之神解，雷同臧否，何其謬哉！宜《晉志》史臣之深譏之也。自臨川爲此誣罔，劉彦和從而和之，《文心雕龍·樂府》篇。於是公曾闇解，久受屈抑，因爲辨正如此。

巧藝

畫手揮五弦易，目送歸鴻難。

按：嵇叔夜《贈秀才入軍》詩：「目送歸鴻，手揮五弦。」

任誕

阮方外之人，故不崇禮制。

按：《莊子·大宗師》：「孔子曰：『彼遊方之外者也，而丘遊方之内者也。』」司馬彪注曰：「方，常也。言彼遊心於常教之外也。」

元裒如北夏門。

按：「北夏門」即大夏門。《晉書·地理志》「河南郡洛陽」注：「北有大夏、廣莫二門。」

「山季倫爲荊州」條：「茗艼無所知。」

《晉書》「茗艼」作「酩酊」。

按：「茗艼」、「酩酊」均於古無所出。黃生《義府》云：「《列子》『眠娗、諈諉』，張湛注：『眠娗，不開通皃。』詳注義，則『眠娗』當即讀『茗艼』。」黃説或然也。清儒張皋文有《茗柯文》、《茗柯詞》，取劉尹「茗柯有文理」語。「茗柯」亦「茗艼」也。

時人號爲「江東步兵」。

按：以季鷹擬阮嗣宗也。

拍浮酒池中。

按：唐人寫本《文選》王子淵《四子講德論》：「膺騰撇波而濟水。」《集注》引《鈔》曰：「膺騰撇波，今之拍浮也。言騰躍其匈，攊水波而浮也。」日本《倭名類聚鈔·術藝部》有「拍浮」，狩谷望之注：「今俗所謂水泅者是也。」

「周伯仁風德雅重」條。

注引《語林》：「伯仁正有姊喪，三日醉，姑喪，二日醉。」

按：《御覽》四百九十七引《語林》：「周伯仁過江恒醉，止有姊喪三日醒，姑喪三日醒也。」詳文義，《御覽》爲長。誠如劉注所引，則伯仁將於姑姊喪外皆終日醒矣，譌誤所宜訂正。

王、劉共在杭南。

按：「杭」、「桁」皆「航」之俗字，「杭南」即「南桁」也。

直上百萬數。投馬絶叫。

按：「數」字宜依《晉書・袁耽傳》作「耽」，下屬讀，方合。《小戴記・投壺》：「請爲勝者立馬。」注：「馬，勝算也。」《晉書・周顗傳》：「有一參軍摴蒱，馬於博頭被殺。」

見有𣰆㲪。

按：「𣰆」爲「毾」之誤字。《御覽》七百八毾㲪類引此事作「鋪毾㲪」，又引《通俗文》：「毾㲪者，施大床之前、小榻之上，所以登而上床也。」「毾」音「榻」，「㲪」音「登」。

定是二百五十沓烏樏。

按：沓，猶今之套也。《太平御覽》七百五十九引《東宮舊事》曰：「漆三十五子方樏二沓，蓋二枚。」又引《陶侃表》：「作九子樏，趨以供事，謹上五十枼。」

簡傲

向子期爲佐鼓排。

按：《後漢書・杜詩傳》：「造作水排。」章懷注：「排，音蒲拜反。冶鑄者爲排以吹炭，『排』當作『橐』，古字通用也。」按：《説文・橐部》無「橐」字。今俗謂之風箱。

諸君皆是勁卒。

按：《通鑑・晉紀》胡注：「凡奮身行伍者，以兵按：諧聲病。與卒用爲猝。爲諱。既爲將矣，而稱之爲卒，所以益恨也。」

見郗公，躡履問訊。

按：古者入室脱履而行席上，晉時尚然。《雅量》篇：「子猷不遑取屐。」此條及《排調》篇「謝遏躡履問訊」，皆言入室問訊，無暇脱履，正以形容其着敬之甚也。《莊子·天道》篇：「士成綺雁行避景，履行，遂進而問。」正同此意。

排　調

陸舉手曰：「雲間陸士龍。」荀答曰：「日下荀鳴鶴。」陸曰：「既開青雲覩白雉，何不張爾弓，布爾矢？」

按：「日」、「雉」聲近，故取以相謔。或當時「日」讀同「雉」，抑「雉」讀同「日」，亦未可知。考之《唐韻》，「雉」在上聲五旨，「日」在入聲五質。古韻則「雉」在脂部，「日」在至部，二部比鄰互轉。考之《聲類》，「雉」入澄紐，「日」入日紐，古音同屬舌頭，可以交通。知當時二字音讀幾於全同，至今日此二字急言之，尚難分辨。故士龍得取鳴鶴所云之「日」，諧音作「雉」，復加「白」字，以與「青雲」對文，用作嬉笑。不然「開青雲覩白雉」，「雲」已故有，「雉」果何指？非雅謔矣。又彼時，士女習於以諧聲作劇談，如安陵女子嘲鍾毓兄弟中央高，謂兩頭聸也。「聸」又以諧音代「氈」。盼遂按：《説文》：「聸，兩耳下垂也。」與「氈」古音同在舌頭。《太平御覽》三百七十四引《世説》。晉文帝嘲鍾會：「何以遲遲？望卿遥遥不至。」「遥」以諧聲代「繇」。《排調》篇。皆其例證。於「日」、「雉」相代爲謔，又何疑焉？

何乃淘？

按：《太平御覽》七百五十五引作「何乃⿰氵靚」，原注：「吴人以冷爲⿰氵靚，音楚敬反。」是也。《説文·水部》：「⿰氵靚，冷寒也。」近儒俞理初釋之曰：「『何乃渹』者，『何』字一句，即《史記》之『夥頤』，言其熱至此也。『乃渹』一句，今吴語『那杭』，文言『奈何』，六朝俗言『寧馨』、『如馨』、『爾馨』也。意言其熱，故熨棋局取冷耳。『夥頤』、『何』、『乃渹』俱從單字還音，不從字文生義。」《癸巳類稿》七《夥頤何乃渹還音義》。按俞氏之説迂回特甚，果「乃渹」與「寧馨」、「奈何」同義，且同時方言，何臨川不作「何寧馨」，而故爲是丵嶽乎？又以「奈何」例「寧馨」，亦不盡通。

支道林因人就深公買印山。

按：「印」爲「岇」之誤。《高僧傳》四《竺法潛傳》：「支遁遣使求買岇山之側沃洲小嶺，欲爲幽棲之所。潛答云：『欲來輒給，豈聞巢、由買山而隱。』」《言語》篇：「支公好鶴，住剡東岇山。」慧皎書稱沃洲山，支遁蓋統言則一，析言則別也。

郝隆七月七日出日中仰卧。

注引《征西寮屬名》：「仕吴至征西參軍。」

按：「吴」字衍文，「征西」謂桓温，温以永和二年進位征西大將軍開府。隆既仕温，不得云吴也。《言語》篇注引《征西寮屬名》曰「毛玄仕至征西行軍參軍」，文例正同。

袁羊，古之遺狂。

按：《左氏·昭二十年傳》：「子産卒，仲尼聞之，出涕曰：『古之遺愛也。』」《昭十四年》：「叔向尸叔魚於市，仲尼曰：『叔向，古之遺直。』」盧陵主蓋效其語體。

「郗司空拜北府」條。

注引《南徐州記》：「徐州刺史王舒加北中郎將。北府之號，自此起也。」

按：《通鑑·晉紀》「海西公太和二年九月，以郗愔爲徐、兗二州刺史，鎮京口」、「太和四年三月。初，愔在北府」，胡注：「晉都建康，以京口爲北府，歷陽爲西府，姑孰爲南州。」錢氏大昕《二十二史考異·桓沖傳》下云：「自桓温、刁彝、王坦之領徐、兗二州，皆鎮廣陵，其單稱徐州刺史自沖始，移鎮京口亦自沖始，而京口遂專北府之名矣。嗣後王蘊代沖爲徐州刺史，鎮京口。」盼遂按：「北府」者，北中郎將後亦有平北、安北、鎮北等將軍爲之。之府也。北中郎將常領徐州刺史，因亦稱徐州刺史爲北府。及徐州刺史移鎮京口，又名京口爲北府矣。徐州刺史得北府之名始於元帝時之王舒，京口由爲徐州治而得名北府始於太和二年之郗愔，此北府之來歷可考者也。胡氏注與錢氏《考異》皆失之，《南徐州記》説甚是，特語焉不詳耳。

云何七言詩？

按：七言詩原始，古來説者衆矣，而家各不同。兹臚引衆説，而予以折衷。摯虞《文章流别論》：「古詩有三言、四言、五言、六言、七言、九言。七言者，『交交黄鳥止于桑』之屬是也，於俳諧倡樂亦用之。」劉勰《文心雕龍·章句》篇：「六言、七言者，雜出《詩》、《騷》，而體之篇成於兩漢。」任昉《文章原始》云：「七言詩，漢武帝柏梁殿連句。」劉孝標《世説新語·排調》篇注：「《東方朔傳》曰：『漢武帝在柏梁臺上，使群臣作七言詩。七言詩自此始也。』」孔穎達《毛詩正義·關雎疏》：「七字者，『如彼築室于道謀』、『尚之以瓊華乎而』之類也。」顧炎武《日知録》卷二十一「七言之始」條：「七言之興，自漢以前，固多有之。如《靈樞經·刺節真邪》篇：『凡刺小邪日以大，補其不足乃無害，視其所在迎之界。』宋玉《神女賦》：『羅紈綺績盛文章，極服妙采照萬方。』此皆七言之祖。」盼遂考諸家之説，皆有所失。《詩經》句度，四言爲宗，偶有嘽緩，不足爲據。柏梁連句出《三秦記》，《靈樞經》出於南宋，論者謂爲王冰所造，皆難爲證。漢世七言，若《凡將》、《飛龍》、《滂熹》、《急就》等，外有東方朔之七言、戴良之《尋父零丁》，形骸雖似，而意味全非，不得逕斥爲七言詩也。七言詩蓋萌簉於後漢，而棼儷於梁陳。典午之世，闃然未之預也。不然以謝公之博贍，豈不知七言詩爲何物，必待問而後明哉？且子敬舉《楚辭》爲對，亦意存詼詭，非即以之定詩體也。使文而翦去首尾以爲詩，則凡百典籍，靡不爲七言詩矣。此《招魂》、《大招》去其「些」、「只」便是七言之説，所由不可通也。後人更有以《皇娥》、《白帝子》、《擊壤》、《箕山》、《大道》、《狄水》、《獲麟》、《南山》、《采葛婦》、《成人》、《易水》諸辭七言不毁之廟，抑幾於兒戲矣。

卿莫近禁臠。

按：《晉書·謝混傳》：「元帝初，公私窘罄，每得一㹠，項上一臠以薦帝。於時呼爲禁臠。」故王珣舉以喻謝也。

劉氏失注。

輕詆

何乃刻畫無鹽，以唐突西子也。

按：周此語蓋謂以無鹽比西子也，正詆庾語之失當。《鹽鐵論·散不足》篇：「馬戲鬬虎，唐銻追人。」「唐銻」、「唐突」並「唐逮」之轉聲。《説文·辵部》：「唐逮，及也。」世人通解「唐突西子」爲輕傷西子，誤矣。

庾公權重。

注：「漢高六年，令天下縣邑。」

按：《漢書·高帝紀》「邑」下有「城」字，宜據增。

我與安期、千里共遊洛水邊。

按：《晉書·阮瞻傳》：「瞻與王承俱在東海王越府。」《王導傳》：「導參東海王越軍事。」故三子得同遊也。

輕在角觸中，爲人作議論。

按：觸，《説文》作「觵」，云「調弓也」，與此不合，疑當爲「䚡」。《廣雅·釋器》：「䚡，膜也。」《説文》：「䚡，肉表革裏也。」

「高柔在東」條。

注：「營宅於伏川。」

按：本書《言語》篇：「孫綽築室畎川。高世遠時亦鄰居。」則柔與綽同居畎川矣。此注作「伏」，「畎」與「伏」必有一誤。

見一群白頸烏，但聞喚啞啞聲。

按：晉時「烏」讀魚韻，「啞」讀麻韻，魚模變爲歌麻，由於南朝時北人尚不盡遵行也。王丞相北人喜吴語，其子弟多規傚之。白脰烏本讀魚韻，逕唤作啞，讀入麻韻，以取媚當時。林公詆之，蓋比於顏之推之詆鮮卑語也。詳予著《説文漢語疏》「雅」字條下。

林公詆王中郎曰：「挾《左傳》，逐鄭康成車後。」

按：坦之平生不聞治《左氏傳》，林公此語蓋隱斥藍田矣。考《通典》卷五十九：「晉穆帝永和三年納后。此處《通典》有誤。王述議曰：『《春秋傳》曰：「娶者大吉，非常吉。」』又《傳》曰：『鄭子罕如晉，賀夫人。』鄰國猶相賀，况臣下邪？如此便應賀，但不在三日内耳。今因廟見成禮而賀，亦是一節也。」云云。此議控援《左氏》義立説，至爲精到，足徵述之深於《左氏》矣。又《隋書·經籍志》經部《春秋》類有《春秋旨通》十卷，原注王述之撰，又《春秋左氏經傳通釋》四卷，原注王述之撰。則述之或即述歟？考南朝一字名往往下加「之」字，如張玄亦作玄之，顧悦亦作悦之，袁悦亦作悦之矣。緣「之」字本屬語詞，不存實義，或加或媘，無關弘恉。如公罔之裘本爲公罔裘也，《禮記·射義》鄭注。介之推爲介推也，《左傳·僖公二十四年》杜注。麗之姬本爲麗姬也，《莊子·齊物論》。是皆以「之」字爲語助，所以暢言也。兹更舉二證以明之：東晉義熙以前忌二名，凡二名者多以「之」字殿尾，如王坦之、袁悦之、祖台之等是矣。又胡毋彦國父子及顧長康、王右軍父子，皆名「某之」，不以爲嫌。是皆以「之」爲語詞，不存實義故耳。知此則王述之之爲王述可無疑矣。

又按：此條「挾《左傳》，逐鄭康成車後，問是何物塵垢囊」，凌瀛初刊本讀爲「挾《左傳》，逐鄭康成車後，問是何物，塵垢囊。」盼遂按：凌讀非也。此當讀爲「挾《左傳》逐鄭康成車後問，是何物塵垢囊」也。溯此條誤讀之因，緣後人昧於「何物」二字之義所致。考「何物」二字爲六朝時人通用成語，不作化居解也。本書《雅量》篇「褚公於章安令」條：「沈令問：『牛屋下是何物人？』」《言語》篇「羊秉爲撫軍參軍」條：「帝問曰：『夏侯湛作《羊秉序》，是卿何物？』」《輕詆》篇「孫綽作《列仙·商邱子贊》」條：「近見孫家兒作文，道何物？」《晉書·王衍傳》：「山濤曰：『何物老嫗。』」《北史·魏收傳》：「收曰：『何物小子。』」綜上諸則觀之，則「何物」之涵義爲何類，《國語·晉語》注。或何等，《易·繫辭》：「爻有等，故曰物。」故「物」亦「等」也。居然可知矣。然則「是何物塵垢囊」者，是何等塵垢囊也，所以言塵垢囊之甚也。若如凌讀，則迂拙已甚，而謂才藻新奇、花爛映發如林公者出於此乎？

假譎

因帖卧床上，劍至果高。

按：「帖」爲「黏」之借字。《説文·黍部》：「黏，相著也。」「帖卧」者，去薦褥與床板親也。本書《方正》篇：「羊忱不暇被馬，於是帖騎而避。」謂不施鞍薦，人馬相附也。今吾鄉謂爲「騎帖馬」。「帖」依《公羊釋文》讀丁簟反，《正字通》作「騙」，「帖」俗字。

王右軍年減十歲時，大將軍甚愛之。

按：錢氏大昕《疑年録》所考，右軍以元帝大興四年生，王敦死於明帝太寧元年，時右軍裁四歲耳，惡能機警若是。考王允之生於惠帝太安二年，當敦謀逆時，允之年正十餘，則諸書説爲允之事爲得。《晉書》不從《世説》，是也。

黜免

椅烝薤不時解。

按：《戴記·少儀》：「爲君子擇葱薤，則絶其本末。」參軍共食，而不時解，非侍君子之道矣。

汰侈

「石崇厠，常有十餘婢侍列」條。

注：「兩婢持錦香囊。」

王先謙《校勘小識》補云：「袁本『持』作『栙』，後『栙』脱『㐄』下『乚』，遂成『栙』。按：《説文》：『栙，栙雙也。』《廣韻》：『帆未張。』言兩婢楨香囊如帆之未張，正未登厠時情事。六朝綺語，錘鍊可玩。若作『持』，則應十餘婢，非兩婢事矣。《晉書·劉寔傳》亦作『持』，均非。」

按：王説甚新，而乖實特甚。考今《四部叢刊》影袁本作「持錦囊」，沈寶研以傳是樓宋本校袁本，校語中無説，想亦同袁本也。《太平御覽》一百八十六引《語林》作「兩婢持錦囊」，又七百四引《語林》云「石崇厠内，兩婢持錦囊，是籌也」，是引《語林》者亦作「持」不作「栙」。況香囊爲清圂之具，如今之所謂手紙，自不待大。兩婢持之者，兩婢各有所持也，何待兩人作未張帆之式乎？至云作持應十餘婢，更不知何所用需多許人也。是王氏未瞭「錦香囊」之爲物矣。

王右軍少時，在周侯末坐。

按：伯仁被害，在元帝永昌元年，時羲之剛三歲，烏能躧履到門邪？《晉書·右軍傳》載右軍年十三謁顗，蓋緣《世説》之誤而塗附耳。

紕　漏

王敦初尚主，如厠，見漆箱盛乾棗，食遂至盡。

按：《白帖》記：「大將軍王敦至石崇厠，取箱食棗，群婢笑之。」玉溪生《藥轉》詩：「香棗何勞問石崇。」皆以爲石家事，意別有據。

蔡司徒渡江，見彭蜞，大喜曰：「蟹有八足，加以二螯。」

注：「《爾雅》曰：『蜎蠌，小者蟧。』即彭蜞也，似蟹而小。」

按：王氏念孫云：「『蟹有八足，加以二螯』，即蔡邕《勸學篇》文，與『鼫鼠五能，不成一技』，皆取義於《大戴禮・勸學》篇。其斷四字爲句，亦正相似。司徒熟於蔡邕《勸學篇》『蟹有八足，加以二螯』之語，不熟於《爾雅・釋魚》『蜎蠌』之文，因而誤食彭蜞，故曰：『讀《爾雅》不熟，幾爲《勸學》死也。』」任氏《小學鉤沈》卷五校語。王氏此説極是，可以釋諸異説之紛紜矣。又《爾雅・釋魚》：「蜎蠌，小者蟧。」郭注引：「或曰即彭蜎也。」孝標此處蓋本郭注，而「蜎」譌爲「蜞」，致下文不可通。

「任育長年少時」條：「任下飲，便問人云：『此爲茶？爲茗？』覺有異色，乃自申明云：『向問飲爲熱，爲冷耳。』」

按：《爾雅・釋木》：「檟，苦茶。」郭璞注：「今呼早采者爲茶，晚采者爲茗。」陸璣《毛詩草木蟲魚疏》云：「椒，蜀人作茶。樗，吳人以其葉爲茗。」是南朝時人皆以茗與茶有以異也。後人混茗、茶爲一，故育長茲問不解所謂矣。育長下飲之初，未辨茗、茶，故爾致問。及既辨別，遂改口作音近之字，冀以彌縫其忸怩。蓋「茗」與「冷」在晉時同讀青部音，「熱」與「茶」在晉時同讀麻部音也。考古音「冷」在真臻部，然自《史記・龜策傳》以「令」韻「盈」、「贏」、「精」、「成」、「名」，《太玄經・去・次七》以「令」韻「貞」，枚乘《七發》以「苓」韻「鶬」、「纓」、「鳴」、「莖」，而《楚辭・遠游》篇又早有「恐天時之代序兮，曜靈曄而西征。微霜降而下淪兮，悼芳草之先零」之言，是令組之字，音轉入青，與「茗」固部，同在西京之前矣。清儒考定魚、模、生、麻在漢已然，而完成於兩晉，顧君《唐韻正》舉證甚詳。故「茶」字在當時已應與「秅」同一紐韻，在《切韻・麻部》中矣。又餘杭章氏作《二十三部音準》篇云：「古泰部聲執與今人言麻部去入同。古之言『貰』，正如今呼『賒』也。古之言『茇』，正如今呼『葩』也。古之言『泄』，正如今呼『寫』也。古之言『愒』言『歇』，正如今呼『暇』也。」云云。章氏此說最爲深美。泰音同麻，故二部可以同居。則古之言「熱」，當如今之呼「茶」矣。二字同爲張口，而聲執又同，故可取以相代矣。「茶」、「熱」，「茗」、「冷」，皆係音近之字，育長當時月没星替，舌吮雌黄，而其侘傺之狀與失志之態，宛然如在目中。此《世說》一書所以爲茂製歟！

惑溺

兒見充喜踴，充就乳母手中嗚之。

按：《說文》「烏」下引孔子曰：「烏，于呼也。取其助气，故以爲烏呼。」聲轉則爲「燠休」，《左氏・昭三年傳》杜注：「燠休，痛念之聲。」服虔注：「若今小兒痛，父母以口就之曰『燠休』，代其痛也。」今人拍拊小兒，長呼「烏烏」，音仍如「燠」。此文之嗚小兒，猶漢人之「燠休」。「嗚」、「烏」通用字，唐慧立彦悰著《慈恩三藏法師傳》，屢云「嗚足」，知「嗚」字之義至唐猶存矣。

王安豐婦常卿安豐。安豐曰：「婦人卿壻，於禮爲不敬。」

按：束晳《近遊賦》云：「婦皆卿夫，子呼父字。」以自嘲其不迪檢柙，故知卿卿之言非如賓之效也。

總論校箋凡例

《世説》劉注引書四百八十餘種，紀載特詳，多唐宋人所不見之書，故考證家視同荆璧，與《三國志》裴注、《水經》酈注齊等夷矣。然注中亦時有奇觚之處，應分別觀之者。

一、康王自注語。《文學》篇「僧意在瓦官寺中」條注云：「諸本無僧意最後一句，意疑其闕。慶校衆本皆然。惟一本有之，故取以成其義。然猶疑斯文爲謬也。」云云。慶爲康王之名，知此注語爲康王元文也。

二、非孝標原注，爲後人校訂語闌入原注中者。《豪爽》篇「王大將軍年少時」一條注引「或曰」云云六十一字，唐寫本無此段。《文學》篇「魏朝封晉文王爲公」一條注引顧愷之《文章記》云云，下有一本注「阮籍《勸進文》略同」云云七十三字。《假譎》篇「温公喪婦」一條注「按《温氏譜》」云云，下有「谷口云：『劉氏，政謂其姑爾，非指其女姓劉也。孝標之注，亦未爲得。』」二十五字。《尤悔》篇「劉琨善能招延」一條注引鄧粲《晉紀》云云，下有「敬徹按：琨以永嘉元年爲并州」等八十五字。《惑溺》篇「賈公閭後妻郭氏酷妒」一條注引《晉諸公贊》云云，下有「臣按：傅暢此言，則郭氏賢明婦人也」四十一字。考孝標注例，凡斷語皆止用一「按」字；兹稱「臣按」，自當別屬一人。以上數事皆極顯明易析，校讀者固未容溷視之也。

三、類書中引《世説注》及《世説》校記多渾稱《世説》。《世説》一書流傳至今，未曾歷厄散佚，當仍是臨川王原本矣。唐寫本第六卷殘帙共五十一條，較以今本，惟注文視今爲多，正文則全無敚略，偶或文字有異同耳，此明證也。而唐宋人類書所引《世説》，多爲今本所無。今人長沙葉德輝從類書中輯《世説》佚文凡八十餘條，盼遂偶檢類書，於葉書外復得若干條，是必有其故矣。蓋古人引某書之注，往往即稱某書。如郭璞注《爾雅》引毛公《詩傳》即作「《詩》曰」，羅泌《路史》注引宋衷《世本注》即作「《世本》曰」，其成事矣。凡類書中引《世説》爲今本所不見者，多係注語、校語，或誤及劉氏《幽明録》故也。原孝標注《世説》，不厭其詳，故後人視爲緐冗，加以剪裁。見於明文者，如晏殊、董弅、王世貞兄弟等所爲是矣。故類書所引注語，多不能考見，遂仞爲正本佚文矣。如《藝文類聚·獸部》引劉備的顱馬事，應即《德行》篇「庾公乘馬有的顱」一條注也。《太平御覽》五百七十九卷引嵇中散授賀令思《廣陵散》事，應即《雅量》篇「嵇中散臨刑東市」一條注也。《太平御覽》二百四十九卷引「孫楚爲大司馬石苞參軍」事，應即《言語》篇「王武子、孫子荆各言其土地、人物之美」一條注也。《太平御覽》知人類引蔡伯喈爲《郭有道碑》無愧容事，應即《德行》篇「郭林宗至汝南」一條下注也。《文選·奏彈王源》篇李善注引「偉弟子奮元康中至司隸校尉」事，及《御覽》三百七十七卷引「滿寵、子偉、偉子奮，皆長八尺」事，蓋皆《言語》篇「滿武秋性畏風」一條下注也。《太平御覽》三百八十九卷引山濤歎王夷甫寧馨兒事，當即《識鑑》篇「王夷甫父乂爲平北將軍」一條下注也。《古文苑·孫叔敖碑文》注引「諸葛亮教曰」云云，當即《德行》篇「庾公乘馬有的顱」一條下注也。《太平御覽》五百六十二卷引桓玄自道父名事，當即《任誕》篇「桓南郡被召作太子洗馬」一條下注也。其餘類此者多不能遍舉，是皆注中佚文，而考訂者均未之昭察也。又若《品藻》篇「宋禕曾爲王大將軍妾」一條，注云「宋禕未詳」，而《初學記》笛類云「古之善吹笛者，宋禕」，自注：「見《世説》，禕，石崇妓緑珠弟子。」《藝文類聚》笛類引《俗説》：按：即《世説》，唐人避諱。「宋禕是石崇妓緑珠弟子。」吴淑《事類賦》卷十一引《世説》：「天下能笛者，石崇婢緑珠之妹曰宋禕。」云云，凡三十九字。今按：劉注既云未詳，是《世説·賢媛》篇或《巧藝》篇無宋禕事明矣。既非本文，又非子注，而引者紛紛，競稱《世説》，是必出於校讐語或補注語明矣。又類書引《世説》，其不見於今書者，類多怪異。如中牟鐵椎、《太平御覽》

七百六十三卷。虎銜雷公、《太平御覽》十三卷。雞有思理、《太平御覽》三百九十卷。貞婦化石《太平御覽》五十二卷。等事，類皆《幽明録》與《集林》中文，而引者以與《世説》同出一手，遂不暇抉别爾。

以上三端，皆讀《世説》者所不可不明辨遰也。而世人之混淆糾葛者，已幾百千年，曾莫之覺，亦深可怪歎矣！

明楊慎升庵有《世説舊注》一卷，清李調元刻入《函海》中。升庵自序：「劉孝標注，經劉須溪删改之，可惜。孝標全本，予猶及見之，今摘其一二，以廣異聞，共十五條。」云云。按：楊氏所録十五條，皆今本所有，而且盡屬《言語》、《文學》二篇注中雋語，須溪概加删削，真足使人齒冷。又見其《世説新語評本》，腐氣逼人，真三家村塾師耳。嘗謂《世説注》有二厄，前遭晏同叔，後遇劉須溪也。

又按：《世説》原文中，亦有康王編纂藁艸未完之本者，如《文學》篇「何平叔注《老子》始成」一條，與下文「何晏注《老子》未畢」一條；《文學》篇「孫興公云『潘文爛若披錦』」一條，與下文「孫興公云『潘文淺而净』」一條；《方正》篇「蘇峻時孔群在横塘」一條，與下文「孔車騎與中丞共行」一條；《容止》篇石頭故事一條，與《假譎》篇「陶公自上流來」一條；《品藻》篇「劉尹撫王長史」一條，與下文「劉尹、王長史同坐」一條，以上二事爲郎瑛《七修類稿》中所舉。同屬事無大異，語亦雷同。又《文學》篇「劉伶著《酒德頌》，意氣所寄」一條，與「殷、謝諸人共集」一條，皆覺文意不完。凡此皆當爲康王所彙最草創，未底甄明潤色者也。讀《文學》篇「僧意在瓦官寺」一條，康王自注有「故取以成其義。猶疑斯文爲謬也」之言，則於書中舛午雜沓諸事，可以無疑矣。

後叙

臨川王《世説》之作，清新俊逸，咳唾珠璣。孝標作注，亦稱踵美。前修論之者審矣。盼遂兒時，家君恒抱著膝上，爲説書中故事，嬹味熙若。弱冠從學四方，輒攜置行匧，偶一展玩，則嬰娓孺慕之樂，於行間字裏見之矣。惟臨川喜用六朝代語，南服方言，往往姦格難驟通。又是書本雜采《郭子》、《語林》、《俗説》諸書，叠戢而成，多有與情實觝午者。間或循其款竅，發其蒙帟，胥存簡耑，自備遺忘。積歲既久，所獲遂多。癸亥、甲子之際，授徒曲阜四氏學，門人請爲刊布。旋奉家教，以孝標所注富贍博洽，逸足難蹤，求爲二劉功臣，自非稟新標異則不可，箋校之事殆未容徑遂言也。小子發書憬然，因以廢閣。比來京師，獲交吴其昌、聞惕，皆有同好。爰亟從臾寫定，得與覽觀，因更芟其緐蕪沈晦者，存凡若干事，録爲三卷，可殺青繕寫。蓋是書之作，所以齊方言之儳牙，覈史事之情誣，補參軍所未備，繹辟咡之隊歡，此盼遂之志也。至其駁文異字，靡傷弘恉者，概不下籤。以自有沈、沈寶研依傳是樓本校嘉陰堂本成《世説新語校語》。王、葉、王先謙有《世説校勘小識》、《世説校勘小識補》，葉德輝當日頗參與其事。蔡余友蔡玉依唐寫本校袁本，成《唐本世説舉證》。四家之書故耳。凡百君子，黨其鑑諸。丙寅年九月二十八日，叙於北京清華園。

息縣劉盼遂。

（《世説新語校箋》叙、凡例與全文，於一九二八年分三篇，先後刊於《文字同盟》第十一、十三號和《國學論叢》第一卷第四號。今北師大圖書館有先生此文稿本一部，係四川師範學院羅焕章先生捐贈。據聶石樵、鄧魁英《懷念劉盼遂先生》一文，劉盼遂先生後亦多有增補，擬成專書，並先後由聶石樵、鄧魁英、汪孟涵三位先生協助整理。汪孟涵先生去世後，該書稿不知下落。又據劉盼遂先生生前與中華書局信二通，知該書稿原計劃由中華書局出版。此次整理時，得辛志賢先生所録劉盼遂先生生前批語、注釋若干則，其内容多數爲原刊所無，亦校編補入）

論衡注要删

雷虚

飲食人以不潔净，天怒，擊而殺之。

盼遂按：唐沈既濟《雷民傳》：「雷州事雷，畏敬甚謹，每具酒肴奠焉。有以彘肉雜魚食者，霹靂輒至。南中有木，名曰棹，以煮汁漬梅李，俗呼爲棹汁，雜彘肉食者，霹靂亦至，犯必響應。」知雷擊食不潔净之説，至唐仍盛。

如龍有過，與人同罪，龍殺而已。

盼遂按：下「龍」字衍文，據上下文知之。

雷電之地，雷雨晦冥。

盼遂按：「雷雨」當作「雲雨」，係涉上下文多「雷」字而誤。

如有陰善，天亦宜以善賞之。

盼遂按：「以善」之「善」爲「喜」之誤字，又誤倒置「以」下。本文當作「天亦宜喜以賞之」，方與上句「天怒殺之」相應。

豈天怒不喜，貪於罰，希於賞哉？

盼遂按：「希」當爲「悕」。「悕」即「吝」之别體，涉上下文多「希」字而誤。

人君喜即天温，即則天寒。雷電之日，天必寒也。

盼遂按：「温」下漏「怒」字。「則」字本在「雷」上，後人誤移置「天寒」之上以足句耳。局本改作「怒則天寒」，亦非。

人君罪惡初聞之時，怒以非之。

盼遂按：「罪惡初聞」當是「初聞罪惡」。

且怒喜具形，亂也。

盼遂按：「具」爲「俱」之壞字。上文「人君賞罰不同日，天之喜怒不殊時」，此之「俱形」，正對上反言之也。

犬豕食，人腐臭食之，天不殺也。

盼遂按：「食之」二字涉下文而衍。

戚夫人入厠，身體辱之，與洿何以别？

盼遂按：依文義宜重「辱」字，讀爲「戚夫人入厠身體辱，辱之與洿何以别」。

此王者用刑違天時，奉天而行，其誅殺也，宜法象上天。

盼遂按：「王」上衍「此」字，「刑」下應有「弗」字，此蓋用《易·文言》「大人者，先天而天弗違，後天而奉天時」語義。

飲食不潔净，天之大惡也。

盼遂按：「食」下應有「人」字。上下文皆作「飲食人不潔净」。

王者大惡，謀反、大逆無道也；天之大惡，飲食人不潔清。天之所惡，小大不均等也。

盼遂按：「天之所惡」當作「天人所惡」。人，謂王者。

其魄然若敝裂者，椎所擊之聲也。

盼遂按：敝裂，即劈歷，雷聲也。説詳《譴告》篇。「若」字衍文。魄然，讀若《泰誓》「其聲魄」之「魄」，猶今人言「砰然」矣，所以狀劈歷之聲也。馬融注《尚書》云：「魄然，安定意。」恐非本旨。

世又信之，莫謂不然。

盼遂按：「又」當爲「人」之誤，《御覽》十三引正作「世人」。

神者，恍惚無形，出入無門，上下無根。

盼遂按：「艰」當爲「垠」，字之誤也。《説文》：「垠，地垠也。一曰岸也。」本又作「根」，益誤。

人亦見鬼之形，鬼復神乎？

盼遂按：「亦」當爲「不」，形之誤也。《左傳·桓五年》「王亦能軍」，「亦」亦「不」字之譌。王氏《經義述聞》説。同此例矣。

《禮》曰：「刻尊爲雷之形。」一出一入，一屈一伸，爲相校軫則鳴。

盼遂按：「校軫」爲「絞紾」之借。《説文》：「絞，縊也。」《禮·雜記》疏：「兩股相交謂之絞。」《説文》：「紾，轉也。」是「絞」、「紾」二字皆以狀雷之出入屈伸之容也。

人不得無迹。如炙處狀似文字。

盼遂按：「炙」當爲「灸」，字之誤也。《説文》：「灸，灼也。」

何以驗之，雷者火也。

盼遂按：「雷者火也」當在「何以驗之」上。下文所臚五驗，皆所以申明雷火之義。

道術之家，以爲雷燒石，色赤。

盼遂按：「雷」當爲「器」。《亂龍》篇：「消煉五石，鑄以爲器，乃能得火。」

君子重慎，自知無過，如日月之蝕，無陰闇食人以不潔清之事。

盼遂按：「如日月之蝕」疑後人誤沾《孟子》「君子之過也，如日月之食」。此既言「無過」，又安謂「如日月之食」乎？

（原載《國立北平圖書館月刊》第三卷第四號，國立北平圖書館月刊編輯部一九二九年十月出版）

論衡校箋

依通津草堂本

逢遇

或高才潔行，不遇，退在下流。

盼遂按：「退」字涉下文「退在不遇」而誤衍。

精遇孝公所不得。

盼遂按：「得」當爲「須」之誤，正承上文「人主不須其言」爲説。

生不希世准主，觀鑑治内，調能定説，審詞際會，能進有補贍主，何不遇之有？

盼遂按：此文譌誤特甚，今爲正之如下：「生而希世准主，觀鑑治亂，託能定説，審伺際會，進能有補，則主何不遇之有？」古「不」字與「而」形近致譌。「亂」古作「𤔔」，殘刓爲「内」。「託能」即下文「進身而託其能」之意，「託」以音譌而爲「調」。「伺」譌爲「詞」。「則主何不遇之有」七字爲句。後學因「則」居「補」下，遂改爲「贍」，難於句讀矣。

文王不好武。

盼遂按：以下文例之，此處「王」爲「主」之誤字。

如准推主調説，以取尊貴。

盼遂按：「推」以字形類「准」而衍，宜據上文「希世准主」之例，删「推」字。「調説」亦遺辭之意，上文「更調伯説」是也。

求物得物，作事事成。

盼遂按：「得物」當作「物得」，方與下句一律。

累害

凡人操行，不能慎擇友友。

盼遂按：「友友」當是「交友」之誤。

清正之仕，抗行伸志。

盼遂按：「仕」讀爲「士」，二字古通。《孟子》「有仕於此」，俞氏樾《古書疑義舉例》謂「仕」與下文「夫士也」之「士」爲一字，與此同例。

屈平潔白，邑犬群吠，吠所怪也，非俊疑傑，固庸能也。

盼遂按：「邑犬」四句爲屈平《九章》之文，則「潔白」之説不貫。疑「潔白」爲「詞曰」二字之誤。

偉士坐以俊傑之才。

某氏注曰：「坐，讀爲生。」

盼遂按：漢人注箋例，「讀爲」者，即音以改字也。此「坐」與「生」，非聲相通，某氏之説非也。「坐」讀「坐罪」之「坐」，不煩改字。

公伯寮之遡，未嘗滅也。

盼遂按：「遡」爲「愬」誤。

故夫火生者不傷濕，水居者無溺患。

盼遂按：「濕」本爲「燥」，淺人誤改之也。「不傷燥」者，猶不灰木、火鼠之類是也；無溺患者，如魚鰕、鮫人是也。作「不傷濕」，果何義焉？

命　禄

趙人徐樂亦上書。

盼遂按：《漢書·徐樂傳》作「燕郡無終人」。

深如趙子都。

楊樹達云：「趙子都」當爲「鮑子都」之誤。《漢書·鮑宣傳》：「宣字子都，好學明經。哀帝以宣名儒，優容之。」仲任所斥，殆其人也。

春夏囚死，秋冬王相。

盼遂按：《難歲》篇「立春艮王、震相、巽胎、離没、坤死、兑囚、乾廢、坎休」，以言一歲中五行之休王。然就《五行大義》所言，則八卦各有休王，如春分則震王，立夏則巽王等是也。此言「春夏囚死，秋冬王相」，特互舉以見端耳。

氣壽

《堯典》曰：「朕在位七十載。」求禪得舜，舜徵三十歲在位，堯退而老，八歲而終，至殂落九十八歲。未在位之時，必已成人，今計數百有餘矣。又曰：「舜生三十，徵用三十。在位五十載，陟方乃死。」適百歲矣。

盼遂按：「舜徵三十歲在位」，又曰「三十在位」，兩「三十」均爲「二十」之誤。《尚書·堯典》鄭注云：「舜生三十，謂生三十也。登庸二十，謂歷試二十年。在位五十載，陟方乃死，謂攝位至死爲五十年，舜年一百歲也。」據《論衡》及鄭注，知古本《尚書》元作「徵用二十」，後譌傳爲「三十」。淺人遂據誤本《尚書》改《論衡》，則堯年得一百八歲，烏得云九十八？舜年得一百十歲，烏得云適百歲哉？

幸偶

佞幸之徒，閎、籍孺之輩，無德薄才，以色媚稱。

盼遂按：「閎」下脱「孺」字。《史記·佞幸傳》：「漢興，高祖至暴伉也，然籍孺以佞幸。孝惠時有閎孺。」此云「閎孺」，即其人矣。又按：「以色媚稱」，疑「色」上脱一「面」字。《逢遇》篇「皮媚色稱」，《定賢》篇「面色稱媚」，皆以「媚稱」連文。

以聖人之才，猶不幸偶，庸人之中，被不幸偶，禍必衆多矣！

盼遂按：庸人不幸偶，不必有禍。此「禍」當爲「既」之假字。《説文》：「既，逆氣之驚詞也。讀若楚人名多夥。」《廣韻·三十四果》「既」與「禍」、「夥」同屬胡火紐，則《論衡》之「禍」爲「既」之假，明矣。

命義

堅彊則壽命長，壽命長則不夭死。

盼遂按：下「壽命」二字誤衍。下文「羸窳則壽命短，短則蚤死」，與此爲對文，不重「壽命」字可證。

衆星在天，天有其象。得富貴象則富貴，得貧賤象則貧賤。

盼遂按：《詩·小弁》：「天之生我，我辰安在？」鄭箋云：「此言我生所值之辰安所在乎？謂六物之吉凶。」疏云：「六物，歲、時、日、月、星、辰也。」知人禀星氣之説，自西周而然，其來舊矣。

天有王梁、造父，人亦有之。

盼遂按：《史記·天官書》及《孟子》等書皆作「王良」，獨此及《荀子·正論》作「王梁」。

傳曰：説命有三：一曰正命，二曰隨命，三曰遭命。

盼遂按：「傳曰」之「曰」衍字。「傳説命」三字既足。

羊舌似我初生之時。

盼遂按：「似」爲「食」之聲誤。《左傳·昭公廿八年》、《晉語》皆作「楊食我」，《論衡·本性》篇亦作「羊舌食我」。

無形

鯀殛羽山，化爲黄能。

某氏注：「能，音奴來反。」

盼遂按：王伯申先生云「能」爲「熊」之誤。雙行小注，乃後人所爲。《論衡·死僞》篇明作「熊羆」之「熊」，知此爲誤。詳《經義述聞》十九。

若夫變者之壽，不若不變者。

盼遂按：此句當是「若夫不變者之壽，不若變者」。「不變者」謂人，「變者」謂蠶螬蠐螬之類也。

故有信矣。

盼遂按：「有信」爲「不信」之誤。上文言虚，此言不信，故相應也。

一石囊之高大，亦適一石。

盼遂按：句首當有「粟米」二字。

圖仙人之形，體生毛，臂變爲翼，行於雲，則年增矣，千歲不死。

盼遂按：臂變爲翼，佛家所謂「飛天」。《山海經·西山經》：「英招之神，虎文鳥翼。帝江之神，六足四翼。」

知飛天之説其來甚舊。今傳世漢石刻，若武梁祠畫象、大將軍竇武墓門畫象，皆刻羽翼仙人游戲雲中。魏文帝《西山》詩云：「上有兩仙童，不飲亦不食。與我一丸藥，光輝生五色。服之三五日，隨風生羽翼。」則飛天之説，仍盛於東漢以後矣。

率性

召公戒成曰：「今王初服厥命，於戲！若生子，罔不在厥初生。」生子謂十五子。

盼遂按：「成」下宜有「王」字。《召誥》作「王乃初服」，與仲任所引略異。「十五子」者，謂十五歲爲太子入學之年也。《學記》鄭注、《白虎通·辟雝》篇皆有明文。

蓬生生麻間，不扶自直。

盼遂按：通津本及程榮本皆誤重一「生」字。

王良、造父稱爲善御，不能使不良爲良也。

盼遂按：上「不」字衍文。下文云「王良登車，馬不罷駑」，是謂能使不良爲良也。

漸漬磨礪，闓導牖進。

盼遂按：「闓」爲「闓」之形誤。此「闓導」與上下文皆駢字也。

試取東下直一金之劍。

盼遂按：「東」疑爲「要」之誤。要，古「腰」字。篆文「要」作[篆文]，故與「東」形致混。

楚、越之人，處莊、嶽之間。

盼遂按：此用《孟子·滕文公》篇文。趙邠卿注：「莊、嶽，齊街里名也。」

貧劣宅屋，不具牆壁宇達。

盼遂按：「達」爲「闥」之壞字。《詩·齊風》「在我闥兮」，傳：「闥，門内也。」《説文》作「闥」，云：「樓上户也。」

雒陽城中之道無水，水工激上洛中之水，日夜馳流，水工之功也。

盼遂按：《後漢書·張讓傳》：「又作翻車渴烏，施於橋西，用灑南北郊路，以省百姓灑道之費。」章懷注：「翻車，設機車以引水。渴烏，爲曲甬以氣引水上也。」據仲任此言，則洛中翻車、渴烏之制，又不始於讓矣。

吉驗

后稷之時，履大人迹。或言衣帝嚳之服，坐息帝嚳之處。

盼遂按：「或言」以下二語，蓋仲任自注之辭。孫仲容云：「《論衡》本有自注。」信然。

長大佐堯，位至司馬。

盼遂按：稷爲司馬，《尚書緯·刑德放》、《詩·魯頌》鄭康成箋皆曾言之。而屈原《天問》云：「稷維元子，帝何竺之？投之於冰上，鳥何燠之？何馮弓挾矢，殊能將之？」亦言稷爲司馬總師旅之事也。予著《天問校箋》詳其事。

「北夷橐離國王侍婢有娠」一段。

盼遂按：此段《魏略》全録其文，見《三國志·魏志·夫餘傳》注。惟彼文「橐離國」作「槀離國」是也，此作「橐」非。「槀離」即「高麗」之同音異形字。《梁書·高句麗傳》亦誤作「橐」，《後漢書·扶餘傳》誤作「索」，皆坐不知其爲「高麗」之音而致耳。

東明走，南至掩淲水。

盼遂按：「淲」當爲「滮」，形之誤也。《後漢書·東夷傳》作「掩滮水」。《魏志》注引《魏略》作「掩施水」。今本誤作「施掩水」。《梁書·高句麗傳》、《隋書·百濟傳》、《北史·百濟傳》作「淹滯水」。「施」、「滯」皆與「滮」聲近也。傳世晉義熙時高句麗《好大王碑》作「夫餘奄利大水」，「利」亦與「滮」音近，足證「淲」字爲失。

楚共王有五子：子招、子圉、子干、子晳、棄疾。

盼遂按：「子圉」爲「子圍」之譌，《左·昭元年傳》及《史記·楚世家》皆作「子圍」。又「子干」當作「子比」，蓋子比字干也。

又惧誅死。

盼遂按：「惧」當依《史記·楚世家》改作「俱」字。「俱誅死」者，子招、子圍、子干、子晳皆不得其死也。

程嬰齊負之，匿於山中。

盼遂按：《史記·趙世家》、《説苑·復恩》篇皆作「程嬰」，則此處「齊」字爲衍文。或古人命名以「齊」字爲副詞，可增可減，如六朝時「某之」、「僧某」、「道某」等矣。

性好用酒。

盼遂按：「用」爲「亯」之借字。《説文》：「亯，用也。從亯，從自，自知臭。亯，所食也。」

氣見而物應，人助輔援也。

盼遂按：「助」下當有「而」字，與上句一律。

即召功曹吏充蘭，使出問卜工。蘭與馬下卒蘇永俱之卜王長孫所。

盼遂按：「功曹吏」當依《初禀》篇作「功曹史」，涉下文「使」字從吏而誤。卜王長孫，《後漢書·光武紀》論作「卜者王長」，疑脱一「孫」字，宜據此文補入。此《論衡》之有裨正史者。

始與李父等俱起。

盼遂按：「父」當爲「公」之誤。「李公」謂李通、李軼兄弟也。仲任於先烈多稱公，如黄霸亦稱黄公矣。見本書《偶會》篇。桓譚《新論》亦稱王莽爲王翁。

到柴界中，遇賊兵，惶惑，走濟陽舊廬。比到，見光若火正赤，在舊廬道南，光耀憧憧上屬天，有頃不見。

盼遂按：《後漢書·光武紀論》云：「及始起兵，還春陵，遠望舍南，火光赫然屬天，有頃不見。」與仲任所説蓋一事，而春陵之地爲合。此云「濟陽舊廬」，殆失之。

偶會

偶二子命當絶。

盼遂按：「偶」字當在「命」字下。下文「二子之命，偶自不長」，同一語法。

月毀於天，螺消於淵。

盼遂按：《大戴禮·本命》篇：「蚌蛤龜珠，與月盛虚。」盧辯注：「月者，太陰之精。故龜蛤之屬，隨之以盛虧。」

夜月光盡，不可以作。

盼遂按：「月」爲「日」之誤。「夜日光盡」與下文「晝日光明」對文。

火適自滅，水適自覆。兩名各自敗，不爲相賊。

盼遂按：「名」爲「者」字之誤。兩者，火與水也。孫人和《論衡舉正》謂「名」爲衍字，大非。

王莽姑姊正君，許嫁二夫。

盼遂按：「姊」字衍文。正君，元后字。莽乃正君兄曼之子也。

非其性賊貨而命妨槃也。

盼遂按：「穀」作「槃」，乃六朝别字。

軍功之侯，必斬兵死之頭；富家之商，必奪貧室之財。

盼遂按：「兵死」二字誤倒。「死兵」與「貧室」對文。

削土免侯，罷退令相。

盼遂按：「罷退令相」當是「罷令退相」之譌。上句「削土免侯」與此爲偶文。

罪法明日。

盼遂按：「曰」爲「白」之譌脱。

骨相

短書俗記，竹帛胤文。

盼遂按：《書虚》篇：「桓公用婦人徹胤服，婦人於背，女氣愈瘡。」所云「胤服」即斥褻衣而言，則此「胤文」殆謂猥褻之文，猶之「短書俗記」矣。

遇相君曰：「貴爲天下母。」

盼遂按：「遇」字衍。「君」上脱「正」字。正君，元后字也。

生子君上。是爲成帝。

盼遂按：班、荀二書《成帝紀》皆云「帝名驁，字太孫」，不見名字爲「君上」。説者謂「太孫」本非字，乃宣帝寵異成帝之詞，則《論衡》「君上」之説，足補史闕矣。

初禀

此猶爲末。

盼遂按：「未」爲「末」之誤字。《異虚》篇「此尚爲近」與此同一文法。

卵殼孕而雌雄生。

盼遂按：「孕」爲「孚」之誤字。

彊則雄，自率將雌。雄非生長之後，或教使爲雄，然後乃敢將雌。

盼遂按：「雄非」之「雄」衍文。此言雄彊自能將雌。後人熟於雌雄成言，遂沾「雄」字耳。

以其不待天命，直以心發，故有先天後天之勤；言合天時，故有不違奉天之文。

盼遂按：此文當是「以其不待天命，直以心發，故有先天後天之言；動合天時，故有不違奉天之文」。後人誤「動」作「勤」，又誤與「言」字互倒，遂拮据鮮通矣。

本性

禮所以制，樂所爲作者，情與性也。

盼遂按：所爲，猶所以也。「爲」、「以」古通用。孫人和《舉正》改爲「禮所以爲制，樂所以爲作」，不辭甚矣。

及長，舊注一有「與」字。**祁勝爲亂，食我與焉。**

盼遂按：一本非也，下文明有「與」字，讀去聲，參與也。淺人不察，因誤於上句沾「與」字矣。

丹朱土於唐宮，商均生於虞室。

盼遂按：「土」爲「出」之誤字。草書「出」字作㞢，故易相淆。

物勢

夫婦合氣，非當時欲得生子，情欲動而合，合而生子矣。

盼遂按：《後漢書·孔融傳》路粹奏融曰：「父之於子，當有何親？論其本意，實爲情欲發耳。子之於母，亦復奚爲？譬如寄物瓶中，出則離矣。」今考文舉之放言，殆本諸仲任斯論歟？

若此，論事者何故云。

盼遂按：自此至「文不稱實，未可謂是也」凡十二句，皆難者相駁詰之辭，主「天地故生人」之論也。文首脱「難曰」二字，《論衡》於論辯之文，例不省「曰」字。

五常，五常之道也。

盼遂按：「五常，五常之道也」無義，疑當是「五藏，五行之道也」。《五經異義》引《今文尚書》歐陽説：「肝，木也。心，火也。脾，土也。肺，金也。腎，水也。」又引《古文尚書》説：「脾，木也。肺，火也。心，土也。肝，金也。腎，水也。」此五藏與五行相關之道。仲任治今文歐陽、夏侯《尚書》，故應有是論説。下文云「五藏在内，五行氣俱」，正與此語相承。

戌，土也。申，猴也。

盼遂按：當是「申，金也」，與上下文義方合。

氣微爪短誅，膽小距頓。

盼遂按：「誅」爲「銖」之誤字。《淮南子·齊俗訓》：「其兵戈銖而無刃。」注：「楚人謂刃頓爲銖。」《廣雅·釋詁》：「銖，鈍也。」是「爪銖」與「距頓」爲駢辭。「短」字自「銖」之旁注，後人誤羼正文耳，亟宜刊去。

孔子畏陽虎，却行流汗。

盼遂按：畏陽虎事，各書無考，疑仲任用《莊子·盜跖》篇事，而誤記爲陽虎也。《盜跖》篇曰：「孔子再拜趨走，出門上車，執轡三失，目芒然無見，色若死灰，據軾低頭，不能出氣。」與仲任此文甚爲吻合也。

或詘弱綴跲，蹥蹇不比者爲負。

盼遂按：「綴」爲「黜」之借字。《方言》：「黜，短也。」郭注：「蹶黜，短小貌。」《廣雅》亦云：「黜，短也。」故與「跲」爲同類。孫人和謂「綴」爲「躓」借，於音理遠違矣。

奇怪

后稷母履大人迹而生后稷，故周姓曰姬。

盼遂按：此説本之《春秋繁露·三代改制質文》篇。實則「迹」古音在支部，「姬」在之部，絶不相通。漢人支、之不分，故仲舒得附會之，謂「姬」之音出於「迹」矣。

禹、离逆生，闓母背而出。

盼遂按：《春秋繁露·三代改制質文》篇：「禹生發於背。」又云：「契先發於胸。」《毛詩·生民》傳：「生則坼副，災害其母，横逆人道。」知此説盛行於東西京矣。

牡馬見雌牛，雀見雄牝雞。

盼遂按：二語宜是「牡馬見牝牛，雌雀見雄鷄」。

至周幽王發出龍漦。

盼遂按：發龍漦事，諸書皆謂厲王，仲任則作幽王。本書《異虛》篇記此事亦作幽王。惟《偶會》篇云「二龍之祅當效，周厲適闓櫝」，獨作厲王，恐出後人所改。

趙簡子病五日。

盼遂按：「五日」當作「七日」。本書《紀妖》篇及《史記·趙世家》皆云趙簡子病五日不知人，居二日半簡子悟。則病七日也。又秦繆公亦病七日而悟，知此當作「七日」明矣。

人不好蟣虱，天無故欲生於人。

盼遂按：天無故欲生於人，不辭。疑「生」字爲衍文，本作「人不好蟣虱，故天無欲於人」。

姓當爲其下土，乃爲女旁巨。

盼遂按：「巨」爲「臣」誤。《說文》：「姬，從女，臣聲。」後人少見「臣」字，因改之耳。

書虛

則並謂短書不可信用。

盼遂按：此云「短書」者，世俗以真是之傳爲短書也。

許由讓天下，不嫌貪封侯；伯夷委國饑死，不嫌貪刀鉤。

盼遂按：「嫌貪」二字平列，嫌亦貪也。《孟子》：「行有不慊於心。」趙注：「慊，快也。」《齊策》：「齊桓公夜半不嗛。」高注：「嗛，快也。」「慊」、「嗛」與「嫌」，古皆通用。下文「季子能讓吴位，何嫌貪地遺金」，「季子不負死者，棄其寶劍，何嫌一叱生人，取金於地」，諸「嫌」字皆同。

目不能見百里，則耳亦不能聞也。

盼遂按：上下文皆言目見之事，此語側重耳聞，自相刺繆。當是「耳不能聞百里，則目亦不能見也」，後人誤倒置之耳。

宜聽君高之説，誠會稽爲會計。

盼遂按：「宜」爲「且」之誤字。

考實之，殆虚言也。

盼遂按：「考實之」有誤，本書多作「而實考之」或「如實考之」，此當是脱一字，而又誤倒也。

堯葬於冀州，或言葬於崇山。冀州鳥獸不耕。

盼遂按：「或言葬於崇山」六字蓋後人傍注，誤入正文，因又於「鳥獸」上添「冀州」二字。

吴王夫差殺伍子胥，煮之於鑊。

盼遂按：俞樾云，《左傳》、《吴語》、《新書·耳痺》篇皆不言鑊煮之事。本書《命義》篇：「屈平、子胥，楚放其身，吴烹其尸。」《刺孟》篇：「比干剖，子胥烹，子路菹。」是仲任於子胥被戮之事，别有所聞也。

大江浩洋。

盼遂按：或校謂「洋」爲「汗」誤，非也。《淮南·覽冥訓》：「水浩洋而不息。」《史記·河渠書》：「浩浩洋洋兮，閭殫爲河。」此「浩洋」連用之證也。

案濤入三江，岸沸踴，中央無聲。

盼遂按：「岸」下脱一「涯」字，「岸涯」與「中央」對文。下文「子胥之身聚岸涯（依孫詒讓校，今本誤作「滙」。）也」，是其證。

使刑徒三千人斬湘山之樹而履之。

盼遂按：「履」當爲「覆」之誤字。「覆」若《禮》「覆亡國之社」之「覆」。

桓公妻姑姊七人。

盼遂按：「姊」下脱「妹」字。上下文皆作「姑姊妹七人」。

負扆南面鄉坐，扆在後也。

盼遂按：「鄉」字衍文，「負扆南面坐」句絶。蓋「鄉」爲「面」之傍注，後闌入正文者也。

卒爲守者。

盼遂按：「守」下當從《吕氏春秋·音初》篇補「門」字。《周禮》「掌戮」：「刖者使守囿。」下文「故爲守者」亦同。

婦人於背，女氣瘡可去，以婦人治疽。

盼遂按：此文當是「婦人於背，女氣愈瘡，可云以婦人治疽」。後脱「愈」字，「云」又譌爲「去」，遂不可通矣。

當二十七年，游天下。

盼遂按：「二十」爲「三十」誤字。《史記·始皇本紀》：「三十七年十月，始皇出游，親巡天下。七月，崩於沙丘平臺。」《論衡》正舉此事也。

北至勞、盛山。

盼遂按：《史記》作「榮成山」。或仲任意不與史同，以爲勞山、成山也。「盛」與「成」古通。

變虚

熒惑，天罰也。

盼遂按：「天罰」疑當爲「天使」。下文皆作「天使」，且申説熒惑所以爲天使之故，可證。惟《吕覽·制樂》、《淮南子·道應》皆作「罰」，不作「使」。然仲任此文自據異本，後人因執《吕覽》等書改《論衡》而未盡耳。

星徙審，則延命，延命明，則景公爲善，天祐之也。

盼遂按：上「延命」下脱一「明」字。

《詩》曰：「我無所監，夏后及商。用亂之故，民卒流亡。」

盼遂按：今《毛詩》無此文。疑出《魯詩·大雅·召旻》篇。仲任治《魯詩》者也。

延二十一年。

盼遂按：「延」下當依上下文例補「命」字。

謂天非若螻蟻於人也。

盼遂按：此九字誤衍。

大若不過與人同。

盼遂按：「若」字爲「者」誤。

桀、紂之政多惡，有反景公脱禍之驗。

盼遂按：「有反」二字宜互倒。

設國君計其言。

盼遂按：「計」爲「許」之壞字。

令其臣歸罪於國。

盼遂按：「國」下脱「人」字。國人，謂臣子與人民也，下文累言「國人」是其證。

方伯不聽，自國君之罪。

盼遂按：「自國君之罪」五字，當是「非國人之辜」，鈔録時涉上文而誤耳。非國人之辜，故方伯不肯聽其獄。果「自國君之罪」，則原爲方伯所職守，何故不聽之乎？上文「方伯聞之，肯聽其言，釋國君之罪，更移以付國人乎」，即此事也。

曰景公聽乎言，庸何能動天。

盼遂按：「曰」疑爲「况」字之誤。「公」下應有「不」字。

信俗至誠之感。熒惑之處。

盼遂按：「之處」當是「徙處」，「徙」字壞爲「之」字。

太卜走見公。

盼遂按：「公」下當有「曰」字。下文「臣非能動地，地固將自動」二語，即太卜對公之言。脱一「曰」字，則意不貫。

案子韋書録序秦。

盼遂按：「秦」爲「奏」之誤字。子韋書《録序奏》者，蓋亦劉向、劉歆校上《録奏》之文歟？《漢書·藝文志·陰陽家》有《宋司星子韋》三篇，歷來輯劉氏《録》、《略》者失此文。

異　虚

祖己之言，朝當亡哉。

盼遂按：「哉」爲「者」之形誤。此語爲起下之辭。

都有虚驗。

盼遂按：「虚驗」當是「應驗」，涉上句「虚」字而譌。

禍意如占。

盼遂按：「意」爲「竟」之誤。

居高宗之操。

盼遂按：「居」字爲「若」字之誤。

幽王之時，發而視之。厲王惑亂，國遂滅亡。幽厲王之去夏世，以爲千數歲。

盼遂按：「幽王」與「厲王」互譌。仲任蓋因習語「幽厲」連言，遂倒置耳。

惡則國不得不亡，徵已見。

盼遂按：宜疊「亡」字。「亡徵已見」爲句。

見春之微葉，知夏有莖葉。

盼遂按：「微葉」疑當是「微華」之誤。下「春葉秋實」之「葉」，亦「華」之誤。

今詳修政改行，何能除之？

盼遂按：「詳」疑「設」之誤。

此方凶惡之應和者。

盼遂按：「方」爲「乃」之誤字。

天何用成穀之道。從天降而和。

盼遂按：「何」當爲「仍」之誤。

共嚴承令。

盼遂按：「共嚴」即「恭莊」也。「共」爲「恭」之古文，「嚴」爲明帝諱「莊」之代字。

夫桑穀之占，占爲凶。

盼遂按：衍一「占」字。

感虚

傳書言：魯襄公與韓戰。

俞樾云，《淮南子·覽冥訓》作「魯陽公」，《墨子·耕柱》篇作「魯陽文子」，證此「魯襄」爲「魯陽」之音假。

盼遂按：本書《對作》篇引《淮南書》言「魯朝戰而日暮」，亦作「魯陽」，知仲任亦作「魯陽」。此作「襄」者，或後人誤改之耳。

豫讓欲害趙襄子。

盼遂按：「豫」上當有「曰」字，今脱。此文爲難者之語，與上文「不能」爲辯詰也。

貫高欲篡高祖。

盼遂按：篡，劫也。《史記·衛將軍驃騎列傳》：「與壯士篡取之。」《法言》：「鴻飛冥冥，弋人何篡。」皆劫奪之意。

湯文涉出。

盼遂按：「涉」爲「步」之譌。步出，言安步而出，與下文「孔子食飽」爲同類。《文選·古詩十九首》「步出上東門」，《梁父吟》「步出齊東門」，皆「步出」連言之證。

則其對林木哭。

盼遂按：「哭」上當有「而」字，下文「向水火而泣」與此爲偶句，不省「而」字。

伯奇冤痛相似，而感動不同也。

盼遂按：「伯」爲「何」之形誤，「奇」爲「其」之音誤，「也」與「邪」古同用。上文言曾子、伯奇含冤，天不爲致寒，鄒衍被屈，天爲雨霜，故此言「何其冤痛相似，而感動不同邪」。後人因上文有伯奇之名，遂改作「伯奇」，而不顧其義之不安也。

禽獸見人欲食。

盼遂按：「欲」當爲「之」，涉下文「欲食」而誤。

夫雲雨出於丘山。

盼遂按：「雲雨」當是「雲氣」。下文云「皆由雲氣發於丘山」，其證也。

猶復雲布之，亦從地起。

盼遂按：「雲布」爲「雲雨」之誤。上文「如以雲雨論之」，此正其結論，故亦云「雲雨」，與之相應也。

作傳書者以變怪。

盼遂按：「以」下當有「爲」字。

言龍井有害。

盼遂按：「龍」字涉上下文而衍。

「曾子出薪於野」至**「吾搤臂以呼汝耳」。**

友人嘉興唐蘭云：「類書引此事，云出《孝子傳》。《隋志》『孝子傳』有數家，劉向、師覺授等是也。」

盼遂按：干寶《搜神記》十一亦記此事。

曾母病乎，曾子亦病。曾母死，曾子輒死乎？

盼遂按：「曾母病，曾子亦輒病乎？曾母死，曾子亦輒死乎？」殆與上文「曾母臂痛，曾子臂亦輒痛」文法一致。

集過有多少，不能盡蔽覆也。

盼遂按：「集過」當是「集地」，下文「集地有多少，則其過縣有留去矣」。

福虚

或福時適，遇者以爲然。

盼遂按：此九字文辭不屬，意亦與上文沓複，疑是衍文。

一國之君，專擅賞罰，而赦。

盼遂按：而，與也。詳王氏《經傳釋詞》。

初吞，蛭時未死。

盼遂按：當是「初吞時，蛭未死」。

臣因再拜，賀病不爲傷。

盼遂按：「臣」係「因」之形譌而衍。俗「因」字作「囙」，與「臣」形相近。此句承上「令尹」爲言，故不容有「臣」字。

宋、楚相攻，兩軍未合，華元、子反結言而退。

盼遂按：宋人黑牛生白犢事。《淮南子·人間訓》、《列子·説符》篇皆有記載。惟謂宋、楚相攻，不刻定爲華元、子反之役，至《論衡》始有此言。然考之「春秋三傳」，司馬子反相華元平，事在魯宣公十四年。《史記·孔子世家》記孔子生在魯襄公二十二年，則華元、子反平事前於孔子之生且四十四年，然則宋人之子安得以白犢問孔子？

孔子又安得以吉祥語之哉？夫宋、楚相攻之事夥矣，仲任必規爲華元、子反之役，是亦千慮之一失矣。

曰：「君所以不舉五月子，何也？」

盼遂按：「曰」上脱「文頓首」三字，宜據本書《四諱》篇及《史記·孟嘗君列傳》補，否則竟似其母與田嬰應答矣。

埋一虵，獲二福。

盼遂按：「福」當爲「祐」。上文「埋一虵，獲二祐」，下文「埋十虵，得幾祐」，皆不作「福」。

墨家之役纏子。

盼遂按：役，亦徒也。《問孔》篇：「諸入孔子門者皆有善行，故稱備徒役。」此「徒」、「役」同義之證。《莊子·庚桑楚》篇：「老聃之役有庚桑楚者。」《釋文》引司馬彪云：「役，學徒弟子也。」又引《廣雅》云：「役，使也。」成疏：「役，門人之稱。」古人事師，共其驅走，不憚艱險，故稱役也。孫人和謂「役」爲「徒」之誤字，大失之矣。

秦穆公有明德，上帝賜之九十年。

盼遂按：「九十」當是「十九」之誤倒。《墨子·明鬼》篇紀此事，作「帝享女明德，錫女壽十年有九」。

纏子難以堯、舜不賜年。

盼遂按：「纏子」爲「董子」之誤。上文纏子主明德延年，此則董子應敵之辭也。馬總《意林》卷一《纏子書》：「董子曰：『子信鬼神，何異以踵解結？終無益也。』纏子不能應。」此董子與纏子以無神相難之證也。

然夫惡人之命不短。

盼遂按：「然夫」爲「然而」之誤。篆文「而」字作[篆文]，「夫」字作[篆文]，故易致譌。

禍虛

喪爾親，使民未有異聞。

盼遂按：《禮記·檀弓》作「使民未有聞焉」。鄭注：「言居親喪無異稱。」知原本有「異」字，今脱，宜據《論衡》此文補入。

如非天罪。

盼遂按：「天罪」宜爲「天罰」之誤。上下文多「罪」字故爾。

子者，人情所通；親者，人所力報也。

盼遂按：「所力」二字宜乙作「力所」，與上句相偶。《論語》：「事父母，能竭其力。」

故孔子門叙行。

盼遂按：疑衍「子」字。

秦襄王賜白起劍。

盼遂按：「秦襄王」當作「秦昭王」。《史記·白起列傳》記武安君之死，在秦昭王五十年十一月。

太史公爲非恬之爲名將，不能以彊諫。

盼遂按：「爲非」當是「乃非」之誤。緣草書「爲」字作[草書]，與「乃」形近故也。

已無非，則其非蒙恬，非也。

盼遂按：「已」爲「己」之誤，「無非」當是「有非」。此正承上文「已下蠶室，有非者矣」而來。

是獨遵何哉？

盼遂按：「何」字下宜依《史記·伯夷列傳》補「德」字，文義方完。

而廣未常不在其中。

盼遂按：「常」字當依《史記·李將軍列傳》改作「嘗」。下「豈常」、「羌常」諸「常」字同。

皆得陽達，富厚安樂。

盼遂按：「陽」疑當爲「暢」之誤。或云「揚」字。

然傳書：李斯妬同才。

盼遂按：「同才」當是「同門」之誤。本書《案書》篇云，韓非著書，李斯采以言事，非斯同門，「斯」今本譌「私」，依孫詒讓訂。草書門字作つ，因誤爲「才」耳。

有遇唐堯。

盼遂按：「有」當爲「后」，形近而譌。《説文》解「后」爲「繼體君」，故與「後」同用。

前時未到。

盼遂按：「時」上宜有「命」字，下句「後則命時至也」與此對文。

龍虛

東海之上有薔丘訢。

盼遂按：「薔」疑爲「菑」。《説文·艸部》「菑」爲「葘」之或體。「菑丘訢」故或本可以作「魯」矣。《韓詩外傳》十作「菑」。仲任不妨別有所據矣。

天有倉龍白虎。

盼遂按：「倉」字宜有草頭。

潛醢以食夏后。夏后烹之。

盼遂按：「烹」本字作「亯」，後分爲「享」、「亯」、「烹」三體。仲任自作「享」用，淺人誤認爲「烹」字耳。作「烹」則與上文「潛醢」複矣。《左氏·昭公二十九年傳》作「饗」，古「饗」、「享」通用。

又無董父、后劉之人。

盼遂按：「后劉」謂「劉累」。稱后者，殆亦后稷、后啓之意。

短書言：「龍無尺木，無以升天。」

盼遂按：桓譚《新論》：「龍無尺水，無以升天；聖人無尺土，無以王天下。」《意林》引。仲任所謂「短書」，斥此也。惟「尺木」《新論》作「尺水」，應據《論衡》改正。《三國志·太史慈傳》注引《江表傳》孫策教曰「龍欲騰翥，先階尺木者也」，亦作「尺木」。明作「水」爲誤。

又言：「虎嘯谷風至，龍興景雲起。」

盼遂按：《淮南子·天文訓》：「虎嘯而谷風至，龍舉而景雲屬。」仲任蓋引此文。唯上言「《易》曰」，此稱「又言」，易於致混，疑句首脱一「傳」字，下文「世儒讀《易》文，見傳言」即承此文言也。

火激薄則鳴而爲雷。

盼遂按：「火」上蓋脱「水」字。此句雙承「太陽，火也；雲雨，水也」二句。

天極雷高。

盼遂按：「雷」當爲「雲」，涉下文而誤。

何以死蛟爲取之。

盼遂按：「爲」上脱一「不」字。

子貢滅鬚爲婦人。

盼遂按：《御覽》三百七十四引曹大家《幽通賦》注曰：「衛蒯聵亂，子羔滅髭鬢，衣婦人衣，逃得出。」疑「子貢」爲「子羔」之誤。然子貢固亦與乎蒯聵之難，《墨子·非儒》篇：「子貢、季路輔孔悝，亂乎衛。」《鹽鐵論·殊路》篇：「孔悝作亂，子貢、子皋遁逃，不能死其難。」則滅鬚爲婦人事，歸之子貢亦得也。

無實可之心。

盼遂按：「可」讀爲「考」。「可」、「考」溪母雙聲。

雷虚

飲食人以不潔净，天怒，擊而殺之。

盼遂按：《北史·高車傳》：「俗不清潔，喜致震霆。」唐沈既濟《雷民傳》：「雷州事雷，畏敬甚謹，每具酒肴奠焉。有以彘肉雜魚食者，霹靂輒至。南中有木，名曰棹，以煮汁漬梅李，俗呼爲棹汁。雜彘肉食者，霹靂亦至，犯必響應。」知雷擊食不潔净之説，至六朝、唐仍盛。

如龍有過，與人同罪，龍殺而已。

盼遂按：下「龍」字衍文，據上下文知之。

雷電之地，雷雨晦冥。

盼遂按：「雷雨」當作「雲雨」，係涉上下文多「雷」字而誤。

如有陰善，天亦宜以善賞之。

盼遂按：「以善」之「善」爲「喜」之誤字，又誤倒置「以」下。本文當作「天亦宜喜以賞之」，方與上句「天怒殺之」相應。

豈天怒不喜，貪於罰，希於賞哉？

盼遂按：「希」當爲「烝」。「烝」即「吝」之别體，涉上下文多「希」字而誤。

人君喜即天温，即則天寒。雷電之日，天必寒也。

盼遂按：「温」下漏「怒」字，「則」字本在「雷」上，後人誤移置「天寒」之上以足句耳。局本改作「怒則天寒」，亦非。

人君罪惡初聞之時，怒以非之。

盼遂按：「罪惡初聞」當是「初聞罪惡」。

且怒喜具形，亂也。

盼遂按：「具」爲「俱」之壞字。上文：「人君賞罰不同日，天之怒喜不殊時。」此之「俱形」，正對上反言之也。

犬豕食人腐臭，食之，天不殺也。

盼遂按：「食之」二字涉下文而衍。

戚夫人入厠，身體辱之，與洿何以别？

盼遂按：依文義宜重「辱」字，讀爲「戚夫人入厠身體辱，辱之與洿何以别」。

此王者用刑違天時。奉天而行，其誅殺也，宜法象上天。

盼遂按：「王」上衍「此」字，「刑」下應有「弗」字。此蓋用《易·文言》「大人者，先天而天弗違，後天而奉天時」語義。

飲食不潔净，天之大惡也。

盼遂按：「食」下應有「人」字。上下文皆作「飲食人不潔净」。

王者大惡，謀反、大逆無道也；天之大惡，飲食人不潔清；天之所惡，小大不均等也。

盼遂按：「天之所惡」當作「天人所惡」。「人」謂王者。

其魄然若敝裂者，椎所擊之聲也。

盼遂按：「敝裂」即「劈歷」，雷聲也。説詳《譴告》篇。「若」字衍文。魄然，讀若《泰誓》「其聲魄」之「魄」，猶今人言「砰然」矣，所以狀劈歷之聲也。馬融注《尚書》云：「魄然，安定意。」恐非本旨。

世又信之，莫謂不然。

盼遂按：「又」當爲「人」之誤。《御覽》十三引正作「世人」。

神者恍惚無形，出入無門，上下無垠。

盼遂按：「垠」當爲「垠」字之誤也。《説文》：「垠，地垠也。一曰岸也。」本又作「根」，益誤。

人亦見鬼之形，鬼復神乎？

盼遂按：「亦」當爲「不」形之誤也。《左傳·桓五年》「王亦能軍」，「亦」亦「不」字之譌，王氏《經義述聞》説。同此例矣。

《禮》曰：「刻尊爲雷之形。」一出一入，一屈一伸，爲相校軫則鳴。

盼遂按：「校軫」爲「絞紾」之借。《説文》：「絞，縊也。」《禮·雜記》疏：「兩股相交謂之絞。」《説文》：「紾，轉也。」是「絞」、「紾」二字皆以狀雷之出入屈伸之容也。

人不得無迹。如炙處狀似文字。

盼遂按：「炙」當爲「灸」字之誤也。《説文》：「灸，灼也。」

何以驗之？雷者火也。

盼遂按：「雷者火也」當在「何以驗之」上。下文所臚五驗，皆所以申明雷火之義。

道術之家，以爲雷燒石，色赤。

盼遂按：「雷」當爲「器」。《亂龍》篇：「消煉五石，鑄以爲器，乃能得火。」

君子重慎，自知無過，如日月之蝕，無陰闇食人以不潔清之事。

盼遂按：「如日月之蝕」疑後人誤沾。《孟子》：「君子之過也，如日月之食。」此既言「無過」，又安謂「如日月之食」乎？

道虚

故後世因其處曰「鼎湖」，其弓曰「烏號」。

盼遂按：「因」當爲「目」，形近而譌。隸書「因」字作「囙」，易與「目」淆。目爲題目，《後漢書・襄楷傳》「目號太平清領書」，其例也。孫人和謂「因」下脱「名」字，而又引《風俗通》「後世因曰烏號」之語，胥失之矣。

《太史公記誄》五帝。

盼遂按：本書亦作「《太史公記累》」。《釋名》：「誄，累也，累列其事而稱之也。」足證「誄」、「累」通用，亦見仲任字學之精。

合景亂首。

盼遂按：「景」疑爲「謀」。《説文》「謀」之古文作「𢘍」，與「景」形近。

雁頸而戴肩。

盼遂按：「戴」宜依《淮南・道應》改作「鳶」。漢人「鳶」字書作「䳒」，故易致誤。

此猶□光日月而戴列星。

盼遂按：缺文，程榮本同，《淮南》作「乎」。

而東貫澒濛之先。

盼遂按：「先」字當依《淮南》改作「光」，「光」字與「鄉」、「黨」、「營」、「狀」爲韻；若作「先」則非韻矣。

目仰而視之，不見乃止喜。

盼遂按：「喜」爲「嘉」誤，「嘉」又「駕」之借字。《淮南》作「止駕」，本字也。

心不怠，悵若有喪。

盼遂按：「不怠」《淮南》作「柸治」，許叔重注：「楚人謂恨不得爲柸治也。」今按：「不怠」爲疊韻連語，爲不怡之皃。人之胚胎，草之苤苢，皆與有關。

若盧敖者。

盼遂按：此四字與上下文不貫，疑爲衍文。

唯龍無翼者，升則乘雲。

盼遂按：「者」字誤衍。「無」亦「有」之譌字。

若士者食物，如不食氣。

盼遂按：「如」猶「而」也，古「如」、「而」通用。

此或時聞文摯實烹。

盼遂按：「聞」字涉下「文摯」之「文」而衍。上文「或時聞曼都好道」亦衍「聞」字，吴承仕說。與此同例。

老人爲兒時，從父識其處。

盼遂按：「父」上宜有「王」字，下文「老父爲兒，隨其王父」可證。

少君年二百歲而死。

盼遂按：「二百」當是「一百」之譌。《氣壽》篇：「强弱夭壽，以百爲數。不至百者，氣自不足也。」是仲任謂人之老壽者可百年也。且上文言九十老父爲兒時，時少君年十四五，此亦可證本文爲「一百歲」也。

武帝去桓公鑄銅器，且非少君所及見也。

盼遂按：「且」疑爲「長」之誤，上脱一「時」字。

少君有教道、祠竈、却老之方。

盼遂按：「教道」爲「穀道」之譌。上文言「少君以祠竈、辟穀、却老方見上」，明「穀道」即辟穀之道矣。

又名齊桓公所鑄鼎，知九十老人王父所游射之驗。

盼遂按：「又」下疑脱一「有」字。

人見其面狀少。

盼遂按：「狀」當爲「壯」。「面壯少」與下句「性恬淡」爲對也。

草木之生何情欲？而春生秋死乎？

盼遂按：依文例，「何」上脱一「含」字。

胸中憒毒。

盼遂按：「憒」假爲「潰」，爲「殨」。

亦擾不安。

盼遂按：「擾」下疑有「而」字，與上句「濁而不清」相對。

得藥而乃氣長身更輕也。

盼遂按：「而乃」爲「乃而」誤倒。《論衡》多假「而」爲「能」。

語增

堯尚有憂，舜安能無事？

盼遂按：「能」當作「而」，語助詞也。後人因《論衡》常用「而」爲「能」，往往改還本字，不悉此處之「而」爲用本義，又誤解「堯尚有憂」，至舜更不容無事，遂徑改之，而與下文「上帝引逸，謂虞舜也」及「舜恭己無爲而天下治」諸語，全相牴牾矣。

故《經》曰：「上帝引逸。」謂虞舜也。

盼遂按：《尚書·多士》：「周公曰：『我聞曰上帝引逸。』」孔傳曰：「天欲民長逸樂。」是「上帝」謂天帝也。古經傳凡上帝，皆指天説，此今古文家所同。然仲任於此以爲虞舜，殆於失考。《自然》篇又云：「上帝，謂舜、禹也。」所失益甚，詳後。

可骨立跛附。

盼遂按：「跛」疑爲「皮」之誤。「皮附」與「骨立」對文。

幾死一再。

盼遂按：一再，言非一也，猶《公羊》所謂「不一而足也」。《儒增》篇：「一楊葉射而中之，中之一再。」意與此同。

「《太公陰謀》之書」至**「晨舉脂燭」。**

唐蘭云：「四語爲《太公陰謀》中文，嚴輯《陰謀》失載。」

何等潔者。

盼遂按：何等潔者，言不潔也。此漢人語法。《藝增》篇「何等賢者」，言不賢也；「堯何等力」，言無力也。皆與此一例。

百二十日爲一夜。

盼遂按：「夜」下脱「亡其甲子」四字，則下文兩言「亡其甲子」之語無稽。

《經》曰：「弼成五服。」五服，五采服也。

盼遂按：《書·皋陶謨》：「弼成五服，至於五千。」孔安國、馬融、鄭玄、王肅注皆即大禹「荒度土功」爲説。仲任釋「五服」爲「五采服」，雖本今文師説，然於經義遠矣。

坑殺儒士者，言其皆挾經傳文書之人也。

盼遂按：「皆」本爲「盡」，絶也，動詞。後人誤以「皆」、「盡」同意，改之，遂不可通。下文又言「盡坑之」，即承此文。

剌周青臣以爲面諛。

盼遂按：「剌」乃「刺」之俗體，與此文義不叶，疑「剌」爲「劾」之誤字。《説文》：「劾，法有罪也。」漢人通以舉罪爲劾。

諸生傳相告引者，自除犯禁者。

盼遂按：上「者」字宜依《史記・始皇本紀》改作「有」。

町町若荆軻之閭。

盼遂按：町町，蕩盡之意。《廣雅・釋訓》：「⿺廴支⿺廴支，盡也。」王氏《疏證》引此文爲説。今按：「町町」、「⿺廴支⿺廴支」，聲近義通。

皇帝聞之。

盼遂按：依文例當作「始皇」，此史駁文未盡正者也。

儒增

不稱兵之不用。

盼遂按：上「不」字涉下句而衍。

是猶人耳缺目完。

盼遂按：「耳缺」當爲「身缺」。漢隸身字作□，易譌爲「耳」。下文「身無敗缺」即承此語而言。

痛哀公之死身肉盡。

盼遂按：「死」借爲「屍」。《漢書・陳湯傳》：「求谷吉等死。」注云：「死，屍也。」

今先言「盡出其腹實，内哀公之肝」，又言「盡」，增其實也。

盼遂按：「又言盡」三字原在「内」字上，鈔胥誤脱，沾補於後耳。

不餘精力乎。

盼遂按：「乎」字衍文。《論衡》無如此用法。

或時，傳則言其不見齒三年矣。

盼遂按：「或時」下疑脱「不見齒數月」五字。

射垣木之表。

盼遂按：「垣」當爲「桓」，形之誤也。《説文·木部》：「桓，亭郵表也。」漢魏名爲桓表，亦曰和表。見《漢書·尹賞傳》注。

身被龍淵之劍刃，入堅剛之銅柱。

盼遂按：「身」字衍。此自以「被龍淵之劍刃」爲句，「入堅剛之銅柱」爲句也。

「故張而不弛，文王不爲」至**「文王以爲常」。**

盼遂按：所引爲《禮記·雜記》篇文。彼作「張而不弛，文武弗能也；弛而不張，文武弗爲也；一張一弛，文武之道也」，與仲任所擬略異。

春秋之時，三山亡。

盼遂按：「春」爲「秦」誤，後人因沾「秋」字。實則三山亡爲秦時事，下文即言「秦三山」，《感類》篇「秦時三山亡」，皆其證也。

藝增

人賢所著。

盼遂按：「人賢」二字當乙爲「賢人」。上文「小人」，下文「聖人」，皆與此相應。

《詩》言「子孫千億」矣，美周宣王之德能慎天地。

盼遂按：子孫千億，語見《詩·大雅·假樂序》，曰：「假樂，嘉成王也。」此言宣王，與《毛詩》異，殆《魯詩》説也。

其聞高遠可矣。

盼遂按：「其」上應有「言」字。

易持其具臣在户，言無人者，惡之甚也。

盼遂按：「持」字涉上文「把持」字而衍，「其」字因與「具」字形近而衍。

此言蕩蕩無能名之效也。言蕩蕩，可也；乃欲言民無能名，增之也。

盼遂按：「欲」字當在「此」字下。

山氣爲雲，上不及天，下而爲雲。

盼遂按：下「雲」字應作「雨」。本書《感虚》篇：「夫雲氣生於丘山，降散則爲雨矣。」與此同意。

如孔子不作，不及。

盼遂按：「及」當爲「改」，形近而譌。改，謂改修《魯史記》也。

光武皇帝曰：「孝文時不居明光宮，斷獄不三人。」

盼遂按：《風俗通義》卷二孝成皇帝問劉向曰：「孝文皇帝常居明光宮聽政，斷獄三百人。有此事不？」同按：當爲「向」之誤。對曰：「皆不然。」應劭謹按：「太宗時治理不能過中宗之世，地節元年，天下斷獄四萬七千餘人。前世斷獄，皆以萬數，不三百人。」又「文帝以後元年六月崩未央宮，在時平常聽政宣室，不居明光宮」。是應説與此有異。

問孔

凡學問之法，不爲無才。

盼遂按：「爲」當作「畏」，音近而譌。

世間弘才大知，生能答問、解難之人。

盼遂按：「生」字疑衍。

必將賢吾世間難問之言是非。

盼遂按：「是非」二字涉上文「證定是非」之言而衍，所宜刊去。

子曰：「生，事之以禮；死，葬之以禮。」

盼遂按：句下宜依《論語》補「祭之以禮」四字，方與下文合。

但孟氏子也。

盼遂按：「但」當爲「俱」，涉上下「但」字而譌。懿子、武伯俱出孟氏。

此言人當由道義得，不當苟取也。

盼遂按：「得」下當有「富貴」二字。下文皆言得富貴。

當守節安貧，不當妄去也。

盼遂按：「貧」下脱「賤」字。

子路爲國以禮，其言不讓。

盼遂按：此二語不妥。子路之言不讓，孔子以「爲國以禮」折之，非子路能爲國以禮也。仲任誤會此經。

使性善，孔子惡之。惡之太甚，過也。

盼遂按：「惡之」二字誤重。

使下愚之人，涉耐罪之。

盼遂按：下「之」字涉本文多「之」字而衍。

如天有短長，則亦有善惡矣。

盼遂按：「天」當爲「命」字之誤，此承上文「長命」、「短命」爲言。

由此知短命夭死之人，必有邪行也。

盼遂按：「必」上當有「非」字。

知術求之不能得。

盼遂按：「知術」當乙爲「術知」。下文「夫謂富不受命，而自知術得之」同。《孟子·盡心》篇「人之有德慧術知者」，本書例作「術知」。

望絶無異，稱「已矣夫」。

盼遂按：「異」爲「冀」之壞字。《刺孟》篇：「絶意無冀。」

吾非斯人之慟而誰爲？

盼遂按：「吾」上宜依《論語》補「曰」字。

何以知其對不失指，孔子非之也？

盼遂按：「不」字衍文。下文「其非乎對失指也」不誤。

夫欲知其子，視其友；欲知其君，視其所使。

盼遂按：「友」上疑脱一「所」字。《説苑・雜言》篇引孔子曰：「不知其子，視其所友；不知其君，視其所使。」則此爲孔子語。又按：僞《孔子家語》云：「不知其君，視其臣；不知其子，視其父。」則此「友」字又爲「父」之誤字。

解之宜：「佛肸，未爲不善。」

盼遂按：「宜」下應有「曰」字。

孔子之言，解情，而無依違之意。

盼遂按：「情」當爲「惰」，形之誤也。此「解惰」與上文「孔子之仕，不爲行道，徒求食也」之語相承。

非韓

增無益之仕。

盼遂按：「仕」爲「行」之誤。下文「行與術相反」，謂此「行」也。

故禮義在身，身未必肥；而禮義去身，身未必瘠而化衰。

盼遂按：上「而」字下疑應有二字，以與下句「化衰」相偶。

夫道無成效於人，成效者須道而成，然足蹈路而行，所蹈之路，須不蹈者。

盼遂按：「然」字疑當在「人」字下，「所蹈」上亦疑脱一「然」字。蓋此文本是「夫道無成效於人，然成效者須道而成。足蹈路而行，然所蹈之路，須不蹈者」。

身須手足而動，待不動者。

盼遂按：上「動」字下疑脱「然動者」三字。此文爲「身須手足而動，然動者待不動者」，與上文一律。

魏文侯式之。

盼遂按：「侯」字疑衍，本篇例稱「魏文」。

此所謂文武張設，德力且足者也。

盼遂按：「且」爲「具」之壞字。

陸地朝者三十二國。

盼遂按：《韓非子·五蠹》篇作「三十六國」。

非人不舉姦者，非韓子之術也。

盼遂按：下「非」字衍文。上文子思之不以姦聞，韓非言繆公宜賤之，此其結論也。

子産曰：其聲不慟。

盼遂按：「不」字衍文，「慟」依下文當改爲「懼」。《韓非子·難三》篇正作「其聲懼」。

察參伍之正。

盼遂按：「察」上宜依《韓非子·難三》篇補「不」字，方與上句「不任典城之吏」一律。

待盡聰明，勞知慮而以知姦。

盼遂按：「待」當爲「徒」之誤。

猶龐捫子不孝也。

盼遂按：「捫」下依上文當有「是」字。

不言審法度，而日不通下情。

盼遂按：「審」上脱一「不」字。

不測之者，不敢發矣。

盼遂按：「者」疑爲「意」之譌。緣「意」之脱誤而成「者」，遂與上句「盜賊之心」不應。

罪法恐之也。

盼遂按：「罪」爲「明」之誤。上下文多言「明法」。

火不求水之姦，君亦不宜求臣之罪也。

盼遂按：「姦」依上文當爲「勝」，「罪」當爲「姦」。

刺孟

令惠王之問，未知何趣。

盼遂按：「令」爲「今」之誤。

如惠王實問貨財，孟子無以驗效也。

盼遂按：「無」當爲「有」。

於齊，王饋兼金一百鎰而不受。

盼遂按：「饋」宜依下文改爲「歸」。此淺人擬《孟子》誤改也。

其極所致之福。

盼遂按：「福」當爲「害」。後人習於「禍福」而改，不顧其義之難安也。

而是，何其前輕之疾，而後重之甚也？

盼遂按：「而是」猶如是也。「而」、「如」雙聲通借。

亦時棄臧倉之議。

盼遂按：《論衡》多用「時」爲「或」之義。以上《書虚》等九篇，累以「或時」二字連言，「或」與「時」異字同用，此「時棄臧倉之議」即「或棄臧倉之議」也。

禹至湯且千歲，湯至周亦然。

盼遂按：經、傳皆言夏四百年，商六百年。《論衡》此言，殆本之緯書，是與《竹書紀年》「周自開國至穆王爲一百年」，同爲古年曆之異聞也。

如謂聖臣乎？當與聖同時。

盼遂按：當是「聖王同時」。

聖不與五百年時聖王相得。

盼遂按：上「聖」字當爲「生」之聲誤。

孟子曰：「子何以其志爲哉？」

盼遂按：「孟子」二字衍文。《論衡》記問答，於開端出人名，以下並省。

或時有志。夫投石超距。

盼遂按：「志」當爲「勇」。「勇」古文作「恿」，世人少見，因改爲「志」耳。

仲子之所居室。

盼遂按：當依《孟子》作「仲子所居之室」。下文「所食之粟」，又云「今所居之宅」，皆與此文同例。

而欲使仲子處於陵之地，避若兄之宅，吐若兄之禄。

盼遂按：此文全謬於仲任之旨。仲任蓋謂「孟子欲使仲子避於陵之地，處若兄之宅，食若兄之禄」也，今宜刊正。

順操行者得正命，妄行苟爲得非正。

盼遂按：當是「順操脩行者得正命，妄行苟爲者得非正命」，下文「慎操脩行」四字連文可證。「慎」、「順」古通字。

是天命於操行也。

盼遂按：「於」上當有「隨」字。《命義》：「隨命者，戮力操行，而吉福至；縱情施欲，而凶禍到。」

談天

則士卒螻蟻也。

盼遂按：陶宗儀《説郛》一百引作「螻蛄」。

使非柱乎？

盼遂按：《説郛》引無「使」字。

且夫天者，氣邪？體也？

盼遂按：《説郛》引作「氣也？體邪？」是，當據改。

如氣乎？雲烟無異。

盼遂按：「雲烟」上《説郛》引有「與」字，宜據補。

彊弩利矢不能勝射也。

盼遂按：《説郛》引作「彊弓利矢」，又「射」字作「之」，宜據改，與上句「刀劍矛戟不能刺之」一律。

人雖長，無及天者。

盼遂按：《説郛》引無「人」字。

女媧多前，齒爲人者。

盼遂按：「多前」當爲「已前」。漢碑「已」字、「以」字皆作「㠯」，「多」作「㢁」，故易相譌。

消煉五石補蒼天。

盼遂按：《説郛》引作「以補蒼天」，是也。今脱「以」字，則與下句「斷鼇之足，以立四極」不偶。

禹貢之上，所謂九州也。

盼遂按：此九字衍。下文「禹貢九州，所謂一州也。若禹貢以上者，九焉」。此「禹貢之上」即「禹貢以上」之譌，「所謂九州也」即「所謂一州也」之譌。

然亦不能實然否，相隨觀讀諷述以談。

盼遂按：「然否」二字，《説郛》引作「幸」，屬下讀。

禹主治水。

盼遂按：主，《説郛》引作「之」。

太史公曰。

盼遂按：《説郛》引無「曰」字，則似太史公《禹本紀》之言，非是。

其高三千五百餘里。

盼遂按：《史記·大宛傳》作「二千」。

不言崑崙山上有玉泉華池。

盼遂按：《説郛》引脱「有」字。

今從東海之上：會稽鄞、鄮。

盼遂按：「鄮」當爲「鄮」，形近之譌。《續漢書·郡國志》會稽郡屬縣有鄞、鄮。《清一統志》，鄞故城在今浙江鄞縣東五十里鄞山下，鄮故城在鄞縣東三十里官奴城，皆並東海之地也。《説郛》引「鄮」作「縣」，出淺人所改。

鄒衍曰：「方今天下，在地東南。」

盼遂按：「曰」字《説郛》引作「言」。

今正在北方。

盼遂按：「正」上當有「極」字。下文「從雒陽北顧，極正在北。東海之上，去雒陽三千里，視極亦在北。推此以度，從流沙之地，視極亦必復在北焉」，皆足爲此句脱一「極」字之證。

日如出時，其光宜大。

盼遂按：《説郛》引作「見光」。

度之復南萬里，日在日之南。

盼遂按：上「日」字疑爲「居」之脱誤。上文「所居之地，未能在日南也」，可證。

東西十萬，南北十萬。

盼遂按：《説郛》兩「萬」字下皆有「里」字，宜據補。

猶有體在上，與人相遠。

盼遂按：《説郛》引「遠」上有「去」字。

猶此考之。

盼遂按：「猶」字宜據《説郛》引改作「由」。

日陽氣盛，天南方舉而日道長。

盼遂按：上「日」字爲「曰」之誤字。此「曰」字爲仲任駁難上方「或曰」之言也。

鑿地□丈。

盼遂按：缺字，程榮本作「一」。

若以其上者爲中。

盼遂按：「若」當爲「皆」，形近而誤。

月一旦夜行二萬六千里。

盼遂按：「旦」字爲「日一」二字之誤合。上文「日晝行千里，夜行千里」據晝夜言，下文「天一日一夜行三百六十五度」亦據晝夜言，則此文爲「月一日一夜行二萬六千里」明矣。

日月附天而行，不直行也。

盼遂按：「直」爲「自」之形誤。古文「自」字作「𦣹」，與「直」相似。下文「何知不離天直自行也」、「如日能直自行，當自東行」，皆「自行」之證。

其合相當如襲辟者。

盼遂按：「辟」當爲「璧」之壞字。「襲璧」亦猶《緯候》所云「日月合璧矣」。

禹、益所見，意似日而非日也。

盼遂按：「意」當爲「竟」之誤字。上文已決禹、益所見非日，則此處更不容作游疑之辭。下文「是意似日而非日也」，「意」亦「竟」之譌。《答佞》篇：「佞人意不可知乎？」吴承仕云「意」爲「竟」之誤。

當時石貫輕然。

盼遂按：《廣雅疏證》四下「鎗，聲也」條下，引本論此句云：「《樂記》云『鐘聲鏗』，《論語》『鏗爾，舍瑟而作』，孔傳云『鏗者，投瑟之聲』。《説文》：『𨍭，車𨍭釰聲也。讀若「鏗爾，舍瑟而作」。』『鎗』、『鏗』、『輕』、『𨍭』義同。」今按：曹憲《博雅音》「鎗，苦萌反」，與「輕」同聲，故得通借。

答佞

無患斗斛過。

盼遂按：依上下文例，句首宜補「曰」字。

純潔之賢。

盼遂按：此句上下文義不貫，疑有譌脱，或此爲衍文。

善中大佞，惡中之雄也。

盼遂按：「善」疑當爲「惡」，此涉上句「善」字而誤。

故曰：「刑故無小，宥過無大。」

盼遂按：此二語今見僞《古文尚書·大禹謨》。仲任蓋據佚《尚書》文也。近代輯古文書者，皆失此語。

聖君原心省意，故誅故貰誤。故賊加增，過誤減損。

盼遂按：此當以「貰誤」句絶，「誅故」與「貰誤」相對爲文。「故賊」者，《書·堯典》「怙終賊刑」，鄭玄注：「怙其姦邪，終身以爲殘賤，則用刑之。」此「故賊」猶《尚書》之「怙賊」矣。孫人和《舉正》誤以「貰誤」之「誤」屬下句讀，欲改成「故誤則加增，過誤則減損」，此文遂難通矣。

蘇秦約六國爲從。

盼遂按：句首疑脱「曰」字，宜據上下文例補。

故《覺佞》之篇曰。

章士釗曰：《覺佞》當是《論衡》佚篇，與《答佞》爲姊妹篇，舊相次也。猶《實知》之後有《知實》，《能聖》之後有《實聖》也。《能聖》、《實聖》見《須頌》篇，亦佚篇也。

后又賢之君。

盼遂按：此句當是「若大賢之君」。「若」與「后」，「大」與「又」，皆形近字。

際會發見，奸爲覺露。

盼遂按：「爲」宜作「僞」。奸僞，雙字也。

苟不利己，於毀之無益。

盼遂按：「己於」二字宜互倒。上文「苟利於己」，其證也。

是謂下知之，上知之。

盼遂按：句首疑脱「曰」字。

人立心並不能責。

盼遂按：「立」字疑當爲「主」字，形之誤也。

對鄉失漏。

盼遂按：鄉，讀爲向。《程材》篇：「對向謬誤。」此用假字，彼用正字也。

程材

見文吏利便，而儒生陸落。

盼遂按：陸落，雙聲連綿字，失意之貌。或作「牢落」、「遼落」、「寥落」，皆一聲轉變。

職判功立。

盼遂按：「判」爲「辨」之借字。《考工記》注：「辨，具也。」《荀子・議兵》篇注：「辨，治也。」

文吏所毗戲。

盼遂按：「毗戲」疑爲「兒戲」之誤。「毗」字或體爲「毘」，故易與「兒」互譌。

泊入文吏之科。

盼遂按：「泊」爲「汩」之誤。

治作情奏。

盼遂按：「情」疑爲「請」之誤。「請」者，箋啓之類。《墨子》書中多以「請」代「情」。《莊子・天下》篇「請欲固置五升之飯」，

「請欲」亦「情欲」也。

習對向，滑習跪拜。

盼遂按：下「習」字蓋涉上「習」字而誤衍。滑，猶習也。《廣雅·釋詁》：「滑，美也。」又《釋言》：「滑，澤也。」滑跪拜，亦猶習跪拜耳。本論《謝短》篇「滑習義理」、「滑習章句」，皆「滑習」連用，是「滑」亦訓習之證。

今世之將相，知子弟以文吏爲慧。

盼遂按：「文吏」二字有誤，當作「生長」爲是。上文「家人子弟，生長宅中，其知曲折，愈於賓客也」，此語正承述其事。

巧習無害。

盼遂按：無害，爲兩漢考吏等級之名。《漢書·蕭何傳》「何以文毋害爲沛主吏掾」，注引蘇林曰：「無害，猶言無比也。」《史記索隱》引《漢書音義》云：「無害者，如言無比，陳留間語也。」則「無害」殆爲上考之名歟。

將見之，顯用儒生。

盼遂按：「將見」爲「將相」之誤。《論衡》例稱「郡守」爲「將」，「國相」爲「相」也。

量知

恒女之手，紡績織經。

盼遂按：「經」爲「紝」之形誤。《漢書·嚴助傳》「婦人不得紡績織紝」，爲此四字連用之證。

《禮》曰：「情欲巧。」

盼遂按：所引《禮》爲《小戴·表記》篇文，當是「情欲信，辭欲巧」，所以證本文「陳言舉記」之説。脱去「辭」字，則徵引無所取矣。

犯干將相指。

盼遂按：「相」字疑爲衍文。「將指」謂長官之意指也。此處皆四字句，或後人習於前篇多「將相」連文，因沾「相」字耳。

見是非審，尤可奇也。

盼遂按：「可」字疑涉「奇」字而衍。論以「尤奇」與「是非」爲對文。

鑪槖鑄鑠。

盼遂按：「槖」當爲「橐」。橐，鼓冶吹炭之器也。《後漢書·杜詩傳》：「造作水排，鑄爲農器。」李賢注：「冶鑄者爲排以炊炭。『排』當作『橐』，古字通用。」

謝　短

夏自禹嚮國，幾載而至於殷。

盼遂按：「嚮」當爲「饗」，形近而譌。

高祖詔叔孫通制作《儀品》十六篇何在？

盼遂按：「十六篇」當依《後漢書》作「十二篇」，蓋涉下文有「十六篇」字而誤。《曹褒傳》：「章和元年正月，令小黄門持班固所上叔孫通《漢儀》十二篇，敕褒依《禮》條正。」《漢書·叔孫通傳》所稱起定朝儀、漢諸儀法、宗廟儀法，及諸經注疏所引禮器制度，即此之《儀品》十二篇也。而《漢書·禮樂志》則言：「今叔孫通所撰禮儀與律令同藏埋於理官，法家又復不傳，漢典寖而不著，民臣莫有言者。」則是《儀品》罕行於世，故仲任云「何在」也。

而復定《儀禮》，見在十六篇，秦火之餘也。

盼遂按：叔孫所定《儀禮》十六篇，或以爲即今之《儀禮》，古本《少牢饋食》與《有司徹》連篇，故得十六，其説難信。通所定《儀禮》中有《爾雅》，見張揖《上廣雅表》。其非今之《儀禮》必矣。以上二則，參取黄以周《讀漢書禮樂志》。

齊太倉令淳于德有罪。

盼遂按：「淳于德」宜依《史記·倉公傳》作「淳于意」，「德」與「意」爲形近之誤。古「德」字作「悳」，與「意」字極似。

蕭何所造，反具肉刑也。

盼遂按：「肉刑」當是「象刑」之誤。「也」古通「邪」，爲問詞。

吏上功曰伐閲，名籍墨將，何指？

盼遂按：唐蘭云：「『將』當爲『狀』，猶行狀也。」

作書何人王？

盼遂按：「王」字涉上文「王」字而衍。

何知一永，不過守信經文。

盼遂按：「何」字疑爲「所」字之誤。草書「所」字作[illegible]，與「何」極肖。「一永」二字疑衍。此句本爲「所知不過守信經文」，與下文「所能不過案獄考事」，正相儷爲章也。

對卿便給。

盼遂按：「卿」當爲「鄉」，形近之誤。鄉，猶向也。《答佞》篇「對鄉失漏」，《程材》篇「對向謬誤」，皆「對鄉」連用。

之准無一閱備。

盼遂按：「之准」疑爲「准之」誤倒。准之者，猶言準繩之、比挈之也。儒生文吏之短既如上述，故於此准衡其直也。

效力

然能舉賢薦士，上書日記也。能上書日記者，文儒也。

盼遂按：「日」當爲「占」之形譌。占者，隱度也。《漢書·游俠·陳遵傳》：「口占書吏。」注：「口隱其辭以授吏也。」《後漢書·袁敞傳》：「占獄吏上書自訟。」注：「占謂口授也。」《文選·陶徵士誄》：「式尊遺占。」李注：「口隱度其事，令人書也。」是「占記」與「上書」自爲儷文。今本誤作「日記」，所宜亟正。

書十奏之記。

盼遂按：此句當是「奏十言之記」。後「言」譌爲「書」，而又誤與「奏」倒，遂不通矣。

是故埴重，一人之迹不能蹈也。礚大，一人之掌不能推也。

盼遂按：「重」與「大」二字宜互易。

篠簵之箭，機不能動發，魯縞不能穿。

盼遂按：「動」上「能」字衍文。上句「干將之刃，人不推頓，苽瓠不能傷」無「能」字，知此亦無「能」字。元本於上句亦誤沾「能」字。孫人和乃以元本爲是，所謂「以不狂爲狂」矣。

別通

貧人之内，徒四所壁立也。

盼遂按：依上兩句文例，此上宜有「富人之内，贏縑布絲帛」九字方合。又按：「所」字疑爲衍文。

慕料貧富不相如。

盼遂按：「慕料」二字爲古成語，猶言概要，亦辜較也。或作「孟浪」，《莊子·齊物論》：「夫子以爲孟浪之言。」《釋文》引李云：「孟浪，猶較略也。」亦作「莫絡」，《文選·吴都賦》劉注：「孟浪，猶莫絡也，不委細之意。」「慕」與「孟」、「莫」，「料」與「浪」、「絡」，皆一聲之轉。孫氏《舉正》猥謂「慕」字爲衍文，大失。

圖上所畫，古之列人也。

盼遂按：列人，古語。《莊子·至樂》篇：「列士爲天下見善矣。」《漢書》：「劉向爲《列女傳》，凡八篇。」

「列人」、「列士」、「列女」，同一語法。

服臆不舍。

盼遂按：服臆，猶服膺也。「臆」、「膺」一聲之轉，同訓爲胸。服臆不舍，猶《禮記·中庸》所謂「拳拳服膺而弗失之矣」。

猶吾大夫高子也。

盼遂按：《論語·公冶長》篇：「猶吾大夫崔子也。」《釋文》：「崔子，鄭注云：『魯讀崔爲高，今從古。』」知仲任所本書《魯論語》也。崔子弑齊君，高氏爲齊命卿而不討賊，故陳文子惡之。

故其接人，能別奇律。

盼遂按：「律」當爲「偉」，形近而譌。

若董仲舒、唐子高、谷子雲、丁伯玉。

盼遂按：「丁伯玉」疑是「劉伯玉」之誤。伯玉，劉棻字，歆之子也。馬總《意林》卷三引桓譚《新論》：「劉子政、子駿、伯玉並呻吟《左氏》。」《漢書·揚雄傳》：「棻從雄問古文奇字。」是伯玉學文意必有大過人者，故仲任推挹之矣。程榮本作「丁伯玉」，亦非也。

筆徒能記疏。

盼遂按：「記」字蓋後學者爲「疏」字作注，徑羼入正文耳。

委積不紲。

盼遂按：「紲」疑爲「泄」之誤。《超奇》篇「口不能紲」，孫仲容校：「當爲『泄』。」

文軒之比於敝車，錦繡之方於緼袍也。

盼遂按：《墨子・公輸》篇：「有人於此，舍其文軒，鄰有敝轝而欲竊之；舍其錦繡，鄰有短褐而欲竊之。荊之地方五千里，宋之地方五百里，此猶文軒之與敝轝也；荊有長松、文梓、楩、柟、豫章，宋無長木，此猶錦繡之與短褐也。」論用其語。

陽城子長作《樂經》。

章士釗云：「《後漢書・班彪傳》有陽城衡，即子長也。」

鑽龜能知神於龜。

盼遂按：「能」當爲「者」，涉下文「能」字而誤。

使州郡連事。

盼遂按：「連事」疑爲「從事」之誤。古「從」字作「⿺辶从」。

記事詳悉，義淺理備。

盼遂按：「淺」當爲「洽」之聲誤。

地之瀉也，孰其滋也？

盼遂按：「地瀉」與上文「山禿」爲對，蓋借爲「舄」字。舄者，地鹹鹵不生殖也。《漢書・溝洫志》「終古舄鹵兮生稻粱」，《文選·海賦》「襄陵廣舄」，皆其例。

文不美，潤不指。

盼遂按：「潤不指」當是「指不潤」之誤倒。

狀留

信不怪也。

盼遂按：當是「信足怪也」。「足」字隸書與「不」相近而譌。

使服任車，輿駑馬同。

盼遂按：任車，載重之車，亦謂之役車也。「輿」當爲「與」之誤。言驥服重車則不能一日千里，與駑馬同矣。

音驥曾以引鹽車矣。

盼遂按：「音」當爲「昔」之誤字。

樹檀以五月生葉。

盼遂按：「樹檀」仍言檀也。《詩·鄭風》：「將仲子兮，無折我樹檀。」《小雅·鶴鳴》：「樂彼之園，爰有樹檀。」傳云：「何樂於彼園之觀乎？尚有樹檀而下其蘀。」是皆以「樹檀」爲一名稱。仲任所本，殆出於此。孫人和謂「樹檀」當是「檀樹」，大非。

大器晚成，寶貨難售者。

盼遂按：「者」字涉下句「者」字而衍。此敘述語，非起下之辭。

夫手指之物器也。

盼遂按：「物」字當爲「於」譌。草書「於」作わ，頗肖「物」字。

活水洋風，毛芥不動。

盼遂按：「活水」下宜有「沙石不轉」四字，今脱。下文「猛水之轉沙石，猋風之飛毛芥」，正承此二句爲言。

酒暴熟者易酸，醢暴酸者易臭。

盼遂按：二語有誤。《御覽》卷八百六十六醢類引《博物志》曰：「酒暴熟者酢，醢酸者易臰。」按：《博物志》當是「酒暴熟者易酢，醢暴酸者易臭」，蓋此二語引入醢類，不可與醢無干，且醢亦非酸性故也，則《論衡》此文正可借《御覽》訂之。疑《博物志》所云即本於仲任之書也。

寒温

人君未必有喜怒之氣發胸中。

盼遂按：「未」疑爲「先」之誤。「先必」與下文「然後」相應。

成事：火位在南，水位在北。

盼遂按：成事，猶故事也。《漢書·賈誼傳》引諺曰「不習爲吏，視已成事」，《訂鬼》篇「成事：俗間家人且凶，見流光集其室，或見其形若鳥之狀，時流入堂室」，「入」字今本譌作「人」。皆以「成事」爲往事也。

正月之始，正月之後，立春之際，百刑皆斷。

盼遂按：「正月之後」四字疑衍。漢以立春爲正月節，《續漢書·禮儀志》：「立春之日，下寬大書，詔罪大殊死，且勿案驗。」是後漢停止詔獄在正月之始、立春之際矣。衍「正月之後」四字，則不合漢制。

二令參偶。

盼遂按：「令」疑爲「合」之形譌。

易京氏布六十四卦於一歲中，六日七分。

盼遂按：「四」字衍，當是「六十卦」。《漢書·京房傳》：「房分六十卦，更直日用事。」孟康注：「餘四卦震、離、兑、坎爲方伯監司之官。」今按：以六十卦分配三百六十五日又四分日之一，破一日爲八十分，則爲六日七分者，恰得六十而止。若作「六十四」，則於「六日七分」之説乖矣。

夕有列光。

盼遂按：「列」當爲「烈」之譌脱。烈光者，日也。

旦雨氣温，旦暘氣寒。

盼遂按：兩「旦」字皆「且」之誤。且，將也。天將雨，其氣温；天將暘，其氣寒也。本論《變動》篇：「天且風，巢居之蟲動；且雨，穴處之物擾。」與此同一文法。

譴 告

猶人勺藥失其和也。

盼遂按：「猶」爲「由」之音譌。「猶」、「由」雖古通，然「猶」可以作「由」，「由」不可以作「猶」也。勺藥，之言適歷也。適歷，均調也。《漢書·司馬相如傳》：「勺藥之和具而後御之。」《文選》枚乘《七發》：「勺藥之醬。」《漢書·揚雄傳》：「乃使有伊之徒，調夫五味，甘甜之和，勺藥之羹。」《文選》張衡《南都賦》：「歸雁鳴鵽，香稻鮮魚，以爲勺藥。」《嵇康集·聲無哀樂論》：「太羹不和，不極勺藥之味。」《文選》張協《七命》：「味重九沸，和兼勺藥。」注家皆以和味爲説，論亦然也。

以知父子之禮。

盼遂按：「子」下宜有「兄弟」二字。蓋「父子之禮」斥伯禽言，「兄弟之禮」斥康叔言。脱「兄弟」二字，則康叔事無著處矣。

如俱火而皆金，安能相成。

盼遂按：「成」當爲「截」之誤。「相截」承上文之「相革」言也。

夫至明矣。

盼遂按：「夫」爲「天」誤。

故諫之爲言，間也。

盼遂按：《穆天子傳》：「山川諫之。」郭注：「諫，音間。」即謂「諫」與「間」二字通也。

周繆王任刑，《甫刑》篇曰：「報虐用威。」

盼遂按：孔安國《尚書·呂刑》「皇帝哀矜庶僇之不辜，報虐以威，遏絶苗民」，爲穆王述帝堯時事。論引作斥穆王事，殆所據本與孔書異也。

夫復爲惡以應之。

盼遂按：「夫」當爲「天」之誤。下文「皇天之操」即承此立言。

然即天之不爲他氣以譴告人君。

盼遂按：「即」與「則」通。「然即」亦「然則」也。

漢朝稱蘇武，而毀趙他之性。

盼遂按：此句當於「他」字句絕。「之性」當是「他性」，古重文多作小「=」字，遂譌爲草書「之」字，宜改正爲「=」，屬下句讀。

三教之相違。

盼遂按：「三教」即《史記》之「三統」。《齊世》篇引傳曰：「夏后氏之王教以忠，殷王之教以敬，周王之教以文。」

激射⿱殸衣裂。

盼遂按：「⿱殸衣裂」即「劈歷」也，同聲之轉。《倉頡篇》曰「震，劈歷也」，《説文》「震，劈歷振物者」，皆以言疾雷激射之狀。

受終於文祖。

盼遂按：論意謂文祖爲帝堯也，故下文即云「不言受終於天」也。而《尚書・堯典》「受終於文祖」句，古來注者，馬融云「文祖，天也」，鄭玄注「文祖，五府之大名，猶周之明堂」，王肅注「文祖，廟名」，《僞孔傳》「文祖，堯文德之祖廟」，皆與仲任説異。論所據，殆歐陽三家書歟？

堯之心知天之意也。

盼遂按：「知」字衍。

變　動

起氣也。

盼遂按：「起」當爲「趨」之誤，下又脱一「陽」字。「趨陽氣也」與上文「感陰氣也」爲對句。

人君起氣而以賞罰。

盼遂按：「起」亦「趨」之誤。趨，赴也，赴所期也。《釋名》。

風至，怪不軌之心。

盼遂按：「怪」當爲「感」之聲誤。「怪」、「感」同屬見母。上文「六情風家言，風至，爲盜賊者感應之而起」，此承述其文。孫人和疑爲「摇」之誤，非也。

風至，而糴穀之人貴賤其價。

盼遂按：「糴」當爲「糶」，蓋糴穀之人無權能貴賤其價也。《治期》篇：「穀糶在市，一貴一賤。」知糶穀之人於穀價能貴之能賤之也。

春生而冬殺也，天者。

盼遂按：此句當是「春生而冬殺者，天也」。

謂景公：「臣能動地。」

盼遂按：「臣」上宜有「曰」字。

温，則將喜。

盼遂按：依上句例，「將」下脱「且」字。

夫喜怒起事而發。

盼遂按：「起」亦「趨」之誤字。

並及蒙恬、蒙驁。

盼遂按：「蒙驁」當作「蒙毅」。

非徒苟徒。

唐蘭云：「『苟』爲『拘』之誤。」

盼遂按：「苟」或「苛」之形譌。漢律有苛人受錢科。解「苛」之字爲「止可」也。「止可」合爲「呰」字，《玉篇》：「呰，古文訶。」王筠《説文句讀》説。訶、徒正同類也。

則能使氣温，亦能使氣復寒。

盼遂按：則，讀爲既。

或時杞國且圮。

盼遂按：依《左氏·襄公二十三年傳》，「杞」當作「莒」。

宋、衛、陳、鄭同時皆然。

盼遂按：「然」疑爲「災」之誤。《治期》篇亦云：「宋、衛、陳、鄭皆災。」

太白食昴，使長平計起也。

盼遂按：「使」上疑當有「非」字。

明雩

是則陰陽之氣，以人爲主，不説於天也。

盼遂按：「説」當爲「統」，形近而譌。《變動》篇：「人物吉凶，統於天也。」

房星四表三道。

盼遂按：「房」當爲「畢」。此涉上篇多言房星而誤也。畢爲西方宿，房爲東方宿，各不相及，寧容溷視？又本篇皆就畢星立言，不應此處獨作房也。

或言出北則旱，南則湛。

盼遂按：此九字非本文，亦非自注語，或出後人沾誤耳。本篇屢言「南則暘，北則雨」，知仲任定從「北湛南旱」之説，不應於此處持兩可也。

房爲九州候。

盼遂按：「房」亦「畢」之誤字。下文云「月離於畢爲雨占，天下共之」，又云「月畢天下占」，與此「爲九州候」同也。

天子崩，巷市七日；諸侯薨，巷市五日。

盼遂按：《禮記·檀弓》疏：「天子諸侯之喪，必巷市者，以庶人憂戚，無復求覓財利，要有急須之物，不得不求，故於邑聚之内爲巷市。」

假令徙市之感，能令月離畢陽。

盼遂按：「陽」當爲「陰」之誤。

其時徙市而得雨乎？

盼遂按：「時」疑爲「將」之誤。

未出其泣。

盼遂按：「未」疑當爲「求」之誤。

僞請求之，故妄下其雨。

盼遂按：「僞」當作「爲」，音于僞反。

或未當雨，而賢君求之而不得。

盼遂按：「雨」下「而」字衍文。

何用致湛。

盼遂按：據上下文例，「湛」上應有「旱」字。

湯以五過禱於桑林。

盼遂按：「五過」當是「六過」之誤，本論《感虚》篇「湯禱於桑林，自責以六過」可證。《後漢書·鍾離意傳》

「成湯遭旱，以六事自責」，亦不作五事。《感類》篇之「五過」，並宜據改。

知病不祀神，疾痛不和藥。

盼遂按：二「不」字皆當爲「而」，形近之誤。或淺人誤涉下文多「不」字而改也。

時則物有間之。

盼遂按：物，謂災物或鬼物也。孔安國本《尚書·立政》作「時則勿有間之」，傳云：「如是則勿有以代之。」不如王説之長。

建初孟季，北州連旱。

盼遂按：「孟季」當是「孟年」，形之誤也。孟年，猶元年矣。《亂龍》篇有「季年」之言，與此正同例。《後漢書·楊終傳》：「建初元年大旱，穀貴。」又《續漢書·五行志》注引《孔叢》曰：「建初元年大旱，天子憂之，侍御史孔豐請如成湯省畋散積，減損衣食，天子從之。」殆即仲任此篇所言之事。顧《章帝紀》書此事於即位未改元年之時，云「京師及三州大旱，詔勿收兗、豫、徐州田租芻藳，以其見穀賑給貧民」云云，與諸書所紀建初元年實一事也。本論《恢國》篇亦有「建初孟年，無妄氣至」之言。

魯文公間，歲大旱。

盼遂按：此事見《左傳·魯僖公二十一年》。論作「文公間」，疑有誤。

故有雩禮，故孔子不譏，而仲舒申之。

盼遂按：當是「古有雩禮」，始與下句相應。下文云「大水，鼓用牲於社，亦古禮也」，亦者，亦此句也。

順鼓

殷太戊，桑穀俱生，或曰高宗恐駭。

盼遂按：「太戊」爲「大社」之誤。「或曰」二字又淺人於「太戊」誤後而沾之也。本論《異虚》篇「殷高宗之時，桑穀俱生於朝」，不作「太戊」，是仲任所據自與《史記·殷本紀》有異。此篇上文就社立言，故云「殷太社桑穀俱生，高宗恐駭」，所以顯春秋攻社之非。後人習於《史記》，因改作「太戊」，則與攻社之事不應。故決其爲淺人所改，而又誤沾「或曰」二字也。

月令之家，蟲食穀稼。

盼遂按：詳《商蟲》篇。

宜捕斬兔、蟾蜍，椎被螺、蚄。

盼遂按：「被」當爲「破」之誤。「椎破」、「捕斬」對文。

山川不祝。

盼遂按：「祝」當爲「祀」，形近而譌。

兵不相負。

盼遂按：負，讀爲倍，一聲之轉，與上句「兼」字文義同也。古「負」讀若倍，《穆天子傳》「茅萯」，郭注：「萯，音倍。」《漢書·宣帝紀》「萯陽宫」，李斐音「萯」爲「倍」。皆其證也。

何以知不如人有癉疾也？

盼遂按：「人」下宜有「之」字，方與上句一律。癉疾者，旱疾也。見《史記・扁鵲倉公傳》正義。

董仲舒之議，其故何哉？

盼遂按：仲舒議上文不顯，蓋即「雨不霽，祭女媧」之語也。由下文「仲舒之意，殆謂女媧，古婦人帝王者也」一段自明。

擊鼓之人，伐如何耳？

盼遂按：「伐」當爲「誠」之誤。下句「使誠，若申包胥」，「誠」字即承此爲文。

亂龍

夫土虎不能而致風，土龍安能而致雨？

盼遂按：二「能」字衍文。或亦「而」字傍注，後人誤入正文。

雷樽不聞能致雷，土龍安能而動雨？

盼遂按：二「能」字疑皆衍文。

頓牟掇芥。

盼遂按：王筠《菉友臆説》云：「頓牟，豈虎魄之異名邪？抑別自一物邪？」

劉子駿掌雩祭，典土龍事。

盼遂按：事見桓譚《新論》，劉昭《補後漢書・禮儀志》注引。

鑄陽燧取飛火於日。

盼遂按：「飛」字疑衍。下句「取水於月」與此對文。又下文屢言「陽燧取火」，皆無「飛」字，可證。

消煉五石，鑄以爲器。

盼遂按：此文「五石」殆與漢、晉間之「五石散」異類。趙翼《陔餘叢考》卷三十二「琉璃」條引此文云：「即琉璃也。」又云：「魏太武時，大月氏國人至京師，能鑄石爲五色琉璃，即五石之説也。」《漢書·西域傳》：「罽賓國出流離。」顔注引《魏略》云：「大秦國出赤、白、黑、黄、青、緑、縹、紺、紅、紫十種流離。」則在三國時。仲任所云「五石」，其殆琉璃之嚆矢歟？

夫土龍既不得比於陽燧。

盼遂按：「既」疑爲「即」之誤。

葉公以爲畫致真龍。

盼遂按：「爲」借作「僞」。「僞畫」與「真龍」對文。

神靈之氣，雲雨之類，八也。神靈以象見實，土龍何獨不能以僞致真也？

盼遂按：「八」字當在「以僞致真」之下。論中以象類説土龍凡十五事，此其第八也。

氣而蜚木鳶。

盼遂按：而，讀爲能。

夫雲雨之氣也，知於蜚鳶之氣。

盼遂按：「也」字涉上文「雲雨之氣也」句衍，或本在「蜚鳶之氣」下。

如匈奴精在於木人。

盼遂按：「精」上宜有「之」字，今脱。

休屠王焉提。

盼遂按：「焉提」即《史》、《漢》中之「閼氏」。「閼」、「焉」，「氏」、「提」，皆聲韻之轉。

與立土人、土牛同一義也。

盼遂按：文當是「與立土人、土牛同義，一也」。此段爲四義之一。

夫以象類有十五。

盼遂按：「象類」下脱一「説」字。「以象類説」與下句「以禮示意」爲對文。上文「夫以非真難是也，不以象類説非也」，此正承用其説。

雲樽刻雷雲之象。

盼遂按：「雲樽」當是「雷樽」之誤。「雲樽」於古未聞。上文「禮畫雷樽，象雷之形」，此宜據以改正。

夫如是，傳之者何可解。

盼遂按：「傳之者何」四字當是「儒者之問」四字之倒譌。篇首「儒者或問曰」云云，此正應其文也。緣「儒」或作「傌」，形近於「傳」；「問」草書作，易誤爲「何」矣。

遭虎

如人食虎，吏受於功曹也乎？

盼遂按：「乎」蓋衍字。論例以「也」爲「邪」。《感類》篇：「三王乎？周公也？」舊校云：「一本『也』下有『乎』字。」此亦淺人昧於論例而誤沾「乎」字。

稟性狂勃。

盼遂按：「勃」讀爲「悖」。「勃」、「悖」古同聲通用。《莊子·庚桑楚》「徹志之勃」，《釋文》：「勃，本又作悖。」

羸弱不適，巧便不知。

盼遂按：「知」當爲「如」之形誤，「不如」與「不適」意同。適，通作「敵」。

行止澤中，於蝮蛇，應何官吏？

盼遂按：「於」上疑脱一「害」字。

魯昭公旦出。

盼遂按：「旦」當爲「且」，形近而譌。

昌邑王時，夷鴣鳥集宫殿下。

盼遂按：「夷鴣鳥」《漢書·五行志》作「鵜鶘」。「夷」聲、「弟」聲古通用。《周禮·秋官》「薙氏」注：「薙，讀如鬀小兒頭之鬀。書或作夷。」又「雉」字古文《説文》作「𨾊」，殷虚文字則皆作「䧅」，從夷，知「夷」、「弟」古同聲，故可互用。

盧奴令田光與公孫弘等謀反。

盼遂按：此公孫弘乃《後漢書·虞延傳》所云「幽州從事，交通楚王英」者，非前漢平津侯也。章士釗云。

商蟲

貪則侵漁，故蟲食穀。

盼遂按：「則」當爲「賊」，形近之譌。

時或白布豪民、猾吏。

盼遂按：白布，連綿字，凶横恣縱之意。與「跋扈」、「䟫扈」諸詞，蓋聲韻之轉。

建武三十一年，蝗起太山郡。

盼遂按：《續漢書·五行志》注引《古今注》云：「建武三十一年，郡國大蝗。」較《論衡》爲略。

則其鄉吏何免爲姦。

盼遂按：「何」疑爲「可」之誤字。

蟲食他草，平事不怪。

盼遂按：「平事」當是「平常」之誤。

若生日短促，見而輒滅。

盼遂按：此下文義不接，疑有脱誤。

彊大食細弱，知慧反頓愚。

盼遂按：「反」當是「飯」之壞字。《論語》「飯疏食，飲水」，《甯戚歌》「長夜飯牛何時旦」，以「飯」爲動字，此正相同。

如不乾暴，閘喋之蟲，生如雲烟。

盼遂按：閘喋，讀爲唼喋。唼喋者，食吸之聲也，見《史記·司馬相如傳》正義。亦瑣細之貌，《淮南子·覽冥訓》「而不嘐喋苛事也」，作「嘐喋」同。又按：「蟲」當是「蠱」之殘，下文「以蠱閘喋，准况衆蟲」，則此當作「蠱」明矣。

講　瑞

文曰：「有麐而角。」麐而角者，則是騏驎矣。

盼遂按：《春秋》文作「麐」，論文作「麞」者，《説文·鹿部》：「麇，麞也。」「麐」、「麇」同字。

設後輒有知而絶殊。

盼遂按：「知而」即「知能」也。論中「才能」、「智能」之「能」皆作「能」，不作「而」，惟動字作「而」。此文疑本是「知能」，由淺人改之也。下文「聖人賢者亦有知而絶殊，骨無異者」，與此文同。

雖復有聖，何如知之。

盼遂按：以上文「知之如何」句例之，此處亦當是「知之如何」。知之如何者，言知之之道奈何也，所以起下文。

不廣結從。

盼遂按：章士釗云：「『從』爲『徙』之誤。」

以漁父而不知神龜，則亦知夫世人而不知靈龍也。

盼遂按：而，古「能」字。此文當是「不而知神龜」、「不而知靈龍」也。

衆鳥附從，安知鳳皇。

盼遂按：安者，於是也。論言由衆鳥之附從，於是知其爲鳳皇矣。

嘉禾生於禾中，與禾中異穗。

盼遂按：下「中」字涉上文「禾中」而衍。

骨性詭耳。

盼遂按：「骨」當爲「情」之爛譌。下句「知德殊矣」與此「情性」爲對文。

恒見粢粱之粟，莖穗怪奇。

盼遂按：與下文不接，疑此處有脱誤。

張湯之父五尺，湯長八尺，湯孫長六尺。

盼遂按：楊樹達云：「張湯爲張蒼之誤。《史》、《漢》之湯傳不見此事，惟《漢書·任敖傳》記張蒼父長不滿五尺，蒼長八尺，蒼子復長八尺，及孫類長六尺餘。則此湯爲蒼誤無疑。」語見《甲寅》雜志一卷四十號。

雌鳴足足。

盼遂按：以上句「雄鳴曰即即」例之，則「足」上宜補「曰」字。

狀如麞而兩角者。

盼遂按：「麞」當爲「鹿」之形壞。下文「《春秋》之麟如麞，宣帝之麟言如鹿。鹿與麞小大相倍，體不同也」，正承此句而言。

必從而疑之非恒之鳥獸耳。

盼遂按：疑，讀爲《儀禮·士相見禮》「不疑君」之「疑」。鄭注：「疑，度之也。」《周禮》「司服」：「爲大夫、士，疑衰。」鄭注：「疑之言擬也。」《釋名·釋喪制》：「疑縗。疑，儗也。儗於吉也。」是古人多以「疑」爲比擬。論亦謂世儒見鳳麟，比度之爲非恒之鳥獸也。

鳥亦有五采，獸有角而無仁聖者。

盼遂按：「角」上應有「一」字。

指瑞

將爲小人所徯獲也。

盼遂按：「徯」當爲「傒」，形近而誤。《淮南子·本經訓》：「傒人之子女。」高注：「傒，繫囚之繫，讀若雞。」

知不爲聖王來也。

盼遂按：此句宜改作「知其思慮不能深也」，與上下文方一貫。

龜龍鳳皇，同一類也。

盼遂按：「鳳皇」疑爲「鳳驎」之誤。上下文屢以「鳳驎」連言。

聖人聖物，生於盛、衰世。

盼遂按：上文累言「衰世」，明此「盛」字衍文。

傳舍人不吉之瑞矣。

盼遂按：「舍」當爲「主」之誤。

而其子必凶，爲之至也。

盼遂按：「凶」下當有「吉」字。下文「人占則有吉凶矣」，正承此文。

是應

厨門象生肉足。

盼遂按：「象」上脱「木」字，宜依《感應》篇補。《史記·刺客列傳》索隱引《論衡》作「廐門木烏生肉足」，古「烏」、「象」字形極似。其上亦有「木」字。若《風俗通》卷二作「厨人生害「害」亦「肉」之誤字。足，井上株木跳度瀆」，則又異矣。

匪謂善矣。

盼遂按：「匪」疑爲「叵」之誤。叵者，遂也。《後漢書·隗囂傳》「帝知其終不爲用，叵欲討之」，《班超傳》「超欲因此叵平諸國」，李賢注皆云「叵，猶遂也」，是後漢人多以「叵」爲遂矣。

治期

則其福祐非德所爲也。

盼遂按：「非德」二字涉上句「非德所致」而衍。

衰廢非德所能敗也。

盼遂按：「敗」當爲「救」，形近之譌，應上「賢君之德不能消却」之言也。

或時不然，世增其美；亦或時政致。何以審之？

盼遂按：此數語文義與上下不貫，疑有脱誤。

自然

何以天之自然也。

盼遂按：「何以」下脱一「知」字，據下文「何以知天無口目也」句可證。孫氏《舉正》疑而不能訂補，失之。

凡動行之類，皆本無有爲。有欲故動，動則有爲。

盼遂按：「皆本無有爲」之「有」衍文。此言「本無爲」，故下言「動則有爲也」。孫人和《舉正》謂「無」係衍字，非也。

受以王命。

盼遂按：《説文》「受，相付也」，即付與之意。「授」從受從手，乃後起累增字。

武帝幸王夫人，王夫人死。

盼遂按：「王夫人」當是「李夫人」之誤。本論《亂龍》篇紀此事正作「李夫人」。《漢書·外戚傳》：「李夫人死，方士少翁致其神。」此仲任所本。惟《史記·封禪書》作王夫人事，後學逕據《史記》改本文爲「王夫人」矣。

及穀入地，日夜長夫，人不能爲也。

盼遂按：「夫」當爲「大」之誤。「日夜長大」句絶。

周公曰：「上帝引佚。」上帝，謂舜、禹也。

盼遂按：「舜、禹」當爲「虞舜」，聲誤而又倒植也。上下文皆以黄帝、堯、舜連言，無與禹事，明「禹」爲誤矣。下文「舜、禹承安繼治」、「舜、禹承堯之安」二「禹」字亦「虞」之誤。本論《語增》篇引《經》曰：「上帝引佚，謂虞舜也。」亦不及禹，益可證此處之失。

感　類

以無過致旱，亦知自責不能得雨也。

盼遂按：文當是「使以過致旱，不知自責，亦能得雨也」。下文「旱不爲湯至，雨不應自責」，即總結此文。

「《金縢》曰：秋大熟未穫。」至**「故天雷雨，以悟成王」。**

盼遂按：《論衡》列舉《金縢》兩説。後説既爲古文家，則前説決爲今文家矣。《史記·魯世家》紀此事，亦兩説並舉，而前漢人多從今文家説。如伏生《大傳》、《白虎通》等。惟孔安國本《尚書》止載管、蔡流言一事，鄭康成遵用之，後人遂以古文爲定説矣。

顧其拔木偃禾，頗爲狀耳。

盼遂按：「狀」疑「奘」之脱譌。

今雨俱至。

盼遂按：「雨」上當有「雷」字，故下句言「天怒且喜乎」。上下文皆以「雷雨」連言，此不應獨偏舉也。

堯激大風於青丘之野。

盼遂按：「激」當爲「徼」之誤。《淮南子·本經訓》：「堯乃使羿徼大風於青邱之澤。」高注：「徼，遮使不爲害也。」

孟賁推人，人仆；接人而起，接人立。

盼遂按：「起」字蓋涉下文「不能復起」之「起」而衍。此文當是「孟賁推人而人仆，接人而人立」。

《經》曰：「王乃得周公死自以爲功代武王之説。」

盼遂按：「死」當爲「所」之誤。草書「所」作[illegible]，與「死」形近故也。《書·金縢》正作「所」。

孔子罪子路者也。己非人君。

盼遂按：「也」字宜在「人君」下。舊校云：「一有『也』字。」所見乃未誤本。

應曰：「九齡之夢能得也。」

盼遂按：此九字衍文，蓋係讀是書者之撮要語，誤羼正文也，亟宜刊去。

豈以周公聖而管仲不賢乎？

盼遂按：章士釗云：「『不』爲衍字。」

况雷雨揚軒轞之聲。

盼遂按：章士釗云：「『軒』當爲『軿』之誤。」

然而桀、紂、秦、莽之地，不以雷電。

盼遂按：「地」當爲「死」，形近而誤。

齊　世

潁川張仲師長一丈二寸。

盼遂按：《梁書·劉杳傳》：「沈約云：『何承天《纂文》奇博，其書載張仲師及長頸王事。此何出？』杳曰：『仲師長尺二寸，唯出《論衡》。長頸是毗騫王。朱建安《扶南以南記》云古來至今不死。』約即取二書尋檢，一如杳言。」則今本論中作「張仲師長一丈二寸」，乃「一尺二寸」之誤。上文言「巨毋霸長一丈」，下言「張湯長八尺有餘」，此再舉仲師之長，與下文「俱在今世，或長或短」之言不合，故知今本誤也。

儒者之言，竟非誤也。

盼遂按：「非」疑爲「大」，形近而誤。

故文王衍爲六十四首。

盼遂按：首，猶旹也，章也。六十四首，六十四章也。《春秋左傳·魯襄公世》：「季孫召外史掌惡臣，而問盟首焉。」

杜注：「盟首，載書之章首也。」《史記·田儋傳》：「蒯通論戰國之權變爲八十一首。」後世復以詩一章或文一章爲一首。則此六十四首，非僅言重卦而已，殆斥卦辭爲説也。

檢狎守持。

盼遂按：「檢狎」當爲「檢柙」，此漢人常語。揚雄《法言·君子·叙目》：「蠢迪檢柙。」李軌注：「檢柙，猶隱栝也。」《漢書·揚雄傳》顔注同。

殷王之教以敬。

盼遂按：據上文「夏后氏之王」，下文「周之王」例，則此句應是「殷之王教以敬」。

畫工好畫上代之人，秦、漢之士，功行譎奇，不肯圖今世之士者，尊古卑今也。

盼遂按：「不肯圖」三字宜重書。此本以「秦、漢之士，功行譎奇，不肯圖」爲句，「不肯圖今世之士者」爲句。上文「秦、漢之際，功奇行殊，猶以爲後」，知當時畫工，以秦、漢之士爲今世而不肯圖也。

孔子尤大堯、舜之功，又聞堯、禹禪而相讓。

盼遂按：「禹」爲「舜」之誤字。上下文皆堯、舜連言，且禹亦非禪讓。

宣　漢

以帝王興起，命祜不同也。

盼遂按：「祜」當爲「祐」，形近而譌。

「如有王者，必世然後仁。」三十年而天下平。

盼遂按：「三十年而天下平」七字，爲釋上句之語，仲任解經語尾，定有「也」字。疑此「平」下脱一「也」字。

漢一代之年數已滿，太平立矣。

盼遂按：「代」當爲「世」，此唐人避諱所改。三十年爲一世，故云「太平立」，以應上文「漢興二十餘年」、「三十年而天下平」之語。

歷世持平矣。

盼遂按：「持平」當是「治平」，論例皆作「治平」。此亦係唐人避高宗諱而改也。

孝明時雖無鳳皇，亦致麟、甘露、醴泉、神雀、白雉、紫芝、嘉禾。

盼遂按：「麟」上宜有「麒」字。《恢國》篇「孝明麒麟、神雀、甘露、醴泉、白雉、黑雉、芝草、連木、嘉禾」，有「麒」字。

講瑞上世爲美。

盼遂按：「瑞」下疑當有「則」字，與下句「論治則古王爲賢」相儷。

觀者樂獵，不見漁者，之心不顧也。

盼遂按：「之」字衍文。下文有「觀獵不見漁」句，則此文當解爲觀者所以樂獵，而不見漁者，以其心不顧也。

儒者推讀，朝夕講習。

盼遂按：「推」疑爲「擂」之誤。《方言》十三：「抽，讀也。」「抽」與「擂」同字。

孝宣、明之瑞，美於周之成、康、宣王。

盼遂按：「明」上亦當有「孝」字。下句「孝宣、孝明符瑞，唐、虞以來，可謂盛矣」，有「孝」字可證。

物瑞已極，人應訂隆。

盼遂按：「訂隆」當是「斯隆」之誤。「斯」字章草，形極與「訂」近，故遂互誤。此二句本駢儷體，而語詞特工。

今亦天下修仁，歲遭運氣，穀頗不登。

盼遂按：「穀頗不登」者，穀無不登也。漢人「頗」字多用作稍少之義，獨仲任嘗用爲鮮少之義。本篇而外，《論死》篇：「能使滅灰更爲然火，吾乃頗疑死人能復爲形。」「頗疑」即無疑也。「穀頗不登」與下句「迴路無絶道之憂，深幽無屯聚之姦」，正同一語法矣。

古之跣跗，今履商舄。

盼遂按：「商」疑「絇」之誤。《禮》、《書》「絇屨」者多矣。《後漢書·明帝紀》：「帝及公卿列侯，始服冠冕、衣裳、玉佩、絇屨以行事。」明後漢崇絇舄矣。

恢國

項羽惡微，號而用兵。

盼遂按：論言項羽之惡微小，而羽又號能用兵也。

武王爲西伯，襲文王位。三郊。

盼遂按：唐蘭云：「『三郊』二字衍文。」

王莽遣二公將三萬人，戰於昆陽。

盼遂按：「三」當爲「百」之壞字。《後漢書·光武紀》：「莽遣王尋、王邑將兵百萬，其甲士四十二萬。」

楚莊王赦鄭伯之罪。

盼遂按：東漢避明帝諱「莊」之字曰「嚴」，此宜作「楚嚴王」，而後人回改之。

好酒貫飲。

盼遂按：「貫」當爲「貰」，形近而誤。《漢書·高帝紀》：「高祖好酒及色，常從王媪、武負貰酒。」顔注：「貰，賒也。」此論所本。

酒舍負讎。

盼遂按：負，古音如倍，恒與「倍」通用。此「負讎」即《史記·高祖紀》所謂「每酤留飲，酒讎數倍」也。

湯起，白狼銜鈎。

盼遂按：田俅子云：「商湯爲天子，有神手牽白狼，口銜金鈎而入湯庭。」《藝文類聚》卷九十九引。

論衡初秉以爲王者生禀天命。

盼遂按：「秉」當爲「禀」，音近之誤。前卷三有《初禀》篇。

方今哀牢、鄯善、諾降附歸德。

盼遂按：「諾」當爲「婼」之誤。《漢書·西域傳》：「出陽關自近者始曰婼羌。」孟康曰：「婼，音兒。」

今上海思，犯奪爵土。

盼遂按：「思」當從元本作「恩」，「犯」疑爲「弗」，音近而誤。上文「聖心原之，不繩於法」，與此文一例。

唐之晏晏。

盼遂按：《堯典》：「文思安安。」文今作「晏晏」。《尚書·考靈耀》曰：「放勛欽明，文思晏晏。」鄭注：「寬容覆載謂之晏。」

驩兜之行，靖言庸回。

盼遂按：今《書》作「静言庸違」。「違」亦「回」也。

聖哲優者，乃立功化。

盼遂按：「者」當爲「著」字之誤也。

第五司空，股肱國維。

盼遂按：《後漢書·第五倫傳》：「肅宗初立，代牟融爲司空。」

驗　符

十二年，詔書曰。

盼遂按：「十二年」三字與上複，疑爲衍文。或「二」字爲「三」之誤。

榆柏梅李，葉皆洽薄，威委流漉。

盼遂按：威委，盛貌，與「威蕤」同。《文選·東京賦》：「羽蓋威蕤。」《景福殿賦》：「流羽毛之威蕤。」

芝草復生泉陵男子周服宅上，六本。

盼遂按：「宅上」當是「宅土」之誤。上文「傳寧宅土中忽生芝草五本」，此「宅土」連文之證。

何令可與無下等乎？

盼遂按：「令」字涉下句「令」字而衍。或爲「何可令與無下等乎？」

令左右通經者，語難翁一。

盼遂按：「語」當爲「詰」，形近之誤。

土氣和，故芝生土。土爰稼穡。

盼遂按：「芝生」下一「土」字衍。

須頌

頌詩樂聲可以作未？傳者不知也。

盼遂按：「傳」當爲「儒」。隸書「儒」或作「儁」，故易譌爲「傳」。下句有「拘儒」之説，正斥此「儒者」也。

或以論爲鑁鍤，損三五。

盼遂按：「三五」二字宜互倒，上下文皆作「五三」。

莫不褒頌紀載。

盼遂按：「莫」當爲「若」之誤。

或謂不善，不肯陳一。斷此三者，孰者爲賢？

盼遂按：「一」字疑爲衍文。

今方板之書在竹帛。

盼遂按：「方板」當是「方技」之誤。漢時方技之書，包括醫經、經方、房中、神僊四種。下文云：「甲甲某子之方，若言已驗嘗試，人争刻寫，以爲珍祕。」知此文爲「方技之書」明矣。

如題曰「甲甲某子之方」。

盼遂按：當是「某甲某子之方」。《漢書·藝文志·方技略》中多言某氏之方，如《泰始黄帝扁鵲俞拊方》二十三卷、《黄帝三王養陽方》二十卷、《三家内房有子方》十七卷等皆是。「某甲某子」亦漢人常語。《抱朴子·鈞世》篇：「弊方以僞題見寶。」與此文正同義也。

記奏於郡。

盼遂按：依上句「上書於國」例之，當是「奏記於郡」。今互倒。

稱術行能。

盼遂按：「術」爲「述」之借字。

時旱禍湛，爲漢論災。

盼遂按：「禍」疑爲「偶」之誤。「偶」與「時」同意。《四諱》篇「父母禍死」，《太平御覽》引作「偶死」，亦其證也。

孔子顯三累之行。

盼遂按：「三累」事不知出處，或指殷之「三仁」而言。罪臣曰累，故屈平漢世稱爲「湘累」。《荀子·成相》篇云：

「比干見刳箕子累。」仲任或師其意，而取「三累」之名歟？

佚文

武帝遣吏發取，古經、《論語》。

盼遂按：「古」乃衍字。下文云「文當興於漢」之上應有「古」字，而譌錯在此。

吏當器辜大不謹敬。

盼遂按：「器辜」疑當是「棄市」之誤。「器」、「棄」音近，「辜」、「市」形譌也。漢律，凡當以大不敬者棄市。本論《正説》篇「吏白霸罪當至死，成帝高其才而不誅」，即此事也。當者，《漢書·賈誼傳》：「望夷之事，二世見當。」如淳曰：「決罪曰當。」

今上即令，詔求亡失。

盼遂按：「即令」當爲「即命」。《宣漢》篇、《須頌》篇皆有「今上即命」之文。

漢氏浩爛，不有殊卓之聲。

盼遂按：「不」字當爲「亦」字之誤。「不」字與「亦」，篆、隸形近。王氏《讀書雜志·左氏傳》「王亦能軍」條籀之詳矣。

後人觀之，見以正邪。

盼遂按：「見以」二字宜互倒。

《論衡》篇以十數。

盼遂按：「十數」二字疑誤。《論衡》今存八十四篇，合諸闕佚，當近百篇。則此「十數」疑當爲「百數」二字。

論死

神者，伸也，申復無已。

盼遂按：「伸」當作「申」，下句「申復」即釋此字。《風俗通》亦云：「神者，申也。」

燐，死人之血也，其形不類生人之血也。其形不類生人之形。

盼遂按：「生人之血」下當有「鬼，死人之形」五字，今脱。

世間死者，今生人殄，而用其言。

盼遂按：上文云：「殄者，死之比也。」猶今人所謂假死矣。應劭《風俗通》卷九「世間多有亡人魄持其家語聲氣，所説良是」一目，並引「陳國張漢直出行，有鬼物持其女弟，言我痛死，葬在陌上。父母諸弟衰絰迎喪」云云，正與論説符合矣。

人之未死也，智惠精神定矣。

盼遂按：「矣」字誤，當是「也」字。下句「病則惛亂，精神擾也」皆申明之辭，可據以訂正。

枯骨在野，時鳴呼有聲。

盼遂按：「呼」爲「呻」誤，又與「鳴」字誤倒。下文屢見「呻鳴」二字連文，決此爲誤。

夫有能使不言者言，未有言者死能復使之言，言者亦不能復使之言。

盼遂按：此文舛譌特甚，幾不可讀。當是「夫有言者，能使不言。未有言者死，能復使之言。言者死，不能復使之言」也。

猶物生以青爲氣，或予之也。

盼遂按：「氣」當爲「色」，涉下文多「氣」字而誤。青者，物之色，非其氣也。下文云「青青之色」，又云「死物之色，不能復青」，則此「氣」爲「色」誤益足徵。

人夢殺傷人，夢殺傷人，若爲人所復殺。

盼遂按：「夢殺傷人」四字誤重出。若者，及也，或也。

夫夢用精神，精神，死之精神也。

盼遂按：「用」爲「由」之譌字。此文當是「夫夢之精神，由《論衡》中「由」、「猶」互用。死之精神也」。下文「夫人之精神，猶物之精神也」，與此同一文例。

物精奇於人也。

盼遂按：「精」下宜有「神」字，今脱。上句「是反人精神不若物」，其證也。本篇「精神」二字例連用。

死僞

如以人貴能爲鬼，則死者皆當爲鬼。

盼遂按：「死者」當作「貴者」，方與上文相應。

營衛卒使固多衆。

盼遂按：「多衆」二字誤倒。

諸生會告以始皇無道，李斯無狀。

盼遂按：「諸生」與「會告」四字宜互倒。「會告諸生」云云者，正承上文「秦之死儒」而言也。

不知三王所以與不。

盼遂按：「所以」二字爲「許已」之誤。「所」、「許」聲近，「以」、「已」形近也。後文「不能知三王許已與不」，又云「能知三王之必許已」，正與此文一貫。

如以至誠，則其請之說，精誠致鬼。

盼遂按：「請」下宜有「命」字，今脱。上文屢言「周公請命」可證。

欒懷子曰：「其爲未卒事於齊故也乎！」

盼遂按：論例以「也」代「邪」，「乎」字出淺人誤沾。

能入身中以尸示恨，則能不免，與形相守。

盼遂按：「免」當爲「死」，形近之誤。

則謂成王之魂有所知，則宜終不瞑也。

盼遂按：「有所知」三字宜重。

「伯有見夢曰」至**「至壬寅，公孫段死」。**

盼遂按：此五語本在子産對趙景子語所云「而彊死，不亦宜乎」後，與「伯有殺駟帶、公孫段不失日期，神審之驗也」二語相接爲一氣。考本篇舉死僞故事十四則，皆先臚列其事實，加以申明，而後予以辨駁，獨此文五語爲叙事未畢，忽闌入申說，使事實成兩橛，文義爲複出，蓋淺人之失也。孫人和《舉正》疑此文爲前節舊注而竄入正文，或即兩本字句微異，校者不慎，誤合爲一，亦非也。

公孫段隨駟帶，不造本辯，其惡微小。

盼遂按：「不造本辯」語難索解，疑「辯」爲「讎」之壞字。

武子疾，命顆曰：「必嫁是妾。」

盼遂按：「妾」字疑後人傍注之誤入正文者也。「是」字正承上文「嬖妾」而言。《左氏·宣十五年傳》作「必嫁是」，無「妾」字。

故老人妖象結草於路人者也。

盼遂按：「路人」之「人」衍字。

古今帝王死，葬諸地中，有以千萬數。

盼遂按：「有」字爲「者」之誤，屬上句讀。

慈孝者之心。

盼遂按：「者」字蓋涉「孝」字之形誤而衍。此「慈孝之心」與下句「幸冀之意」爲儷語也。

其時彗星不出，果不吉。曰夫然而夢見之者，見彗星其實非。夢見湯、伊尹，實亦非也。

盼遂按：「不出果不吉」五字衍文。「見彗星」三字亦衍文。上文「景公不止，軍果不吉。曰：夫景公亦曾夢見彗星，其時彗星不出」云云，兹涉之而衍也。

遂至於今，湯、伊尹不祀，何以不怒乎？

盼遂按：《漢書·成帝紀》：「綏和元年，詔封孔吉爲殷紹嘉侯。三月，進爵爲公，地百里。」司馬彪《續漢書·百官志》：「光武建武五年，封殷後孔安爲殷紹嘉公。十三年，改安爲宋公，以爲漢賓，在三公上。」是成湯在兩漢未嘗放而不祀也。仲任此言，殆失考矣。

夫鯀殛於羽山，人知也。

盼遂按：「夫」上應有一「曰」字。此後爲仲任駁前者之説也。餘十三章皆有「曰」字，不應此章獨闕。

使若魯公牛哀病化爲虎，在，故可實也。

盼遂按：「虎」字宜重，「虎在」與下「鯀遠殛於羽山，人不與之處」爲對文。

何復不以祀山川，山川自見乎？

盼遂按：「何復不以祀山川」句，當爲「可復以不祀山川」之譌倒。下文「可復謂先祖死人求食，故來見形乎」，與此同一文法。

不知其爲酖毒，憒不知殺己者爲誰。

盼遂按：「憒」字衍文。蓋學者習見後節「毒憒」連文，而加此字於「毒」字下，不知其不辭也。

死人必有知，人奪其衣物，倮其尸骸。

盼遂按：「必」疑爲「亡」之誤。亡，讀若無。若作「必」，則與仲任所立之無鬼論義違矣。

晉平公觴之施夷之臺。

盼遂按：《史記·樂書》作「施惠之臺」。論作「施夷」，與《韓非子·十過》同。

此師延所作淫聲。

盼遂按：《史記·殷本紀》：「紂使師涓作新淫聲。」《楚辭·九歎》：「惜師延之浮渚兮。」王逸《章句》：「師延，殷紂之臣也，爲紂作新聲。」洪氏《補注》引《史記》亦作「師延」。

平公恐懼，伏於廊室。

盼遂按：句尾應依《史記·韓非》補「之間」二字。古者廊下無室，不得云「廊室」也。

則晉平公且病，若國且早亡妖也。

盼遂按：「亡」當爲「之」，隸、行相近而誤。此言晉平公且病及國且早之妖也。下文「是蓋襄子且勝之祥也」，「皆始皇且死之妖」，皆與此同例。

有星墜下，至地爲石，刻其石，曰：「始皇死而地分。」

盼遂按：「刻」上脱一「民」字。無「民」字，則疑於石之自刻也。下文「始皇時，石墜東郡，民刻之」。

因燔其石。妖使者從關東夜過華陰平野。

盼遂按：「妖」當爲「秋」，形之誤也。《史記·秦始皇紀》作「秋」可證。孫人和《舉正》以「石妖」爲句，失之。

自琅琊至勞、成山不見。

盼遂按：「勞、成山」宜依《史記》改作「榮成山」。或論自斥勞山、成山，又省去一「山」字也。

祖，人之本；龍，人君之象也。

盼遂按：《史記·始皇紀》集解引應劭曰：「祖，人之先；龍，君之象。」此二語蓋《風俗通》佚文。即本仲任此說。

被酒，夜經澤中。

盼遂按：「經」當依《史記》作「徑」，方與下文「徑開」、「化爲蛇，當徑」二「徑」字相應。

後十三年，後高祖過濟北界。

盼遂按：「後高祖」《史記》作「從高祖」，是也。宜據改。

魯惠公夫人仲子，生而有文在其掌，曰「爲魯夫人」。晉唐叔虞文在其手，曰「虞」。魯成季友文在其手，曰「友」。三文之書，性自然。

盼遂按：掌文成書，世人恒疑其不經。然兩周之時，書體概用古文，「爲魯夫人」四字當於掌上作。「爲」之古文作，見《說文解字》「爲」字重文。「魯」作，《說文·㫃部》「旅」之古文作，從止、從从，云「古文以爲魯衛之魯」，則「爲魯夫人」四字，在古文回曲，極像掌螺，在隸、楷則不肖矣。至若「虞」之古文作，見《左傳·隱公元年》正義所引石經古文。「友」之古文作，又作，篆文作，又見《說文解字·又部》「友」字說解。皆可用掌文說也。

傳曰：「伯樂學相馬，顧玩所見，無非馬者。宋之庖丁學解牛，三年不見生牛，所見皆死牛也。」

盼遂按：此《吕氏春秋·精通》篇語。

思念存想，自見異物也。

盼遂按：「自」當爲「目」字，形近之誤。下文「泄於目，目見其形」，即承此文。

則夢見夫人據案其身哭矣。

盼遂按：「夫」本當是「妖」，緣脱「女」旁，徑誤爲「夫」。

人或病越地者，病見越人坐其側。

盼遂按：「者」下「病」字爲「則」之誤，「則」上又當有「其見鬼」三字，因冒上文而省爾。

凡天地之間，氣皆純於天。

盼遂按：「純」字當是「統」字之誤。下句「氣和者養生，不和者傷害」，夫氣有和有不和，則非純矣。

衆星之體，爲人與鳥獸。

盼遂按：「星」當爲「氣」之誤。論正言氣之用，不得闌入星也。

天地生物也，有人如鳥獸。

盼遂按：「如」爲「與」之誤字。下文人及鳥獸並言，上文亦言「衆氣之體，爲人與鳥獸」，此文不得專斥人而言也。

或見其形若鳥之狀，時流人堂室。

盼遂按：「人」當爲「入」之誤字。

或人含氣爲妖。象人之形。

盼遂按：「象人」上當有「妖氣」二字，今脱。

世謂童謡，熒惑使之，彼言有所見也。

盼遂按：古傳熒惑星化爲小兒，下教群兒謡諺。論以「世謂童謡，熒惑使之，彼言有所見也」，蓋上二句，世俗所説如此。仲任謂世俗之言亦有所見，非可盡誣，以後則重申其義也。孫人和校謂「熒惑」二字涉下文而衍，當是「世謂童謡妖言，使人有所見也」，其説大非。《三國志·吴志》：「孫休永安三年，將守質子群聚嬉。有異小兒忽來言曰：『三公鋤，司馬如。』又曰：『我非人，乃熒惑星也。』言畢，乃聳身而躍。仰視之，若曳一匹練，有頃而没。」唐潘炎《童謡賦》云：「熒惑之星兮列天文，降爲童謡兮告聖君。」此皆論文「童謡，熒惑使之」之證也。

言毒

口唾射人，則人脤胎，腫而爲創。

盼遂按：章士釗云：「『脤』爲『胗』之形誤。《説文·肉部》：『胗，脣瘍也。』」

南郡極熱之地，其人祝樹樹枯。

盼遂按：南郡，今湖北荆襄之地，未爲極熱，「南郡」疑爲「南部」之誤。後漢人恒以州部連言，南部即南方州也。

巫咸能以祝延人之疾，愈人之禍者。

盼遂按：章士釗云：「『咸』爲『或』之誤，巫之名不盡咸也。」

微者，疾謂之邊。

盼遂按：微，惡疾也。《詩·巧言》篇：「既微且尰。」《爾雅·釋訓》篇：「骭瘍爲微。」孫叔然注：「微、尰，皆水濕之疾也。本字作黴。」《説文·黑部》：「黴，中久雨青黑也。」章氏《新方言》説：「古之黴，今之楊梅也。」

藥生非一地，太伯辭之吴。

盼遂按：章士釗云：「『辭』爲『采』之聲誤。」今按：《四諱》篇「太伯入吴采藥」，是其明證。

叔向之母知之，不使視寢。

盼遂按：「不使視寢」，《左傳》杜注作「不使見叔向父」，較此明晰。

及范宣子遂懷子，殺叔虎。

盼遂按：依《左氏·襄公二十一年傳》，「遂」字爲「逐」字之誤。

《詩》曰：「讒言罔極，交亂四國。」

盼遂按：《毛詩·小雅·青蠅》作「讒人罔極」。論引《魯詩》也。

薄葬

破家盡業，以充死棺；殺人以殉葬，以快生意。

盼遂按：「人」下衍「以」字，故與上句不匀。

非知其内無益，而奢侈之心外相慕也。

盼遂按：當是「非不知其内無益」。今本脱一「不」字，則不通矣。

畏死不懼義。

盼遂按：「死」字當爲「鬼」字之誤。下句「重死不顧生」，此涉之而誤。

雖盡比干之執人，人必不聽。何則？

盼遂按：章士釗云：「此下疑有脱文，與上文不銜接。」

治死無益，厚葬何差乎？

盼遂按：章士釗云：「『何差』當是『何義』之誤。」

用索物喪，民貧耗之。

盼遂按：「耗之」當是「耗乏」，涉下文「危亡之道」而誤。

四　諱

則史與質睢與今俗人等也。

盼遂按：「史」上脱一「令」字，本篇上下文皆作「令史」。

夫宅之四面皆地也，三面不謂之凶，益西面獨謂不祥。

盼遂按：「三面」上應有「益」字，與下句相呼應。或「益」字本在「三面」上，「西面」上無「益」字，後人誤而倒置耳。

則四而益宅，皆當不祥。

盼遂按：「而」當爲「面」之壞字。上文「夫宅之四面皆地也」，正作「四面」。

宅家言治宅犯凶神。

盼遂按：「言」字疑爲「説」之譌脱，「宅」下復應有一「言」字。此句讀爲「宅家説，治宅言犯凶神」，以統下文「移徙言忌歲月，祭祀言觸血忌，喪葬言犯剛柔」三語也。譌脱後，遂不可究詰矣。

西益主，益主不增助。

盼遂按：「西益主」當是「西益宅」之誤。「西益宅」則爲「益主」，非「益助」矣。

諱被刑爲徒，不上丘墓。

盼遂按：太史公既下蠶室，《報少卿書》云：「遇遭此禍，污辱先人，亦何面目復上父母之丘墓乎？」據此知被刑不上丘墓，自西京而已然也。

甚失至於不行弔傷，見他人之柩。

盼遂按：「甚」當爲「其」字之誤也。下文「其失至於不弔鄉黨屍」，與此同一文法。

孝者怕入刑辟。

盼遂按：「怕」字用爲懼怕，始見此書。古旨訓爲憺怕。

慚愧先者。

盼遂按：「先者」二字不詞，疑當爲「先祖」之誤。上文累見「先祖」字，此正承以爲説。

人之有胞，猶木實之有扶也。

孫詒讓《札迻》九云：「『扶』當爲『核』，形近而誤。下文『扶穀』同。」盼遂按：孫説非也。果核在内不在外，與人之有胞爲不類。今實驗之，「扶」當爲「枎」之誤字矣。

且凡人所惡，莫有腐臭。

盼遂按：有，讀爲愈，同聲之借。

猶八日，月中分謂之弦。

盼遂按：「日」字下應重一「日」字，「八日，日月中分謂之弦」與下文「十五日，日月相望謂之望；三十日，日月合宿謂之晦」文法一律。

不得。已舉之，父母禍死，則信而謂之真矣。

盼遂按：《御覽》卷二十二引作「偶死」，是也。宜據改。

世諱作豆醬惡聞雷，一人不食，欲使人急作，不欲積家踰至春也。

盼遂按：李匡乂《資暇録》卷中「合醬」條云：「人間多取正月晦日合醬，是日偶不暇爲之者，則云時已失，大誤也。按：昔者王政趨民正月作醬，是月以農事未興之時，俾民乘此閒隙，備一歲調鼎之用，故紿云雷鳴不作醬，腹中當鳴。所貴令民不於三二月作醬，恐奪農時也。今不躬耕之家，何必以正晦爲限？亦不須避雷，但向菽趨（按：當是「麴」之譌字。）得法否耳。」據李氏言，則此風至唐猶未衰矣。

調時

豈歲、月之神怪移徙而咎起功哉？

盼遂按：「咎」上疑當有一「不」字。「不咎起功」之問，正承上文「起功之家，當爲歲所食」而來，脱「不」字則不通矣。

今巳、酉之家，無過於月、歲，子、家起宅。

盼遂按：「巳、酉」當是「酉、巳」之誤倒，「子、家」當是「子、寅」之誤字。上文「子、寅地興功，則酉、巳之家見食矣」，此處正申明其義。

子、宅有爲，巳、酉乃凶。

盼遂按：二語當是「子、寅有爲，酉、巳乃凶」，蓋涉上文「子宅」而誤也。

如日加無神，用時决事，非也。

盼遂按：「加」下疑當有「時」字，方與下文一致。

如秦山失火，沃以一杯之水。

盼遂按：「秦山」當爲「泰山」之誤。

譏日

有驗，禍福自至，則述前之吉凶，以相戒懼。

盼遂按：「有」當爲「又」，聲之誤也。上二句既述舉事吉凶之驗，此則云於禍福至後，又述前事以懼人，故云「又驗」矣。

治木以羸尸，穿土以埋棺。

盼遂按：「羸」當爲「裹」字之展轉而誤也。「裹」字從衣從果，俗誤作「裸」，或又改回「裸」之正字爲「羸」。世人少見「羸」字，因改作「羸」矣。「羸尸」不可解。今世猶謂死者入殮爲「裹尸」，此語蓋自東京而然矣。

卜筮

卜筮之，逆，占曰：「大凶。」

盼遂按：「卜」字衍文。筮爲一事，卜與占爲一事。蓍草不可言卜，猶靈龜之不可言筮矣。此淺人恒見經籍卜筮連文而誤沾也。

太公推蓍蹈龜而曰：「枯骨死草，何知而凶？」

盼遂按：《意林》卷三引無「而」字，下句作：「枯骨死草，何能知吉凶乎？」知此文本作「何而知凶」。而，讀爲能。淺人不知，因誤倒之爾。

疑則謂平未治，惑則謂吉不良。

盼遂按：平而未治，吉而不良，語不可通。疑「平」爲「世」之誤字，「平」與「世」草體極近。「吉」爲「占」之誤字。讀爲「疑則謂世未治，惑則謂占不良」，方與上文「詭異則占者惑，無常則議者疑」二語相爲照應也。

辨祟

有事歸之有犯，無爲歸之所居。

盼遂按：「有犯」之「有」，疑爲「所」字之誤。「所」字草書作，極似「有」也。「歸之所犯」與「歸之所居」，文體亦正相儷也。

使殺人者求吉日出詣吏，剬罪，推善時入獄繫。

盼遂按：「罪」下應有「者」字，今脱。「剬罪者」與上「殺人者」相爲對文，且脱一「者」，於文理亦難通矣。

項羽攻襄安，襄安無噍類。

盼遂按：「襄」當爲「新」，聲之誤也。《史記·項羽本紀》：「楚軍夜坑秦卒二十萬人於新安城南。」從來言坑降卒者，以項羽新安之役與白起長平之事並舉，不聞別有襄安之地也，則此文譌謬殆無疑義矣。

難歲

盼遂按：此篇文字，譌脱特多，難於驟理。

其移東西，若徙四維，相之如者，皆吉。

盼遂按：「徙」字衍文，「之」、「如」二字皆訓往，二字連用，疑亦當時術家之語。下文「行人從東如西，四維相之如」，又云「東西徙，若四維徙者」，言「徙」則不言「相之如」，言「相之如」則不言「徙」，知「相之如」即「相徙」也。則此文「徙」字爲衍文審矣。

使太歲左右通，得南北徙及東西徙，可。

盼遂按：「南北徙及」四字蓋涉上文而衍，「可」字疑亦衍文。下方專言太歲東之丑地，西之亥地。

在東東位，名曰赤縣州。

盼遂按：「州」上本有一「神」字，今脱。

夫雷，天氣也。盛夏擊折，折木破山。

盼遂按：二「折」字疑皆衍文。《龍虚》篇「盛夏之時，雷電擊折破樹木」亦衍「折」字，與此文同誤。

千五百三十九爲一統。

盼遂按：依下句「四千六百一十七歲爲一元」例之，則此「三十九」下應有一「歲」字，今脱。且下文即云「歲猶統、元也」，所斥之「歲」，正承此文。

爲移徙者，運之而復居甲。爲之而復居甲，爲移徙時者。

盼遂按：章士釗云：「『甲爲之而復居』六字衍文。」是也。

詰術

數宅之術行市亭。

盼遂按：「行」上應有「亦當」二字，今脱。上文縱言數宅之術行於民宅，故此復假設言其亦當行於市亭間也。下文「數宅既以甲乙，五行之家數日亦當以甲乙」，與此文法同。

是其名何以不從言甲乙，必言子丑？

盼遂按：「從」當爲「徒」字之誤也。

失位貶黜，未必商姓門北出也。

盼遂按：「門北出」當作「門南出」，後人求與上句「角姓門南嚮」對文而誤改也。角木，南方火也。木生火，故角姓門南嚮，則安官遷徙宜矣。商金，北方水也。金生水，商姓而門北出，則亦宜安官遷徙。今云「失位貶黜」，於義不合，故決「北出」當爲「南出」之誤。南方火，賊商姓之金，故商姓門南出，則有貶黜失位之災也。上文明引《圖宅術》曰「商家門不宜南向，徵家門不宜北向」，益證此處「北出」爲「南出」之誤矣。或云「商姓」爲「徵姓」之誤，作「徵姓門北出」，與「角姓門南嚮」對文。然本篇上下文皆言商姓家門，無言徵姓家者，不應此語獨作徵姓，仍當以「商姓門南出」爲定也。

解除

盼遂按：《莊子·人間世》篇云：「故解之以牛之白顙者，與豚之亢鼻者，與人之有痔病者，不可以適河。此皆巫祝以知之矣。」郭象注：「巫祝解除，棄此三者。」此「解」義之初見於古籍者。

驅逐之止，則復還立故處。

盼遂按：「之」字衍文，蓋涉上文「驅逐之時」句而衍也。

一居歐隅之間，主疫病人。

盼遂按：「歐」當爲「區」，後人誤沾偏傍。《訂鬼》篇云「一居人宫室，區隅漚庫，善驚人小兒」，正作「區」不作「歐」也。

地之耳口與人相達乎？

盼遂按：「達」當爲「違」字之誤也。上句「人不與地相似」，此正申明其説也。或謂當爲「遠」字，則與下文「地之耳遠，不相聞也」句不相符。

祀義

其修祭祀，是也；信其事之，非也。

盼遂按：章士釗云：「『事』爲『享』字之誤。」

祭，食宜食盡。

盼遂按：「宜」下「食」字疑衍。

井、竈、室中霤皆屬於地。

盼遂按：「室」字衍文。下《祭意》篇：「諸侯爲國立五祀，曰司命，曰中霤，曰國門，曰國行，曰公厲。」此「五祀」無「室」之證也。蓋古以中霤代室，中霤者，室之主要處也。

必以爲有神，是食已當復食形體也。

盼遂按：「是」字下本有「人」字，今脱。上文「是人食已，更食骨節與血脉也」，「是人之膚肉當復食也」，下文「則人吹呴、精液、腹鳴當復食也」，「則人之食已，復食目與髮也」，皆與此同一文法，而並有「人」字，亟宜據補。

緣先事死，示不忘先。

盼遂按：「緣先」當是「緣生」。「先」、「生」形似而誤。

夜姑順色而對曰：「鮑身尚幼，在襁褓，不預知焉。」審是掌之。

盼遂按：句尾疑當有「罪也」二字，今脱。掌者，人名也。上文「祝曰：夜姑掌，將事於厲者。」蓋夜姑者字，掌者名也，故此云「審是掌之罪也」。《墨子·明鬼》篇云：「觀辜曰：鮑幼，在荷襁之中，鮑何與識焉？官臣觀辜特爲之。」彼云「觀辜特爲之」，與此之「掌之罪也」同意。

見畔，若祭不見享之禍。

盼遂按：「不見享」當是「見不享。」

祭意

樹，王者祭天地，諸侯祭山川，卿、大夫祭五祀，士、庶人祭其先。

盼遂按：「樹」當爲「禮」之形誤。此數語見《禮杞·曲禮下》及《王制》，《禮運》亦略有其文。

五祀，報門、户、井、竈、室中霤之功。

盼遂按：「室」字衍文，淺人以中霤屬室而誤沾也。下文申之曰：「門、户，人所出入；井、竈，人所飲食；中霤，人所託處。五者功鈞，故俱祀之。」言五者而不及室，則此「室」字宜删明矣。

周棄曰：「少昊有四叔，曰重，曰該，曰修，曰熙。」

盼遂按：「周棄」疑當爲「周書」之誤。此事見《左氏·昭公二十九年傳》及《晉語》二，爲晉太史蔡墨對魏然子語，皆周時書也。

實能金大水反。

盼遂按：「大」字、「反」字皆誤，而叙次亦倒，宜依《左氏·昭公二十九年傳》改作「實能金木及水」爲是。下文「使重爲句芒」，此木正也；「該爲蓐收」，此金正也；「修及熙爲玄冥」，此二子相代，爲水正也。若今本「木」誤作「大」，則三正亦無所著處矣。

有烈山氏之子曰柱，爲稷。

盼遂按：《左傳》、《魯語》及《漢書古今人表》皆作「柱」，與《論衡》同。惟《禮記·祭法》作「農」。《左傳正義》引劉炫曰：「蓋柱是名，其官曰農，猶呼周棄爲稷也。」

曰司命，曰中靈。

盼遂按：「中靈」爲「中霤」之誤。

高皇帝四年，詔天下祭靈星。

盼遂按：《漢書·郊祀志》：「高祖二年冬，立黑帝祠。後四歲，令豐治枌榆社等。其後二歲，令天下立靈星祠。」是高祖立靈星祠爲八年事。《後漢書·祭祀志》作「八年」，是也。《論衡》蓋誤讀《漢書》「後四歲」之語，因謂「高皇帝四年，詔天下祭靈星」，大非。迨應仲遠作《風俗通》，卷八。亦沿充誤，謂爲高帝四年，所宜糾正。

春求實，一歲再祀，蓋重穀也。

盼遂按：「春求實」不得云「再祀」，此蓋「春」下脱「求雨秋」三字。春求雨者，下文所謂「龍星二月見，則雩祈穀雨」也。秋求實者，下文所謂「龍星八月將入，則秋雩祈穀實」也。上文亦總言雩之禮爲民祈穀雨、祈穀實也。

靈星者，神也；神者，謂龍星也。

盼遂按：此亦音轉之理。昔嘗著《淮南子許注漢語疏》，於《要略》篇注「中國以鬼神之亡日爲忌，北胡、南越皆謂之請龍」一條，詳其條理，今迻録之：

《要略》篇：「操合開塞，各有龍忌。」許注：「中國以鬼神之亡日爲忌，北胡、南越皆謂之請龍。」盼遂按：「請龍」二字無義，「龍」當爲「靈」之借。張平子《南都賦》「赤靈解角」，李注：「赤靈，赤龍也。」蔡邕《獨斷》：「靈星，火星也。一曰龍星。」《漢書·郊祀志》「立靈星祠」，顔注引張晏曰：「龍星左角曰天田，則農祥也。」此皆「龍」、「靈」通用之證。又按：《詩·周頌·絲衣序》：「高子曰：『靈星之尸也。』」《風俗通》：「辰之神爲靈星。」亦皆借「靈」爲「龍」，謂東宫蒼龍七宿角、亢、氐、房、心、尾、箕也。故胡、越語得轉「靈」作「龍」，謂「請靈」爲「請龍」矣。靈者，本泛言鬼神，《大戴禮》、《尸子》、《風俗通》、《楚辭注》。中國謂爲「鬼神忌日」，胡、越謂爲「請靈」，文義實同。惟聲轉作「龍」，因難知耳。《墨子·貴義》篇：「子墨子北之齊，遇日者。日者曰：『帝以今日殺黑龍於北方，而先生之色黑，不可以行。』」孫仲容《閒詁》引許君此注，説曰：「按墨子遇日者以五色之龍定吉凶，疑即所謂『龍忌』。許君『請龍』之説，未詳所出，恐非吉術也。」孫氏蓋不知《淮南》「龍忌」之爲「靈忌」，「請龍」之爲「請靈」，故有是説。實則龍僅爲天地間神祇之一，未能代表諸神也。

季子以當使於上國，未之許與。

盼遂按：「之」字爲「心」之誤。漢人書法「之」作𡳾，與「心」之隸書極形似，故易致誤。此句本當爲「心許未與」，故下文得云「前已心許之矣」。自「心」誤爲「之」，淺人因改成今文矣。

其恩猶季之帶劍於冢樹也。

盼遂按：「季」下脱一「子」字，論例稱季子。

實　知

孔子見始皇、仲舒，或時但言「將有觀我之宅」、「亂我之書」者。

盼遂按：「見始皇、仲舒」五字衍。此本爲「孔子或時但言」云云。論不謂孔子與始皇、仲舒見也。鈔胥見下文「後人見始皇入其宅，仲舒讀其書」及「如孔子神而空見始皇、仲舒」諸語，因筆誤此五字於此爾。

還過，從江乘。

盼遂按：《始皇本紀》「過」下有「吴」字，「乘」下有「渡」字，並宜據補。

崩於沙邱平臺。既不至魯，讖記何見，而云始皇至魯？

盼遂按：《史記·秦始皇本紀》：「二十八年，始皇東行郡縣，上鄒嶧山，立石，與魯諸儒生議，刻石頌秦德。乃遂上泰山。」是始皇未嘗不至魯也。仲任從《史記》三十七年之事爲説，疏矣。

行事，文記譎常人言耳。

盼遂按：章士釗云：「『譎』當讀爲『述』，蓋『譎』與『遹』同聲，『遹』又與『述』古通用也。」

緣象箸見龍干之患。

盼遂按：「干」當爲「肝」字偏傍之脱也。《龍虚》篇云「象箸所挾，則必龍肝豹胎」，正與此同一事也。

嚴襄王母夏太后夢，孝文王后曰華陽后，與文王葬壽陵，夏太后嚴襄王葬於范陵。

盼遂按：依《史記·吕不韋傳》「夢」爲「薨」之誤，「與文王」是「與孝文王」之誤，「夏太后嚴襄王」是「夏太后子嚴襄王」之誤，「范陵」是「芷陽」之誤，皆宜據之訂正。

秦昭王十年，樗里子卒。

盼遂按：《史記·樗里子傳》作「卒於昭王七年」。

樗里子之見天子挾其墓。

盼遂按：「天子」下脱一「宫」字，文前累言「天子宫」。

樗里子之見博平王有宫臺之兆。

盼遂按：「王」當爲「土」之誤。

夫項託年七歲教孔子。

盼遂按：《戰國策·秦策五》：「甘羅曰：『夫項橐生七歲而爲孔子師。』」《淮南子·修務》、《説林》皆作「項橐」。論此文作「項託」，與《漢書·董仲舒傳》孟康注同。蓋古「託」、「橐」音同。

使人詢之，能知其農商、老少若所犯而坐死乎？

盼遂按：「人」上疑當有一「聖」字，今脱。上文「使聖人聽之牆西，能知其黑白、短長、鄉里、姓字、所自從出乎？」與此正同一文法。

不達視、聽、遥見、流目以察之也。

盼遂按：「聽」字涉下文「聽聲有術」而衍，蓋「達視」、「遥見」同爲駢詞。《知實》篇云：「又不能達視遥見。」可據以正。

黄帝生而言，然而母懷之二十月生。

盼遂按：「二十」下疑本有「五」字，今脱。《宋書·符瑞志》作「孕二十五月而生」，宜據補。論文亦言「計其月數，亦已二歲在母身中矣」，亦於二十五月爲合。

俗傳顔淵年十八歲升太山，望見吴昌門。

盼遂按：「十八」疑當爲「三十」之誤。下文云「定考實顔淵年三十不升太山，不望吴昌門」，則此不應爲「十八」明矣。《書虚》篇：「或言顔淵與孔子俱上魯太山。孔子東南望，吴閶門外有繫白馬。顔淵曰：『有如繫練之狀。』孔子撫其目而正之，因與俱下。下而顔淵髮白齒落，遂以病死。」據顔子死年三十餘，則此應作「三十」，不作「十八」，又其一證矣。

何必以學者？事難空知，賢聖之才能立也。

盼遂按：衍一「何」字，遂與下文義相違。

若夫文質之復，三教之重。

盼遂按：《齊世》篇引傳「夏后氏之王教以忠。其失也，小人野。救野莫如敬，故殷之王教以敬。其失也，小人鬼。

救鬼莫如文，故周之王教以文。其失也，小人薄。救薄莫若忠」，即此「文質」、「三教」之説也。《白虎通·德論》有《三教》篇，引《樂緯稽耀嘉》：「顔回問三教變，虞、夏何如？曰：『教者所以追補敗政，靡敝溷濁，謂之治也。舜之承堯，無爲易也。』」

可思而，愚夫能開精。

盼遂按：「而」字下疑本有一「知」字，今脱。下句「不可思而知，上聖不能省」，與此爲對文，而有「知」字，宜據以補「知」字。

見説善解結，結無有不可解。

盼遂按：「見説」疑爲人名，乃古之善解結者，故與下文「聖人」爲對語。又按：「結無有不可解」衍一「有」字。下文「聖人知事，事無不可知」，其例也。

知　實

人至乃知之，聖人不能先知，九也。

盼遂按：「人至」當是「門人至」。上文累言「門人」，此承其文。

子入太廟，每事問。不知故問，爲人法也。

盼遂按：「爲人法也」四字疑涉下文累言「爲人法」而衍。仲任引《論語》「子入太廟」事，所以證孔子不能先知，有時須問乃知，並非故加問難，以身作則。下文或人駁難之辭，乃言孔子太廟之事，實已知而復問，所以爲人法也。

此實與論義大相觝忤，淺人不察，徑因下文沾此四字，致與文理有違，亟宜刊除。

以嘗見，實已知，而復問，爲人法。

盼遂按：自此語至下文「實已知，當復問，爲人法」凡三十二字，乃或人辯難仲任子入太廟之事，頗疑文端本有一「或」字，而今脱也。又按：自「孔子知五經，門人從之學」以下，則仲任解答或人之辭也。揆之文法物理，必如此而後此文可通，特褫譌已久，別無證佐，姑作此大膽之假設耳。

疑乃當問邪。

盼遂按：「邪」當爲「也」之誤。論中「邪」、「也」二字雖互用，然疑問之「邪」可作「也」，而肯定之「也」不可作「邪」，則此文出淺人所改，明矣。

賓如聞其家有輕子泊孫。

盼遂按：「泊」當爲「泊」，形近而誤。泊，今之「薄」字，《説文解字》作「怕」，在《心部》。注云：「憺也。」此「薄」之本字。

閉館闕舍，不得頓。賓之執計，則必不往。

盼遂按：「賓」下疑當重「賓」字，屬下句讀。

死兆見舍，卜還𧮫絶，攬筆定書。

盼遂按：「絶」字疑衍，涉上下文多「絶」字而然。

使人聞非父弟，萬世不滅？

盼遂按：「聞」疑當爲「間」字之誤也。間亦非也，《論語·先進》篇：「子曰：『孝哉，閔子騫！人不間於其父母昆弟之言。』」《集解》：「陳群曰：『人不得有非間之言。』」

不見天意難知，故卜而合兆。

盼遂按：「不」字疑涉上下文而衍。此文正申論聖人不能先知，故云周公見意難知，故卜而合兆。今衍一「不」字，則文義乖違矣。

管曰：「子邪，言伐莒？」對曰：「然。」

盼遂按：「管」下應有一「仲」字，今脱。本篇例稱管仲。

君口垂不噞，所言莒也。

盼遂按：「噞」字不見於《説文》，唯徐鉉定新附字有之，云：「喁噞，魚口上見也。」然與此處文義不符。疑「噞」當爲「唫」之聲借，《管子・小問》篇載此事作「開而不闔」，《吕氏春秋・重言》篇作「呿而不唫」，《説苑・權謀》篇作「吁而不吟」，《顔氏家訓・音辭》篇作「開而不閉」，諸書皆謂管仲張口言莒，此獨稱「口垂不噞」，故決斯爲誤也。又按：此四字或本作「口噞不垂」，與別家相同，後人或疑其與今讀不合，古讀「莒」或侈口音，今讀極閉口音。而誤顛亂之也。

客謂髡。曰：「固也。」

盼遂按：「髡」字宜重。《史記・滑稽列傳・淳于髡傳》有二「髡」字，宜據補。

趙人方與公謂御史大夫周昌曰。

盼遂按：《史記・周昌傳》集解引孟康曰：「方與，縣名。公，其號也。」

其先知也，任術用數，或善商而巧意。

盼遂按：「善商而巧意」或當是「善意而巧商」之誤倒也。上文「巧商而善意，廣見而多記」，又云「君子善謀，小人善意」，下文「東郭牙善意以知國情，子貢善意以得貨利」，皆以「善意」、「巧商」各爲駢詞，知此文爲誤也。

子貢曰：「故天縱之將聖，又多能也。」將者，且也。不言已聖，言且聖者，以爲孔子聖未就也。

盼遂按：《論語·子罕》篇孔安國注：「言天固縱大聖之德，又使多能也。」《荀子·堯問》篇：「然則孫卿懷將聖之心，蒙佯狂之色。」亦謂「將聖」爲「大聖」，皆與《論衡》説異。疑仲任引《齊論語》也。

田詘之言「爲易聖」。

盼遂按：「爲易聖」三字，當倒作「爲聖易」。此斥上文田詘爲聖易之議也。《論衡》凡駁正他人之語，例皆遠叠前文，此亦宜然。

田詘之言爲易聖，未必能成；田詘之言爲易，未必能是。言「臣之所學」，蓋其實也。

盼遂按：「能成田詘之言爲易未必能」凡十一字，疑當係衍文。此文本爲「田詘之言爲聖易，未必是；言臣之所學，蓋其實也」。文義暢適，與上下相貫。若今書，便成兩橥矣。

賢可學爲，勞佚殊。

盼遂按：「賢」當爲「聖」之誤字。論正詰駁田詘「學聖易」之非，故此處全就聖人爲説。兹獨作「賢」，明爲字誤。

定　賢

故名多生於知謝，毁多失於衆意。

盼遂按：章士釗云：「『意』當爲『愛』之誤，古『愛』作『㤅』，與『意』形近也。而『知謝』又與『衆愛』互倒，本作『名多生於衆愛，毀多失於知謝』，於文方合。」

不知譽此人也者賢。

盼遂按：「也」字疑應在「賢」字下。本作「不知譽此人者，賢也？」方與下句「毀此人者，惡也？」或時稱者惡而毀者善也？」三句一律。三「也」字皆爲問詞，與「邪」字通。

或尊貴而爲利，或好士下客。

盼遂按：次「或」字衍文。此處本以「或尊貴而爲利，好士下客，折節俟賢」凡十四字爲一事，闌入一「或」字，則斷爲兩橛，不可通矣。

又雞可以姦聲感。

盼遂按：今人高魁光依《藝文類聚》校改「又」爲「夫」，是也。

今又但取刀、劍、恒銅鈎之屬，切磨以嚮日。

盼遂按：「又」當爲「人」之誤字，以言「又」則上無所承也。「恒」字疑涉下文「恒非賢聖」而衍，《率性》篇「今妄以刀劍之鈎刃依孫詒讓校。摩拭朗白，仰以嚮日，亦得火焉」，《亂龍》篇「今妄取刀劍偃月之鈎，摩以嚮日，亦能感天」，二文皆無「恒」字，足證此文之衍。

功賞不可以效賢，一也。

盼遂按：「賞」字疑爲衍文，「功」字上脫一「是」字。本作「是功不可以效賢，一也」，與下文「此功不可以效賢，二也」、「是功不可以效賢，三也」文法一致。

亡將東郡適當復亂。而壽王之治偶逢其時也？

盼遂按：「亡將」爲疊韻連綿字，與南朝諸人所習之「將亡」義同。

翔而有集。

盼遂按：「有」當爲「后」之誤，隸書「有」與「后」形極近似。「后」古通「後」。

色斯而舉。

盼遂按：二語見《論語·鄉黨》篇。東漢文辭率以「色斯」二字連用，碑版中尤習見，如《議郎元賓碑》「翻翥色斯」，《堂邑令費鳳碑》「色斯輕揚，翻然高絜」，《費鳳別碑》「功成事就，色斯高舉」，皆其證也。

齊詹問於晏子曰。

盼遂按：劉向《新序·雜事》作「齊矦問」，疑此「詹」爲「矦」之形誤。

可得筆者小，而可得量者少也。

盼遂按：章士釗云：「『筆』字當爲『筭』之形誤。」是也。

惡至大，筆弗能；數至多，升斛弗能。

盼遂按：「惡至大」不可解，疑「惡」爲「物」之聲誤，北音「物」讀如「惡」，而致譌耳。「惡」與「數」爲對文。

「筆」字宜依章説改爲「筭」。

及大王亶甫重戰其故民，皆委國及去位者，道不行而志不得也。

盼遂按：「故民」當爲「民故」之誤倒。「故」字屬下句讀，次「及」字疑涉句端「及」字而衍。

袁將軍再與兄子分家財，多有以爲恩義。

盼遂按：「多」字疑當爲「已」之誤字，漢隸「多」字與「已」字恒相似。《談天》篇「女媧多前」，「多」亦爲「已」之誤，皆因形近而致。

苟欲全身養性爲賢乎？

盼遂按：「苟」上應有「以」字，今脱。

材筴越疆之士。

盼遂按：「材」當爲「杖」之誤字。杖者，持也，與上句「舉檐」對文。魯連子曰：「連却秦軍，平原君欲封之，遂杖策而去。」《文選》左思《招隱詩》注引。《後漢書·鄧禹傳》：「聞光武安集河北，即杖策北渡，追及於鄴。」此杖策之事也。《方言》曰：「木細枝曰策。」古之策，殆猶今之手杖矣。

封完書不遺，教審令不遺誤者，則爲善矣。

盼遂按：次「遺」字涉上句而誤。此「封完書不遺」句承「郵人之過書」而言，「教審令不誤」承「門者之傳教」而言也。

有功彊之權，無守平之智。

盼遂按：「功」當爲「攻」，同聲而誤。攻彊者，據韓信戰陳之事爲説也。「攻彊」與「守平」爲對文。

辯於口，言甘辭巧爲賢乎？

盼遂按：句端脱一「以」字。上文「以孝於父、弟於兄爲賢乎」、「以委國去位，棄富貴，就貧賤爲賢乎」、「以避世離俗，清身潔行爲賢乎」、「以苟欲全身養性爲賢乎」、「以舉義千里，師將朋友，無廢禮爲賢乎」、「以經明帶徒聚衆爲賢乎」、「以通覽古今，祕隱傳記無所不記爲賢乎」、「以權詐卓譎，能將兵御衆爲賢乎」，下文「以敏於筆，文墨兩集爲賢乎」、「以敏於賦頌，爲弘麗之文爲賢乎」、「以清節自守，不降志辱身爲賢乎」，凡十一問，皆有「以」字，以領起全句。此獨否者，明爲脱誤。

太史公序累，以湯爲酷。

盼遂按：「太史公序累」五字，疑爲太史公《史記》之别名。《道虚》篇云：「太史公記誄五帝，亦云黄帝封禪已仙去。」是又名《史記》爲《太史公記誄》矣。「累」與「誄」古字通假。惟《超奇》、《案書》、《對作》等篇，則又作《太史公書》，亦不一致。

子貢讓而止善，子路受而觀德。

盼遂按：二語出《淮南子·齊俗訓》。

夫内非外餝是，世以爲賢。

盼遂按：「餝」字涉上文「内非而外以才能餝之」致衍。下文「夫内是外無以自表者，衆亦以爲不肖矣」，此「外是」與彼「内是」爲對文。

如正是之言出，堂之人皆有正是之知。

盼遂按：「堂」下疑脱一「室」字。此承上文《管子》「滿堂」、「滿室」而言。下文又言「君子言之，堂室安能滿」，皆「堂室」連言。

如非正是，人之乖刺異，安得爲滿。

盼遂按：「異」字疑出衍文，或即「乖刺」之傍注而誤入也。「如非正是」者，指言説，《易·繫辭》：「子曰：『君子居其室，出其言不善，則千里之外違之。况其邇者乎！』」與論義正同。

正説

至孝宣皇帝之時，河内女子發老屋，得逸《易》、《禮》、《尚書》各一篇。

盼遂按：《隋書·經籍志》云：「及秦焚書，《周易》獨以卜筮得存，唯失《説卦》三篇。」知論所云「逸《易》」者，即今《説卦》三篇也。唯《論衡》云「一篇」，《隋志》作「三篇」，不同者，蓋《説卦》本合《序卦》、《雜卦》而爲一篇，故韓康伯注本及唐石經仍以《説卦》、《序卦》、《雜卦》爲一卷。後人猥稱爲三篇，實不足究。逸《書》一篇，則自來認爲《太誓》，《隋書·經籍志》及《經典釋文序録》皆明言之，可云無疑。惟逸《禮》一篇，究不能知爲某本某章，姑存疑而已。

至孝景皇帝時，魯共王壞孔子教授堂以爲殿。

盼遂按：「孝景皇帝」爲「孝武皇帝」之誤。《案書》篇亦云「孝武皇帝時，魯共王壞孔子教授堂以爲宮」，決此「景」字爲誤。

徵爲古文《尚書》學。東海張霸。

盼遂按：《漢書·儒林傳》及《經典釋文序録》並作「東萊張霸」。考東萊郡與東海郡非一地，疑《論衡》誤也。

秦始皇二十四年，置酒咸陽宮。

盼遂按：「二十四年」宜依《史記·秦始皇本紀》改作「三十四年」。

有敢藏諸書百家語者，刑。

盼遂按：《史記·秦始皇本紀》云：「非博士官所職，天下敢有藏《詩》、《書》百家語者，悉詣守尉雜燒之。」明此作「諸書」爲誤，宜據改。

五經皆燔，非獨諸家之書也。

盼遂按：「諸家」爲「詩家」之誤。上文「或言秦燔《詩》、《書》者，燔《詩經》之書也，其經不燔焉」，此正詰難其説，故專言「詩家之書」也。

見言詩書，則獨謂經謂之書矣。

盼遂按：次「謂」字爲「詩」字之誤，而又與「經」字互倒。此文本爲「見言詩書，則獨謂《詩經》之書矣」。蓋此段專駁或人秦焚《詩經》之言，應與上文相照也。

或説《尚書》二十九篇者，法曰斗七宿也。四七二十八篇，其一曰斗矣。

盼遂按：上「曰」字當爲「四」字之誤，而又與「斗」字互倒。《孔叢子·連叢上·孔臧與侍中從弟安國書》云：「且曩所謂今學，亦多所不信。唯聞《尚書》二十八篇，取象二十八宿，謂爲至然也。《河圖》、《洛書》乃自百篇耶？」是《太誓》未出以前，《尚書》學通以二十八篇法四七宿矣。

夫經之有篇也，猶有章句。有章句也。

盼遂按：上「章句」二字疑爲「意也」之誤，本爲「猶有意也，有章句也」，故下文申之曰：「文字有意以立句，句有數以連章，章有體以成篇。」證此「章」當爲「意」之誤矣。

或説《春秋》二百四十二年者，上壽九十，中壽八十，下壽七十。孔子據中壽三世而作，三八二十四，故二百四十年也。又説爲赤制之中數也。

盼遂按：揚子《法言·孝至》篇：「漢興二百一十載而中天，其庶矣乎！」説者謂子雲豫知漢祚應享四百五十二歲，故云「二百一十載而中天」。仲任引《春秋》説二百四十二年，爲赤制之中數，意其時緯候之學必盛此種傳説。又《後漢書·公孫述傳》：「述夢人語之曰：『八厶子系，十二爲期。』」亦好爲符命鬼神瑞應之事，妄引讖記，以爲孔子作《春秋》爲赤制，而斷十二公，明漢至赤帝十二代，歷數盡也，一姓不得再受命。是《論衡》所引《春秋》赤制中數之説，必本於符命讖記之事矣。

夫春秋實及言夏。

盼遂按：「及」疑當爲「冬」之誤字，古「冬」與「及」字形極近。「冬」與「言」又互倒。

秦起於秦，漢興於漢中，故曰猶秦、漢。

盼遂按：「猶」字疑涉上下文多「猶」字而衍。

猶王莽從新都侯起，故曰亡新。

盼遂按：「亡新」非莽初起之稱，此後漢人沿習已久，仲任語焉不察爾。

聖成事，舜難知佞。

盼遂按：「聖」衍字。成事，猶故事也，論中不少概見。

書解

愚傑不別，須文以立折。

盼遂按：「折」疑當作「析」，形近而誤。「析」與「别」文意相應。

使孔子得王，《春秋》不作；長卿、子雲爲相，《賦》、《玄》不工籍。

盼遂按：「籍」字疑當在句首「使」字上，籍亦使也。鈔胥誤置於此，亟宜更正。

思有所至，有身不暇徇也。

盼遂按：下「有」字錯簡，本作「身有不暇徇」也。

人委其篇章，專爲攻治。

盼遂按：「攻」當爲「政」之誤，《案書》篇「劉子政」作「劉子攻」，誤與此同。「政治」本連文，《無形》篇「物之變隨氣，若應政治」即一例矣。

如不作書，猶蒙此章。章之禍人，古今違屬。

盼遂按：二「章」字疑皆當爲「辜」字之誤。「違屬」疑當爲「連屬」，亦形似之誤。此文本作「如不作書，猶蒙此辜。辜之禍人，古今連屬」。

及非之死，李斯如奇，非以著作才極，不能復有爲也。

盼遂按：「如」當爲「始」之譌脱。

古今作書者非一，各穿鑿夫經之實傳，違聖人之質。

盼遂按：「夫」當爲「失」之脱壞。「傳」疑當在「經」之下，此文本爲「各穿鑿失經傳之實，違聖人之質」。

伏生之休，抱經深藏。

盼遂按：「休」當爲「徒」之壞字。伏生之徒，謂張蒼、申公、田何諸人是矣。

師師相傳，初爲章句者，非通覽之人也。

盼遂按：「初」疑當爲「仍」之形誤。既言「師師相傳」，不得云「初爲章句」。上文譏「説章句者，不知求解扣明」，此云「師師」，即章句師也。

案　書

劉子政玩弄《左氏》，童僕妻子皆呻吟之。

盼遂按：此二語本於桓譚《新論》。馬總《意林》引《新論》云：「劉子政、子駿、子駿兄弟子伯玉，俱是通人，尤重《左氏》。教授子孫，下至婦女，無不讀誦，此亦蔽也。」仲任正本斯文。又按：子政習《左氏傳》，《漢書·劉向傳》所不載，唯言向治《穀梁》學而已。恐傳出自其子子駿之意，故削去《左氏》之學。君山之言，或反屬實録也。

陳元言訥，范叔章詘。

盼遂按：「訥」疑當爲「納」，涉上「言」字而誤。《後漢書·陳元傳》：「建武初，時議欲立《左氏傳》博士。范升奏，以爲《左氏》淺末不宜立。元詣闕上疏争之。書奏，下其議。范升復與元相辯難，凡十餘上。帝卒立《左氏》學，太常選博士四人，元爲第一。帝以元新忿争，乃用其次司隸從事李封。」此論所謂「陳元言納，范叔章詘」之事也。言納者，言見采納也。

言多怪，頗與孔子不語怪力相違返也。

盼遂按：「返」本爲「反」，涉「違」字而誤沾「辵」也。

然則《左氏》、《國語》，世儒之實書也。

盼遂按：「實書」疑當作「寶書」，古稱良史爲寶書。

張儀與蘇秦同時，蘇秦之死，儀固知之。

盼遂按：《史記·張儀傳》：「儀説楚王曰：『蘇秦與燕王謀破齊，入齊，齊王大怒，車裂蘇秦於市。』」是儀所説與《蘇秦傳》齊大夫爭寵而刺秦者，殊遠矣。

儀知各審。

盼遂按：章士釗云：「『各』當爲『秦』之誤字。」

文術之咸銘。

盼遂按：咸銘者，函銘也。枕函、杖函、劍函，皆可謂之咸矣。《周禮·秋官》「伊耆氏」：「掌國之大祭祀，共其杖咸。」鄭玄注：「咸，讀爲函。老臣杖於朝，有司以此函藏之。」此「咸銘」即「函銘」之説也。昔武王有帶銘、杖銘，《大戴禮記·踐阼》篇。後漢李尤有《經襓銘》、《藝文類聚》五十五引。《匱匣銘》，《太平御覽》七百十四引。與「咸銘」之意尤近。或謂「咸」爲「箴」之壞體，不如此不破字之爲愈也。

今尚書郎班固，蘭臺令楊終、傅毅之徒。

盼遂按：「令」下疑當有「史」字。蘭臺令爲長吏，史則其屬員，未可混而一之也。《後漢書·楊終傳》：「徵詣蘭臺，拜校書郎。」《傅毅傳》：「建初中，以毅爲蘭臺令史，拜郎中，與班固、賈逵共典校書。」二人皆未嘗爲蘭臺令也。

六略之録，萬三千篇。

盼遂按：《漢書·藝文志》云：「大凡書，六略三十八種，五百九十六家，萬三千二百六十九卷。」然嘗實考算之，得一萬二千九百九十四篇，則仲任所説「萬三千篇」之數，較相近也。

對作

聖人作經，藝者傳記，匡濟薄俗，驅民使之歸實誠也。

盼遂按：「者」當爲「著」之形殘。「著傳記」與「作經藝」對文。「匡濟薄俗」以下，所以言其效也。

故采求豪毛之善，貶纖介之惡。

盼遂按：「求」字涉「采」字形近而衍。

退則稱論貶説，以覺失俗。俗也不知還，則立道輕爲非。

盼遂按：「也」字疑當在第一「俗」字下，其第二「俗」字屬下句讀。文本爲「退則稱論貶説，以覺失俗也。俗不知還，則立道輕爲非」。

華文放流，則實事不見用。

盼遂按：「華文」下當有「不」字，今脱。上句「虚妄之語不黜，則華文不見息」，與此句爲駢偶也。

惻怛發心，恐士之危也。

盼遂按：「士」爲「上」之誤字。《幸遇》篇紀此事云：「衛之驂乘者，見御者之過，從後呼車，有救危之義」，「呼車恐君之危，仁惠之情俱發於心」。彼云「君」與此云「上」，文義正同。

故爲《論衡》。文露而旨直，辭姦而情實。

盼遂按：「姦」與「露」、「直」、「實」同列，則「姦」非惡詞。下文「被棺斂者不省」、「奉送藏者不約」、「爲明器者不姦」，又以「姦」與「約」、「省」同用。《自紀》篇「言姦辭簡，指趣妙遠」，又以「姦」與「簡」同用，然則「姦」殆即簡約直實、言無華澤之意矣。

今作書者，猶書奏記。

盼遂按：「猶」下疑脱一「上」字。上句「上書奏記，陳列便宜，皆欲輔政」，以「上書奏記」四字爲詞，此承疊其文也。

夫上書謂之奏奏記，轉易其名謂之書。

盼遂按：二「奏」字蓋衍其一。「奏記」句絶。

記謂之造作，上書上書奏記是作也。

盼遂按：「上書」二字誤重，當删去其一。

孔子曰：「詩人疾之不能默，丘疾之不能伏。」

盼遂按：此二語見桓寬《鹽鐵論·相刺》篇。

四海之外，有若天下者九州。

盼遂按：「州」字疑涉上句之尾「州」字而衍。

伯余之衣，以辟寒暑。

盼遂按：《淮南子·氾論訓》：「伯余之作衣也。」高注：「伯余，黄帝臣。」引《世本》曰：「伯余制衣裳。」

雖作無害也。雖無害，何補？

盼遂按：二語間有脫文，文義不相承。

《論衡》實事疾妄，《齊世》、《宣漢》、《恢國》、《驗符》、《盛褒》、《須頌》之言。

盼遂按：《盛褒》今無可考。惟《盛褒》名義與《須頌》爲偶，蓋亦姊妹篇之亡佚者。《能聖》、《實聖》，姊妹篇之全佚者。《須頌》篇説。《答佞》、《覺佞》，同見《答佞》篇，今《覺佞》無考，此姊妹篇之偏佚者。

自紀

王充者，會稽上虞人也。一姓孫。

盼遂按：《漢書·百官公卿表》：「元帝初元三年丞相司直南郡李延壽。」《蕭望之傳》有「丞相司直緐延壽」，是李延壽一姓緐。一人二姓，殆兩京時有此風尚歟？

末復與豪家丁伯等結怨。

盼遂按：孫氏《札迻》校云：「元本『末』作『本』，疑當爲『卒』之誤。」孫校非也。「末」字不誤，末者，對上在會稽「横道傷殺」、在錢唐「任氣滋甚」爲言，故云「末」，以言後日之事也。

俗材因其微過，蜚條陷之。

盼遂按：《後漢書·宦者傳》：「競欲咀嚼，造作飛條。」章懷太子注：「飛條，飛書也。」按：殆如今世之匿名信、明季之没名揭帖矣。

爲司空相國，無説豫之色。

盼遂按：《史記·孔子世家》：「魯定公時，孔子由中都宰爲司空，由司空爲大司寇，十年春及齊平，孔子攝相事。」此仲任所謂「司空相國」之事也。

以聖典而示小雅，以雅言而説丘野。

盼遂按：「小雅」之「雅」，古衹作「牙」，小兒之稱也。《後漢書·崔駰傳》云：「甘羅以童牙而報趙。」章懷太子注：「童牙，謂幼小也。」後加「子」旁作「犽」，《集韻》：「吴人呼赤子曰犽子。」「牙」與「吾」古同音，故古籍亦作「吾子」，《管子·海王》篇：「吾子食鹽二升少半。」房玄齡注：「吾子，謂小男小女也。」今中國江淮之域尚多呼小兒爲「小牙」者。《論衡》之「小雅」，自係當時之習語矣。

賢聖銓材之所宜，故文能爲深淺之差。

盼遂按：「銓」當爲「輇」，形近之誤。猶下文「詮訂」之譌爲「銓釘」也。輇者，《説文·車部》云：「輇，蕃車下庳輪也。」由庳輪引申爲凡庳小之義，《莊子·外物》篇：「而後世輇人諷説之徒。」輇人，謂小人也。論以「輇材」與「賢聖」相對，故下文云有「深淺之差」。

豈材有淺極，不能爲覆。

盼遂按：「覆」上疑脱一「深」字。下文「玉隱石間，珠匿魚腹，故爲深覆」，此「深覆」連文之證，而又上承此文，明此文爲脱誤矣。

及玉色剖於石心，珠光出於魚腹，其隱乎猶？

盼遂按：「其隱乎猶」當是「其猶隱乎」之誤倒。

及出荴露，猶玉剖珠出乎！

盼遂按：「抉」字不見於字書，疑爲「柭」字之誤。「柭露」者，顯著之義。

醜垢重襲而覆部。

盼遂按：章士釗云：「覆部，駢詞。『部』古通作『蔀』，《易·豐卦》：『豐其蔀。』王弼注：『蔀覆，障礙光明之物也。』此『覆部』與《易》注同意。」

賢者欣頌，愚者逃頓。

盼遂按：章士釗云：「『逃頓』即『逃遯』。本書『遯』字、『鈍』字均以『頓』爲之。」

今新書既在論譬，説俗爲戾。

盼遂按：「爲」疑當是「譌」或「僞」之形殘。

蓋寡言無多，而華文無寡。

盼遂按：「寡」當是「要」之形誤。「要言無多」者，與「華文無寡」爲對文，猶何晏贊管輅曰「可謂要言不煩」之意矣。

蓋文多勝寡，財寡愈貧。

盼遂按：次「寡」字當爲「富」字之誤。《太平御覽》卷六百二引《論衡》作「文衆勝寡，財富愈貧」，尚屬未誤之本。

按古太公望，近董仲舒，傳作書篇百有餘。

盼遂按：《漢書·藝文志》「道家」：「太公二百三十七篇。」「儒家」：「董仲舒一百二十三篇。」

吾書亦纔出百，而云泰多。

盼遂按：《論衡》今存八十五篇，《招致》一篇有録無書。今云「吾書出百」，而《佚文》篇亦云「《論衡》篇以百數」，「百」今本譌爲「十」，絶不合於情實。蓋不計佚篇，《論衡》已出八十矣。此其佚篇最少亦應在十五以上矣。今考《論衡》佚篇見於本書中者，有《覺佞》篇，《答佞》篇「故《覺佞》之篇曰」云云。有《能聖》篇，有《實聖》篇，《須頌》篇云：「《能聖》、《實聖》所以興也。」有《盛褒》篇。《對作》篇云：「《論衡》實事疾妄，《齊世》、《宣漢》、《恢國》、《驗符》、《盛褒》、《須頌》之言，無誹謗之辭。」《齊世》等五篇見存論中，則《盛褒》爲篇名無疑。又《酉陽雜俎》卷十「石駝溺」條云：「拘夷國北山有石駝溺，水溺下，以金銀銅鐵瓦木等器盛之皆漏，以掌盛之亦透，唯瓢不漏。服之令人身上臭毛落盡，得仙。出《論衡》。」考此段文義，似仍出於上舉五篇之外，則《論衡》佚篇，其多可見。仲任所云「吾書數纔出百」及云「篇以百數」，蓋皆信史，非妄語也。

文孰常在，有以放賢。

盼遂按：章士釗云：「『孰』疑當爲『族』，聲之誤也。『孰』與『族』疊韻。」今按：章説「孰」爲「族」誤，是也。至謂本於疊韻，則非也。《廣韻》「族」、「孰」雖同在入聲一屋，然聲疊韻相借，古籍罕見，毋寧謂本於雙聲。「族」爲昨木切，「孰」爲殊六切，同爲齒音，故得相假。

母驪犢騂，無害犧牲。

盼遂按：「母驪犢騂」一語蓋本《論語》「犂牛之子騂且角」，惟「犂」作「驪」，與何晏所據本異。皇侃疏：「犂或音梨。謂耕牛。」陸氏《釋文》：「犂，又力兮反。耕犂之牛也。」不破字之説也。若何注「犂，雜文」，則與仲任之意符矣。

充以元和三年徙家辟，詣揚州部丹陽、九江、廬江。後入爲治中。

盼遂按：馬總《意林》引作：「充章和二年徙家避難。」《太平御覽》六百二引作：「充以章和二年徙家避難揚州丹陽，入爲治中。」據二書，則「辟」下應有「難」字，宜補入。唯「元和三年」作「章和二年」，則非是。下文云：「歷年寢廢。章和二年，罷州家居。」元和三年至章和二年凡歷三載，故云「歷年」。若既亦章和二年，安得歷年復至章和二年耶？此亦文理所不許。故決《意林》、《御覽》爲誤也。

章和二年，罷州家居。

盼遂按：《御覽》引作「章和三年」，非是。考漢章帝章和止二年，無三年。此緣《御覽》既譌「元和三年」爲「章和二年」，則不得不改此爲三年。

曆數冉冉，庚辛域際。

盼遂按：庚辛者，和帝永元十二年庚子，十三年辛丑，時王君年七十四五。蓋章和二年，王君年漸七十。明此「庚辛」當和帝晚年矣。

乃作養性之書，凡十六篇。

盼遂按：《意林》引作「六十篇」，非也。

適食則酒。

盼遂按：「則」當爲「節」，聲之誤也。古「則」與「即」同聲通用。

（原載《國立北平圖書館館刊》第八卷第五、第六號，國立北平圖書館館刊編輯部一九三四年九月、十二月出版）

附：論衡校箋中之短書

余於八年前，讀王充《論衡》，遇疑難之處，偶有所得，隨時劄記，凡得數百事，名曰「論衡校箋」。原非愜心之作，前年秋，《國立北平圖書館館刊》索載此稿。予因累年茵輯，復成《集解》三十二卷。因以劄記草藁付印。繆戾之處，知所難免。然從大體觀之，似亦謹勑平妥。姑舉《書虛》篇本文云：

世信虛妄之書，以爲載於竹帛上者，皆賢聖所傳，無不然之事，故信而是之，諷而讀之。睹真是之傳與虛妄之書相違，則並謂短書不可信用。

《校箋》摘出「則並謂短書不可信用」九字爲題而釋之曰：

盼遂按：此云「短書」者，世俗以真是之傳爲短書也。

今按：《校箋》語誠傷於太簡，今再爲引繹之：本篇「短書」云者，兩漢人用以加於不重要之稗官俗說之稱也，其義意頗不莊敬。東漢世俗則以真是之書與聖賢所傳虛妄之書相違，遂斥之爲「短書」，並謂「短書不可信用」。此仲任之所由奮筆也。然再考短書名義之淵源，本由於秦漢前竹簡長短制。王靜安師《簡牘檢署考》說之甚詳。然時當西漢之末，本義用者漸少，而寖假用以名拙短之書。如桓譚《新論》云：

若其小説家，合諸叢殘小語，近取譬論，以作短書。清修《佩文韻府》六《漁韻》引《新論》，未注轉引所出，然必自有本。

王充於桓譚，故極度欽仰，《論衡》中往往采其術語。愚意《書虛》之短書，同桓氏所云云，與《謝短》篇所云之「尺籍短書」，迥不侔矣。《校箋》中「此云」二字，所以別於他篇之説，亦以恐誤以「不可信用」四字，爲王充意向也。又意漢人之稱「短書」，蓋亦猶今人之説「小冊子」矣。小冊子原爲書本尺度之削小者，嗣則轉而爲鄙夷内容之辭，實非小册子之朔誼矣。

《燕京學報》第十九期《出版消息》，介紹許維遹《吕氏春秋集釋》，涉及《論衡校箋》，似有誤會之處，略辯之如右。

（原載天津《大公報·圖書副刊》第一七〇期，一九三七年二月二十五日）

天問校箋

冥昭瞢闇，誰能極之？

王逸《章句》：「言日月晝夜，清濁晦明，誰能極知之？」

盼遂按：自「遂古之初」至「何本何化」凡六韻，皆言混沌未辟時景象，惡有所謂清明者？此「昭」字自屬「昒」之誤字。昒，《説文》：「尚冥也。」與「昧」古通用。故「冥昒瞢闇」四字爲平列詞矣。

馮翼惟像，何以識之？

王逸《章句》：「天地既分，陰陽運轉，馮馮翼翼，何以識其形像乎？」

盼遂按：《淮南子·天文訓》：「天地未形，馮馮翼翼，洞洞屬屬。」高誘注云：「馮翼、洞屬，無形之貌。」《廣雅·釋訓》：「馮馮翼翼，元氣也。」皆謂「馮翼」爲大氣瀰漫，無形可指。此文「馮翼惟像」，「惟」疑「未」之聲誤，蓋「惟」與「未」古雙聲復叠韻也。

陰陽三合，何本何化？

王逸《章句》：「天、地、人三合成德，其本始何化所生乎？」

盼遂按：三，讀爲參，古「三」、「參」通用。《詩·唐風·綢繆》：「三星在天。」《毛傳》：「三星，參也。」《考工記》「弓人」：「有三均。」鄭注：「有三，讀爲又參。」《廣雅·釋言》：「參，三也。」皆其證。「陰陽參合，何本何化」者，謂天地未分之時，陰陽壹壺，迄無分際，將以何者爲本根，何者爲化生乎？與天、地、人之事尚遠逴不相及也。王氏所説失之。

圜則九重，孰營度之？

盼遂按：《説文》：「營，帀居也。」「帀」有圜意，故「⿱𤇾气」爲回飛，「罃」爲長頸瓶，「⿱𤇾車」爲車輮規，「⿱𤇾瓜」爲小瓜，「縈」爲收絭，皆與「營」同意。《説文》「厶」字説解引《韓非》曰：「蒼頡作字，自營爲厶。」今《韓非·五蠹》篇作「自環者謂之私」。故「營」古與「環」通矣。天圜而九重，故須環回以度之。洪氏《補注》謂：「營，經營也。」遠失之矣。

厥利維何，而顧菟在腹？

盼遂按：王逸《章句》謂：「月中有菟，何所貪利，居月之腹，而顧望乎？」此説非也。顧菟，叠韻連綿字。梁簡文帝《十空》六首《水月》詩云「非關顧菟没，豈是桂枝浮」，以「桂枝」偶「顧菟」；唐李商隱詩「玉輪顧菟初生魄，鐵網珊瑚未有枝」，以「珊瑚」對「顧菟」，蓋同知其爲駢字矣。

又按：月中顧菟之説，始於戰國，至兩漢而極盛。今山東孝堂山石刻象之第八石，刻月中有菟，並織女之狀。少室神道闕刻圓月一輪，中有玄兔，臨臼擣藥，旁有蟾蜍，一尾四足。此二石刻，皆漢時物。《補注》止引張衡《靈憲》之説，而不知劉向《五經通義》已早有是語矣。《藝文類聚》卷一引。

焉有虬龍，負熊以遊？雄虺九首，儵忽焉在？何所不死？長人何守？

盼遂按：此段以「遊」、「在」、「守」爲韻。戰國時之咍韻多轉讀如幽尤韻。如「有」、「母」、「婦」、「久」、「尤」、「又」、「牛」、「丘」諸字甚顯。今試一檢《老子》與《易·繫辭》諸書，可以見其流迤之迹。至若「在」字當爾時或竟讀如「湫」矣，特「母」、「婦」諸字轉入幽韻，終古不返。「在」字則漢世已歸本部，故後學多不之悟，於《天問》此處用韻，遂多野説矣。

靡蓱九衢，枲華安居？

盼遂按：《九歌・大司命》：「折疏麻兮瑶華。」《補注》引謝靈運詩注：「瑶華，麻花也。其色白，故比於瑶。」又引江淹詩：「疏華竟無陳。」李善云：「疏華，瑶華也。」今按：「疏華」、「瑶華」皆謂疏麻之華也。麻，一名枲，故疏麻之華又名枲華矣。王逸注《九歌》云：「疏麻，神麻也。」枲華爲神麻，故問其安居。黨如王注，則家園所植，又何問焉？

閔妃匹合，厥身是繼。胡維嗜不同味，而快鼂飽？

盼遂按：《天問》一篇韻頗謹嚴，此處「繼」與「飽」不韻，且「繼」在脂齊部，「飽」在蕭豪部，亦無合韻之理。疑「繼」爲「紹」之誤字，王逸注云「禹所以憂無妃匹者，欲爲身立繼嗣也」，「繼嗣」二字正釋「紹」字。後人因注文而誤改正文，遂失其韻矣。

啓代益作后，卒然離蠥。

王逸《章句》：「言禹以天下禪與益，益避啓於箕山之陽。天下皆去益而歸啓以爲君，益卒不得立，故曰遭憂也。」《補注》曰：「有扈氏與夏同姓，啓繼禹以有天下，有扈不服，大戰於甘，故曰『卒然離蠥』。」

盼遂按：《晉書・束皙傳》稱《竹書紀年》云：「益干啓位，啓殺之。」此文蓋言其事矣。既曰干位，必天下訟獄謳歌歸啓之後。啓既正位爲君，而益或以奸謀或以强力，謀篡奪之。故屈子曰，啓既代益作后，卒乃遭不幸之事，而强族有篡奪之行也。

何啓惟憂，而能拘是達？

王逸《章句》：「言天下所以去益就啓者，以其能憂思道德，而通其拘隔。拘隔者，謂有扈氏叛啓，啓率六師以伐之也。」

盼遂按：「惟」乃「罹」之借，「惟憂」猶「離蠥」也。真本《竹書紀年》稱：「伊尹放太甲於桐，乃自立也。伊尹即位，放太甲七年，太甲潛出自桐，殺伊尹。」杜預《春秋經傳集解》後序引。想益之干啓，啓之違難，亦應若是。故云啓既被幽囚，何以能於桎梏之中，而得以自達於外乎？

皆歸䠶鞫，而無害厥躬。

王逸《章句》：「言有扈氏所行皆歸於窮惡，故啓誅之，長無害於其身也。」

盼遂按：「䠶鞫」無理，「鞫」當是「箙」之誤字。《說文》「鞫」之古文作「[illegible]」。「箙」所從之「服」，古文作𦨈，是「箙」之古文得作[illegible]。故「箙」以形近而譌爲「鞫」矣。《說文》：「箙，弩矢箙也。」「皆歸䠶箙」者，乃言益之家臣，當啓來攻時，皆納款於啓，委弓矢而不發，弗忍加害於共主也。魯季氏之攻昭公，「公徒釋甲執冰而踞」。《左傳·昭公二十五年》文。冰者，櫝丸，即䠶箙也。與此事尤相似矣。王氏以有扈爲說，失之迂遠。若洪氏《補注》云：「此言啓之所爲，皆歸於中理而窮情，夫孰能害之者？」亦非其情實也。

何后益作革，而禹播降？

王逸《章句》：「言啓所以能變更益而代益爲君者，以禹平治水土，百姓得下種百穀，故思歸啓也。」

盼遂按：「作」讀爲「祚」，聲相同也。此言啓既殺益，則后益之祿命中絕，而禹之胤裔永散布流傳於無窮爾。自「啓代益作后」至此凡四韻，總叙益干啓位，啓殺益之事。條理明晰，秩秩不紊。而歷來諸家皆就有扈之戰爲言，文外生枝，緟貤悂繆。今據真本《紀年》解之，而後犁然理解，霍然塙斯，黨亦治文學者所稱快歟？

帝降夷羿，革孼夏民？

王逸《章句》：「帝，天帝也。夷羿，諸侯，弑夏后相者也。革，更也。孽，憂也。言羿弑夏家，居天子之位，荒淫田獵，變更夏道，爲萬民憂患。」

盼遂按：《左傳·襄公四年》：「魏絳曰：『昔有夏之方衰也，后羿自鉏遷於窮石，因夏民以代夏政，恃其射也。』」恃射以因夏民，故謂之「革孽」矣。

胡䠶夫河伯，而妻彼雒嬪？

王逸《章句》：「胡，何也。雒嬪，水神，謂宓妃也。傳曰：『河伯化爲白龍，遊於水旁，羿見䠶之，眇其左目。河伯上訴天帝曰：「爲我殺羿。」天帝曰：「爾何故得見䠶？」河伯曰：「我時化爲白龍出遊。」天帝曰：「使汝深守神靈，羿何從得犯也。汝今爲蟲獸，當爲人所䠶，固其宜也。羿何罪歟？」羿又夢與雒水神宓妃交接也。』」

盼遂按：河伯，斥伯封言。雒嬪，即伯封之母、后夔之妻，名玄妻，又作眩妻，而浞所貪之純狐氏也。《左傳·昭公二十八年》：「昔有仍氏生女，黰黑而甚美，光可以鑑，名曰玄妻。樂正后夔取之，生伯封，實有豕心，謂之封豕。有窮后羿滅之，夔是以不祀。」《襄公四年》又云：「浞因羿室，生澆及豷。」《離騷》云：「羿淫遊以佚田兮，又好射夫封狐。固亂流其鮮終兮，浞又貪夫厥家。」《天問》云「浞娶純狐，眩妻爰謀」，歷來解者皆云，純狐，羿之室，而浞蒸之者也。然則浞取羿之妻純狐氏名眩妻，而羿所殺封豕之母亦名玄妻，故知爲一人矣。《路史·後紀》十三注：「雒嬪，蓋有雒氏之女也。注以爲宓妃，妄矣。」是羅氏亦以王注爲不然矣。

馮珧利決，封豨是䠶。何獻蒸肉之膏，而后帝不若？

王逸《章句》：「馮，挾也。珧，弓名也。決，䠶韝也。封豨，神獸也。言羿不循道德，而挾弓䠶韝獵捕神獸，以快其情也。蒸，祭也。后帝，天帝也。若，順也。言羿獵䠶封豨，以其肉膏祭天帝。天帝猶不順羿之所爲也。」

盼遂按：封豨，即封豕，謂羿所殺后夔之子伯封也。蒸肉之膏，謂羿被烹事也。《左傳·襄公四年》：「羿猶不悛，將歸自田，家衆殺而烹之，以食其子。其子不忍食諸，死於窮門。」此言羿以「馮珧利決」，而伯封是殺矣。何以其後見弑於桃棓，蒸肉作膏以食后帝，而后帝不從乎？「后帝」者，謂羿之世子也。《説文》：「后，繼體君也。」羿固代夏后氏有天下，故其嗣得稱「后帝」矣。《路史·後紀》十三注引史傳：「堯有封豨，羿射之於桑林，夔子封豕是也。說者俱以爲豚豬，殊爲寡理。」今按：羅氏之解「封豨」是也。解者皆習《離騷》「封狐」之辭，故眯目於真詮矣。

浞娶純狐，眩妻爰謀。何羿之鉃革，而交吞揆之？

王逸《章句》：「浞，羿相也。爰，於也。眩，惑也。言浞娶於純狐氏女，眩惑愛之，遂與浞謀殺羿也。吞，滅也。揆，度也。言羿好鉃獵，不恤政事法度，浞交接國中，布恩施德，而吞滅之也。」

盼遂按：眩妻，即玄妻，即羿之室也，已詳上文。《左傳·襄公四年》記浞謀羿之事云：「寒浞，伯明氏之讒子弟也。夷羿收之，信而使之，以爲己相。浞行媚於內，而施賂於外，愚弄其民。」杜預注：「內，宫人也。」殆即謂純狐氏矣。此文謂寒浞謀於純狐玄妻，雖羿抱貫革之技，而玄妻卻交浞以術而吞揆之也。與《左氏》所云「浞媚於內」者，全脗合矣。後世伊尹結於妺喜以傾夏，散宜生暱於妲己以覆商，蓋亦浞之故智也。「交」與「教」古同音通用，古樂府《讀曲歌》：「本自無此意，誰交郎舉前。視儂轉邁邁，不復來時言。」又云：「誰交强纏綿，常持罷作慮。作生隱藕葉，蓮儂在何處。」《烏夜啼》古辭云：「籠窗窗不開，蕩户户不動。歡下葳蕤鑰，交儂那得往。」此三「交」字皆今「教」字，是其證也。

天式從横，陽離爰死。大鳥何鳴，夫焉喪厥體？

王逸《章句》：「言天法有善陰陽從横之道，人失陽氣則死也。」

盼遂按：「式」爲「弑」之壞字。古通謂殺爲弑，如「魯昭公將弑季氏」；《公羊傳·昭二十五年》。而弑古亦稱殺，如「齊公子商人殺其君舍」，《穀梁經·文公十四年》。故「天式」即「天弑」，「天弑」猶「天殺」矣。陽離，殆即漢人所謂之「長離」，司馬相如《大人賦》：「前長離而後矞皇。」顔師古注：「長離，靈鳥也。」張衡《思玄賦》：「前長離使拂羽兮。」李賢注：「即鳳也。」靈鳥與鳳皆爲大鳥。屈子駭於王子僑之被弑於弟子，而化爲大鳥飛去，故復以「大鳥何鳴」問陽離之死，「焉喪厥體」問天式之從横也。

女歧縫裳，而館同爰止。

盼遂按：「同」即「通」，爲旁淫之本字。《説文》：「同，合會也。從冃從口。」按「冃」象青帳蒙覆，「口」象男女根器，與「合」字同意。「合」亦「男女覯精」之本字也。《山海經·海内經》：「伯陵同吴權之妻阿女緣婦。」注：「同，猶通也。」《急就篇》：「沐浴揃搣寡合同。」皆其證矣。《天問》之「館同」，猶《皋陶謨》之「堋淫」，同一文法，後之解者多失之。王注：「言女歧與澆淫佚，爲之縫裳，於是共舍而宿止也。」訓「同」爲共，非朔義也。

湯謀易旅，何以厚之？覆舟斟尋，何道取之？

王逸《章句》：「湯，殷王也。旅，衆也。言成湯欲變易夏衆，使之從己。」

盼遂按：此文前後皆言少康中興事，不應中間夾入成湯一句。此「湯」字疑自「康」字之誤。緣「湯」古文作「唐」，甲骨文「唐」字，王先生釋爲「湯」。「唐」古文亦作「啺」，皆與「康」相近，故「康」轉爲「湯」矣。康謀易旅，蓋指在虞時有田一成、有衆一旅而言，故下句即述滅斟尋之事也。

桀伐蒙山，何所得焉？妹嬉何肆？湯何殛焉？

王逸《章句》：「言夏桀征伐蒙山之國，而得妹嬉。」

盼遂按：古女子多以國爲字，如鄧曼、驪姬是矣。則此「蒙」字疑亦「妹」之音轉而誤，本當作「妹山」矣。「蒙」、「昧」，古雙聲之轉。

舜閔在家，父何以鱞？

《章句》曰：「閔，憂也。言舜憂閔其家，其父頑母嚚，不爲娶婦，乃至於鱞也。」

盼遂按：王説迂甚，蓋「閔」乃「母」字之譌。「閔」之古文作[illegible]，見《汗簡》集下之一《民部》，又作[illegible]，見《説文解字·門部》，所從始即「母」字，故與「母」字易相混淆。此文本作「舜母在家，父何以鱞？」蓋舜母握登早喪，瞽瞍無妻，獨處歷年，而後更娶象母也。羅泌《路史·後記》十一自注：「或云象隨母嫁。」知瞽瞍在當時有「鱞夫」之稱，及有後妻時，而俗仍以「鱞」呼之也。

吴獲迄古，南嶽是止。

王逸《章句》云：「古，謂古公亶父也。言吴國得賢君，至古公亶父之時而遇太伯，陰讓避王季，辭之南嶽之下采藥，於是遂止而不還也。」

盼遂按：吴，即吴仲，《楚辭》於人之雙名者多摘一字爲言。《吴越春秋·吴太伯傳》：「仲雍一名吴仲，託名采藥於衡山。」「衡山」者，杜預《左傳·襄公三年》注云：「在吴興烏程縣南。」衡山爲南嶽，即通指姑蘇爲言矣。古者謂姑蘇吴之都也，晉宋人或謂之古餘，樂府《讀曲歌》：「何處分別歸，西上古餘啼。」古餘即姑胥，亦即故吴也。疑秦漢前止作古，從女者，後人沾耳。此言虞仲得至姑蘇，而棲止於南山之麓也。其不言泰伯獨言虞仲者，泰伯死而無子，虞仲立，終吴之世，吴之君長爲虞仲之苗裔，故屈子云然也。

簡狄在臺，嚳何宜？玄鳥致貽，女何喜？

盼遂按：自此至「不勝心伐帝夫誰使挑之」凡二十韻，皆述殷商之事。前此者夏后氏事，後此者周人事也。

該秉季德，厥父是臧。

王逸《章句》：「該，苞也。秉，持也。父，謂契也。季，末也。臧，善也。言湯能苞持先人之末德，修其祖父之善業，故天祐之，以爲民主也。」

盼遂按：先師王静安先生《古史新證》説此事曰：「季於卜辭中凡三見，亦殷之先公，即冥是也。《史記·殷本紀》：『相土卒，子昌若立。昌若卒，子曹圉立。曹圉卒，子冥立。冥卒，子振立。』振，《索隱》云：『《世本》作核。』卜辭謂之王亥。《楚辭·天問》云『該秉季德，厥父是臧』，又曰『恒秉季德』，則該與恒皆季之子。該即王亥，恒即王恒，皆見於卜辭，則卜辭之季，亦當王亥之父冥明矣。」

盼遂按：《天問》之「該」與「季」，亦可因此而决定矣。

胡終弊于有扈，牧夫牛羊？

王逸《章句》：「有扈，澆國名也。澆滅夏后相，相之遺腹子曰少康，後爲有仍牧正，典主牛羊，遂攻殺澆，滅有扈，復禹舊迹，祀夏配天也。」

盼遂按：王先生云：「卜辭中王亥稱高祖，又其牲用五牛、三十牛、四十牛乃至三百牛，乃祭禮之最隆者，必殷之先公先王無疑。按：《史記·殷本紀》及《三代世表》殷先祖中無王亥，惟云：『冥卒，子振立。振卒，子微立。』《索隱》：『振，《系本》作核。』《漢書·古今人表》作垓。然則《史記》之『振』，當爲『核』或『垓』之譌也。

《山海經·大荒東經》曰：『有困民國，句姓而食。有人曰王亥，兩手操鳥，方食其頭。王亥託於有易，河伯僕牛，有易殺王亥，取僕牛。』郭璞注引《竹書》曰：『殷王子亥賓於有易而淫焉，有易之君綿臣殺而放之，是故殷主甲微假師於河伯，以伐有易，克之，遂殺其君綿臣也。』此《紀年》真本郭氏隱栝之如此。今本《紀年》云：『帝泄十二年，殷侯子亥賓於有易，有易殺而放之。十六年，殷侯微以河伯之師伐有易，殺其君綿臣。』是《山海經》之『王亥』，古本《紀年》作『殷王子亥』，今本作『殷侯子亥』，又前於上甲微者一世，則爲殷之先祖冥之子、微之父無疑。卜辭作『王亥』，正與《山海經》同。又祭王亥皆以亥日，則『亥』乃其正字。《世本》作『核』，《古今人表》作『垓』，皆其通假字。《史記》作『振』，則因與『核』、『垓』二字形近而譌也。王亥之名及其事迹非徒見於《山海經》、《竹書》，周秦間人著書多能道之。《呂覽·勿躬》篇：『王冰作服牛。』按：篆文『冰』作『仌』，與『亥』字相似。『王仌』亦『王亥』之譌。《初學記》卷二十引《世本·作篇》『胲作服牛』，又《御覽》八百九十九引《世本》『鮌作服牛』，『鮌』亦『胲』之譌。《路史》注引《世本》『胲爲黄帝馬醫』，疑是宋衷注，《御覽》引宋注曰『胲，黄帝臣也，能駕牛』，又云『少昊時人』，皆漢人説不足據，實則《作篇》之『胲』，即《帝繫篇》之『核』，皆其證也。『服牛』者，即《大荒東經》之『僕牛』，古『服』、『僕』同音。《楚辭·天問》『該秉季德，厥父是臧，胡終弊于有扈，牧夫牛羊』，又曰『恒秉季德，焉得夫朴牛？』，『該』即『胲』，『有扈』即『有易』，説見下。『朴牛』亦即『服牛』。是《山海經》、《天問》、《呂覽》、《世本》皆以王亥爲始作服牛之人。蓋夏初奚仲作車，或尚以人挽之，至相土作乘馬，王亥作服牛，而車之用益廣。《管子·輕重戊》云：『殷人之王，立帛牢，服牛馬，以爲民利，而天下化之。』則周秦間王亥之傳説，胥由其有功德於天下而起也。」

盼遂按：《天問》此語，乃言王該託蔽於有易之國，而服牧牛羊爲業也。

干協時舞，何以懷之？平脅曼膚，何以肥之？

盼遂按：「協」與「平」字當互倒，「平」又「矛」字誤也。古文「平」與「矛」形甚似近。「協脅」者，上文「撰體協脅，鹿何膺之？」，蓋謂肌理之美者。此二語上述王該以歌舞誘有易之女，下述有易之女之容也。《竹書》謂「殷王子亥賓於有易而淫焉」，此問其事也。

有扈牧豎，云何而逢？擊床先出，其命何從？

盼遂按：此文蓋言有易氏之臣僕，往擠幹王亥而致之死也。逢，讀爲夆，《説文》：「夆，啎也。」《爾雅·釋訓》：「甹夆，掣曳。」郭注謂「牽拕」。

恒秉季德，焉得夫朴牛？何往營班禄，不但還來？

盼遂按：恒爲殷之先祖季之子、該之弟、上甲微之叔父，固爲王先生《殷先公先王考》中所證明矣。考殷人之制，兄終弟及，無弟則立子。故該被殺，恒遂起而繼之，有其朴牛，往營班禄以謀復仇，不但能往還自如也。

昬微遵迹，有狄不寧。

王逸《章句》：「昬，闇也。遵，循也。迹，道也。言人有循闇微之道，爲婬泆夷狄之行者，不可以安其身也。謂晉大夫解居父也。」

盼遂按：微，謂殷先祖上甲微。微一名昬，兼名之，故曰「昬微」焉。《史記·殷本紀》：「振卒，子微立。」《魯語》：「上甲微，能帥契者也，商人報焉。」故殷人之命名，多取義於十二辰或十日，然亦有取義於時者。自契以下，若昭明，若昌若，若冥，皆含朝莫晦明之意。上甲名微，殆亦取於晨光羲微，而又取於「日入三商之昬」以爲字歟？有狄，即《山海經》、《竹書》之「有易」，上文作「有扈」，乃字之誤。蓋後人多見「有扈」，少見「有易」，又同是夏時事，故改「易」爲「扈」，而繆説紛紜矣。考古「狄」、「易」二字同音通假，《説文・辵部》「逖」之古文作「逷」，《牧誓》「逖矣，西土之人」，《爾雅》郭注引作「逷矣，西土之人」，《書・多士》「離逖爾土」，《詩・大雅》「用逷蠻方」，《魯頌》「逖彼東南」，曾伯黎簠「克狄淮夷」，畢狄鐘「畢狄不龔」，此「逖」、「逷」、「狄」三字異文同義。《史記・殷本紀》之「簡逖」，《索隱》云「狄，舊本作易」，《漢書・古今人表》作「逷」，《白虎通・禮樂》篇「狄者，易也」。《管子》、《公羊傳》之「易牙」，《大戴禮》、《法言》、《論衡》作「狄牙」，是古「狄」、「易」二字通。上甲遵狄而有易不寧，是王該乃弊於有易，非弊於有扈。故知作「扈」，出淺人所妄改也。有易之國，當在大河之北，或在易水左右。蓋商之先，自冥治河，王亥遷殷，詳先師《三代地理小記》。已由商丘越大河而北，故遊牧於有易高爽之地。服牛之利，即發現於此。其後王亥見殺於有易，王恒欲復仇而未竟。迨昏微起，假師於河伯，以伐有易，克之，遂殺其君綿臣，而殷之王業實基於此，故有易不寧居矣。

何繁鳥萃棘，負子肆情？眩弟並淫，危害厥兄。何變化以作詐，後嗣而逢長？

盼遂按：此段説上甲微至主癸時事，其確解則疑不能明也。

何乞彼小臣，而吉妃是得？水濱之木，得彼小子。

王逸《章句》云：「小臣，謂伊尹也。」又云：「小子，謂伊尹。」

盼遂按：《禮經・燕禮》：「小臣戒與者。」鄭注：「小臣相君燕飲之法。」

先師王先生曰：「金器中亦多言小臣，蓋皆屬天子近幸之人，不盡爲卑屬也。故伊尹相成湯定社稷，而有小臣之名。《吕覽・尊師》『伊尹，湯之小臣』，《墨子・尚賢下》『堯有舜，舜有禹，禹有皋陶，湯有小臣』，是且以『小臣』名伊尹矣。『小子』之名，蓋亦相類。後人牽於女師割烹之説，謂小臣爲卑稱，然則吕望應稱之屠沽，井伯應謚之媵臣，必不然矣。」章太炎氏有《專制時代宰相用奴説》，宜參。

會鼂爭盟，何踐吾期？

王逸《章句》：「武王謂膠鬲曰『以甲子日至殷』，後遂以甲子日誅紂，不失期也。」

盼遂按：此文蓋用《詩·大雅·大明》篇「會朝清明」語。毛傳云：「會，甲也。」鄭箋引《牧誓》曰：「時甲子昧爽，武王朝至於商郊牧野，乃誓。」據王、毛、鄭三注，知《楚辭》與《詩》本作「甲朝」，今作「會」者，古文「甲」與「會」形似致誤也。《説文》「會」之古文作[古文字形]，「甲」之古文作[古文字形]。毛公於經文誤字，例不自破，注中詁之而已。如此文，毛意蓋謂「會」爲「甲」之誤字，而不肯如漢人「當爲」、「當作」諸法耳。惠定宇《九經古義》乃云：「甲者，一也。古皆以一爲甲，毛公以意説《詩》，故訓『會朝』爲『甲朝』。」又云：「『不崇朝而天下清明』，崇朝，終朝也。或以『甲』爲『甲子』，或爲『甲兵』，皆非毛意。」按《楚辭·哀郢》「甲之鼂吾以行」，即用《詩·大明》與《天問》中語。果如惠説，亦將爲一之朝終之朝，恐不辭矣。古者甲乙爲十日，本以刻期，其事自明，胡爲故未殺之乎？

到擊紂躬，叔旦不嘉。

王逸《章句》云：「八百諸侯不期而到，皆曰紂可伐也。」

盼遂按：「到」當爲「刀」之借字。《釋名·釋兵》：「刀，到也。」《史記·周本紀》載武王「至紂死所，下車，以輕劍擊之」。「劍」與「刀」析言有別，散言則通也。

天命反側，何罰何佑？齊桓九會，卒然身殺。

盼遂按：「何罰何佑」本爲「何佑何罰」，「罰」與「殺」泰部同韻。或謂「側」可與「佑」韻，「會」可與「殺」

韻，不須倒移，然《楚辭》韻例，咍部入聲絶不見與平聲通押。今「側」入聲，「佑」平聲，知其原不爲韻，而出於後人之誤置也。王石渠《楚辭韻譜》不收此四語，蓋亦有疑而未決歟。

又按：卒然身殺，然者，乃也。言齊桓雖以九會之雄，卒之乃至身殺也。上文「啓代益作后，卒然離蠥」，《離騷》「鮌婞直以亡身兮，「亡」借作「忘」。終然殀乎羽之野」，亦謂「終乃殀乎羽之野」也。

比干何逆，而抑沈之？雷開何順，而賜封之？

盼遂按：靈均蓋讀「封」同「風」。「風」古音在侵覃韻，故可以韻「沈」。此條實以「沈」爲本韻，「封」乃合韻也。清儒皆以之列入東冬韻，未是。

何聖人之一德，卒其異方？梅伯受醢，箕子詳狂。

王逸《章句》：「聖人，謂文王也。言文王仁聖，能純一其德，則天下異方，終皆歸之也。」

盼遂按：聖人，謂下文梅伯與箕子也。梅伯諫紂不聽，伏身受醢；箕子一諫不納，遥然行遯。此皆聖人，而所行之乖違如此，此屈子所怪問也。使如王説，則「梅伯」二語無問詞，與書例不合，未可信也。洪氏《補注》引「或曰」，略同此意，今爲發之。

稷維元子，帝何竺之？

王逸《章句》：「帝，謂天帝也。竺，厚也。后稷生而仁賢，天帝獨何以厚之乎？」

盼遂按：帝，謂帝嚳，「竺」當作「毒」，聲之誤也，如「天毒」亦作「天竺」。《説文》「毒」、「竺」同訓厚也，此二字相通之證。帝嚳毒之者，指下文「投之冰上」而言。若王氏之説，拘絞難通矣。又按：古者夫婦制度未確定時，其妻生首子時，則夫往往疑其挾他種而來，媢嫉實甚，故有殺首子之風。《史記·夏本紀》：「禹曰：『予辛壬娶塗山，癸甲生啓，予不子。』」此不以啓爲子也。《漢書·元后傳》王章上封事云：「羌胡尚殺首子，以盪腸正世。」顔師古曰：「言婦初來，所生之子或它姓。」《墨子》亦云：「越東有輆沐之國，食其長子，謂之宜弟。」知古代於元子所最毒視，不如周世之重嫡長子也。屈子生於戰代，故以后稷陋巷、平林、寒冰之置爲怪問矣。

何馮弓挾矢，殊能將之？

王逸《章句》：「言后稷長大，持大强弓，挾箭矢，桀然有殊異將相之才。」

盼遂按：此言稷爲司馬之事也。古經籍皆言稷播殖稼穡，無言其將弓矢者，惟《尚書刑德放》云：「稷爲司馬。」《詩疏》引。王充《論衡》亦曾言之，《初稟》篇曰：「棄事堯爲司馬，居稷官，故爲后稷。」《詩·魯頌·閟宫》篇鄭箋云：「后稷雖作司馬，天下猶以后稷稱焉。」據此，知《天問》所言，多爲古代所傳最古之史料矣。

伯昌號衰，秉鞭作牧。何令徹彼岐社，命有殷國？

王逸《章句》：「徹，壞也。社，土地之主也。言武王既誅紂，令壞邠岐之社，言已受天命而有殷國，因徙以爲天下之大社也。」

盼遂按：「社」當爲「土」，聲之誤也。《詩·商頌·玄鳥》「宅殷土芒芒」，《史記·三代世表》引作「殷社芒芒」，可徵二字通用。「徹彼岐土」者，於邠岐土田行徹法也。《孟子·滕文公》篇：「夏后氏五十而貢，殷人七十而助，周人百畝而徹。」趙注：「耕百畝者，徹取十畝以爲賦。」蓋文王終身都岐，武王終身都豐。文王教民徹岐田以致富强，而得受命之報，故謂之命有殷國也。若叔師之説，則武王奚必遠徹殷之岐社而就之立大社乎？況王者受命，以勝國之社爲誡社，不聞有徹壞之説也。徹法亦引申爲治田之意，《詩·大雅·公劉》「度其隰原，徹田爲糧」，《崧高》「王命召伯，徹申伯土田」，《江漢》「王命召虎，式辟四方，徹我疆土」，傳、箋皆訓「徹」爲「治」，與《天問》文義亦合。《豳風》：「徹彼桑土，綢繆牖户。」上句言治田野，下句言理宅居，皆未雨之事也。「徹彼桑土」與「徹彼岐土」，文例全同矣。乃傳曰「徹，剥也」，殊非是。

（原載《國學論叢》第二卷第一號，清華學校研究院一九二九年八月出版）

後漢書校箋

依汲古閣本

光武紀

南陽蔡陽人。

注：「南陽，郡，今鄧州縣也。蔡陽，縣，故城在今隋州棗樂陽縣西南。」

盼遂按：依注例，當是「蔡陽，縣名，屬南陽郡，今鄧州縣也」方合。

伯升又破嚴尤、陳茂於淯陽。

注：「淯陽，縣，屬南郡。」

盼遂按：注「南」下脱「陽」字。兩《漢志》淯陽同屬南陽郡。

耐罪亡命，吏以文除之。

注：「令吏爲文簿，記其姓名而除其罪，恐遂逃不歸，因失名籍。」

盼遂按：注訓「文」爲「名籍」，迂甚。詔蓋以亡命者逃竄遠方，鄉情阻閡，故吏以文檄張於關津，使之知經罪除，敢歸里也。

東夷倭奴國王遣使奉獻。

注：「倭在帶方東南大海中，依山島爲國。」

盼遂按：本書《東夷傳》云：「倭在韓東南大海中，依山島爲居。」章懷此注本之，而改「韓」爲「帶方」，使人不易知。《續漢志》：「帶方，縣，屬幽州樂浪郡。」章懷注《東夷・句驪傳》云：「帶方屬遼東郡。」亦失考。

盼遂按：紀末之論，疑非蔚宗之辭。范書《敘論》有摭自前人成篇者，章懷注屢舉之矣。蔚宗素不信讖圖，於《方術傳序》嘗訟言之。今論中所道八事，皆赤伏符之瑞應，而又浸淫永歎，若不勝神往者，則其不出於蔚宗明矣。竊疑此論成自班孟堅，《班固傳》：「固除蘭臺令史，成《世祖本紀》。」孟堅前書《高祖本紀贊》崇圖緯，推德勝，與此論立意正同。無亦中興之初，篤信祕寶，風化所靡，不得不爾邪？

明帝紀

討叛羌於允吾。

注：「在今蘭州廣武縣。」

盼遂按：「蘭」脱艸頭，唐隴西道有蘭州。

去其螟蜮，以及蟊賊。

注：「《爾雅》曰：『食苗心曰螟，食根曰蟊。』蜮，一名短狐。」

盼遂按：「蜮」爲「蟘」之借字。「蟘」從「弋」聲，與「蜮」古同喉音，且同在古韻咍部，故通用矣。明帝此詔爲勸督農耕，故汲汲以去《爾雅》所著之四蟲爲務。章懷既誤以「蜮」爲短狐，故復不知「賊」爲食節之蟲矣。《呂氏春秋・任地》：「又無螟蜮。」高誘注：「蜮，或作螣，食心曰螟，食葉曰蜮。兗州人謂蜮爲螣，音相近也。」

是《吕覽》已借「蝛」爲「蟦」，不自明帝始矣。

改太樂爲大予樂。

盼遂按：明帝改樂，據《尚書緯璇璣鈐》之言，《曹褒傳》。從無能釋之者。近儒章氏太炎説：「後漢有大予樂官。大予者，大胥之異文。」《周禮》樂官有大胥、小胥，即本諸《詩》大疋、小疋而來以受名矣。然則「予」亦「疋」也。最取《小疋大疋説》。知一代制作，固非浪孟爲之也。

初置度遼將軍。

注：「以中郎將吴常行度遼將軍。」

盼遂按：兩《漢書》例皆云「行某某官事」，明此「將軍」下脱「事」字。

飛蓬隨風，微子所歎。

注：「此《管子》語，言『微子』，未詳。」

盼遂按：《論語》：「微管仲，吾其被髮左衽矣。」故臨文遂以「微管」連言。疑此本作「微管所歎」，後人誤改作「微子」耳。《宋書·謝靈運傳》：「謝玄勳參微管，宜宥及後嗣。」《文選》傅季友《爲宋公修張良廟教》：「盛德不泯，義存祀典。微管之歎，撫事彌深。」任彦昇《爲范始興作求立太宰碑表》：「道被如仁，功參微管。」亦皆以「微管」作管仲，承漢人例也。

徵琅邪王京會良城。

注：「良城，縣名，屬東海。」

盼遂按：注誤記，《續漢志》：「良城，屬下邳國。」

西河王敏爲司徒。

注：「敏，并州隰城人。」

盼遂按：隰城爲河内懷之古迹，且在司隸，不在并也。而與史文之西河，更遠不相及。知其必有一誤。

政失厥中，憂懼而已。

盼遂按：「而」當爲「不」，形之譌也。《司農劉夫人碑》：「非禮不行。」「不」作「𣎴」。

帝初作壽陵，制令流水而已。

盼遂按：「帝」上當有「先」字，昧者以其與下「初」字緟複，因芟去之耳。不知此段起「無起寢廟」句，至「以擅議宗廟法從事」句止，皆明帝遺詔文也。《光武紀》：「建武二十六年起壽陵。上令無爲山陵，陂池裁令流水而已。」故明帝詔中引之以爲美談，並垂懿範。自誤敚去「先」字，而文内之語，後人以爲史臣記事，徐氏天麟《東漢會要》、嚴氏可均《全東漢文》皆未能理。故語氣格牾不可通。後章帝時，東平王蒼上疏曰：「光武皇帝營建陵地，詔曰：『無爲山陵，陂池裁令流水而已。』孝明皇帝奉承無違。」玩蒼此文，其事益顯。又此「帝」字而果屬明帝，則當綴此文於「永平十四年初作壽陵」之下，不宜橫梗於此矣，此尤爲明證也。

章帝紀

於是下太常，將大夫、博士、議郎、郎官及諸生、諸儒會白虎觀。

盼遂按：將，平聲，讀《詩》「遠于將之」之「將」。箋云：「將，亦送也。」

側席異聞。

注：「側席，謂不正坐，所以待賢良也。」

盼遂按：側，猶特也，若《禮經》「側尊」、「側殺」之「側」。《曲禮》「有憂者，側席而坐」，注謂「不在接人」，知「側席」非不正之謂矣。待賢良異聞以側席，殆猶《鄉飲酒禮》賓席與主人、介、衆賓席皆不屬之意，所以尊異之也。李注似失。

詣邊戍，妻子自隨，占著所在。

盼遂按：「所在」二字誤倒。「在所」意猶「過所」，前後詔書皆作「在所」。

元和元年春正月，中山王焉來朝。日南徼外蠻夷獻生犀、白雉。

注：「劉欣明《交州記》。」

盼遂按：「明」爲「期」之誤字。《交州記》各史志皆不著録，據《水經·葉榆河》注、《齊民要術》、《藝文類聚》、《左傳·宣公》正義、《文選·吴都賦》注、日本《倭名類聚鈔》、《廣韻》「鶅」字注引，皆作「劉欣期《交州記》」。《太平寰宇記》又引有姚文感《交州記》。

完城旦至司寇三匹。

盼遂按：「旦」下脱「春」字。「完城旦春」乃刑名。下章和元年詔書亦脱「春」字。

和殤帝紀

孝和皇帝諱肇。

注：「許慎《説文》：『肇，音大可反。上諱也。』」

盼遂按：《説文解字》有「讀若」，無反語。「大可反」三字蓋出《説文音隱》，章懷以爲原書，誤矣。且「大可反」亦有誤，今本作「直小反」。餘詳段氏《説文注》「肇」字下。

三讓彌高。

注：「彪讓封弟，故以比之。」

盼遂按：注「弟」上宜有「於」字。

可謂老成黄耇矣。

注：「黄，謂髮落更生黄者。」

盼遂按：《爾雅・釋詁》舍人注：「黄髮，老人髮白復黄也。」《詩・南山有臺》正義引。李注虚造。

戒惟人面，無思不服。

盼遂按：「戒惟」疑爲「訖惟」之聲誤。《章帝紀》詔云：「緝熙康乂，光照六幽。訖惟人面，靡不率俾。」訖者，盡也，至也。

郡國中都官繫囚死罪贖縑，至司寇及亡命，各有差。

盼遂按：「贖縑」二字本在「各有差」上，所以統此三項，淺人不知而誤倒之。下八年詔曰：「自死罪以下，至司寇及亡命者，入贖各有差。」與此文法正同。

尹睦録尚書事。

注：「録尚書自牟融始也。」

盼遂按：注「尚書」下亦應有「事」字。融本傳正作「參録尚書事」。

繕修故西海郡。

注：「平帝時金城塞外羌獻地，以爲西海郡也。光武建武中省金城入隴西郡。」

盼遂按：注文不瞭。「以爲西海郡」句上添「今」字方合。緣殤帝時所立之西海郡，爲平帝時羌人獻地，平帝時初未置郡，今始置西海郡耳。又按：《續漢郡國志》有金城郡，無西海郡，知置未久即廢也。

初復郡國上計補郎官。

注：「前書《音義》曰：『舊制，使郡丞奉歲計，武帝元朔中令郡國舉孝廉各一人與計偕，拜爲郎中。』中廢，今復之。」

盼遂按：「舊制，使郡丞奉歲計」八字爲前書《音義》語，餘均章懷注也。孝廉補郎所説極謬，徐氏天麟糾之，甚是。詳《東漢會要》七十二。《楊秉傳》載桓帝時郡國計吏多留拜爲郎，秉上言宜絶横拜，亦補吏者爲計吏，非孝廉也。

王赫自中，賜命彊慝。

盼遂按：賜，盡也。《方言》三。潘岳《西征賦》「若循環之無賜」，「賜」亦盡也。王氏《讀書雜志餘編》説。賜命彊慝，猶言彊慝畢命，指誅竇憲之舉也。章懷於「賜」字無注，知其有所未瑩矣。

安帝紀

稟司隸、兖、豫、徐、冀、并州貧民。

注：「司隸，領河南、河内、河東、弘農。魏末因爲司州。」

盼遂按：《續漢志》司隸校尉領七郡，於注所言四郡外，尚有京兆尹、左馮翊、右扶風。章懷所舉，乃魏司州之制，未可以明漢法。

京師大饑，民相食。

盼遂按：「民」本是「人」字，後人以唐注諱「民」之字曰「人」，故遇「人」遂改作「民」耳。不知饑饉相食，不拘民也。

又調濱水縣穀輸敖倉。

注：「《東觀記》曰：『濱水縣彭城、廣陽、廬江、九江穀九十萬斛，輸敖倉。』」

盼遂按：「濱水」非縣名，明史文及注「濱水」下皆脱「郡」字，蓋謂郡縣之濱水者，如彭城等處是也。又按：「廣陽」疑爲「廣陵」之誤。

十一月。是歲，郡國十五地震。

盼遂按：「是歲」二字衍文，蓋因上下文每年末多云是「歲郡國地震或大水」云云而誤加耳。

沈氏羌寇張掖。

注：「《續漢志》曰：『羌在上郡西河者，號沈氏也。』」

盼遂按：《續漢志》不記如此事。「志」字當爲「書」之誤也。

詔京師及郡國被水雨傷稼者。

盼遂按：「水雨」二字誤倒，史文皆作「雨水」，無作「水雨」者。

順帝紀

迎濟陰王於德陽殿西鍾下。

盼遂按：西鍾下，猶西鍾室也。「鍾室」見《史記·淮陰侯列傳》。宮掖中有鍾下、鈴下，皆服役者所居，亦因以名服役之人矣。袁宏《紀》云：「初，太子之廢居於德陽殿西鍾下，王國等到西鍾下立濟陰王爲皇帝。」知「西鍾下」三字爲一地名矣。

詔公卿、郡守、國相，舉賢良方正、能直言極諫之士。

盼遂按：「守」、「國」二字誤倒，史文通作「郡國、守相」。

疏勒王遣侍子，及大宛、莎車王皆奉使貢獻。

盼遂按：「及」字衍，遣子與奉使，自爲其事。

質帝紀

寤寐永歎。

注：「《詩》曰：『寤寐永歎，惟憂用老。』」

盼遂按：二語見《詩·小弁》。惟今本作「假寐」，《史》及《注》或用「三家詩」也。

千石、六百石、四府掾屬、三署郎、四姓小侯先能通經者，各令隨家法。

注：「漢官：『左、右中郎將，皆秦官也。』」又云：「儒生爲《詩》者謂之詩家，《禮》者謂之禮家。」

盼遂按：前書《百官公卿表》：「郎中令，秦官。屬官有郎，郎有中郎，中郎有五官、左右三將。」東漢常稱三署郎，亦謂五官、左右中郎將也，明此注「漢官」爲「五官」之譌。劉氏《刊誤》猥云「漢官」下脱「儀」字，真重貤惟謬矣。至於東漢經學家法，亦非如章懷所云之簡略。《詩》有齊、魯、韓、毛四家，《禮》有大、小戴之今文及大、小戴之古文，凡五家，餘皆依此。詔書所謂「家法」，蓋指此等。章懷徒言詩家、禮家，詎足以概括之乎？

桓帝紀

監寐寤歎，疢如疾首。

注：「監寐，言雖寢而不寐也。」

盼遂按：「監」爲「假」之音借。「監」、「假」同在字母見紐。《詩·小弁》：「假寐永歎，維憂用老。心之憂矣，疢如疾首。」詔用此也。注亦未説出。

四月己丑，安平王得薨。

注：「初爲樂成王，復改曰安平。」

盼遂按：注「曰」字衍。安平，國土，非名號王也。冀州有安平國。

蜀郡李伯詐稱宗室，當立爲「太初皇帝」。

盼遂按：「當」字爲「自」之誤。

初聽中官得行三年服。

注：「中官，常侍以下。」

盼遂按：中官，謂京中官員，猶所云「中都官」也。蔡質《漢儀》曰：「都官主雒陽百官朝會。」《百官志》注引。知中都官時省稱爲都官，亦時稱爲中官矣。言中亦所以對外州，前永興二年，初聽刺史二千石行三年喪服；後延熹二年，復斷刺史二千石行三年喪，皆言京外之官，故此時別以詔京内官矣。注謂詔中常侍奄豎之流，豈有不及公卿大臣，而專詔奄人者乎？殆不然矣。

遣中常侍左悺之苦縣，祠老子。

注：「有神廟。故就祠之。」

盼遂按：「有」字上脱「苦縣」二字。

靈帝紀

孝靈皇帝諱宏。

注：「伏侯《古今注》曰：『宏之字曰大。』」

盼遂按：注「伏侯《古今注》曰」六字衍文。前《桓帝紀》「孝桓皇帝諱志」注「志之字曰意」，後《獻帝紀》「孝獻皇帝諱協」注「協之字曰合」，皆不引伏侯《古今注》。考伏侯《古今注》，《隋書·經籍志·史部》「雜史」作「伏無忌撰」。按：無忌行迹見《伏湛傳》中，湛其五世祖也。傳云：「元嘉中，桓帝復詔無忌與黄景、崔實等共撰《漢記》，又自采集古今，删著事要，號曰『伏侯注』。」章懷注：「其書上自黄帝，下盡漢質帝，爲八卷，見行於今。」固不能與知靈帝諱也。《續漢書·禮儀志》注附載《古今注》所記帝陵尺、丈、頃、畝甚備，而於桓、靈、獻三帝陵，則别引《帝王世紀》，而《古今注》俄空焉，此亦《古今注》絶筆於質帝之證也。此處所引疑非誤自章懷。殆後之無知者妄增之耳。

自是諸署，悉以閹人爲丞、令。

盼遂按：「丞」、「令」二字互倒，史例以「令、丞」爲文。《獻帝紀》注引此事曰：「自是諸内署令、丞，悉以閹人爲之。」知章懷時尚未誤也。

使常侍、中謁者巡行致醫藥。

盼遂按：「中」字本在「常侍」之上，漢官名無「常侍」，亦無「中謁者」。

作畢圭、靈昆苑。

注：「並在洛陽宣平門外。」

盼遂按：洛陽十二城門無宣平。《三輔黄圖》：「長安城東面北頭門曰宣平門。」儻亦東都偶沿舊稱，呼上東門曰宣平門歟？又按：江陰繆氏刻元《河南志》，首附阮伯元鈔《永樂大典》本《東漢東都城圖》，畢圭苑在洛城南面宣陽門外，則范書注「宣平門」當即「宣陽門」之誤矣。姑兩存之。

豪右辜榷，馬一匹至二百萬。

注：「前書《音義》曰：『辜，障也。榷，專也。謂障餘人買賣而自取其利。』」

盼遂按：《廣雅·釋訓》：「辜榷、提封、無慮，都凡也。」皆揩略數目之意。王石臞《疏證》言之極精詳。兩《漢書》

所用「提對」、「無慮」皆與「辜榷」意合。當時天子調馬郡國，豪右畜馬者故儁其價，約略至二百萬以病民也。

注未能析。

以皇甫嵩爲左車騎將軍。

盼遂按：漢官無左車騎將軍之名。嵩本傳亦云左車騎將軍，恐皆衍「左」字。

獻帝紀

卓自留屯畢圭苑。

盼遂按：「畢」有脱誤，宜作「罼」，從网。《靈帝紀》光和三年「作罼圭、靈昆苑」。繆氏荃孫《東漢東都城圖》刊誤謂「圭」爲「罣」之譌字，未知所據。

結童入學。

盼遂按：結，古「髻」字，猶言束髮受書也。

張猛殺雍州刺史邯鄲商。

盼遂按：邯鄲商，袁宏《紀》作「商邯」。

曹操自破烏桓於柳城，斬其蹋頓。

注：「蹋頓，匈奴王號。」

盼遂按：《烏桓傳》：「丘力居從子蹋頓有武略，代立。」是蹋頓爲人名，注謂「匈奴王號」，非也。且按史例，正文「斬」下不宜有「其」字。

以漢天子禮儀葬帝於禪陵。

注引《續漢書》云云。

盼遂按：依注例，《續漢書》當作《續漢志》。此文見《禮儀志·大喪》章也。

郭皇后紀

封況綿蠻侯。

盼遂按：東漢無此縣邑，此特賜名號以彰其美，亦猶彭城靖王之號「靈壽」，樂成靖王之號「重熹」耳。徐氏《東漢會要》「王侯號」内未收此條，蓋失檢矣。

陰皇后紀

光烈陰皇后諱麗華。

注：「《東觀記》：『有陰子公者，生子方，方生幼公，公生君孟。』」

盼遂按：注「子方」下脱「子」字，《陰識傳》作「陰子方」，知此非陰子公生子名方也。「幼公」下脱「幼」字，皆與史例不合，宜補。

馬皇后紀

新平主家御者失火。

盼遂按：南頓君及二帝女皆不封新平，此或有誤字。

鄧皇后紀

凡供薦新味，多非其節，或鬱養强孰。

盼遂按：「鬱」爲「熅」之假字。《説文》：「熅，鬱烟也。」通以「鬱」爲之，《左·哀公三年傳》「鬱攸從之」，杜注：「鬱攸，火氣也。」前書《王褒傳》「不苦盛暑之鬱燠」，注：「熱氣也。」是其證。此所云「鬱養强孰」者，謂即蔬果作窨，畜火薰蒸，若今世之煻花法矣。《光武紀》詔止郡國異味曰：「非徒有豫養導擇之勞。」「豫養」即「鬱養」也，「豫」、「鬱」一聲之轉。章懷注謂「未至獻時豫前養之」，未免望文立訓矣。

永寧二年三月崩。

章氏學誠曰：「安帝永寧元年庚申，明年改爲建光元年辛酉，是永寧無二年也。本紀後論有云：『建光之後，王柄有歸。』章懷太子注：『太后建光中崩，歸政安帝。』是范氏亦以建光爲太后崩年也。一篇之中，紀、論互異。意建光改元，不始歲首，編年、本紀從後追書，故當日紀載原文亦有作『永寧二年』者，而范氏失於追改歟？然人主及身改元，有詔明年改元者，亦有中間遽改不俟易歲者。本紀之文自宜備書。而前史往往略而不載，此其所以多參差也。」《章氏遺書外編·乙卯札記》。

盼遂按：羅叔言先生重訂《紀元編》，東漢安帝永寧二年七月改元建光元年，則鄧后之崩自在永寧二年三月。當時紀述，自應書出永寧。范史蓋據當時記載入録，若論則由後論古，又以從帝紀改年爲正。章氏訾之，非也。

梁皇后紀

在位十九年，年四十五。

盼遂按：「四十」爲「三十」之誤。章氏學誠曰：「后以永建三年入掖廷，時年十三，爲貴人。至和平元年崩，年止三十有五。亦一篇之中自相矛盾者也。」《乙卯札記》。

鄧禹傳

百姓不親，五品不訓。汝作司徒，敬敷五教，五教在寬。

盼遂按：此五句《尚書·舜典》文。惟今本「訓」作「遜」，不重「五教」二字爲異。章懷注宜云「《書·舜典》辭也」。

寇恂傳 附曾孫榮

不勝狐死首丘之情。

注：「《禮·檀弓》曰：『古人有言，狐死正首丘，仁也。』」

盼遂按：注「首」、「丘」二字誤倒，《檀弓》本爲「狐死正丘首」。臨文可以迻置，引書則未宜。《班超傳》注引不誤。

竇融傳

以德取怨。

注：「《詩》曰：『不以我爲德，反以我爲讎。』」

盼遂按：今本《詩經》無此二語，宜引《小雅·谷風》「忘我大德，思我小怨」。章懷因誤引《邶風》之《谷風》，又譌其上語耳。

轉相解搆。

注：「相解説而結搆。」

盼遂按：注説甚曲。「解搆」爲雙聲連語，猶「解垢」矣。《莊子·胠篋》：「堅白，解垢同異之變多。」司馬彪注：「解垢，隔角。或云詭曲之辭。」《釋文》引。其説甚是。「解搆」爲支離間隔之義，衍音而無定形，故其字又作「解構」，本書《隗囂傳》：「勿用傍人解構之言。」注：「解構，猶間構也。」又作「解果」，《荀子・儒效》：「解果其冠。」謂章甫方巾也。又作「邂逅」，《魏志・崔琰傳》注引《魏略》：「大丈夫爲有邂逅耳。」蓋亦崝嶸之謂也。又作「薢茩」，《説文・艸部》：「薢，薢茩也。」按：爲菱芰、雞頭之類。凡此皆形逐音轉，其義全同。盼遂著《説文漢語疏》「薢茩」條詳之。

吾與將軍如左右手耳。

注：「高祖聞之，如失左右手耳。」

盼遂按：「耳」字係涉正文而衍。

附玄孫章傳

家於外黄。

注：「城在汴州雍丘縣東。」

盼遂按：注「城」上脱「故」字。

擢章爲羽林郎將。

注引《續漢志》曰：「羽林郎，秩二百石。」

盼遂按：史文「郎將」上脱「中」字。注宜釋羽林中郎將，不宜釋羽林郎也。

馬援傳

計冘豫未決。

注：「冘，行貌也。義見《説文》。」

盼遂按：《説文》「冘」字説解今本作「淫淫，行貌」，古本作「冘冘，行貌」，皆非是，蓋原作「冘淫，行貌也」。冘淫，雙聲連語，緩行之貌。聲轉則爲「冘豫」，本書《竇武傳》：「太后冘豫不忍。」注：「不定也。」與本條同意。爲「由豫」，《易・豫・爻辭》：「由豫，大有得也。」馬融注：「由豫，疑也。」爲「猶與」，《禮記・曲禮》：「决嫌疑，定猶與。」爲「猶豫」，《文選・洛神賦》：「悵猶豫而狐疑。」爲「夷猶」，《楚辭・九歌》：「君不行兮夷猶。」王逸《章句》：「夷猶，猶豫也。」爲「容與」，《九章》：「然容與而狐疑。」按：「容與」亦《洛神賦》之「猶豫」也。又爲「淫豫」，爲「淫預」，爲「灩澦」，按《水經注》三峽中灩澦堆最險，舟子所畏，沿岸洄洑，次且滯止，故有灩澦之目矣。此皆雙聲嬗演，爲「冘淫」一聲之轉，非有異也。章懷據誤本《説文》爲説，宜其莫中肯綮。

黠羌欲旅距。

注：「旅距，不從之貌。」

盼遂按：旅距，古之連綿字，亦作「據旅」、「吕鉅」、「吕拒」、「閭渠」。《大戴禮・曾子制言》篇：「在田無野，行無據旅。」按：言「道路無劫略」也。《莊子・列禦寇》：「一命而吕鉅。」《釋文》：「吕鉅，矯貌。」《白虎通・五行》篇：「吕者，拒也。」又云：「吕之言拒者，旅抑拒難之也。」古「吕」、「旅」通，「距」、「拒」、「鉅」通。此又「吕」、「拒」同義之證。《南齊書・五行志》：「永元中童謡曰：『野豬雖嗃嗃，馬子空閭渠。』」按：

謂崔慧景嚄唶宿將，舉兵犯闕也。亦不從之義矣。

燒虜何敢復犯我。

注：「燒虜，即燒羌也。」

盼遂按：「燒」注下仍當有「當」字。

附子廖傳

豫隨廖歸國，考擊物故。

盼遂按：前言廖不能教勒子弟，此言「考擊物故」，又無別情事，疑此文有譌脱。

附子防傳

以長水校尉耿恭副，將北軍五校兵。

盼遂按：依史例，「副」字上漏一「爲」字。「將北軍五校兵」自爲一句。

封防潁陽侯，光爲許陽侯。

盼遂按：「許陽」之「陽」涉上「潁陽」而衍，東漢縣邑無許陽。下文詔令「許侯思僭田廬」，即謂光也。《和帝紀》亦言「許侯馬光」，永元六年事。皆其證也。許爲潁川郡縣名。

以慰朕《渭陽》之情。

注：「其詩曰：『我見舅氏，如母存焉。』」

盼遂按：注「詩」下脱「序」字。二語出大毛公《詩序》。

附兄子嚴傳

遷五官中郎。

盼遂按：「郎」下脱「將」字。嚴前既爲御史中丞按：今書誤作「侍御史中丞」，非。漢官無侍御史中丞。千石，不應反遷五官中郎比六百石，明爲五官中郎將矣。下文嚴復以五官中郎將行長樂衛尉事，則此處係脱「將」字，益可證矣。

劉寬傳

羹爛汝手。

盼遂按：「手」爲「乎」之誤字。袁宏《紀》正作「乎」。卷五十二。

馮勤傳

奮弟由，尚平安公主。

注：「《東觀記》亦云『安平』，《皇后紀》云由尚平邑公主，未知孰是。」

盼遂按：此本爲平邑公主，與后紀同。因後人習於平安，遂譌「邑」爲「安」。再由後之粗知地理者，習見安平，罕見平安，因倒作「安平」。其譌誤之迹，蓋如是矣。章懷作注時，《東觀記》中尚作「平安公主」，故章懷云亦見其與史文同也。迨其後注中所引《東觀》之「平安」譌倒，故劉攽《刊誤》云：「傳作『平安』，注云『安平』。安平是縣，則安平是矣。」按：劉氏據誤注不能諟正，又謂平安非縣，實在平安又何嘗非縣？《郡國志》平安縣屬廣陵郡。劉氏一言，有兩失矣。至於平邑之果爲何地，則實非河南尹之平縣莫屬矣。縣而得稱邑者，公主所食曰邑，猶酈縣有酈邑公主，共縣有共邑公主也。章懷於后紀注云平邑縣屬代郡，然考之《續漢志》，代郡有北平邑。若然，則應爲北平邑公主，不得第云平邑。且綜觀東漢三十一公主封邑，類依近畿輔，無遠帶極邊者。故章懷與劉氏「安平」之説，皆不合也。

馮衍傳

夫伐冰之家，不利雞豚之息。

注引《禮記》曰：「畜馬十乘，不察於雞豚。」

盼遂按：注「十」字誤衍，今《禮記·大學》作「畜馬乘」。乘，馬四匹也，士初試爲大夫畜馬之數也。鄭注甚明。

郅惲傳

爲上東城門候。帝嘗夜還，惲拒關不開。帝乃回從東中門入。

盼遂按：「東中門」爲「中東門」之誤倒。《漢官儀》：「洛陽十二門，東面三門，最北門名上東門，次南曰中東門。」《張湛傳》注引。帝由上東門不得入，故即近改由中東門也。章懷釋之曰：「東中門，東面中門也。」是此處唐初已譌誤矣。下文「貶東中門候爲參封尉」，亦「中東門候」之誤。《百官志》有「中東門候」，《張湛傳》「居中東門候舍，時人號之曰『中東門君』」，皆足爲證。

曹褒傳

尤好禮士。

盼遂按：「禮士」爲「士禮」誤倒。今之《儀禮》，兩漢多稱爲《士禮》。黄氏以周《禮書通故》篇舉證綦詳。褒傳其父《慶氏禮》，故云「篤好《士禮》」。又下文云「常憾朝廷制度未備，慕叔孫通爲漢禮儀，晝夜研精，沈吟專思，寢則懷抱筆札，行則誦習文書」數語，皆承「好《士禮》」而來。乃章懷無注，知彼時已誤爲「禮士」矣。

鄭興傳

今年正月繁霜，自爾以來，率多寒日。

注：「正月，夏之四月。」

盼遂按：注因《詩》「正月繁霜」，傳、箋釋「正月」爲「夏之四月」，遂不察而從之，誤也。《詩·正月》篇爲周幽王時詩。周之六月，純陽用事。故毛、鄭釋爲「夏之四月」，倪也。若興以建武七年三月日食上疏，則其所斥之正月，自當爲建寅之月，爲夏、漢二代所同用之正月無疑，何得謂爲「夏之四月」乎？此則泥古而不能化之失矣。

鄭衆傳

封爲鄛鄉侯。

注引《説文》：「南郡棘陽縣有鄛鄉。」

盼遂按：今《説文·邑部》：「鄛，南陽棗陽鄉。」校者皆謂范書注「郡」爲「陽」之誤，《説文》「棗」爲「棘」之誤，然《廣韻·五肴》云：「鄛，鄉名，在南郡。」則又范書注所引爲是矣。要之，此等處别無佐證，區蓋之可也。

周磐傳

昔方回、支父嗇神養和。

注引《高士傳》。

盼遂按：《高士傳》即皇甫謐所著書也。近日上虞羅氏叔言輯謐《高士傳》，獨失此事，斯亦離朱索珠之一失矣。

趙咨傳

陳大夫設參門之木，宋司馬造石椁之奢。

盼遂按：「陳大夫」句爲用故事，與「宋司馬」對文，乃遍檢《左傳》及群籍，不見所出。注於此處宜有注云「未詳」方合。惠棟謂「門」疑「同」之誤，並引《檀弓》陳乾昔事，非也。

班彪傳

賈誼以爲「習與善人居，不能無爲善。猶生長於楚，不能無楚言也」。

注：「賈誼上疏之辭。」

盼遂按：此下「是以聖人審所與居，而戒慎所習。昔成王之爲孺子，出則周公、召公、太史佚，入則太顛、閎夭、南宮适、散宜生，左右前後，禮無違者」云云，亦皆賈誼之辭。誼《新書·保傅》篇：「昔者，周成王幼在繦褓之中，召公爲太保，周公爲太傅，太公爲太師。」又曰：「故太子初生而見正事，聞正言，行正道，左右前後皆正人也。」叔皮蓋取誼語，略加隱括，實非己出。故注所云「賈誼上疏之辭」六字，宜在「左右前後，禮無違者」之下。

東平憲王蒼傳

議定南北郊冠冕車服制度，及光武廟登歌八佾舞數，語在《禮樂》、《輿服志》。

注：「其志今亡。」

盼遂按：蔚宗《後漢書》本未作志，不得云今亡也。又《皇后紀》：「其職僚品秩事在《百官志》。」按蔚宗書亦無《百官志》，蓋蔚宗嘗有意於志而未能逮也。梁劉昭《後漢書注補志序》云：「范曄《後漢》良誠跨衆氏，按：「誠」乃「良」之注文，後人誤羼正書。序或未周，志遂全闕。」《宋書·謝儼傳》云：「范曄所撰十志，一皆託儼搜撰。曄敗，悉蠟以覆車。故其志今闕。」是皆蔚宗不作志之證也。

胡廣傳

廣復與敞、虔上書駮之。

盼遂按：「敞、虔」爲「虔、敞」誤倒。上文「廣與尚書郭虔、史敞上疏」，先叙虔而後敞，史文無前後錯置者，此顯爲「虔、敞」之誤。

蓋勳傳

勳案得其贓千餘萬。

盼遂按：史例「贓」皆作「臧」，淺人妄補貝傍。《鍾離意傳》：「交阯太守張恢坐臧千金。」又云：「此臧穢之寶，誠不敢拜。」《袁安傳》：「未嘗以臧罪鞫人。」《張酺傳》：「以爲令長受臧，猶不至死。」又云：「章等惶恐，入白酺，願自引臧罪。」凡貪「臧」字皆作「臧」，不作「贓」。

陳蕃傳

再遷爲樂安太守。

注：「《續漢志》曰：『樂安，縣名，本名千乘，和帝更名也。』」

盼遂按：《續志》青州有樂安國，屬有樂安縣。樂安太守自當指樂安國言。注中「縣」字明爲「國」之誤字。

孔融傳

年十歲，隨父詣京師。時河南尹李膺。

盼遂按：膺以桓帝延熹二年爲河南尹，時融正七歲，若融十歲時，則膺在拜司隸校尉後矣。知「十」字係「七」字形譌。

袁宏《紀》記此事作「十數歲」，更誤。注引《融家傳》曰：「聞漢中李公清節直亮，遂造公門。」章懷謂：「李固，漢中人，爲太尉也。」

盼遂按：李固以桓帝建和元年下獄死，後六年融乃生，桓帝永興元年。惡能相及？《家傳》與章懷皆不加考覈，遂釀巨繆。

董卓傳

悉焚宫廟官府居家，二百里内無復孑遺。

盼遂按：「居家」二字不辭。「家」本爲「民」，唐人改作「家」耳。此當「悉焚宫廟官府」句絶，「居民二百里内無復孑遺」句絶，猶《詩·雲漢》「周餘黎民，靡有孑遺」之意也。下文李傕「放火燒宫殿官府，居人悉盡」，與此語法全同。劉攽謂「居」下少一「人」字，然「居人家」果成何語邪？

孫堅進洛陽宣陽城門。

注：「洛陽城南面有四門，從東第三門名宣陽。」依《刊誤》補。

盼遂按：《續漢書·百官志》：「洛陽城南面三門，正南曰平城門，東曰開陽門，西曰津門。」是謂南面無四門之制。然《永樂大典》所載《東漢東都圖》則有宣陽門，如章懷此處所注，門旁有宣陽亭、宣陽觀，皆以門得名也。徐氏《會要》亦失載此門，幸《卓傳》尚存一斑，可補《百官志》之闕。

王景傳

先是杜陵杜篤奏上論遷都，欲令車駕還遷長安。

盼遂按：上「遷」字係涉下文而衍，後人更删「賦」字耳，《文苑》篤本傳正作「上奏《論都賦》」。劉攽《刊誤》知「遷都」下少一「賦」字，尚不知「遷」爲衍字也。

王渙傳

渙卒後，連詔三公，特選洛陽令，皆不稱職。永平中，以劇令渤海任峻補之。

盼遂按：「永平」字誤。渙卒於和帝興元元年，永平爲顯宗年號，時不相應，「永平」當是安帝「永初」之誤。《樊宏傳附曾孫準傳》「永平之初」，「永平」亦「永初」之誤，武英殿本已校出矣。

單超傳

左回天，具獨坐，徐卧虎，唐兩墮。

注：「兩墮，謂隨意所爲不定也。今人謂持兩端而任意爲兩墮。」

盼遂按：據注意，「墮」爲「隨」之誤字。隨，漢時讀若惰，與「坐」爲韻。迨後「隨」字音變入支部，讀旬爲切，而「坐」字仍讀本音，故爲不韻，後人因改「隨」爲「墮」以求韻諧，而未知「坐」、「隨」本自韻也。章懷所引唐語之「兩墮」，亦當爲「兩隨」，此古音存於方言而形失本原者。

劉茂傳

再遷五原屬國侯。

盼遂按：「侯」字疑誤，當作「都尉」也。考前書《百官公卿表》，郡之臨邊者爲屬國，有都尉，有丞，無侯。此言侯者，殆後人疑爲茂封五原屬國侯而改。然茂若封侯，亦只云五原侯，不得更言屬國也。

范式傳

與汝南張劭爲友。

盼遂按：張劭之「劭」字不作「卲」從「卩」，蔚宗避其家諱，蔚宗從祖名卲。改從「力」也。《説文》：「卲，高也。」張卲字元伯，正名、字相應。作「劭」，訓勉，則無義矣。蔚宗於郭泰、鄭泰皆改「泰」作「太」，以爲其親諱。蔚宗父名泰。此亦爾也。又范書例叙事中稱名而不字，此篇於張劭始終稱字元伯，亦與《郭太傳》之字林宗、《鄭太傳》之字公業同一例也。

左慈傳

遂莫知所取焉。

注引魏文帝《典論》論郗儉等事曰：「至寺人嚴峻往從問受奄豎。」

盼遂按：「至」當爲「屈」，形之譌也。寺人，猶言宰官，指議郎李章、祭酒董芬等也。郗儉、甘始、左慈並充軍吏，故稱奄豎。「屈寺人嚴峻」者，謂屈官之威重也。《魏志·華佗傳》注引亦作「至」，與此同誤。

解奴辜傳

又有編盲意。

注：「編，姓也。盲意，名。」

盼遂按：「編」非姓，疑斥南郡之編縣也。范書《列傳》中出人士，類多冠以籍屬。

初，章帝時有壽光侯者。

注：「壽，姓也。」

盼遂按：壽光，縣名，屬樂安國。侯者，其名。姓則史失之也。范史此例甚多。

甘始傳

甘始、元放、延年皆爲操所録。

盼遂按：文有脱誤，當爲「始、延年及左慈皆爲曹操所録」方合。范史例於人皆名，不應於慈獨字之。第一次出名例兼姓名言，不應於言曹操獨遺「曹」也。此蓋前人成文，蔚宗取以入史，於駁辭刊落未盡，故名氏多不一例。

問其術而行之。

注引曹植《辯道論》，又言「諸梁時」。

盼遂按：「諸梁」謂順烈梁皇后、梁冀、梁不疑等，正桓帝初葉也。

百官志

凡縣主蠻夷曰道，公主所食湯沐曰國。

盼遂按：後漢時文類以縣邑、侯國連言，今只言縣、道、侯國而不及邑，顯有脱誤。於「所食湯沐」下補入「縣曰邑，列侯所食縣」八字方合。《漢書·百官公卿表》亦以縣、道、國、邑四者連列。東漢郡縣之制全準前朝，不應此處特異。或謂公主所食之縣不盡爲邑，據後紀可知，是東漢公主食縣非曰邑也。然盼遂考之應劭《漢官儀》記：「桓帝改以江南陽安按：「江南」爲「汝南」之譌，汝南有陽安道亭。爲女公主邑，改號爲令。主薨，復復其故。」本志《補注》引。則是公主之食縣時名邑，薨復改縣矣。要未可謂無邑之制也，猶如王國及侯國稱國，若以事國除，則復名爲郡、名爲縣矣。

里有里魁，民有什伍，善惡以告。

盼遂按：「民有」與「什伍」四字互倒，本作「里有里魁什伍，民有善惡以告」。里魁也，什也，伍也，皆里中官名，主司民善惡者。本注云：「里魁掌一里百家，什主十家，伍主五家，民有善事惡事，以告監官。」則正文之誤顯然矣。

（原載《國學論叢》第二卷第一號，清華學校研究院一九二九年八月出版）

顔氏家訓校箋

據抱經堂補注本

序致

猶屋下架屋，床上施床耳。

盼遂按：《太平御覽》六百一引《三國典略》曰：「祖珽上《修文殿御覽》，徐之才謂人曰：『此可謂床上之床，屋下之屋也。』」知此語固六朝之恒言矣。

教子

生子咳喂。

吴檢齋先生曰：「《内則》名子之禮：『三月之末，姆先相曰：「母某敢用時日，祗見孺子。」夫對曰：「欽有師。」父執子之右手，咳而名之。妻對曰：「記有成。」遂左還授師。』『欽有師』者，教之敬，使有循；『記有成』者，識夫言，使有就。所謂『子生三月，則父名之』，爲師保父母教子之始。此云『咳喂』，蓋用此義。」

教其鮮卑語、胡書，及彈琵琶。

盼遂按：高齊出鮮卑種，性喜琵琶，故當時朝野之干時者，多倣其言語習尚，以投天隙。《北齊書》中所紀者，孫搴以能通鮮卑語，宣傳號令，「祖孝徵以解鮮卑語，得免罪，復參相府」；「劉世清能通四夷語，爲當時第一。後主命之作突厥語翻《涅槃經》，以遺突厥可汗」；「和士開以能彈胡琵琶，因此得世祖親狎」。如此等類，屢見非一。又本書《省事》篇亦云：「近世有兩人，朗悟士也，天文、畫繪、棊博、鮮卑語、胡書、煎胡桃油、鍊錫爲銀，如此之類，略得梗概。」云云。又庾信《哀江南賦》云：「新野有生祠之廟，河南有胡書之碣。」知鮮卑語、胡書爲爾時技藝之一矣。

兄弟

兄弟不睦，則子姪不愛。《風操》篇：「姪名雖通男女，並是對姑之稱，晉世以來，始呼叔姪。」

吳檢齋先生曰：「盧氏《補注》以《史記》『跪起如子姪』、《呂覽》『喜效人之子姪昆弟之狀』二事，證秦漢已有此稱。按：『跪起如子姪』，當從《漢書》作『子姓』。『子姓』經傳常言，猶云子孫也。《呂覽》雖有『子姪昆弟』之語，亦不足爲叔姪對文之徵。顏氏明言晉宋以後始呼叔姪，盧氏妄證，於理爲短。」

風操

王修名狗子。

《補注》引《魏志·王修傳》，云修不名狗子。

盼遂按：《世説新語・文學》篇：「許掾年少時，人以比王苟子。」劉孝標注：「苟子，王修小字也。」《晉書・外戚・王濛傳》：「子修，字敬仁，小字苟子。」疑敬仁本名狗子，如黄門所云。作「苟」者，係後人改也。

晉代有許思妣、孟少孤。

注云：「並未詳。」《補注》引《晉書・隱逸傳》：「孟陋，字少孤。」

盼遂按：《世説新語・政事》篇：「許柳兒思妣者至佳，諸公欲全之。若全思妣，則不得不爲陶全讓，於是欲並宥之。」注引《許氏譜》曰：「永字思妣。」是思妣爲成帝時人也。又按：同書《棲逸》篇：「孟萬年及弟少孤居武昌陽新縣。」注引袁宏《孟處士銘》曰：「處士名陋，字少孤。會稽王辟之，稱疾不至。」是少孤爲簡文帝時人也。

昔劉文饒不忍罵奴爲畜産。

盼遂按：《説文解字・牛部》：「⿰牜産，畜⿰牜産，畜牲也。」又《歺部》：「⿰歹羸，畜産疫病也。」又《⿱罒昌部》：「⿱罒昌，⿰牜産也。」以上三辭，字異而音義同，皆漢人常語也。

近在議曹，共平章百官秩禄。中略。**今日天下大同，須爲百代典式，豈得尚作關中舊意？**

注：「魏都關中，齊承東魏都鄴。」

盼遂按：注説大非。《北齊書》之推本傳：「入周爲御史上士。」此云「議曹」，正指其事。然則「關中舊意」，即就周未併北齊之時而言。鄴都既下，故云天下大同，不得尚作舊意。如注所云，則似在高齊時事，於情實遠矣。

祖父若没，言須及者，則斂容肅坐，稱大門中云云。

吴檢齋先生曰：「《吴志・劉繇傳》王朗遺孫策書曰：『劉正禮昔初臨州，未能自達；實賴尊門，爲之先後。』」

此指繇爲揚州刺史，畏袁術不敢之州，吴景、孫賁迎至曲阿一事言之。孫賁者，策之從父昆弟。謙不指斥，則謂之尊門，與顔氏所稱『門中』同意。」

江南餞送，下泣言離。

吴檢齋先生曰：「按：《南史·張邵傳》：『張敷善持音儀，盡詳緩之致。與人别，執手曰：「念相聞。」餘響久之不絶。張氏後進皆慕之，其源起自敷也。』明江左自有此風，宋齊以來已如是矣。」

凡親屬名稱，皆須粉墨。

盼遂按：「粉墨」者，謂摛藻修辭之事也。徐陵《宣示諸求官人書》云：「既忝衡流，應須粉墨。」蓋謂選人年名狀貌行義，皆須銓論潤飾。「粉墨」之義，與顔旨同也。說本郝氏《晉宋書故》。

吾嘗問周弘讓曰：「父母中外姊妹，何以稱之？」周曰：「亦呼爲丈人。」自古未見丈人之稱施於婦人也。

吴檢齋先生曰：「父之姊妹爲姑，母之姊妹爲從母，此《家訓》所謂『父母中外姊妹』也。禮有正名，而周云呼爲丈人者，蓋通俗之便辭也。尋《南史·后妃傳》：『吴郡韓蘭英有文辭，武帝時以爲博士，教六宫書學。以其年老多識，呼爲韓公云。』事類略相近。」

中外丈人之婦，猥俗呼爲丈母。

吴檢齋先生曰：「中外對文，所包甚廣。母之父母爲外祖父母，此母黨也；妻之父爲外舅，此妻黨也；姑之子爲外兄弟，此姑之黨也；女子子之子爲外孫，此女子子之黨也。以族親爲内，故以異姓爲外，其輩行尊於我者，則通謂之丈人，蓋晉宋以來之通語矣。《蜀志·先主傳》云：『董承爲獻帝丈人。』裴注云：『董承，靈帝母董太后之姪，於獻帝爲丈人。蓋古無丈人之名，故謂之舅。』」據此，是王母兄弟之子，魏、晉間假名爲舅，宋以來則正稱丈人。裴意古人稱舅，不如後世稱丈人之諦也。然則母之兄弟，王母兄弟之子，妻之父母，姑之夫，母之姊妹之夫，皆中外丈人之類也。今呼妻之父母爲丈人、丈母，蓋亦六朝之舊俗歟？」

士大夫謂之王母、謝母云。而《陸機集》有《與長沙顧母書》，乃其從叔母也。

《補注》：「陸此書今已亡。」

盼遂按：王母，謂王姓母；謝母，謂謝姓母也。此黄門舉江左習俗以爲例也。陸機《與長沙顧母書》，略存本書《文章》篇。

江南凡弔者，主人之外，不識者不執手。

盼遂按：此謂弔客於衆主人之識者執手，不識者不執手，唯主人則識不識執手也。《世説新語・傷逝》篇：「張季鷹哭顧彦先，不執孝子手而出。王東亭弔謝太傅，不執末婢手而退。」末婢，謝琰小字，安之少子也。一以顯其狂誕，一以紀其凶嫌，不與主人執手，皆失禮也。

陰陽説云：「辰爲水墓，又爲土墓，故不得哭。」王充《論衡》云：「辰日不哭，哭必重喪。」

盼遂按：唐李匡乂《資暇録》云：「辰日不哭，前哲非之切矣。本朝又有故事，誠爲不能明矣。今抑有孤辰不哭，其何云耶？」《舊唐書・張公謹傳》：「有司奏言：『準《陰陽書》，日子在辰，不可哭泣。又爲流俗所忌。』」又《吕才傳》，才《叙葬書》曰：「或云辰日不宜哭泣，遂睆爾而對賓客。」則此辰日忌哭之説，至唐猶未衰也。

精神傷沮。本作「傷怛」。

吴檢齋先生曰：「『恒』爲『怛』之形殘。《毛詩》：『中心怛兮。』傳：『怛，傷也。』」

「劉」字之下，即有昭音。

《補注》：「按：古蕭豪、尤侯音皆通。」

盼遂按：吴檢齋先生曰：「『劉』字上從卯，下從釗，釗音正與昭同。《廣韻》「昭」、「釗」同紐，止遥切。意謂同音異字，悉須避忌，即『劉』字下體亦觸昭音，不可得書也。盧氏全不了此，故迂而無當。」

問之曰：「尊侯早晚顧宅？」乙子稱其父已往。

《補注》：「從他人稱之，可云其父。親子稱父，不容亦著『其』字。至對甲言，當云已赴嘉招，亦不當言已往。」

盼遂按：《補注》全瞶瞶。此甲問乙子，乙將以何時可以枉過，乙子不悟，答以其父已往，遂成笑柄。蓋六朝、唐人通以「早晚」二字爲問時日遠近之辭。《洛陽伽藍記》「瓔珞寺」，李澄問趙逸曰：「太尉府前甎浮圖，形製甚古，猶未崩毀，未知早晚造？」逸曰：「晉義熙十二年，劉裕伐姚泓，軍人所作。」杜甫《江雨有懷鄭典設》詩：「春雨闇闇塞峽中，早晚來自楚王宫。」李白《長干行》：「早晚下三巴，預將書報家。」所云「早晚」，皆問辭也。迤及近世，則加「多」字爲「多早晚」，《石頭記》小説中累見。

江東士庶，痛則呼禰。禰是父之廟號，父在無容稱廟，父殁何容輒呼？

盼遂按：江東人痛呼禰，當是呼嬭。「嬭」者，「母」之俗字。人窮則呼母，古今不異。顔氏誤以爲呼禰，實緣「嬭」、「禰」同音而致疏失。《廣雅·釋親》：「嬭，母也。」《宋書·何承天傳》：「承天年老，荀伯子嘲呼爲嬭母。承天曰：『卿當云鳳皇將九子，嬭母何言邪？』」《北齊書·穆提婆傳》：「後主繦葆之中，令陸令萱鞠養，謂之乾阿嬭。」李商隱作《李賀小傳》，稱賀臨終，呼其母曰「阿嬭」。此六朝、唐人呼母爲嬭之徵也。顔氏誤「嬭」音爲「禰」，遂難於自解矣。

《蒼頡篇》有「倄」字。《訓詁》云：「痛而謼也。音羽罪反。」今北人痛則呼之。《聲類》音「于耒反」。今南人痛或呼之。

盼遂按：王石臞先生曰：「『倄』字從肴得聲，羽罪、于來盼遂按：石臞據本作于來反。于耒者，趙據宋本校改。二反皆與肴聲不協。《説文》：『倄，刺也。一曰痛聲，胡茅切。』《玉篇》音訓與《説文》同，皆無羽罪、于來之音。又按：《僧祇律》卷十三《音義》云：『痏，諸書作侑。』引《通俗文》云：『侑，于罪反，痛聲曰侑。』于罪與羽罪同音，然則音羽罪反之『倄』字，乃『侑』字之譌。『痏』、『侑』並從有得聲，與『貨賄』之『賄』聲相近，故《蒼頡訓詁》『侑』音羽罪反，《聲類》音于來反。今人痛呼之聲，猶有若此者。然考《廣韻》『倄，胡茅反，痛聲也』，又『于罪反，痛而叫也』，《集韻》、《類篇》並與《廣韻》同，則此字之譌，其來久矣。」

慕賢

魯人謂孔子爲東家丘。

注引《魏志·邴原傳注》。

盼遂按：《文選》陳琳《爲曹洪與魏文帝書》：「怪乃輕其家丘。」張銑注：「魯人不識孔丘聖人，乃云我東家丘者，吾知之矣。」所據較詳。

梁孝元前在荆州，有丁覘者，洪亭民爾，頗善屬文，殊工草隸。孝元書記，一皆使典之。

盼遂按：《金樓子·著書》篇：「《夢書》一秩十卷，金樓使丁覘撰。」即其人也。

勉學

末俗已來不復爾。

《補注》：「『爾』字疑當重。」

盼遂按：六朝人率以「爾」作「如此」用，如《世説新語·品藻》篇：「外人論殊不爾。」又云：「身意正爾。」《任誕》篇云：「未能免俗，聊復爾耳。」又云：「衛往温許亦爾。」《宋書·蔡興宗傳》云：「卿不得爾。」《水經注》三十三：「今則不能爾。」此皆以「爾」作「如此」用之成例矣。盧氏不悉當時文法，故有此失。

皆以博涉爲貴，不肯專儒。

吴檢齋先生曰：「魏晉以來，清談始興，故多以玄儒相對。齊、梁間又分文、史、玄、儒四科，是專目治經者爲儒也。」

山巨源以蓄積取譏，背多藏厚亡之文。

《補注》：「按：濤傳稱其『貞慎儉約』，不可以蓄積之名加之。疑此語爲誤。」

盼遂按：「山巨源」疑當是「王濬冲」，此黄門之筆誤也。山、王同在竹林名士，故易混淆。考濬冲之儉吝，如責從子之單衣，索息女之貸錢，鑽核而賣李，把籌而計資諸事，備載於《世説新語·儉嗇》篇中，故王隱《晉書》記「天下人謂爲膏肓之疾」，阮步兵詆爲「俗物來敗人意」，《世説新語·排調》篇。其取譏也鉅矣。然則顔氏舉王濬冲以爲多藏之戒，復何疑焉？

洎於梁世，兹風復闡，《莊》、《老》、《周易》，總謂「三玄」。

吴檢齋先生曰：「《梁書·儒林傳》：『太史叔明「三玄」尤精解，當世冠絶。』陳之末季，陸德明撰《經典釋文》，以《老》、《莊》繼《論語》之後，居《爾雅》之前，足以見當時之風尚。」

江南有一權貴，誤讀本《蜀都賦注》，解「蹲鴟，芋也」，乃爲「羊」字。

盼遂按：梁元帝《金樓子·雜記》篇：「王翼即是於孝武坐呼羊肉爲蹲鴟者。」顔氏所譏之江南權貴，殆斥王翼而言歟？又按：唐朱揆《諧謔録》云：「張九齡送芋蕭炅，書稱蹲鴟。蕭答曰：『損芋拜嘉，惟蹲鴟未至耳。然僕家多怪，亦不願見此惡鳥也。』」此亦蹲鴟之一笑柄矣。

稱荆州爲峽西。

盼遂按：錢竹汀先生謂『峽西』當是『陜西』之誤。荆州爲上游重鎮，故取周、召分陜之意。其説極是，惜未能徵引塙據。今按：《北周書·王褒傳》周弘讓復褒書云：「與弟分袂西陜，言返東區。」此正荆州傾没，與褒分散之事也。此西陜斥荆州明矣。《陳書·周弘正傳》：「弘正與僕射王褒言於元帝，宜輿駕入建業。時荆、陜人士，咸云王、周皆是東人。弘正面折之曰：『若東人勸東，謂爲非計；君等西人欲西，豈成良策？』」「荆陜」連言，且與「東人」爲對，益明當時通以「陜西」稱荆州矣。

習賦誦者，信褚詮而忽呂忱。

盼遂按：《隋書·經籍志》：「《百賦音》十卷，宋御史褚詮之撰。」《漢書·司馬相如傳上》顔注：「近代之讀相如賦者多矣，皆改易文字，競爲音説。徐廣、鄒誕生、褚詮之、陳武之屬是也。今於彼數家，並無取焉。」

今按：顔監之不取褚詮，蓋亦繩其祖武則然。

明《史記》者，專皮、鄒而廢篆籀。

吴檢齋先生曰：「鄒，謂鄒誕生。皮，疑當爲裴，或當爲徐，謂裴駰、徐廣也。使皮音爲世所行，不應隋、唐間人都不一引。《書證》篇曰：『《史記》又作悉，誤而爲述，裴、徐、鄒皆以悉音述。』連言裴、徐、鄒，足證此文『皮』字之誤。又按：趙注以爲『裴』之譌。」

兄弟皆山旁立字，而有名峙者。

吴檢齋先生曰：「按《北齊書》：『邢峙字士峻。』名字相應，亦從山作之。顔氏所譏，此其一例。」

及檢《字林》、《韻集》，乃知獵閭是舊䰦餘聚，亢仇舊是𥜸𧮰亭。

盼遂按：「亢」疑爲「丸」字之形誤，亭名「丸仇」，故易譌爲「𥜸𧮰」。吴檢齋先生曰：「『亢』或是『万』字之誤。」「万」、「𥜸」同音，較「丸」尤近也。

因爲説之，得五十許字。

盼遂按：敦煌寫本《切韻》下平十六青韻，靈紐字凡二十八；《廣韻》下平十五青韻，靈紐字凡八十七；《集韻》下平十五青韻，靈紐字凡一百六十五。黄門豫修《切韻》，而所收之字乃減於黄門所説，異矣。

文　章

屈原露才揚己，顯暴君過。

盼遂按：《楚辭補注》、王逸《章句序注》引班固《離騷序》曰：「今若屈原，露才揚己，競乎危國群小之間，以離讒賊。然責數懷王，怨惡椒蘭，愁神苦思，强非其人，忿懟不容，沈江而死，亦貶絜狂狷景行之士。」《文心雕龍·辨騷》篇亦云：「班固謂其露才揚己，忿懟沈江。」黄門此語，固本諸孟堅，而注家皆迷其出處，不能塙指。

自昔天子而有才華者，惟漢武、魏太祖、文帝、明帝、宋孝武帝。

注作「晉孝武帝」。

盼遂按：鮑氏知不足齋本《家訓》亦作「宋孝武帝」，趙注非也。考《晉》、《宋》二書於兩孝武帝，皆不言有文學，惟《隋書·經籍志·集部》：「《宋孝武帝集》二十五卷。」元注：「梁三十一卷，有録一卷。」《文心雕龍·時序》篇：「自宋武愛文，文帝彬雅，孝武多才，英采雲構。」是宋之孝武，其沈思藻翰，有過越人者，而晉帝無聞焉。趙氏必欲以晉易宋，蓋其失也。

桓譚以勝老子。

「桓譚」本或作「袁亮」。

吴檢齋先生曰：「揚雄本傳：『昔老聃著虚無之言兩篇，後世好之者，以爲過於五經。今揚子之書，文義至深，而論不詭於聖人。若使遭遇時君，更閲賢智，爲所稱善，則必度越諸子矣。』桓譚《新論》稱：『玄經數百年，其書必傳，必咸尊古卑今，故輕易之。若遇上好事，必以《太玄》次五經也。』又云：『老子其心玄遠，而與道合。』此《太玄》勝老子之説，班書蓋本於桓譚也。《家訓》應作『桓譚』，事在不疑。本作『袁亮』者，『老子與道合』一語引見袁彦伯《三國名臣贊》李善注，後世校書者因相涉而致誤歟？」

操行見於《梁史·文士傳》及孝元《懷舊志》。

注引《梁書·文學·顔協傳》及《隋書·經籍志》。

盼遂按：此云《梁史》，蓋謂陳領軍大著作郎許亨所著之《梁史》五十三卷，見《隋書·經籍志》。顔不見姚思廉《梁史》也，此處殊宜分辨。孝元《懷舊志》一秩一卷，見《金樓子·著書》篇。又按：《北周書·顔之儀傳》：「父協，以見遠蹈義忤時，遂不仕進。湘東王引爲府記室參軍，協不得已乃應命。梁元帝後著《懷舊志》及詩，並稱贊其美。」

恐即本《家訓》之説。

梁世費旭詩云：「不知是耶非。」

《補注》：「費旭，江夏人。」

盼遂按：「旭」皆「虘」之誤字。《隋書·經籍志》：「《尚書義疏》，梁國子助教費虘撰。」陸氏《經典釋文序録》同。三國、六朝，費氏望出江夏鄳縣。

世人或有文章引《詩》「伐鼓淵淵」者，《宋書》已有「屢遊」之誚。

注：「屢遊，未詳。」

盼遂按：梁元帝《金樓子·雜記》篇：「宋玉戲太宰『屢遊』之談，後人因此流遷，反語至相習。至如太宰之言『屢遊』，鮑照之『伐鼓』，孝綽『步武』之談，韋粲『浮柱』之説，是中太甚者，不可不避耳。」據孝元之言，是引《詩》「伐鼓淵淵」者爲鮑照，然而沈約《宋書》明遠附見《南平王鑠傳》中，不見「伐鼓」之文，亦無「屢遊」之誚。《隋志》「正史類」有徐爰《宋書》六十五卷，孫嚴《宋書》六十五卷，宋文明中撰《宋書》六十一卷，則明遠「伐鼓」、「屢遊」故實，當在此三史中矣。

《抱朴子》説項曼都詐稱得仙云云。

盼遂按：葛説又本王充《論衡·道虚》篇。

名實

人足所履，不過數寸，然而咫尺之途，必顛蹶於崖岸，拱把之梁，必沈溺於川谷者，何哉？爲其旁無餘地故也。

盼遂按：《莊子·外物》篇：「夫地非不廣且大也，人之所用，容足耳。然則厠足而墊之，致黄泉，人尚有用乎？然則無用之爲用也，亦明矣。」顔氏此文，正取莊意。

東萊王韓祖晉。又云「韓既有學」。

盼遂按：「韓祖晉」當是「韓晉明」之譌。《北齊書·韓軌傳》：「子晉明嗣。天統中，改封爲東萊王。諸勳貴子孫中，晉明最留心學問。」《家訓》所説，正其人也。

止足

不啻此者，以義散之；不至此者，勿非道求之。

盼遂按：「不啻此」謂過於此也，與「不至此」對文。六朝人以「不啻」爲常談，如《左氏·昭公元年傳》：「后子曰：『鮮不五稔。』」杜注：「少尚當歷五年，多則不啻。」此「不啻」爲過多之證。《世説新語·賞譽》篇：「江思悛思懷所通，不翅儒域。」《文學》篇：「殷乃歎曰：『使我解《四本》，談不翅爾。』」《排調》篇「婦笑曰：『若使新婦得配參軍，生兒故可不啻如此。』」《假譎》篇：「王文度弟智惡乃不翅。」皆謂過也，多也。「翅」、「啻」古通用。《一切經音義》引《蒼頡篇》云：「不啻，多也。」則此語之來也久矣。

誡兵

顔俊以據武威見殺。

注：「未詳。」

盼遂按：「俊」當爲「竣」，形近音同，故爾致誤。《南史·顔竣傳》：「宋孝武帝發尋陽，竣出入卧内，斷决軍機。踐阼後，歷侍中右衛將軍。義宣、臧質反，兼領右將軍。後以懷怨免官。竣頻啓謝罪，上愈怒，及竟陵王誕爲逆，因賜死。」此竣倚恃武功見殺之事也。世人少見「竣」字，遂改作「俊」，注家因而束手矣。

養生

有單服杏仁、枸杞、黄精、术煎，得益者甚多。「术煎」字本或作「車前」。

吴檢齋先生曰：「陶隱居《别録》曰：『赤术，葉細無椏，根小苦而多膏，可作煎用。』此术煎之説也。車前雖冷利，仙經亦服餌之。疑术煎、車前二物，或宜並列。」

侯景之亂，王公將相，多被戮辱；妃主姬妾，略無全者。

盼遂按：之推本傳《觀我生賦》：「疇百家之或在，覆五宗而剪焉。獨昭君之哀奏，唯翁主之悲絃。」自注：「公主子女，見辱見讎。」皆謂此事。

九州未劃，列國未分，翦疆區野，若爲躔次。

盼遂按：「若爲」蓋「奈何」之轉語。若，猶那也，何也。那，亦奈何之短言也。唐人詩多以「若爲」二字連言，用爲問辭，如王維《送晁監還日本》詩「別離方異域，音信若爲通」，杜荀鶴《宫怨》詩「承恩不在貌，教妾若爲容」，羅虬《比紅兒詩》「虢國夫人照夜璣，若爲求得與紅兒」等，皆是也。

吴檢齋先生曰：「《南史》二十三《詔答王景文陳解揚州》曰：『人居貴要，但問心若爲耳。』又五十，僧遠問明僧紹曰：『天子若來，居士若爲相對？』『若爲』爲晉宋以來通語，猶今人之言怎麽樣矣。」

猶能履火蹈刃，種瓜移井，倏忽之間，十變五化。人力所爲，尚能如此。

盼遂按：《御覽》九百七十八引《搜神記》曰：「吴時有徐光，常行幻術。於市里從人乞瓜，其主弗與，便從索瓣，種之。俄而瓜蔓延生花實，乃取食之，因賜觀者。及視所賣，皆亡耗矣。」黄門種瓜之説，殆用此事。

吴檢齋先生曰：「《抱朴子·對俗》篇：『變形易貌，吞刀吐火。』又云：『瓜果結實於須臾，魚龍瀺灂於盤盂。』皆方士幻化之術。」

書證

「《禮》云：『定猶豫，决嫌疑。』《離騷》云：『心猶豫而狐疑。』」一條。

盼遂按：「猶豫」與「狐疑」皆雙聲連綿字，以聲音嬗衍，難可據形立訓也。「猶豫」於《説文》作「冘淫」，《冂部》「冘」字説解云：「冘淫，行皃。」即遲遲其行之意。於《易》作「由豫」，《易·豫卦》九四爻象傳：「由豫，大有得，志大行也。」馬融注：「由，猶疑也。」於《禮》作「猶與」，作「猶豫」，《曲禮》：「卜筮者，先聖之所以使民决嫌疑，定猶與也。」《釋文》：「與，音預，本亦作豫。」於《楚辭》作「夷猶」，作「容與」，作「夷由」，《九歌·湘君》：「君不行兮夷猶。」王逸《章句》：「夷猶，猶豫也。」《九章》：「然容與而狐疑。」《涉江》：「船容與而不進兮。」張銑《文選注》云：「容與，徐動貌。」《後漢書·馬融傳》：「或夷由未殊。」李賢注引《楚辭》作「夷由」。於《後漢書》作「冘豫」，《馬援傳》：「計冘豫未决。」按：「冘豫」亦「猶豫」也。於《水經注》作「淫預」，《江水》第一：「江中有孤石爲淫預石，冬出水二十餘丈，夏則没，亦有裁出處矣。」今按：此堆特險，舟子所忌，夏水洄洑，沿泝滯阻，故受淫預之名矣。俗亦作「灔預」字。凡此皆「冘淫」二字之因聲演變，第同喉音斯可矣。狐疑者，《史記·淮陰侯傳》云：「猛虎之猶豫，不若蜂蠆之致螫；騏驥之蹢躅，不如駑馬之安步；孟賁之狐疑，不如庸夫之必至也。」「狐疑」與「猶豫」、「蹢躅」皆雙聲字，「狐疑」與「嫌疑」爲一聲之轉。顔氏誤以「猶豫」爲犬子豫在人前，「狐疑」爲狐聽河冰，特望文生訓，而不知溝通於群籍也。

惟王羲之《小學章》，獨阜傍作車。

盼遂按：傳世《淳化閣·右軍法帖》中俗體特多，往往不講偏傍，乖於六書。張守節《史記正義·論字例》云：「鍾、王等家以能爲法，致令楷文改變，非復一端，咸著秘書，傳之歷代。」韓文公《石鼓歌》云：「羲之俗書趁姿媚。」皆足以略摹右軍《小學章》之梗概。又按：郭氏《佩觿序》亦云右軍《小學章》，則盧氏刻本改爲「王羲」，非也。

夏侯該

宋本注云：「五代和宫傳凝本作『諺』、作『詠』未定。」

盼遂按：「該」爲「詠」之形誤。《切韻序》敦煌本云：「夏侯詠《韻略》。」今本《廣韻》亦誤作「該」。《隋書·經籍志》：「《四聲韻略》十三卷，夏侯詠撰。」李涪《刊誤》曰：「梁夏侯詠撰《四聲韻略》十二卷。」皆不作「該」。

而《李蜀書》一名《漢之書》。

王重民曰：「『一名《漢之書》』五字，當是注文之混入正文者。」

「虙」之與「伏」，古來通字，誤以爲「宓」，較可知矣。

盼遂按：「伏」古音在之部，「虙」、「宓」俱從必聲，古音在脂部，秦漢以來，三字皆轉音如服，今一按顧氏《唐韻正》、嚴氏《古音諧》而可知也。故古書「伏羲」、「虙羲」錯出，而《荀子》則作「宓羲」；《成相》篇：「文武之道同宓羲。」孔子弟子子賤本虙羲之後，而《史記》作「宓不齊」。此「伏」、「虙」、「宓」三字同音互用，其來舊矣。顏氏昧於古音之源流，乃以作「宓」爲誤，非九變復貫之選矣。

《三輔決録》云：「前隊大夫范仲公，鹽豉蒜果共一筩。」

盼遂按：二語爲當時謡諺，美范仲公之儉約者也。漢謡諺例屬韻語。

江南但呼爲蒜符，不知謂爲顆。學士相承，讀爲裹結之裹。

吴檢齋先生曰：「『蒜符』之『符』，殆爲誤字。既云學士『讀爲裹結之裹』，則其音必與『裹』近，『符』字從付，絶非其類，以是明之。」

木旁作鬼爲「魁」字。

注：「俗本『魁』作『槐』。」

盼遂按：郭忠恕《佩觿序》：「紩、棖、鑵、鏸，代紺、盞、鑊、鐶之字；氂、祠、槐、爈，作髫、鴟、槐、炙之文。」元注：「以上出《顔氏家訓》。」是顔氏謂俗人以「槐」代「魁」，郭在五代見本作「槐」，盧改作「魁」是也。今按：《洛陽伽藍記》：「楊元慎曰：『槐字是木傍鬼。』」《舊唐書·賈嘉隱傳》：「槐樹者，取其以鬼配木。」此皆木傍鬼爲「槐」之證，然恐非顔氏所譏之意耳。

鄭玄注書，往往引其爲證。

盼遂按：鄭注《考工记》「冶氏」引許叔重《説文解字》云：「鋝，鍰也。」《儀禮·既夕禮》注及《小戴記·雜記》皆引許氏《説文解字》云：「有輻曰輪，無輻曰輇。」是鄭君解經凡三引許書也。

「『亂』旁爲舌，『揖』下無耳」十四句。

盼遂按：黄門所舉諸俗字，具見於邢澍《金石文字辨異》、楊紹廉《金石文字辨異續編》、趙之謙《六朝别字記》、楊守敬《楷法溯源》、羅振玉《六朝碑别字》諸書，而陸德明《經典釋文序録》「條例」云：「五經字體，乖替者多，至如『竈』、『鼉』從黽，『亂』、『辭』從舌，『席』下爲帶，『惡』上安西，『析』傍著片，『離』邊作禹，直是字譌，不亂餘讀。如『寵』字爲『竉』，『錫』字爲『鍚』，用『攴』代『文』，將『无』混『旡』，若斯之流，便成兩失。」張守節《史記正義·論字例》云：「若其『竈』、『鼉』從黽，『亂』、『辭』從舌，『覺』、『學』從與，『泰』、『恭』從小，『匱』、『匠』從走，『巢』、『藻』從果，『耕』、『精』從禾，『席』下爲帶，『美』下爲大，『裹』下爲衣，『極』下爲點，『析』傍著片，『惡』上安西，『餐』側出頭，『離』邊作禹，此之等類，直是字譌；『寵』字爲『竉』，『錫』爲『鍚』，以『支』代『攵』，將『无』混『旡』，若兹之流，便成兩失。」

陸、張所舉，與黄門大同小異，殆即轉襲此文歟？

音辭

孫叔言創《爾雅音義》，是漢末人獨知反語。

盼遂按：顏氏此言失考。反語之興，興於東漢中葉，迨孫叔然特又整齊畫一之耳。盼遂舊著《反切不始於孫叔然辨證》一文，詳論此事。

吴檢齋先生曰：「按：炎字叔然，義相應。盧説本作『叔言』者，取『大言炎炎』之義，古來有此體例乎？明『言』爲誤字矣。」

獨金陵與洛下耳。

《補注》：「洛下，今之河南開封府，周、漢、魏、晉、後魏咸都之。」

盼遂按：洛下爲河南河南府洛陽縣。盧云開封府，誤也。

《韻集》以成、仍、宏、登合成兩韻，爲、奇、益、石分作四章。

盼遂按：據此知韻書分部，自吕静《韻集》已然。世謂隋代以前惟分四聲，韻目之析始於陸法言者，非也。今清宫出唐寫本王仁煦《刊謬補缺切韻》，平聲一目録冬下注云：「無上聲。陽與鍾、江同。吕、夏侯别，今依吕、夏侯。」脂下注云：「吕、夏侯與之微大亂雜，陽、李、杜别，今依陽、李。」真下注云：「吕與文同，夏侯、陽、杜别，今依夏侯、陽。」臻下注云：「無上聲，吕、陽、杜與真同，夏侯别，今依夏侯。」按：所云夏侯者，夏侯詠；陽者，陽休之；杜者，杜臺卿；吕即斥吕静《韻集》也。所云吕有别、吕雜亂者，皆就《韻集》分部言也。此亦與黄門所云兩部、四章，足互相證明者。又按：《陸雲集·與兄書》云：「『徹』與『察』皆不與『日』韻，思惟不能得，願賜此一字。」又云：「李氏云：『「雪」與「列」韻。』曹謂子建之子志也。便復不用。人亦復云：『曹不可用者，音自難得正。』」又云：「音楚，願兄便定之。兄音與獻、彦之屬，皆願仲宣須賦獻與服索。張公語雲云：『兄文故自楚，須作文爲思，昔所識文，乃視兄作誄，又令結使説音耳。』」按據上三事，决晉前無分韻之書，而爾時文士則競講韻部，故吕氏分韻之書遂應運而興也。

甫者，男子之美稱，古書多假借爲「父」字。北人遂無一人呼爲甫者，亦所未喻。

盼遂按：王静安師曰：「經典男子之字，多作『某父』，彝器則皆作『父』，無作『甫』者，知『父』爲本字也。男子字曰『某父』，女子字曰『某母』，蓋男子之美稱莫過於父，女子之美稱莫過於母。男女既冠笄，有爲父母之道，故以『某父』、『某母』字之也。《顔氏家訓》譏北人讀『某父』之『父』與『父母』之『父』無别，胥失之矣。」

上先標問，下方列德以折之爾。「列」字本或作「刻」。

吴檢齋先生曰：「『列德』當作『劾德』，校者意改爲『列』耳。」

軍自敗曰敗，打破人軍曰敗。

注引《左傳·哀公元年》：「夫先自敗也已，焉能敗我？」《釋文》無音，知江南不異讀。

盼遂按：敦煌唐寫本《切韻·去聲·十七夬》：「敗，薄邁反。自敗曰敗。」又：「『敗』字，北邁反，破他曰敗。」是顔氏定《切韻》時，分自敗、敗他二音，依江南音讀，與《家訓》合。又按：王氏筠《説文句讀·辵部》「退」字注云：「退，斁也。《攴部》：『敗，毁也。』是知『退』、『敗』一字，此重文之在兩部者也。《顔氏家訓》：

『江南學士讀《左傳》。自敗曰敗，打破人軍曰敗。』此人殆不知有『退』字，若知之，當如《字林》之分『壞』、『斆』爲二字矣。」

庚辰吴入，遂成司隸。

盼遂按：「庚辰吴入」乃郢州之歇後語也。「司隸」句自當斥永州爲合。考《後漢書·鮑永傳》：「永爲司隸校尉，朝廷肅然，莫不戒懼。辟扶風鮑恢爲都官從事，亦抗直不避强禦。帝常曰：『貴戚且宜斂手以避二鮑。』其見憚如此。」按：永爲司隸凡五年，故後之言司隸者稱焉。簡文謔語，自當取人所習知者以爲資佐，則司隸之爲鮑永無疑矣。

注説全無是處。

雜藝

江南諺云：「尺牘書疏，千里面目。」

盼遂按：諺語多屬韻語，此文當是「書疏尺牘，千里面目」，「牘」與「目」爲韻。

方知陶隱居、阮交州、蕭祭酒，莫不得羲之之體。

注引《晉書·阮放傳》。

盼遂按：《晉書·阮放傳》不載放善書法，且放，晉成帝時人，於王右軍爲前輩，不應反傚其體，知注以交州屬放，非也。檢唐張懷瓘《書斷》云：「阮研字文幾，陳留人。官至交州刺史。其行草出於大王，若飛泉交注，筋力最優。」宋《淳化閣法帖》四有《梁交州刺史阮研書》一通，列於沈約之後、蕭子雲之前，此正黄門所謂之「阮交州」矣。

三九讌集，常縻榮賜。

盼遂按：《勉學》篇：「三九公讌，則假手賦詩。」彼云「公讌」，此云「榮賜」，則「三九」非指春秋佳日説也。《隸釋·孫叔敖碑》：「三九無嗣。」洪适注曰：「三，三公；九，九卿也。」《抱朴子·清鑑》篇：「勇力絶倫者，則上將之器；洽聞治亂者，則三九之才也。」以「三九」儷「上將」，明「三九」爲公卿。此「三九」爲漢以來習語。李審言《補注》所云「三，三公；九，九卿」者，可從，惜未能多引證佐也。

如反支不行，竟以遇害。

注引《後漢書·王符傳》，又引《郭躬傳》。

盼遂按：注未能符合。《漢書·遊俠·陳遵傳》：「張竦爲賊兵所殺。」李奇注曰：「竦知有賊當去，會反支日不去，因爲賊所殺。桓譚曰：『爲通人之蔽也。』」《禮記·王制》正義云：「俗禁者，若前漢張竦行避反支。」知竦此事，隋唐以前實爲士夫口實，顔氏此語殆謂竦矣。

王肅、葛洪、陶侃之徒，不許目觀手執。

注：「王肅事未見。」

盼遂按：「王肅」疑「王充」之誤。《論衡·對作》篇：「建初孟年，中州頗歉。論衡之人，奏記郡守。酒縻五穀，生起盜賊。沈湎飲酒，盜賊不絶。奏記郡守，禁民酒。退題記草，名曰『禁酒』。」

終　制

至如蠟弩牙、玉豚、錫人之屬。

盼遂按：上虞羅氏所藏古明器，有小弩機長二寸，中有「中士」二字；玉豚五枚，鉛人二枚，古者鉛、錫通言不別。上有朱書。

北齊書文苑傳顔之推傳 附録

撰《觀我生賦》。

盼遂按：《周易·觀卦》九五爻：「觀我生，君子無咎。」顔取經文以名賦。

去琅玡之遷越，宅金陵之舊章。

注：「金陵本吴地，越滅吴，地爲越有，故稱越也。」

盼遂按：注文大非，從不見有以越稱金陵者。蓋「遷越」二字爲雙聲連綿詞，猶播蕩也。《左傳·昭公二十六年》：「茲不穀震蕩播越，竄在荆蠻，未有攸底。」杜注：「播越，遷踰也。」此「遷」、「越」二字同義之證。本書《慕賢》篇：「吾生於亂世，長於戎馬，流離播越。」此亦可訓爲吴地乎？

詠苦胡而永歎，吟微管而增傷。

盼遂按：微管，謂管仲也。《論語·憲問》篇：「微管仲，吾其被髮左衽矣。」六朝人恒取「微管」二字，以求新穎。如《易傳》：「顔氏之子其殆庶幾乎？」六朝人亦摘「殆庶」二字爲文，亦此意也。《文選》傅季友《爲宋公修張良廟教》：「盛德不泯，義存祀典。微管之歎，撫事彌深。」謝朓《和王著作融八公山詩》：「微管寄明牧。」

任彦昇《爲范始興作求立太宰碑表》：「道被如仁，功參微管。」又《爲百辟勸進今上牋》：「歎深微管。」皆以「微管」爲管仲。

慙四白之調護，厠六友之談説。雖形就而心和，非余懷之所説。

盼遂按：此數語述與世子方諸遊處事也。《莊子·人間世》：「顔闔將傅衛靈公太子，而問於蘧伯玉。伯玉曰：『形莫若就，心莫若和。就不欲入，和不欲出。』」

愜敷求之不器，乃畫地而取名。

盼遂按：畫地取名，言世子之失於任人也。《三國志·魏志·盧毓傳》：「詔曰：『選舉莫取有名，名如畫地作餅，不可啖也。』」此用其事。注引《漢書·車千秋傳》，失之。

王凝坐而對寇，白詡拱以臨兵。

盼遂按：「王凝」謂「王凝之」也，如「褚詮之」，《勉學》篇亦作「褚詮」，減名末「之」字矣。六朝人於名末之字，往往可減去，如《世説新語》「張玄之」亦作「張玄」、「顧悦之」或作「顧悦」、「袁悦之」或作「袁悦」，《隋書》稱「王述」爲「王述之」，見《經籍志》「春秋」。《水經注》載「王歆之」雜稱「王歆」《深水注》與《洭水注》。等，皆是矣。《晉書·王凝之傳》：「凝之爲會稽内史，賊孫恩來攻，凝之方入靖室，請禱，出曰：『吾已請大道，許鬼兵相佐，賊自破矣。』既不設備，遂爲孫恩所害。」此云坐而對寇，正此事也。「白詡」二字疑有誤，當亦人名，然無可考。清殿本《北齊書考證》云：「『白詡』爲『白羽』之誤，此用顧榮以羽扇麾賊事。」今按：顧榮羽扇麾賊，賊遂潰退，非此處所施也。

疇百家之或在。

自注：「隨晉渡江者百家，故江東有《百譜》。」

盼遂按：《隋書·經籍志·史部》載江南《百家譜》凡十見，疑注中譜上挩「家」字。

侔挈龜以憑濬，類斬蛟而赴深。

盼遂按：「龜」當爲「黿」，隋唐俗書「黿」作「龜」，遂致誤爾。《晏子春秋·内篇·諫下》：「古治子曰：『吾嘗從君濟於河，黿銜左驂以入砥柱之流。治潜行得黿而殺之，左操驂尾，右挈黿頭，鶴躍而出。』」此「挈黿」用其事也。張華《博物志》：「澹臺子羽持千金之璧渡河。陽侯波起，兩蛟挾舟。子羽左操璧，右操劍，擊蛟皆死。」此斬蛟用其事也。此二事皆大河中故實，故顔引之。注説全非。

補　正

《誡兵》篇「顔俊」一條。

盼遂按：《資治通鑑》卷六十八：「建安二十四年，武威顔俊、張掖和鸞、酒泉黄華、西平麴演等，各據其郡，自號將軍，更相攻擊。俊遣使送母及子詣魏王操爲質，以求助。操問張既，既曰：『俊等外假國威，内生傲悖，計定勢足，後即反耳。今方事定蜀，且宜兩存而鬭之，猶卞莊子之刺虎，坐收其敝也。』王曰：『善！』歲餘，鸞遂殺俊。武威王祕又殺鸞。」此正《家訓》所謂「顔俊以據武威見殺」之事也。曩者謂「俊」爲「竣」之誤字，遂不經矣。庚午六月望，記於日下邱祖胡同。

（原載《女師大學術季刊》第一卷第二期，國立北平大學女子師範學院圖書出版委員會一九三〇年六月出版。原刊篇目多有前後顛倒之處，疑排印者將原稿頁序誤置所致，今據抱經堂補注本篇目次序調整，以便閱讀）

風操

偏傍之書，死有歸煞。子孫逃竄，莫肯在家。畫瓦書符，作諸厭勝。喪出之日，門前然火。户外列灰，祓送家鬼，章斷注連。凡如此比，不近有情，乃儒雅之罪人，彈議所當加也。

盼遂按：殃煞之事，載籍所不恒見。惟徐鉉《稽神録》云：「彭虎子少壯有膂力，嘗謂無鬼神。母死，俗巫戒之曰：『某日殃煞當還，重有所殺，宜出避之。』合家細弱，悉出逃匿；虎子獨留不去。夜中有人推門入，虎子遑遽無計。先有甕，便入其中，以板蓋頭，覺母在板上坐，有人問：『板下無人耶？』母曰：『無。』乃去。」是避煞逃竄，至五代時猶然矣。唐張讀《宣室志》云：「俗傳人死數日，當有禽從柩中出。太和中，有鄭生者網得一巨鳥，色蒼，高五尺餘，忽無所見。訪里中民訊之。有對者曰：『里中有人死且數日，卜者言今日煞當去。其家伺而視之，有巨鳥，色蒼，從柩中出。君所獲果是乎？』」此煞之狀也。

又周豈明先生《茶話乙》第七則云：「英國茀來則博士著《普許嘿之工作》第五章云，野蠻人送葬歸，懼鬼魂復返，多設計以阻之：通古斯人以雪或木塞路；緬甸之清族則以竹竿横放路上；納巴耳之曼伽族葬後，一人先返，集棘刺堆積中途，設爲障礙，上置大石，立其一，一手持香爐，送葬者悉從石上香烟中過，云鬼聞香逗留，不至乘生人肩上越棘刺云云。今紹興回喪，於門外焚穀殼，送葬者跨烟而過，始各返其家，其用意正同，即防鬼魂之附着也。」

録自《語絲》。

盼遂按：此亦《家訓》「作諸厭勝」、「祓送家鬼」之俗也，知其流遠矣。又按：豈明先生《漢譯古事記·神代卷》第二十九節之「布刀玉命急忙將注連挂在後面」一語自注云：「注連，係采用《顔氏家訓》語，亦作標繩。用稻草左綯，約間隔八寸，散垂稻草七，次五，次三根，故又寫作『左繩』或『七五三繩』，用作禁出入的標志，當挂在神社入口。今正月人家門口亦猶用之，蓋以辟不祥也。」盼遂按：以稻草之標繩爲「注連」，當有所出，姑志以俟知者。

慕賢

梁孝元前在荆州，有丁覘者，洪亭民耳，頗善屬文，殊工草隸。孝元書記，一皆使典之。

盼遂按：《日本見在書目》載丁覘注《千字文》一卷。考《千字文》注釋率皆梁陳之士，則丁覘殆即顔氏此文所舉者。又梁元帝《金樓子·著書》篇云：「《夢書》一秩十卷，金樓使丁覘撰。」亦其人也。

勉學

稱荆州爲峽西。

盼遂按：錢竹汀先生校刊謂「峽西」當是「陜西」之誤。荆州爲上游重鎮，故取周、召分陜之意，名爲陜西。此説甚是，惜未能徵引確據。今按《通鑑》卷一百三十《宋紀·太宗明皇帝》「泰始元年」：「是時，臨海王子頊爲都督荆、湘等八州諸軍事、荆州刺史，朝廷以蔡興宗爲子頊長史、南郡太守，行府、州事，興宗辭不行。袁顗説興宗曰：『朝廷形勢，人所共見。在内大臣，朝不保夕。舅今出居陝西，爲八州行事；顗在襄、沔，地勝兵强，去江陵咫尺，水陸流通。若朝廷有事，可以共立桓、文之功。』」胡三省注引蕭子顯曰：「江左大鎮，莫過荆、揚。弘農郡陝縣，周世二伯主諸侯：周公主陝東，召公主陝西，故稱荆州爲陝西。」此最足以證明錢説。又《北周書·王褒傳》周弘讓復褒書云：「與弟分袂西陝，言返東區。」此正斥荆州傾没，與褒分散之事也。此西陝，亦猶言陝，亦猶言陝西矣。《徐孝穆集·與顧室記書》云：「徐榀入身梁朝，解褐岳陽王小府墨曹。承聖時，爲故敬帝晉安王諷席，文墨具存。陝西官爵乃多浮濫，更補臺郎，不爲勝擢。」此云「陝西」，正指江陵政府時而言。《陳書·周弘正傳》云：「弘正與僕射王褒言於元帝，宜輿駕入建業。時荆、陝人士咸云王、周皆是東人。弘正面折之曰：『若東人勸東，謂爲非計；君等西人欲西，豈成良策？』」此文「荆陝」連言，且與「東人」爲對，益明當時通以「陝西」代荆州矣。

文章

學爲文章，先謀親友，得其評裁，知可施行，然後出手。慎勿師心自任，取笑旁人也。

盼遂按：下文云「江南文制，欲人彈射。知有病累，隨即改之。陳王得之於丁廙也」，即發明此文之義。又唐白樂天云：「凡人爲文，私於自是，不忍於割截，或失於繁多。其間妍媸，益又自惑，必待交友有公鑑無姑息者，討論而削奪之，然後繁簡當否，得其中矣。」最足發明顏氏此意。

梁世費旭詩云：「不知是耶非。」簡文曰：「旭既不識其父。」

盼遂按：南朝通俗，稱父爲耶。《南史·王彧傳》：「長子絢，年五六歲，讀《論語》至『周監於二代』，外祖何尚之戲之，曰：『可改耶耶乎文哉！』絢即答曰：『尊者之名安可戲？寧可道草翁之風必舅？』」緣《論語》此句爲「彧彧乎文哉」，彧是絢父之名，故何戲改爲耶。知南朝通呼父爲耶矣。

《抱朴子》說項曼都詐稱得仙，自云：「仙人以流霞一杯與我飲之，輒不飢渴。」而簡文詩云：「霞流抱朴椀。」

盼遂按：《抱朴子·袪惑》篇之說，又本之王充《論衡·道虚》篇。《道虚》篇云：「河東蒲坂項曼都好道，學仙，委家亡去，三年而返家。問其狀，曰：『去時不能自知，忽見若卧形，有仙人數人將我上天，離月數里而止，見月上下幽冥，幽冥不知東西。居月之旁，其寒淒愴，口飢欲食，仙人輒飲我以流霞一杯。每飲一杯，數月不飢。不知去幾何年月，不知以何爲過。忽然若卧，復下至此。』河東號之曰『斥仙』。」此正爲《抱朴子》所本。簡文詩云「霞流抱朴椀」，亦可云「霞流王充椀」乎？宜其爲顔氏之所譏也。

何遜詩實爲清巧，多形似之言；揚都論者，恨其每病苦辛。

盼遂按：揚都指建鄴而言。本書《終制》篇云：「先君先夫人皆未還建鄴舊山，旅葬江陵東郭。承聖末，已啓求揚都，欲營遷厝。蒙詔賜銀百兩，已於揚州小郊北地燒磚，便值本朝淪没，流離如此。數十年間，絶於還望。且揚都污毁，無復孑遺。還彼下濕，未爲得計。」此處以建鄴與揚都並言，明揚都即建鄴矣。又《北齊書·顔之推傳·觀我生賦》自注：「靖侯以下七世，墳塋皆在白下。」亦即《終制》篇所云之「建鄴舊山」也。此亦揚都表建鄴之證。揚都之名惟顔君用之，他人文中不多覯也。

省事

前在修文令曹，有山東學士與關中太史競歷。

盼遂按：前在修文，蓋謂北齊後主武平三年時在修文殿撰輯《御覽》之事也。《北齊書·顏之推傳·觀我生賦》自注：「齊武平中，署文林館待詔者僕射陽休之、祖孝徵以下三十餘人。之推長掌其例。「例」字原脱，據《北齊書·文苑傳叙》補入。撰《修文殿御覽》、《續文章流别》等，皆詣進賢門上之。」又《文苑傳叙》：「武平三年，祖珽奏立文林館。於是更召引文學士，謂之待詔。珽又奏撰《御覽》，並敕蕭放、蕭慤及顏之推等同入撰例。」皆其事也。

止足

不啻此者，以義散之；不至此者，勿非道求之。

盼遂按：「不啻此」謂過於此也，與「不至此」爲對文。秦漢人書中恒以「不啻」二字連用。如《蒼頡篇》云「不翅多也」，玄應《一切經音義》所引。《説文解字·疒部》「疷」字説解云「疷，病不翅也」，皆其證。至六朝則使用益繁，如《左氏·昭公元年傳》：「后子曰：『鮮不五稔。』」杜預注云：「少尚當歷五年，多則不啻。」葛洪《抱朴子·祛惑》篇云：「故爲遠識。人但不知其年壽，信能近千年不啻耳。」《世説新語·賞譽》篇：「江思悛思懷所通，不翅儒域。」《文學》篇：「殷浩歎曰：『使我解《四本》，談不翅爾。』」《排調》篇：「婦笑曰：『若使新婦得配參軍，生兒故可不啻如此。』」《假譎》篇：「王文度弟智惡乃不啻。」凡此諸「不翅」、「不啻」皆屬過多之意。「翅」、「啻」古音同在支部，古紐同歸舌頭，故可通用。

誡　兵

顔俊以據武威見殺。

盼遂按：《三國志・魏志》卷十五《張既傳》云：「是時武威顔俊、張掖和鸞、酒泉黄華、西平麴演等並舉郡反，自號將軍，更相攻擊。俊遣使送母及子詣太祖爲質，求助。太祖問既，既曰：『俊等外假國威，内生傲悖，計定勢足，後即反耳。今方事定蜀，且宜兩存而鬪之，猶卞莊子之刺虎，坐收其斃也。』太祖曰：『善。』歲餘，鸞遂殺俊。武威王祕又殺鸞。」此黄門所本。《資治通鑑》繫此事於漢獻帝建安二十四年，盼遂前考《家訓》時，據以爲證。及檢《國志》，又須改削。信乎校書之難，如掃落葉，隨掃隨生也。辛未暮春立夏日。

養　生

學如牛毛，成如麟角。

盼遂按：二語出《抱朴子・極言》篇，云：「若夫覩財色而心不戰，聞俗言而志不沮者，萬夫之中有一人爲多矣。故爲者如牛毛，獲者如麟角也。」趙注雖引蔣子《萬機論》語，然黄門意自用葛氏書也。

華山之下，白骨如莽。

盼遂按：《抱朴子·登涉》篇云：「凡爲道合藥及避亂隱居者，莫不入山。然不知入山法者，多遇禍害。故諺有之曰：『太華之下，白骨狼藉。』」

歸心

猶能履火蹈刃，種瓜移井，倏忽之間，十變五化。人力所爲，尚能如此。

盼遂按：《洛陽伽藍記》卷一「景樂寺」云：「寺中雜技，剥驢投井，植棗種瓜，須臾之間，皆得食之。」楊衒之與顔氏時代接近，故所言多相同也。《抱朴子内篇·對俗》篇云：「若道術不可學得，則變易形貌，吞刀吐火，坐在立亡，興雲起霧，召致蟲蛇，合聚魚鼈，三十六石立化爲水，消玉爲粭，潰金爲漿，入淵不沾，蹴刃不傷，幻化之事，九百有餘，按而行之，無不皆效。何爲獨不肯信仙之可得乎？」據葛説是幻化之術，在晉已盛。吴檢齋先生又引《抱朴子·對俗》篇云：「『變易形貌，吞刀吐火。』又云：『瓜果結實於須臾，魚龍瀺灂於盤盂。』皆方士幻化之術。」

書證

按諸「陳」字，並作陳、鄭之陳。《蒼》、《雅》及近世字書，皆無别字；惟王羲之《小學章》，獨

阜傍作車。

盼遂按：「王羲之」盧氏刻本據誤本《唐書》改爲「王義」，非也。《日本見在書目》載「《小學篇》一卷，王羲之撰」，「《筆勢論》一卷，王羲之撰」，「《用筆陳圖碑》，王羲之撰」。三書聯列，同爲王羲之作，則《小學章》之作者爲王羲之而非王義，明矣。魏收《魏書》卷十九《元順傳》云：「順初學王羲之《小學篇》數千言。」亦不作「王義」，可證。五代之末郭忠恕《佩觿序》引右軍《小學章》，亦以歸之王羲之，皆足證也。又按：傳世《淳化閣・王右軍法帖》中俗體特多，往往不講偏傍，乖於六書。張守節《史記正義・論字例》云：「鍾、王等家，以能爲法，致令楷文改變，非復一端。咸著秘書，傳之歷代。」韓文公《石鼓歌》云：「羲之俗書趁姿媚。」綜觀以上諸説，則右軍《小學章》之忽略形體，可概見矣。後人震於羲之善書之名，往往曲爲之諱，不惜改换名字，遂愈失其真矣。

《道經》云：「合口誦經聲璅璅，眼中淚出珠子碟。」

盼遂按：敦煌出土唐寫本《老君化胡經》載《老子十六變詞》云：「一變之時，生在南方亦如火，出胎墮地獨能坐。合口誦經聲璅璅，眼中淚出珠子碟。父母世間驚怪我，復畏寒凍來結果，身著天衣誰知我。」黄門所云《道經》，指《老子化胡經》而言也。

或問：「俗名傀儡子爲郭禿。有故實乎？」答曰：「《風俗通》云：『諸郭皆諱禿。』」

盼遂按：《樂府廣題》云：「北齊後主高緯，雅好傀儡，謂之『郭公』。時人戲爲《郭公歌》云：『邯鄲郭公九十九，技倆漸盡入滕口。』」云云。知黄門時，此戲盛行於鄴下，故或人據以爲問也。

猶文康象庾亮耳。

盼遂按：此句與上文「傀儡子爲郭禿」相對，「文康」應亦爲戲劇名。考梁武帝命周捨作《上雲樂》詞云：「西方老胡，厥名文康。遨游六合，傲誕三皇。西觀濛汜，東戲扶桑。南泛大蒙之海，北至無通之鄉。昔與若士爲友，共弄彭祖扶床。往年暫到崑崙，復值瑶池舉觴。周帝迎以上席，王母贈以玉漿。故乃壽如南山，志若金剛。青眼智智，白髮長長。蛾眉臨髭，高鼻垂口。非直能俳，又善飲酒。簫歌鳴前，門徒從後。濟濟翼翼，各有分部。鳳凰是老胡家雞，師子是老胡家狗。陛下撥亂反正，再朗三光。澤與雨施，化與風翔。覘雲候吕，來游大梁。重駟修路，始届帝鄉。伏拜金闕，瞻仰玉堂。從者小子，羅列成行。悉知廉節，皆識義方。歌管愔愔，鏗鼓鏘鏘。響震鈞天，聲若鵷凰。前却中規矩，進退得宫商。舉技無不佳，胡舞最所長。老胡寄篋中，復有奇樂章。齎持數萬里，願以奉聖皇。乃欲次第説，老耄多所忘。但願明陛下，壽千萬歲，歡樂未渠央。」據周詩觀之，則「文康」爲一戲劇名色必矣。《隋書·樂志》「梁三朝樂」：「四十四，設寺子導安息孔雀、鳳凰、文鹿，胡舞登連《上雲樂》歌舞伎。」更足證「上雲樂」爲歌舞之名，而「文康」又爲劇中主要脚色也。庾亮字文康，胡俳雖名「文康」，然而實非元規，猶傀儡子名郭禿，而實非郭禿也。

《國志》以天上有口爲吴。

盼遂按：《舊唐書》卷一百七十《裴度傳》云：「先是姦黨忌度，作謡辭云：『非衣小兒坦其腹，天上有口被驅逐。』天口者，言度嘗平吴元濟也。」亦以天上有口爲吴。

雜　藝

三九讌集，常縻榮賜。

盼遂按：《勉學》篇：「三九公讌，則假手賦詩。」彼云「公讌」，此云「榮賜」，則「三九」非指春秋佳日爲言，明矣。三者三公，九者九卿，簡稱「三九」，此實爲漢以後之習語。如《隸釋》載《孫叔敖碑》：「三九無嗣。」洪适注云：「三，三公；九，九卿也。」《抱朴子内篇・辨問》篇：「禪之以帝王之位而不用，委之以四海之富而不願。蔑三九之官，背玉帛之聘。」《外篇・漢過》篇：「宦者奪人主之威，三九死庸豎之手。」又《清鑑》篇：「勇力絶倫者，則上將之器；洽聞治亂者，則三九之才也。」凡此皆以「三九」與「帝王」、「玉帛」、「宦者」、「人主」、「上將」爲對文，明「三九」爲指公卿無疑矣。李詳《補注》知三公九卿之義，殊可信保，惜未能與引證佐兹故詳焉。

終　制

至於蠟弩牙、玉豚、錫人之屬。

盼遂按：玉豚爲以前諸古玉書所不載。上虞羅叔言先生所藏古明器，有玉豚五枚，而未詳其用處。日本於大正十四年春發掘樂浪郡古墳，得玉豚一枚，在死者左脅邊指輪之旁，長三寸五分，廣七分，高八分八厘，尾端有孔一，蓋以絲繩貫之，纏繞於死者腕上，防其脱離而然。朝鮮平壤復審法院保存玉豚一對：一長四寸，廣八分，高九分三厘；一長三寸九分，廣七分，高九分。各刻四足，屈伏地下，作平卧形。眼耳口鼻，僅可分辨。故吴清卿《古玉圖考》雖收有玉豚數枚，而皆誤仞爲《周禮》虎節之琥，而推及於漢之金虎符。蓋以其形本蔺胡，不易明辨。使非樂浪發見於死者脅下，吾人至今仍未敢肯定其爲玉豚，蓋可知也。日人關野貞諸氏定此玉豚於喪制爲握，並引劉熙《釋名·釋喪制》云：「握，以物著尸手中，使握之也。」以上節譯日本《樂浪郡時代的遺迹》。然《儀禮·士喪禮》云：「握手用玄，纁裹，長尺二寸，廣五寸，牢中旁寸，著組繫。」鄭康成注書，喜以漢制較古禮，亦不説及玉豚之制。頗疑漢代未嘗以玉豚代握帛。日本學者之説，恐未可十分任保也。

（原載《女師大學術季刊》第二卷第一期，國立北平大學女子師範學院圖書出版委員會一九三一年四月出版）

文選校箋

班孟堅兩都賦

俯協《河圖》之靈。

注：「然五經緯皆《河圖》也。」

又「豐冠山之朱堂」。

注：「然殿居山上，故曰『冠』云。」

又「夜光在焉」。

注：「班固上云『隨侯明月』，下云『懸黎垂棘，夜光在焉』，然班以『夜光』非『隨侯明月』矣。」

盼遂按：善注中，「然」字往往用作是則之意，或然則之義，爲前後注家所未有，學者宜分別視之也。

金釭銜璧，是爲列錢。

注：「列錢，言金釭銜璧，行列似錢也。」

盼遂按：列錢之制，常於漢刻石中遇之。肥城孝堂山漢人畫象宮室壁上刻列錢之文，皆方孔圓郭，以線斜絡之，是其制也。

左太冲魏都賦

捲惟庸蜀與鴝鵲同窠，句吴與鼃黽同穴。一自以爲禽鳥，一自以爲魚鼈。

盼遂按：《國語·越語》范蠡對王孫雒曰：「吾先君濱於東海之陂，黿鼉魚鼈之與處，鼃黽之與同渚，余雖靦然而人面哉，吾猶禽獸也。」太冲此文正用范語，而注家皆未引及。

王文考魯靈光殿賦

胡人遥集於上楹，儼雅跽而相對。

張載注：「儼雅而相對，言敬恭也。」李善注：「儼雅，跽皃。」

盼遂按：「儼雅」連言，似不辭。疑此「儼」讀「望之儼然」之「儼」，「雅跽」自爲一辭。《漢書·何武傳》：「槃辟雅拜。」《周官》「太祝奇拜」，杜子春云：「奇拜，先屈一膝，今雅拜是也。」《北史·顯祖紀》：「時復雅儛，折旋中節。」是古有雅拜、雅舞。今謂「雅跽」，正讀如「雅拜」、「雅舞」之「雅」，言屈一膝而長跪也。又按：《漢書·楚元王交傳》使申公皇「杵臼雅舂於市」，注引晉灼曰：「高肱舉杵，正身而舂之。」然則雅跽之狀，殆有類於雅舂歟？

何平叔景福殿賦

離離列錢。

注引《西京賦》曰：「金釭銜璧，是爲列錢。」

盼遂按：《西都賦》語，引作《西京》，誤也。後類此者不備舉。

顔延年赭白馬賦

豈不以國尚威容，軍駥趫迅而已。

李善注：「庾中丞《昭君辭》曰：『聯雪隱天山，崩風蕩河澳。朔障裂寒笳，冰原嘶代駥。』以韻言之，蓋馬名也。顔、庾同時，未詳所見。」

盼遂按：李意以「駥」字奇譎，而顔、庾同用，必當有本，不知此二皆隋以前之誤字也。顔賦云「軍駥」，當是「駙」之形誤。「駙」字形或作「駇」，因誤爲「駥」。「軍駙趫迅」者，言軍中趫迅之騎，足以副合國之威容也，此亦駢文倒裝法爾。至庾中丞辭之「代駥」當是「代駇」之誤。《玉篇》、《廣韻》並云：「駇鶾，蕃中馬名。」此「代駇」之所由稱也。「駇」字以形近而誤爲「駥」，亦恒見之事矣。

實有騰光吐圖，疇德瑞聖之符焉。

盼遂按：疇，讀爲醻，同聲之借。醻，訓爲「上天報享」之「報」。《晉書·陸機傳》：「疇諮俊茂，好謀善斷。」何超《音義》云：「疇，一作醻。」此「疇」、「醻」通用之例也。以上二則皆俞理初說。

潘安仁寡婦賦

孤女藐焉始孩。

注云：「《廣雅》云：『藐，小也。』《字林》曰：『小兒笑也。』」

盼遂按：俞正燮《癸巳存稿》卷十二云：「按：『藐』無笑義。尋《文選注》語次，當云：『《字林》曰：「小貌。」《說文》曰：「孩，小兒笑也。」』所脱去者『貌。《說文》曰「孩，小」』計六字，各本皆同誤。」惠氏棟《左傳補注》引《選注》脱誤，以解「以是藐諸孤」語，以駁顧氏謂「藐」爲小義之說，非也。

江文通别賦

儻有華陰上士，服食還山。

注引《列仙傳》修芊事。

盼遂按：修芊事與賦文不相應。《後漢書·華佗傳》附見魯女生，章懷注引《漢武内傳》云：「魯女生者，長樂人。初餌胡麻及术，絶穀八十餘年，日少壯，色如桃花，傳世見之。後采藥嵩高山，見一女人，以《五嶽真形》與之，並告女施行。女生道成，一旦與知友故人别，云入華山。去後五十年，先相識者逢女生華山廟前，乘白鹿，從玉女三十人，並令謝其鄉里親故人也。」云云。文通所摘，當屬此事矣。

陸士衡文賦

他日殆可謂曲盡其妙。

盼遂按：「謂」字本在「他日」之上，錯入「可」字下，遂不可通。本文實言賦之所陳，知之非難，而亡之才力，難副合此妙旨，冀他日曲爲驗之，如沈休文《謝靈運傳論》所云「如曰不然，以俟來哲」之意也。吕向注曰：「賦成之後，異日觀之，乃委曲盡其妙道矣。」即作「謂曲盡其妙」解，知「謂」字之誤倒也舊矣。

立片言而居要，乃一篇之警策。

盼遂按：俞正燮云：「李善注曹子建《應詔詩》『僕夫警策』，此以文喻馬。《五臣注》良曰：『猶以策擊馬，得其警動。』其説亦難通。策，即文句。警策，即指片言。今文章揣摩家所謂提挈警句也。謂之警者，居要能立；謂之策者，篇本編册也。《文選》傅毅《舞賦》『僕夫正策』，曹子建《應詔詩》『僕夫警策』，潘岳《西征賦》『發閿卿而警策』，合此四『策』，注《文選》者同之。不知彼三『策』，道塗僕御之馬鞭；此云一篇之『策』，文策警句，各不相涉。此賦此段，無取喻意。忽出一馬鞭，於文爲不辭矣。」

王子淵洞簫賦

密漠泊以獭獶。

李善注：「獭獶，相連延貌。字書曰：『獭獶，獸逃走也。』」

盼遂按：獭猭，《史記》作「陳掾」。《貨殖列傳》云：「楊、平陽陳掾其間，得所欲。」《索隱》云：「陳掾，猶經營馳逐也。」「獭」、「陳」，「猭」、「掾」，同音字。

顔延年秋胡詩

嗟余怨行役，三陟窮晨暮。

注引《毛詩》「陟彼崔嵬」、「陟彼高岡」、「陟彼砠矣」。

盼遂按：《詩·魏風·陟岵》篇序曰：「陟岵，孝子行役，思念父母也。」詩曰：「陟彼岵兮，瞻望父兮。父曰：嗟！予子行役，夙夜無已！上慎旃哉，猶來無止！陟彼屺兮，瞻望母兮。母曰：嗟！予季行役，夙夜無寐！上慎旃哉，猶來無棄！陟彼岡兮，瞻望兄兮。兄曰：嗟！予弟行役，夙夜必偕！上慎旃哉，猶來無死！」顔詩實用《魏風》此篇。李注引《周南·卷耳》，辭縱合而意違也。

阮嗣宗咏懷詩

丹青著明誓，永世不相忘。

李善注引《東觀漢記》：「光武詔曰：『明設丹青之信，廣開束手之路。』」

銘恕曰：《漢書·王莽傳下》莽詔太師王匡等：「亟進所部州郡兵凡十萬衆，迫措前隊醜虜，明告以生活丹青之信。」

顏師古注：「丹青之信，言明著也。」此事較《東觀漢記》爲早。《説文・青部》「青」字説解云：「丹青之信言必然。」亦以丹青喻信誠也。

嵇叔夜幽憤詩

理弊患結，卒致囹圄。對答鄙訊，縶此幽阻。實恥訟冤，歲不我與。

盼遂按：「鄙訊」事，六臣無注。清俞正燮《癸巳存稿》卷七有《書文選幽憤詩後》一篇，辨之曰：「《五君詠》注引《竹林七賢論》云：『嵇康非湯武，薄周孔，所以迕世。』《與山巨源書》注引《魏氏春秋》云：『康與山濤書，自説「不堪流俗，而非薄湯武」，大將軍聞而惡焉。』乍觀之，一似司馬氏以名教殺康也者，實不然也。《恨賦》注引王隱《晉書》云：『康妻，魏武帝孫穆王林女也。』本司馬氏所不喜。康《與山濤書》言『每非湯武而薄周孔，在人間不止，此事會顯，世教所不容』。其時王肅、皇甫謐之徒，誣造湯、武、周、孔之言。康謂篡逆之事，以聖賢爲口實，心每非薄之。若出仕在人間，不自晦止，必身顯見此事，非毀抵突，新代所不能容。師與昭以爲康深見其隱衷，而豫知不容，是必爲難者，故惡之。《恨賦》注引臧榮緒《晉書》云：『康爲中散大夫，呂安以家事繫獄，辭相引證，遂復收康。』《思舊賦》注引《魏氏春秋》云：『呂昭之子巽誣弟安不孝。安引康爲證，康保明其事。安亦有濟世志，鍾會勸大將軍因此除之，乃殺安及康。』《文選》有趙至《與嵇茂齊書》『李叟入關』云云。茂齊，康姪也，爲太子舍人。書稱『俯據潛龍之淵，仰蔭棲鳳之林』，實指茂齊官。《思舊賦》注引干寶《晉紀》云：『呂巽淫庶弟安妻，而告安謗己。太祖徙安遠郡。安遺康書「李叟入關」云云。太祖惡之，追收下獄。康理之，俱死。」《琴賦》注引臧榮緒《晉書》云：『康以吕安事誅。』是高貴鄉公事已見，鍾會言康昔嘗欲助毌丘儉，而康死文案，以吕安與書而身保任之，實則安書乃趙至書。趙書言思『披艱埽穢，蹴崑崙，蹋泰山，而垂翼遠逝，翅翮摧屈』，則似安語。鍾會言『不如因此除之』是也。書又言『足下蔭棲鳳之林，艷色餌其後，弄姿帷房之内』，似言康娶曹氏事。康《幽憤詩》所云：『理弊患結，卒致囹圄。對答鄙訊，縶此幽阻。實恥訟冤，歲不我與。』當日獄辭，竟以趙書傳致康死。其實康死以《與山巨源書》『事顯』、『不容』之語，而假安書誣陷之。猶之岳飛死以在荆湖不禮万俟卨，而假岳雲、張憲書誣陷之，皆『莫須有』之案牘也。《文選》趙書注引《嵇紹集》云：『趙景真與從兄茂齊書，時人誤謂吕仲悌與先君書，故具列本末。』此亦猶岳飛孫珂之《籲天辨誣録》也。惜《文選注》於《與山書》『事顯』、『不容』，《幽憤詩》『對答鄙訊』，未能明其情事，故類聚注所引者以成其説。康豈能不死？要使千載下知康所非薄者，王肅、皇甫謐等所造，司馬懿、鍾會等所牽引之湯、武、周、孔也。」盼遂按：《北堂書鈔》中載晉文王上書，請嵇康爲博士，《三國志·王粲傳》注云：「大將軍嘗欲辟康。康既有絶世之言，又從子不善，避之河東。」此事真康致死之由也。俞氏之言，猶覺隔膜。

陸士龍爲顧彦先贈婦詩

棄置北辰星，問此元龍焕。

注云：「北辰，言不移也。元龍，喻美女也。《星讚》曰：『軒轅，龍體，主后妃。』此指西城揔章宫人而言。龍色多元，故取以喻。」注蓋迂曲，不得詩意。

盼遂按：《癸巳存稿》云：「元龍，即北辰，以元爲北，以龍爲辰，《古樂府》多如此。此詩爲顧彦先婦答彦先也。士衡有《爲彦先贈婦詩》云：『何用結中款，仰指北辰星。』則此詩『棄置北辰星』，即答其贈語，又反覆申之，言不當違棄北辰信誓，仰視北辰星焕然，信誓不可棄置也。」

陸韓卿中山王孺子妾歌

安陵泣前魚。

李善注：「泣魚是龍陽，非安陵，疑陸誤也。」

盼遂按：阮嗣宗《咏懷詩》：「昔日繁華子，安陵與龍陽。」顔延年、沈約等注引：「安陵悲兕，龍陽泣魚。」而於詩末注云：「安陵君所以悲魚也。」蓋「悲」字下遺落「兕龍陽君所以泣」凡七字。梁時陸韓卿得顔延年注本已如此。顔注世所珍愛，陸奉顔注爲故典，因以詩中有「安陵前魚」之誤矣。俞正燮《癸巳存稿》説如此。

古詩十九首

盼遂按：唐裴孝源《貞觀公私畫史》記戴逵有《十九首詩圖》。逵兩晉人，而圖《十九首》，則「十九首」之説至遲亦必流行於晉氏，而非創自昭明可决也。徐孝穆作《玉臺新詠》，以「行行重行行」、「青青河畔草」、「西北有高樓」、「涉江采芙蓉」、「庭中有奇樹」、「迢迢牽牛星」、「東城高且長」、「明月何皎皎」等八篇爲枚乘之作，與《文選》異。或者謂《玉臺》之作，意在辨正昭明於《十九首》之失，豈其然乎？劉勰《文心雕龍》又以「冉冉孤生竹」一首爲傅毅之辭，同爲失也。

所遇無故物，焉得不速老。

盼遂按：《世説新語·文學》篇云：「王孝伯在京行散，至其弟王睹户前，問古詩中何句爲最。睹思未答，孝伯詠：『所遇無故物，焉得不速老！』此句爲佳。」此二句今在《十九首》第十一首中，據此知「古詩」之名，則晉代已成立。孝伯之見，殆同昭明，非如後代傅毅、枚乘猜測之紛紛也。

不如飲美酒，被服紈與素。

盼遂按：《癸巳存稿》云：「唐僧《辨正論·内九箴》篇引古詩云：『服食求神仙，多爲藥所誤。不如飲美酒，被服紈與素。寄語世上人，道士慎莫作。』末二句實累語，然此『作』字應則故切，即今之『做』字。《小雅》『薇亦作止，歲亦莫止』，是『作』去聲。《後漢書·廉范傳》：『廉叔度，來何暮？不禁火，民安作？昔無襦，今五袴。』《古詩十九首》中多東漢人語，則『作』字二句固應有之，《文選》删之也。」

引領還入房，淚下沾衣裳。

李善注云：「引領，已見上文。」

盼遂檢上端第十六首有「眄睞以適意，引領遥相睎」之句，善謂「上文」，蓋斥此也。而此「引領」下無注，知善注被後人刊削者多矣。後閲宋茶陵六臣注本，末首「引領」下有善注曰：「《左氏傳》穆叔謂晉侯曰：『引領西望，曰庶幾乎？』」此注不繫之十六首，而繫諸此者，良由彼有吕延濟注，故削而徙此，以取五雀六燕平衡之勢，而未顧及倒植。六臣注本通部皆有此荒繆，學者宜分别觀之也。

張平子四愁詩

美人贈我錦繡段，何以報之青玉案。

盼遂按：李善注云：「玉案，君所憑依，喻大臣。《禮記》曰：『春服青玉。』《楚漢春秋》淮陰侯曰：『臣去項歸漢，漢王賜臣玉案之食。』」按：《文苑英華》百十六唐張餘慶《青玉案賦》「以『報之貞亮，因物瑩心』爲韻」，賦云：「況能坦蕩而爲物，以俟憑依而寄傲。」語本「憑依」注，實不工也。《太平廣記》二百六十一引《乾䉽子》記梅權衡府試《青玉案賦》「以『油然易直，子諒之心』爲韻」，賦云：「犬蹲其旁，鴟拂其上。」自言是食案，時以爲笑，然亦本善注《楚漢春秋》義也。「玉案之食」即玉椀，軍中容有之。說本俞氏《癸巳存稿》。

謝靈運擬魏太子鄴中集詩八首

劉　楨

卓犖偏人，而文最有氣，所得頗經奇。

盼遂按：周翰注：「偏人，謂文才偏美於人。」此説非也。偏者，奇也，特也，不尋常也。「偏人」者，奇人也，異人也，非常人也。《莊子·田子方》篇：「乘駁馬而偏朱蹄。」「偏朱蹄」者，馬蹄特朱色也。《莊子·庚桑楚》篇：「庚桑楚者，偏得老聃之道。」「偏得」者，獨得也。《荀子・正名》篇：「萬物雖衆，有時而欲偏舉之，故謂之物。物也者，大共名也。推而共之，共則有共，至於無共，然後止。有時而欲偏今本譌作「徧」，歷來解者皆未能改正，致荀義不彰。舉之，故謂之鳥獸。鳥獸也者，大別名也。推而別之，別則有別，至於無別，然後止。」「偏舉」者，特舉也，與「偏舉」爲對文。鳥獸爲萬物之一物，舉鳥獸，即於萬物之大共名中特舉此別名，以期期也。「偏」之訓義爲奇爲特，此尤爲明證矣。次證之以《水經注》，《水經注》四《河水》篇：「巨靈胡者，偏得坤元之道。」此文與《莊子・庚桑楚》句同意。而趙東潛、戴東原校本皆改「偏」爲「徧」。《水經注》三十五《江水》篇：「江之右岸有李老浦，浦中偏無蚊蚋之患矣。」「偏無」者，謂他處自有，此浦獨無也。擬以上諸證，則「偏」字之義明，而「偏人」之義亦明。儻如翰注之説，而「文最有氣」之語益不詞矣。

任彥昇宣德皇后令

要不得不彊爲之名，使荃宰有寄。

某氏校五臣無次「不」字。

盼遂按：善注曰：「言德顯功高，雖無酬謝之理，要不彊爲酬謝之名，庶使君王之情，微有所寄也。」諦審注文，似善本亦無次「不」字。某氏校語，殆譌善注爲五臣歟？

傅季友爲宋公修張良廟教

微管之歎，撫事彌深。

盼遂按：《論語》：「子曰：『微管仲，吾其被髮左衽矣。』」迨後漢辭尚修飾，逕以「微管」代管仲矣。《後漢書·明帝紀》詔曰：「飛蓬隨風，微管所歎。」後人譌作「微子」。余作《後漢書校箋》訂正之，今據爲總。《宋書·謝靈運傳》：「謝玄勳參微管，宜宥及後嗣。」《文選》任彦昇《爲范始興作求立太宰碑表》：「遵被如仁，功參微管。」此「微管」之用，在季友先後已成貫見矣。

張子房道亞黃中，照鄰殆庶。

盼遂按：從來解《易·繫辭》者，皆以「庶幾」連讀，此獨以「殆庶」連文，蓋本於夏侯太初之《樂毅論》也。《史記·樂毅列傳》集解引夏侯玄曰：「觀樂生遺燕惠王書，其殆庶乎知幾合道，以禮始終者歟？」此「殆庶」二字之所自出。後任彦昇作《齊竟陵文宣王行狀》亦云：「公道亞生知，照鄰幾庶。」

若乃神交圯上，道契商洛。

善注引《答賓戲》曰：「齊寧激聲於康衢。」

盼遂按：注引《賓戲》與正文全不相關。考《賓戲》此句下云「皆俟命而神交，非詞言之所信」二語，應引此句爲「神交」作注，善乃誤舉上文也。或亦連此二句同引，而傳鈔者誤削之。

王元長永明九年策秀才文五首

朕式照前經，寶茲稼穡。

盼遂按：《詩經·大雅·桑柔》篇：「稼穡維寶。」元長正引此文。且所謂「前經」，亦斥《詩經》言也。善注引《范子計然》書，殊未塙。

胏石少不寃之人，棘林多夜哭之鬼。

盼遂按：善注有脱誤，宜補「《周禮》『大司寇』：『以胏石達窮民之寃。』鄭玄曰：『胏石，赤石也。』」二十一字於「窮民，天民之窮而無告者」一句之上，否則「窮民」之釋無著矣。此緣吕延祚合六臣注時，往往截削善注，而全存五臣，以取平均之勢。後之别行善注者，未能摭善注於五臣中，致有此偏枯之失爾。翰注有此《周禮》「大司寇」之文，不應素稱詳審之善注而獨缺也。

漢秉素祇之徵，魏稱黄星之驗。

盼遂按：史孝山《出師頌》云：「茫茫上天，降祚有漢。兆基開業，人神攸贊。五曜霄映，素靈夜歎。皇運來授，萬寶增焕。」此「素祇」即本於孝山之「素靈」也。善注引《漢書》，蓋得其事而未瑩其語所自出也。

任彦昇天監三年策秀才文

閉户自精，開卷獨得。

盼遂按：「自精」謂獨學也。《廣雅·釋詁二》云：「誦、説、精、講，論也。」《三國志·吴志·嚴畯傳》：「廣陵劉頴精學家巷。」《後漢書·樂恢傳》云：「恢閉廬精誦，不交人物。」此三事皆「精」訓爲「誦讀」之證也。李善注引《楚國先賢傳》「孫敬閉户牖，精力過人」等語，未能得其環中矣。王氏作《廣雅疏證》，亦未能引群籍證精論之義。

朕傾心駿骨，非懼真龍。

盼遂按：傾心駿骨，用郭隗説燕昭王以五百金市千里馬骨事，事見《戰國策·燕策第一》。善注引劉向《新序》，未免倒置矣。同門羅根澤君嘗考《戰國策》爲蒯通所作，列證甚塙。故太史公作《史記》得采摭之。總之，《國策》之早於《新序》，固吾人所可斷言也。

孔文舉薦禰衡表

旁求四方，以招賢俊。

盼遂按：《尚書·太甲上》：「旁求俊彦，啓迪後人。」孔注：「旁，非一方也。」選注宜引此語爲訓。善乃引《書·説命》篇語，失之。

任彦昇爲蕭揚州作薦士表

居無塵雜，家有賜書。

盼遂按：《陶淵明集·歸園田居》詩云：「户庭無塵雜，虚室有餘閒。」此彦昇「塵雜」所本。注引《吴書》劉基「門無雜賓」語，非此所施。

任彦昇爲卞彬謝修卞忠貞墓啓

陛下弘宣道義，非求效於方今。

盼遂按：《南齊書·卞彬傳》，彬卒在齊東昏侯永元中，是下不及梁室也。則所謂「方今」者，應指蕭齊時言也。吕延濟注云「言壼是晉臣，而梁武大施教義」云云，是以「方今」爲梁朝，失之矣。

任彦昇奏彈劉整

謹案齊故西陽内史劉寅妻范。

盼遂按：《南齊書·武十七王·魚復侯子響傳》：「子響少好武，在西豫時，自選帶仗左右六十人，皆有膽幹。至鎮，數在内齋殺牛置酒，與之聚樂。令内人私作錦袍絳襖，欲餉蠻交易器仗。長史劉寅等連名密啓，上敕精檢。寅等懼，欲秘之。子響聞臺使至，不見敕，召寅及司馬席恭穆、諮議參軍江愈、殷曇粲，中兵參軍周彦、典籤吴修之、王賢宗、魏景淵於琴臺下詰問之。寅等無言，修之曰：『既已降敕旨，政應方便答塞。』景淵曰：『故應先檢校。』子響大怒，執寅等於後堂殺之。」殆即此劉寅也。惟史稱寅官終荊州長史，子響時爲荊州刺史，寅充其長史也。而任彈作「齊故西陽内史」，爲不同耳。《通鑑》一三七稱「長史高平劉寅」。

「進責整婢采音，劉整兄寅弟二息師利，去年十月十二日」云云。

盼遂按：「劉」當爲「列」字之誤也。漢後俗書「劉」往往作「刘」，與「列」字形近。桂未谷《繆篆分韻》漢印中「劉」字有作「刘」者。上文「劉寅妻范，詣臺訴，列稱」云云，「奴海蛤到臺辨問，列稱：整亡父興道」云云；下文「進責寅妻范奴苟奴列稱孃去，二月九日」云云，「重褱當伯教子，列稱被奪，今在整處使」云云，通作「列稱」，不應此處獨異也。又按：諸列稱中，例稱整名而不姓，於寅、逡亦然，獨此稱劉整，於例不符，而文義欠通，決其爲譌字矣。

沈休文奏彈王源

善注引吴均《齊春秋》曰：「永平八年，沈約爲中丞。」

盼遂按：齊無「永平」年號，「永平」爲「永明」之誤。永明者，齊武帝紀年，共十一歲也。《梁書·沈約傳》叙約爲御史中丞，在隆昌元年以前，則此彈事在永明中無疑矣。

自宸歷御寓，弘革典憲。

張銑注：「御寓，謂梁御天下也。」

盼遂按：彈王源事自在齊武帝永明年中，銑云梁室，大非。

曾祖雅位登八命。

善注引《周禮》曰：「八命作牧。」

盼遂按：雅官至右僕射，實爲三公。考《周禮·春官》「典命」：「王之三公八命。」此處所宜引證。「作牧」之文，於此未合。

任彦昇到大司馬記室箋

雖情謬先覺，而迹淪驕餌。

盼遂按：劉向《説苑·政理》篇：「宓子賤爲單父宰，過於陽晝，曰：『子亦有以送僕乎？』陽晝曰：『吾少也賤，不知治民之術，有釣道二焉，請以送子。』子賤曰：『釣道奈何？』陽晝曰：『夫扱綸錯餌，迎而吸之者，陽橋也，其爲魚也，薄而不美；若存若亡，若食若不食者，魴也，其爲魚也，博而厚味。』子賤曰：『善。』於是未至單父，冠蓋迎之者交接於道。子賤曰：『車驅之！車驅之！夫陽晝之所謂陽橋者至矣。』」彦昇此文，正用其事也。「迹淪驕餌」者，始昉與高祖在西邸時，有以爲記室之言。今高祖竟踐茲約，昉此時殆猶陽晝所謂「迎綸吸餌之陽橋」矣。「橋」或作「鱎」，與「驕」亦同音通用也。善注云：「猶仕齊邦，是淪驕餌也。」並引班嗣「不齅驕君之餌」之言爲證。然則昉以高祖爲驕君歟？其不符可知矣。

孔文舉論盛孝章書

盼遂按：孝章事，善注引虞預《會稽典録》，餘不多見，惟《宋書·沈約自序》云：「沈儀與兄瑜，父亡，居喪過禮。外祖會稽盛孝章，漢末名士也，深加憂傷，每撫慰之，曰：『汝並黄中冲爽，終成奇器。何爲逾制，自取殄滅耶？』三年禮畢，始至滅性。」此亦孝章故事之僅見者，録之以資故實。

嵇叔夜與山巨源絶交書

故有處朝廷而不出，入山林而不反之論。

盼遂按：淮陽許正齋云：「二句出《韓詩外傳》卷一，注引《漢書·王貢兩龔鮑傳贊》語，昧其出處矣。」

陳孔璋爲袁紹檄豫州

勡狡鋒協，好亂樂禍。

盼遂按：「協」字各家皆無注。《後漢書·袁紹傳》、《三國志·袁紹傳》注皆作「俠」，與「協」聲近假借。《魏志·武帝紀》：「太祖少機警，有權數，而任俠放蕩，不治行業。」即此所云之「鋒俠」也。

故復援旌擐甲，席卷起征。金鼓響振，布衆奔沮。

又云：「屯據敖倉，阻河爲固。」

盼遂按：《後漢書》載此文刪截太甚，賢注往往誤解。如「援旌擐甲」四語，本謂紹攻吕布破之，而賢以爲曹操事；「屯據敖倉」二語，本謂曹操阻河禦紹，而賢以爲袁紹事，又何以解於下文「以螳螂之斧，禦隆車之隧」諸文乎？

欲以螳蜋之斧，禦隆車之隧。

盼遂按：隆，亦車也。《詩·大雅·皇矣》：「與爾臨衝。」《毛傳》云：「臨，臨車也。衝，衝車也。」陸氏《釋文》引《韓詩》「臨衝」作「隆衝」。「臨」、「隆」一聲之轉，故得通用。陳孔璋所用殆本諸《韓詩》矣。

任彦昇王文憲集序

昔策勋分司。

注云：「《漢官儀》：『營部爲左僕射。』今以『策勋』爲『營部』，非也。」

盼遂按：本書劉越石《勸進表》：「段匹磾遣專史榮劭奉表。」越石此文爲人所習誦。又「營」、「榮」與「策」俗體字近，故越石表誤「營劭」作「榮劭」，繼則彦昇又沿劉文而誤「營劭」爲「策勋」矣。此則李崇賢作注以前之誤，而確有情理可求者。說本《癸巳存稿》。

王仲寶褚淵碑文一首

乃祖太傅元穆公，深識臧否，不以毀譽形言。

盼遂按：《世説新語·德行》篇云：「謝太傅絶重褚公，常稱：『褚季野雖不言，而四時之氣亦備。』」又《賞譽》篇下云：「桓茂倫云：『褚季野皮裏陽秋，謂其裁中也。』」此二事正仲寶此語之本。注家皆泛引，未中款窾。

亮采王室，每懷冲虚之道。

盼遂按：孫盛《晉陽秋》云：「褚裒少有簡貴之風，冲默之稱。」又云：「裒簡穆有器識。」仲寶蓋本孫氏此語，此正數典不忘其祖之良規矣。

鳴控弦於宗稷，流鋒鏃於象魏。

盼遂按：宗稷，猶宗社也。宗，尊也。《宋書·袁顗傳》云：「神鼎將淪，宗稷幾泯。」以「宗稷」對「神鼎」，猶此之以對「象魏」矣。變「宗社」言「宗稷」者，文士崇韻忻異則然。

王簡栖頭陀寺碑文

憑五衍之軾，拯溺逝川。

盼遂按：據石刻，「憑五衍之軾」，齊建武時文也。昭明録入《文選》，以梁武名避，改爲「四衢之軾」，注當明瞭。而今文及注語意相反，則唐時傳寫者以其時不諱，改文中「四衢」爲「五衍」，而寫注者不知其意，又以注中「四衢」、「五衍」互換，是唐本已再改易，而後人迄未能是正也。

又授使持節都督揚州諸軍事、揚州刺史，本官悉如故。舊惟淮海，今則神牧。

盼遂按：「神牧」者，神州之牧。六朝人通以揚州爲神州。沈約《宋書自序》沈璞爲揚州主簿，「在職八年，神州大治」，此宋人謂揚州爲神州之證也。任彦昇《爲齊明帝讓宣城郡公第一表》云：「被臺司召，以臣爲侍中、中書監、驃騎大將軍、開府儀同三司、揚州刺史、録尚書事。」下又云：「驃騎上將之元勛，神州儀刑之列嶽。尚書古稱司會，中書實管王言。」此四語即承上文臺召官命而言。神州恰當揚州刺史之命，此齊人謂揚州爲神州之證也。梁元帝《金樓子自序》云：「粤以凡庸，早攝神州，晚居外相。」《藝文類聚·人部》引梁元帝《懷舊志序》曰：「中年承乏，攝牧神州。蔭真長之弱柳，觀茂弘之舞鶴。」蓋並斥其持節揚州而言也，此又梁人謂揚州爲神州之證也。李善注《文選》引《地理書》曰：「崑崙東南地方五千里，名曰神州。」張銑又云：「神牧，謂竟陵王治之如神明矣。」皆由於未能觀其會通故也。又按：《通鑑》二百七「則天皇后久視元年」：「太后擢柬之爲洛州司馬。」胡三省注云：「自大州長史進神州司馬，故曰擢也。」唐武后都洛陽，改爲神都，故胡云「神州」。或古者通謂帝都爲神州，六朝建都在揚州，故得以有神州之稱歟？

（原載《文哲月刊》第一卷第一、第三期，清華園文哲月刊社一九三五年十月、十二月出版）

文選篇題考誤

依《四部叢刊》景宋刻六臣注本

兩都賦序

按：序爲賦之小引，不宜獨自爲篇，宜標題「東都賦」，下注「并序」二字，減去序後「西都賦」三字，如王逸注《楚辭·九歌》、《九章》之例也。書前總目不列《兩都賦序》一首，尚是舊式。

三都賦序

按語同上。

魏都賦　劉淵林注

按：《三都賦序》下「劉淵林注」李善注之曰：「《三都賦》成，張載爲注《魏都》。」則此處當作「張孟陽注」，集六臣注者涉上三篇而誤耳。又《世說·文學》篇注引《左思別傳》曰：「張載、皇甫謐、摯仲洽、劉淵林、衛伯輿皆不爲思賦注序也。凡諸注解，皆思自爲，欲重其文，故假時人名姓也。」據此，知《三都賦》注所假銜時賢者，尚不止劉逵、張載而已。善之所説蓋別有本。又按：《魏都賦》「矆然相顧」，劉注：「矆，懼也。《春秋傳》：『駟氏矆懼。』」李善曰：「張以『懼』，先壠反。今本並作『矆』，呼縛反。」是李善以《魏都賦》爲張孟陽注。則作「劉淵林」者，又歧中之歧耳。

甘泉賦（原注）并序

按：賦前五十三字，乃《漢書》史臣之辭，未可目爲序也。開端「孝成皇帝時」一語，已知非作賦之序矣。依書例，此五十三字宜刊落，兼黜去題下「并序」二字。

畋獵　子虛賦

按：「獵」下宜有「上」字。

羽獵賦 并序

張銑注曰：「此賦有兩序：一者史臣序，一者雄賦序也。」

按：史臣記事之辭不可以爲文序，前既言之矣。然《漢書·揚雄傳》全録雄之晚年自序，故史文與賦旨尚能相應。惟稱今上爲孝成，不適洽耳。據《長楊賦》序所云之「明年」，則《羽獵》及《長楊》之序爲史文，非賦序明矣。

何云：「班氏翦裁子雲本序而載之。」

紀行　北征賦

按：「行」下宜有「上」字。

東征賦　曹大家

按：「大家」乃尊號，非字也。本書於作者例稱字。《後漢書·列女傳》：「曹世叔妻班昭字惠姬。」則此處宜題名「班惠姬」爲是。

蕪城賦（原注）四言

按：「四言」二字誤衍。

海賦 上單行「賦」字。

按：「賦」字爲「江海」二字之誤。

鳥獸

按：宜有「上」字。

鵩鳥賦（原注）并序

按：此序亦史臣之辭，非序也。

鸚鵡賦（原注）并序

按：亦非序也。詳上。

鳥獸　赭白馬賦

按：「獸」下宜有「下」字。

思玄賦　張平子舊注

按：「舊注」二字宜提行，與全書合。

長門賦（原注）并序

按：此序亦非長卿賦序。長卿未能豫知孝武廟號也。何云：「此文乃後人所擬，非相如作。其詞細麗，蓋張平子之流也。」

音樂　洞簫賦

按：宜作「音樂上」。

賦癸　情

按：「賦癸」二字衍文，蓋删除未盡者也。卷一「賦甲下」善注：「今卷第既改，甲乙並除。存其首題，以明舊式。」則此處之被删除，明矣。

高唐賦（原注）并序

按：此序出後人，或宋玉後日所纂以紀作賦之由，非當時賦序也。後二篇同。

上責躬應詔詩表

按：表猶詩序也。於詩選中有表一篇，殊不類，宜改爲「上責躬詩」，傍注「四言并表」四字，删去下「責躬」詩題，則合矣。下《劉越石答盧諶》詩、《盧子諒贈劉琨》詩，皆有長函，爲之先容。昭明不以書特爲篇，只注云「四言并書」四字而已，則此處爲誤可知也。

應詔讌曲水作詩

按：總目作「應詔曲水讌詩」，與此有異。

詩　招隱詩二首

按：上「詩」字當作「招隱」二字。

反招隱詩

按：此上當有另行「反招隱」三字。

晚出西射堂

按：題下脱旁注「五言」二字。

於南山往北山經湖中瞻眺

按：脱旁注，同上。

車駕幸京口侍遊蒜山作

按：張銑曰：「觀其詩意，乃不得從駕。恐題之誤也。」

從冠軍建平王登廬山香爐峰

按：總目敚「冠軍」二字。又按：吕延濟曰：「觀淹詩意，乃和王詩。此序不云應教，誤矣。」

七哀詩　曹子建

按：李善曰：「贈答子建在仲宣之後，而此在前，誤也。」

贈答上

按：「上」爲「一」之誤，此以下二、三、四爲次。總目作「贈答一」，是也。

又贈丁儀王粲

按：李善曰：「集云『答丁敬禮、王仲宣』。翼字敬禮，今云儀，誤也。」

答何劭二首　張茂先

按：劉良曰：「劭贈華詩，則此詩之下是也。贈答之體，則贈詩當爲先；今以答爲先者，蓋依前賢所編，不復追改也。」

今按：此昭明之誤。

答賈長淵 校記云：「五臣作謐。」

按：五臣本非。士衡贈答詩題例稱字。

爲顧彦先贈婦二首

按：李善曰：「集云：『爲令彦先作。』今云顧彦先，誤也。且此上篇贈婦，下篇答，按：「答」上宜有「婦」字。而俱云贈婦，又誤也。」

答傅咸　郭泰機

按：觀詩意及咸集所云，此是郭贈傅咸之作，所謂以詩見激者也。作「答」恐誤。

爲顧彦先贈婦二首

按：吕向曰：「集云『爲顧彦先按：亦當作「令彦先」。婦贈二首』，爲婦答亦二首。此爲婦答而云贈婦，集者誤也。」

答兄機

按：當是「答兄士衡」。二陸贈答詩例稱字。何焯云：「選詩者偶分爲兩卷耳，遂以爲贈畣異時。固哉李叟之爲詩也。」

贈劉琨

按：何焯云：「書中云『貢詩一篇』，此『贈』字後人所題。」

贈郭桐廬出谿口見候余既未至郭仍進村維舟久之郭生方至

按：總目作「贈郭桐廬」，無以下諸文，非也。又按：玩題旨與詩意，是謂郭維舟久候而任方至也。題中「郭生」當爲「余」也。

赴洛詩二首

按：李善曰：「集云『此篇赴太子洗馬時作』，下篇云『東宫作』，而此同云『赴洛』，誤也。」張銑曰：「後篇意乃在東宫作，蓋譔者合也。」

入華子崗是麻源第三谷

按：題下脱另行「謝靈運」三字。

樂府四首　古辭

按：大題既曰「樂府上」，則此又曰「樂府四首」爲贅，竊意此四字宜删。「古辭」二字移置下四首各子目之下，改爲「飲馬長城窟行　古辭」、「君子行　古辭」、「傷歌行　古辭」、「長歌行　古辭」，若張平子《思玄賦》舊注之例，是爲得之。

樂府二首　短歌行

按：「樂府二首」四字宜删。下魏文帝「樂府二首」、曹子建「樂府詩四首」、陸士衡「樂府詩十七首」、「謝靈運樂府詩」、鮑明遠「樂府詩八首」等皆同。

王明君辭

按：依書例，則題上脱另行「樂府詩」三字。下謝玄暉《鼓吹曲》同。此處則因誤得是者也。

荆軻歌（原注）七言并序

按：序亦史文，非軻詩序也。又按：「荆軻歌」三字不辭，似宜標題作「變徵歌」，《史記·荆軻傳》：「荆軻和而歌，爲變徵之聲。」移「荆軻」於下，另行。

漢高祖（原注）七言并序

按：此亦史文，非序。詩題宜作「三侯章」或「大風歌」。《史記·樂書》及《索隱》。餘同上。

雜詩

按：下卷既作「雜詩下」，此宜作「雜詩上」也。總目有「上」字是，宜據補。

古詩十九首

按：「驅車上東門」、「遊戲宛與洛」諸首，實東漢之作。兹編於李陵、蘇武之前，欠審。

詩四首

按：此與總目皆當作「雜詩」，此脱一「雜」字。

雜詩　何敬祖

按：李善曰：「《贈答》何在陸前，而此居後，誤也。」

田南樹園激流植援

按：唐寫本注云：「《鈔》、《音決》、五家本以此詩次《齋中讀書》之後。」然則今之次第殆依李善本也。唐寫本殘卷十六册，上虞羅氏影印於日本。

石門新營所住四面高山迴溪石瀨茂林修竹

按：校記云：「善作『修竹茂林』。」唐寫本正作「修竹茂林」。

翫月城西門廨中

按：廨，俗字。校記云：「善作『解』。」唐寫本亦作「解」。

始出尚書省

按：唐寫本作「始出尚書」，注：「《音決》、五家、陸善經本『書』下有『省』字。」然則無「省」字者，李善本矣。

和謝宣城

按：唐寫本注引李善曰：「集云『和謝宣城朓疾卧』。」今按：宋本敚此注。

應王中丞思遠詠月

按：唐寫本引李善注後有「竟陵王表曰王思遠字思遠」十一字，今本失去。

三月三日率爾成篇

按：總目無「篇」字。

擬魏太子鄴中集八首

按：總目作「鄴中詠」，無「魏太子」三字，非也。玩序及詩意皆主於太子。

傚曹子建樂府白馬篇

按：總目作「傚白馬篇」，非。

傚古

按：脱另行「袁陽源」三字。

代君子有所思

按：脱另行「鮑明遠」三字。唐寫本有。

雜體詩三十首

按：唐寫本注云：「《音決》、陸善經本有序，因以載之也。」則善及五臣不載序明矣。今本有者，蓋輯六臣注時據江集録入也。胡克家云：「今李善注自六臣本摭出。」然此題目無善注，宋本善注有《雜體詩序》曰「關西、鄴下既已罕同」至「雖不足品藻淵流庶，亦無乖商榷」一段，與唐寫本李注合。是宋人之刊李善注本，更別有所據，不專摭六臣矣。

劉文學 感遇 楨

按：唐寫本脱此一首。

張廷尉 雜述 **綽**

按：校記云「五臣作孫」，是也。唐寫本注引《鈔》曰：「孫綽此詩在興公本集，文通今擬之。」餘申叙興公故事頗詳，知此爲孫綽無疑也。不知何時誤作張。

離騷經

按：唐寫《集注》本注云：「此篇至《招隱》篇，《鈔》脱也。五家有目而無書。」然今六臣本此篇及以下各篇五臣皆有注，則唐人所無書之説，疑不能明矣。何云：「用賈生《離騷賦》之名則無僭王之譏矣。」

九歌二首　屈平（原注）王逸注。

按：「王逸注」宜升作大字，另行。下凡類推。

少司命

按：宜移居正文之前，下右《山鬼》、《涉江》等皆同。

九辯五首　宋玉

按：脱「王逸注」三字，《招隱士》篇同。

七命

按：下脱「八首」二字，遂與《七啓》、《七發》不一例。

詔　漢武帝

按：「詔」是分類大題，宜於「詔」下提行大書「察茂材異等詔」方合。

宣德皇后令

按：此題不安，宜作「爲宣德皇后勸進梁公令」，意乃完足。與任彦昇《爲齊明帝讓宣城郡公表》同例也。

文

按：以策問爲文，立於題目，嫌隣泛濫。唐寫《集注》本作「策秀才文」，較善。

永明九年策秀才文五首

按：唐寫本作「三首」，誤也。

讓中書令表

按：李善曰：「諸《晉書》並云『讓中書監』，此云『令』，恐誤也。」

爲齊明皇帝作相讓宣城郡公第一表

按：總目作「爲齊明帝讓宣城郡公表」，與善本同。

爲蕭揚州作薦士表

按：總目無「作」字。朱刻李注本無「作」字。

於獄上書自明

按：總目「獄」下有「中」字。朱刻善本作「獄中」，無「於」字。

上書諫獵

按：總目作「上疏」。《史記·司馬相如列傳》亦作「上疏」。

上書諫吴王　枚叔

按：總目作「奏書諫吳王濞」。李善曰：「《漢書》：『景帝拜乘弘農都尉，卒。』然乘之卒在相如之前，而今在後，誤也。」

上書重諫吳王

按：總目作「重諫舉兵」。

奉答敕示七夕詩啓

按：總目無「敕示」二字，非是。

答臨淄侯

按：上脱另行標題「牋」字。又總目「侯」下有「牋」字，是。以下各題尾皆有「牋」字，明此爲脱。

百辟勸進今上牋

按：總目「今上」下注云：「梁高祖武皇帝。」李善曰：「《史記·司馬遷自序》作『今上本紀』。然遷以漢武見在，故云『今上』也。」今按：「百辟」上應有「爲」字，「今上」宜作「梁公」或「梁武帝」，方合臨文之例。本書中凡代人之作皆云「爲某某」，如「爲鄭冲勸晉王」之類是。題中稱人或據當時立稱，如任昉稱齊明帝爲蕭太傅是也。任彦昇《上蕭太傅固辭奪禮啓》。或據日後爲言，如繁欽稱曹丕爲魏文帝是也。欽卒於建安時，丕時尚爲魏太子，未稱帝也。繁休伯《與魏文帝牋》。今彦昇此文作於和帝之時，進爵梁公，去即位尚有數月，而稱「今上」，誠進退失據之舉矣。篇題中類此者尚有，可推知之。何云：「按：《梁書·邱遲傳》以此牋爲遲作，與《梁典》謂任作者異。」

論盛孝章書

按：「論」上當有「與曹公」三字，不然則此書無著，似人物論一篇矣。李善、李周翰皆曰：「與魏太祖也。」

融死時魏未受命，依《會稽典録》作「與曹公」爲是。本書牋、奏、書、啓，標目皆出受書之人，此不應獨缺也。

爲幽州牧與彭寵書　朱叔元

按：「爲幽州牧」四字宜删，於此文爲無用，而且嫌於代手。總目無此四字，是也。又按：朱浮、彭寵爲東漢建武時人，不宜置於孔文舉之後，此昭明誤也。宜移此篇於楊子幼《報孫會宗書》之後。

與梁朝歌令吴質書

按：校記云：「善本無『梁』字。」今按：總目同善本。何云：「朝歌令，《魏典略》作『長』。」

與鍾大理書　魏文帝

按：五臣本無「魏文帝」，據《校記》。非也。與《詩·雜擬·傚古》篇脱袁淑之名，《代君子有所思》脱鮑照之名，同一失矣。

與嵇茂齊書　趙景真

按：李善曰：「《嵇紹集》曰『趙景真與從兄茂齊書，時人誤謂吕仲悌與先君書』，干寶《晉紀》以爲『吕安與嵇康書』，二説不同。故題云景真而書云安。」李周翰曰：「《晉紀》云太祖逐安於遠郡，在洛作此書與嵇康。《晉紀》，國史，實有所憑；紹之家集，未足可據。何者？時紹以太祖惡安之書，又父與康按：「康」爲「安」之誤。同誅，懼時所疾，故移此書於景真。考其始末，是安所作，故以安爲定也。」今謂翰説是也。文中安白者，故紹之微意留與後人考索者也。必假名於代人者，以文中多憤疾語觸時諱故也。曹子建作《六代論》，假名於元首。當時子孫檢其集目，不存此篇，其操危慮深與延祖正同。文羅之酷，振古則然，可悲也夫！

與陳伯之書　丘希範

按：據劉璠《梁典》：「帝使吕僧珍寓書於陳伯之，丘遲之辭也。」李善注引。則題宜作「爲吕僧珍作書與陳伯之」。文中「遲」字皆改作「僧珍」。

移書讓太常博士 并序

按：上脱另行標題「移」字。總目及宋刻善注本皆脱，此篇及《北山移文》二篇，移之屬，非書之屬也。何云：「篇首略節《漢書》，不宜題之曰序。」

檄吴將校部曲文

按：「檄」上當有「爲曹公」三字。

難蜀父老　司馬長卿

按：《文選》無「難」之類，此篇仍當是檄文。宜依《史記》本傳之次，移此文於前《喻巴蜀檄》之後。此誤或不出自昭明，殆鈔胥所亂也。

解嘲（原注）并序

按：吴縣蔣氏藏唐寫本無「并序」二字，知書中題下「并序」字，多後人所沾也。

春秋左氏傳序

按：杜書名「春秋經集解」，此文乃《集解》之序，非《春秋左氏傳》序也。朱刻善本「杜元凱」作「杜預」，失之。本書於著者之字可知者，例稱字。又按：前賢多謂昭明自序稱「不選經傳之文」，此篇及上《毛詩序》、《尚書序》疑皆後人闌入，故李善不注。説亦有力，疑不能決也。

三都賦序　皇甫士安

按：友人浦君江清謂：「士安不得爲太冲賦序。賦成時，士安已前卒。」又按：何義門云：「玩《世説》注，此序即太冲所自爲。」

三國名臣序贊

按：賦、頌、銘、贊多有序，而序皆不見於題中，故全書之例止附注「并序」二字於篇題之下。此云「序贊」，恐非彦伯原旨。玩其序文，自以贊爲主，並不以序齊斬而馳也。呂延濟曰：「序贊者，言并序也。」未免郢書燕説矣。

後漢書皇后紀論

按：「後漢書」三字宜删，前《公孫弘傳贊》不綴《漢書》，《晉武帝革命論》不連《晉紀》，即其概矣。下卷《後漢書二十八將傳論》、《宋書謝靈運傳論》、《漢書述高紀贊》、《後漢書光武紀贊》，皆例推。

後漢書二十八將傳論

按：此篇爲范書列傳第十二《朱祐景丹王梁杜茂馬成劉隆傅俊堅鐔馬武傳論》也。蔚宗因之縱論中興諸將，猶《前漢書·公孫弘傳贊》爾。昭明題「二十八將傳」，非也。

述高紀第一

按：五臣本列此目在文後。據校記。李周翰曰：「列題於後者，亦猶《毛詩》之趣也。」今按：《文選》前後無此例，五臣本誤。又「紀」下宜有「贊」字。「第一」二字衍文。下二首同。六朝寫本《文選》作「述高紀一首」、「成紀一首」、「述韓英彭盧吳傳一首」、「光武紀贊一首」，「光武」上無「後漢書」三字。

六代論　曹元首

按：此論當出子建之手，昭明選文時宜正其繆託。此顧寧人所謂古人隱匿之文，有待後人揭明者也。據何氏論云：

「段成式《酉陽雜俎・語資》篇載元魏尉瑾曰：『《九錫》或稱王粲，《六代》亦言曹植。』按：元首不以文章名世，安得宏偉至此？意者陳王感愴孤立，常著論欲上，以身屬親藩，嫌爲己地。至身没而元首以貽曹爽歟？《晉書・曹志傳》：『武帝嘗閱《六代論》，問志曰：「是卿先王所作耶？」志對曰：「先王有手所作目録，請歸尋按。」還奏曰：「按録無此。」帝曰：「誰作？」對曰：「以臣所聞，是臣族父冏所作。以先王文高名著，欲令書傳於後，是以假託。」帝顧謂公卿曰：「父子證明，足以爲審。自今以後，可無復疑。」』按：允恭最好學，豈有先王所作，必待尋按目録乃定是非？且素知元首假託，何不即相證明，待帝再問耶？或緣此論於司馬氏後事有若燭照，方身立其廷，恐以先王遺訓致招猜忌，故遜詞詭對耳。觀其累更卿職，不以政事爲意，遊獵聲色自娱，示無當世之用，可知其晦迹遠禍非一日矣。至於異日奏齊王攸不當出藩，則又依然淵源此論，而爲晉效忠者也。」今按：何氏此論，至爲圓通。或謂思王卒於明帝太和六年，上距魏文受禪，得年十一。而論中有云：「漢氏奉天，禪位大魏。大魏之興，於今有三十有四年矣。」云云，則此文之作，在思王卒後二十二年，據此定其非思王之作。然謝翱《西臺慟哭記》自謂於昭烈帝時佐顔魯公幕，其危心遁辭與此殆出一例。後人正可由此以觀其孤慮避禍之苦，未可貿然疑其僞也。

辨亡論上下二首

按：此於「陸士衡」之前，宜提行大書「辨亡論上」四字，若《九歌》、《九章》共名之下，復繫别名《東皇太一》、《雲中君》、《湘君》等。之例焉。

演連珠

按：「演」字衍。演連珠乃連珠中之一體，不足以爲共名也。總目及宋刊善本無「演」字。

封燕然山銘

按：題上脱提行大題「銘」字，李善本亦脱。

新漏刻銘

按：李善本作「新刻漏」，誤也。劉良曰：「武帝以舊漏刻乖舛，乃令祖恒暅。更理之，故曰『新漏刻』也。」知作「漏刻」爲是。

王仲宣誄

按：題上脱提行大題「誄上」二字。善本有。

夏侯常侍誄

按：李善注本題前脱「誄下」二字。

哀永逝文

按：題前脱提行大題「哀上」二字。

宋文皇帝元皇后哀策文

按：總目脱「皇帝」二字。

碑文上

按：李善注本脱此三字。

郭有道碑文

按：總目作「郭林宗碑文」，《中郎集》作「郭有道太原郭林宗碑」。

陳太丘碑文

按：總目作「陳仲弓碑文」。唐寫本亦卷前總題作「陳仲弓碑文」，小題作「陳太丘也」。《中郎集》則作「陳太丘碑」，第一碑。又有《文範先生陳仲弓銘》。中郎此篇名稱舛互者，或以此歟？

王簡栖

按：慧皎《高僧傳》王曼潁跋云：「唯釋法進所造，王巾有著。然進名博而未廣，巾體立而不就，梁末作者，亦有病諸？」此所謂王巾，即簡栖也。何焯謂簡栖宜名𠂇，「左」之古文。桂馥謂宜爲中，皆不足信。

齊故安陸昭王碑文

按：章學誠《信摭》一云：「《文選》沈休文《安陸昭王碑》、任彥昇《齊竟陵王行狀》，題稱王而文止稱公，殊不可解。」

齊竟陵文宣王行狀一首　祖太祖高皇帝　父世祖武皇帝　任彥昇

按：「任彥昇」三字，宜在「行狀一首」下另行，此文之正題與選者姓字也。「祖太祖高皇帝」與「父世祖武皇帝」十二字並行，宜在「蕭公年三十五行狀」下一行，此正文之前耑也。今本誤錯，幾不可爬梳矣。李注本以「南徐州」云云二十一字，緊連於「公道亞生知，照隣殆庶」之上，更誤。

附：讀文選札記五則

善注《文選》，專發章句，不及指趣。其子邕欲幹父蠱，別自爲注，見於本傳。今讀善注，往往於訓詁之前，先解意義，祕旨昭然，非如吕延祚進表及明皇帝口敕所說。竊意邕注略於訓釋，專暢玄風，時人因取補入善注，以成完璧。迨後人糅合五臣與善注爲六臣注本，則每覺屋下安屋，訓義重複矣。呂延祚集五臣注時，蓋未見李邕之補注本，故取疏通文義之著以補善注。使其知此，則可以不作。

胡克家云：「善本世無佳注，今宋刊善注本，乃從善注及五臣注合併本中選録出之，非善注單行之舊。」此説甚是。讀《文選》者所不可不知。

後人合併善注及五臣注成六臣注本，因五臣注語淺少，不能均稱，故於善注、五臣注之同者，則不録善注而録五臣，以取五雀六燕之勢，附注之曰「某同善注」。亦有不經注明，而實爲善注者，其中有名物訓詁舊事，五臣極詳，善注缺然者，皆由於此。如《修張良廟教》「綱紀」下注，唐寫本兼引善及五臣注，而六臣本則止録五臣；謝朓《觀朝雨》詩「方同戰勝者，去剪北山萊」注，李善及呂向皆引《韓子》子夏肥事，而六臣獨留向注，其明據也。

六臣注中正文中之音切，題目之標注及諸校語，尚時或略出釋義，蓋皆出輯六臣本者之手。毛氏、胡氏所刻，於此處未能辨遭，故每仞爲善注以亂其真，是宜刊去。

涵芬樓所藏宋本《六臣注文選》，即胡克家作《文選考異》所據之茶陵本所自出也。

（原載《國學論叢》第一卷第四號，清華學校研究院一九二八年十月出版）

全校水經注批語

依光緒二十年寶善書局本，此本據薛福成光緒十四年刻全祖望七校本石印。

版權頁上

朱筆批：蘇軾《石鐘山記》，起首引《水經》數語乃佚文。

河水又南過上郡高奴縣東。故言高奴縣東有洧水，肥可爇。水上有肥，可接取用之。水肥亦所在有之，非止高奴縣洧水也。卷三第二十九葉上。

批曰：《元和郡縣志》四十：玉門縣石脂水「泉有苔，如肥肉，烯之極明」云云。是今之煤油。《昨夢録》西北邊防有猛火油池。

西北有東太山成人班孟堅碑。卷八第二十五葉上，濟水「又東過昌邑縣北」條。

朱筆批：非班固。

洛水又東逕檀山南，其山四絶孤峙，山上有塢聚，俗謂之檀山塢。卷十五第四葉洛水「盧氏縣」條。

朱筆批：檀山塢，金門塢。

又東北過蠡城邑之南，城西有塢水，出北四里山上，原高二十五丈，故黽池縣治，南對金門塢。卷十五第六葉。

朱筆批：一合塢，雲中塢。

即霸城是也。高祖舊停軍處，東去新豐既遠，何由項伯夜與張良共見高祖乎？卷十九第二十八葉。

眉上朱筆批：王師據宋本又在「遠」字旁寫一「近」字，「由」字旁寫一「惡」字。

蓋是白龍魚遯，見困近郊矣。左氏捨近遺遠。卷二十六第二十一葉下。

眉上墨筆批：「左氏」改作「太冲」最好，不然丘明易混。

水出縣北伏親山。卷二十八第三葉下。

於「親」字旁朱筆書「龍」字。

後六十餘年，永平之五年。卷二十八第八葉下。

批曰：當是穆帝升平之年。

胡景略與趙祖悅同軍交惡。卷二十九第二葉下。

朱筆批：事在道元之死前一年。

淮水又北，沙水注之。哀公十趙作「七」。**年。**卷三十第十三葉下。

眉上朱筆批：「七」字是。

又東過華容縣南。逕成都郡故城南。卷三十二第十六葉上。

眉上朱筆批：成都郡與一般僑郡不同。

仲雍謂之五圻。卷三十五第十三葉上。

眉上批：上五葉蒲圻、蒲磯可證；十四葉九磯即九圻；下十五葉積步磯又曰積布圻。

洮水出縣西南大山。卷三十八第四葉下。

眉上朱筆批：「大」字爲「文」字。

［本文據李新乾、鄭炳純《記幾種批校本水經注》（原刊《歷史文獻研究》北京新七輯，北京師範大學出版社一九九六年版）所録劉盼遂先生批語整理。李、鄭二位先生係摘録原書批校，並非全録，且亦未提及原書所在，故而今無從覈對原書，僅轉録如右］

補全唐詩校語

崔　湜　《全唐詩》一函十册

雜　詩　斯二七一七

鵲巢惡木巔，常窘一枝息。寧知猗（椅）梧鳳，亦欲此栖宿。喈喈多好音，矯矯奮輕翼。上林豈不茂，胡爲戀幽仄？處陋仍莫保，居華固陵偪。下流不可居〔一〕，斯言可佩服。

〔一〕司馬遷《報任少卿書》云：「負下未易居，下流多謗議。」此合爲一句。

王無競　《全唐詩》二函二册

詠漢武帝　斯二七一七

漢家中葉盛，六世有雄才。厩馬三十萬，國容何壯裁（哉）！東歷瑯琊郡，北上單于臺。好仙復寵戰，莫救茂陵㮚〔一〕。

〔一〕「㮚」字不可識，疑當作「隈」。「隈」當是「煨」之誤。《説文》：「煨，燼餘火也。」茂陵雖未聞焚燒之事，然陳沈炯《經通天臺奏漢武帝表》云：「茂陵玉椀，遂出人間。雲凌故基，與原田而每每；扶風餘趾，帶陵阜而芒芒。」亦正是茂陵煨燼的寫照了。

駕幸長安奉使先往檢察　斯二七一七

奉使至京邑，戒塗歷險夷。首旬發定鼎〔一〕，再信過灞池。山河壯關輔，金火遞雄雌。文物淪霸運，靈符啓聖期。宸扆闞臨御，巡幸順謳思。城闕生光彩，草樹含榮滋。緹綺〔二〕紛沓襲，翠旗曳葳蕤。童幼聞明主，耆老感盛儀。輪袂交隱隱，廛陌滿熙熙。微臣昧所識，觀俗書此詞。

〔一〕「定鼎」見《左傳》，成王定鼎於郟鄏，此處用以代表洛陽。又考唐代洛陽城郭南面第二門名定鼎門，爲西行必由門户。

〔二〕「綺」應作「騎」。

君子有所思行　斯二七一七

北上登渭原，南下望咸陽。秦帝昔所據，按劍朝侯王。踐山劃（劃）郊郭，濬流固墉隍。左右羅將相，甲館臨康莊。曲臺連閣道，錦幕接洞房。荆國徵豔色，邯鄲選名倡。一彈入雲漢，再歌斷君腸。自矜青春日，王顔怯〔一〕容光。安知緑苔滿，羅袖坐霑霜。聲俢遽衰歇，盛愛且離傷。豈唯毒身世，朝國亦淪亡。物盈道先忌，履謙福允臧。獨有東陵子，種瓜青門旁。

〔一〕「怯」當作「怯」。俞平伯云：「『怯』乃『悋』之簡體，即『悋，吝』。」

李　適　《全唐詩》二函二册

送友人向恬〔一〕州　斯二七一七

委迤吳山雲，演漾洞庭水。青楓既愁人，白頻（蘋）亦靡靡。送君出京國，孤舟眇江汜。浮陽怨芳歲，况乃别行子。括蒼漲海壖，斯路天台□。我有巖中念，遥寄四明裏。

〔一〕「恬」乃「括」之誤。今浙江麗水，唐避德宗諱改處州。

喬　備　《全唐詩》二函三册

秋夜巫山　伯三七七一

巫峽徘徊雨，陽臺潭蕩〔一〕雲。江山空窈窕，朝暮自氛氲。螢色寒秋露，猿啼清夜聞。唯憐夢魂遠，腸斷思紛紛。

〔一〕潭蕩，雙聲字。俞平伯云：「『潭』當作『澹』。」

劉希移（夷）　《全唐詩》二函二册

死馬賦　伯三六一九

連山四望何高高，良馬本代君子勞。燕地冰堅傷凍骨，胡天露落縮寒毛。願君迴來鄉山道，道旁青青饒美草。鞭策尋途未敢迷，希君少留卷〔一〕疲老。君其去去途未窮，悲鳴羸卧此山中。桃花零落三春月，桂枝摧折九秋風。昔日浮光疑曳練，常時躡景如流電。長楸塵闇形影遥，上策〔二〕日明蹤迹偏（徧）。漢女〔三〕彈弦怨離别，楚王興歌苦征戰。赤血霑霑（君）

君不知，白骨辭君君不見。少年馳射出幽并，高秋摇落重横行。雲中想見遊雲影，月下思聞飛鵲聲。千里相思浩如失，一代英雄從此畢。鹽車垂耳不知年，粧樓畫眉寧記日？高門待封杳無期，遷喬題柱即長辭。八駿馳名終已矣，千金賣（買）骨復何時。

〔一〕「卷」當作「養」。俞平伯校同。編者按：劉説至確。查伯三六一九卷子影印件，此字確爲「養」字之行書而非「卷」字。詳《法藏敦煌西域文獻》第二十六卷第一百零七頁。

〔二〕「策」當作「林」。

〔三〕漢女謂烏孫公主，見石崇《王明君辭序》。

北邙篇　伯二六七三　斯二〇四九　伯二五四四

南橋昏曉人萬萬，北邙新故塚千千。自爲驕奢彼都邑，何圖零落北山顛。不知虚魄尋歸路，但見殭屍委墓田。青松樂飲無容色，白骨生台（苔）有歲年。地久□松摧爲薪，天長白骨化爲塵。碧山明月徒自曉，黄居闇室不知晨。漢家城廓（郭）帝王州，晉國衣棺（冠）車馬流。金國（谷）清（青）春珠騎（綺）舞，同（銅）堦碧樹玉人遊。雲起清盈驕畫閣，水堂明迥弄仙舟。始憶斷歌催一代，娥（俄）悲長夜歷千秋。秋風至兮冬雪明，春雨息兮夏雲生。墨池沙枯通草萬〔一〕，粧樓凡〔二〕盡向林傾。古篋重書宜筆迹，崩〔三〕臺鶴思若弦聲。不信草經延墓〔四〕鹵，惟求清（青）史列虚銘（名）。嗚呼哀哉洛陽道，相斯（思）相望蓬萊島。玉顔暉暉並是春，人髮青青未嘗老。星簾捲兮月牕開，鏡花摇兮山樹迴。仙衣窈窕春吹去，雨蓋飛〔五〕微舞遶來。與君攜手三山頂，如何冥寞久泉臺。

〔一〕「萬」當作「蔓」。

〔二〕「凡」當作「瓦」。編者按：劉説至確。查伯二六七三卷子影印件，此字爲「瓦」之俗字，因其形近「凡」之草書，故易混淆耳。詳《法藏敦煌西域文獻》第十七卷第一百八十三頁。

〔三〕「崩」當作「露」。王重民云：「『崩』乙、丙兩卷並作『路』。」

〔四〕「墓」當作「暮」。

〔五〕「飛」當作「霏」。

劉知幾　《全唐詩》二函五册

讀《漢書》作　斯二七一七

漢王有天下，欻起布衣中。奮飛出草澤，嘯咤馭群雄。淮陰既附鳳，黥彭亦攀龍。一朝逢運會，南面皆王公。魚得自忘筌，鳥盡必藏弓。咄嗟罹鼎俎，赤族無遺蹤。智裁（哉）張子房，處世獨爲工。功成薄愛（受）賞〔一〕，高舉追赤松。知止信無辱，身安道亦隆。悠悠千載後，擊抃（忭）仰遺風。

〔一〕左思《詠史》：「功成不受爵。」

楊齊悊　《全唐詩》十一函七册

秋夜讌徐四山亭　伯三七七一

卷言北山岑，非謂靡遠尋。庭際有幽石，自然保遐心。月下池凉（凉池）〔一〕彩，風竹來清音。樽酒古人意，蒼蒼寒露深。

〔一〕「池」當作「遲」，待也。王重民云：「『池凉』二字當互倒。『深』是動詞。」

胡　皓 《全唐詩》二函六册

奉使□府 伯三七七一

蜀山固地險，漢水接天平。波濤去東別〔一〕，林嶂隱西傾〔二〕。露白蓬根斷，風秋草葉鳴。孤舟忽不見，垂淚坐盈盈。

〔一〕東別，謂大別也。《禹貢》：「（漢水）又東，爲滄浪之水，至於大別。」

〔二〕西傾，謂西傾山。

答徐四蕭關别醉後見投 伯三七七一

蕭關城南隴入雲，蕭關城北海生荒〔一〕。咄嗟塞外同爲客，滿酌杯中一送君。

〔一〕「荒」字不叶韻，不知是何字誤。

王冷然 《全唐詩》二函七册

寒食篇 伯三六〇八

天運四時成一年，八節相迎盡可憐。秋貴重陽冬貴臘，不如寒食在春前。禁火初從太原起，風俗流傳幾千祀。算取去年冬至時，一百五日今朝是。今年寒食勝常春，總緣天子在東巡。能令氣色隨河洛，斗覺風光競逐人。上陽遥見青春見〔一〕，洛水横流遶城殿。波上樓臺列岸明，風光所吹皆流遍。畫閣盈盈出半天，依稀雲裏見鞦韆。來疑神女從雲下，去似恒娥到月邊。金閨待看紅粧早，先過陌上垂楊好。花場共鬭汝南鷄，春遊遍〔二〕在東郊道。千金寶帳綴流蘇，簸瓌〔三〕還坐錦筵鋪。莫愁光景重窗閣，自有金瓶照乘珠。心移向者遊遨處，乘舟欲騁凌波步。池中弄水白鷴飛，樹下抛球彩鷖去。別殿前臨走馬臺，金鞍更送彩毬來。毬落畫樓攀柳取，枝〔四〕□香徑踏花迴。良辰更重宜三月，能成晝夜芳菲節。今夜無明月作燈，街衢遊賞何曾歇。南有龍門到洛城，車馬傾都滿路行。縱使遨遊今日罷，明朝上（尚）自有清明。

〔一〕第二「見」字讀爲「現」。

〔二〕「遍」疑爲「徧」。

〔三〕「瓌」字當是「瓊」字之誤，骰子叫瓊。

〔四〕「枝」當作「杖」，即擊球杖。

李　昂《全唐詩》二函七册

馴鴿篇 并序　伯二五五二

君不見賈誼寰中推逸才，仇香坐處館常開。栖鸞未即冲天去，馴鴿先能聽□□。亦聞無角巢君屋，諸處不栖如擇林〔一〕。寧隨賀鷰空繞梁，爲逐遷鶯俱□□。風窻月户清節涼，撫翼和鳴君子傍。雙影時時臨硯水，輕毛片片落書□。□君德，輝彩鮮鮮生羽翼。感君心，靈變昭昭相應深。何必淮南投小吏，飛來□□化爲金〔二〕。

〔一〕「林」當作「木」，與「屋」爲韻。《世説新語·言語》篇李弘度説：「窮猿奔林，豈暇擇木。」編者按：劉説至確。查伯二五五二卷子影印件，此字本作「木」字而非「林」字。詳《法藏敦煌西域文獻》第十五卷第三百二十五頁。

〔二〕《搜神記》張灝爲梁相，有鵲「化爲一圓石，灝破之，得一金印」。

睢陽送韋參軍還汾上　此公元昆任睢陽參軍　伯二五六七

世業重籯金，青春映士林。文華兩孫楚，兄弟二曾參。竹抱盧門〔一〕暗，山銜晉國深。預知汾水上，一雁有遺音。

〔一〕「盧門」見《左傳》，宋國門名，此用以表睢陽。

丘　爲　《全唐詩》二函九册

答韓文　伯二五六七

行人輩，莫相催，相看日暮何徘徊。登孤舟，望遠水，殷勤留語勸求仕。疇昔主司曾見知，琳琅叢中拔一枝。且得免輸天子課，何能屈腰鄉里兒。長安落葉酒〔一〕，或可此時望携手。官班眼色〔二〕不相當，拂衣還作捕魚郎。

〔一〕「落葉酒」當是「落桑酒」。編者按：劉説至確。查伯二五六七卷子影印件，該字本作「桒」，即「桑」之俗字，非「葉」字。詳《法藏敦煌西域文獻》第十五卷第三百一十四頁。

〔二〕「眼色」當是「服色」。

傷河龕老人　伯二五六七

老人甲子難計論，耳中白毛三十根。釣魚幾年如一日，船舷數寸青苔痕。人生性命必歸正〔一〕，精魂傷夫〔二〕向流水。月如鈎在輪影中，風似人來狄（荻）聲裏。蒲葉高低没釣磯，破舟仍繫緑楊枝。水流不爲人流去，魚樂寧知人樂時。土龕門前一行柳，獨引青絲織魚笱。柳花漠漠飛復飛，魚笱如今落淮手。余嗟老人多悲辛，老人昔日傷幾人。人情相掩且相歎，不喜河頭秋與春。

〔一〕「正」當作「止」。編者按：劉説至確。查伯二五六七卷子影印件，此字作「止」之草書，非「正」字。詳《法藏敦煌西域文獻》第十五卷第三百一十四頁。

〔二〕「夫」當爲「失」之誤。

陶　翰　《全唐詩》二函十册

弔王將軍〔一〕　伯二五六七

漂姚北伐時，深入强千里。戰酣落日黄，軍敗鼓聲死。嘗聞漢飛將，可奪單于壘。今與山鬼隣，殘兵哭遼水。

〔一〕此詩《全唐詩》已收入《常建集》中。

孟浩然 《全唐詩》三函三册

詠青 伯二五六七

霧闊天光遠，春迴日道臨。草濃河畔色，槐結路旁陰。欲映君王史，先標冑子襟。經明如何〔一〕拾，自有致雲心。

〔一〕「何」當作「可」。

高適 《全唐詩》三函十册

過崔二有別 伯三八六二

大國多任士〔一〕，明時遺此人。頤頷尚豐盈，毛骨未合迍。逸足望千里，商歌悲四隣。誰謂多才富，却令家道貧。秋風吹別馬，攜手更傷神。

〔一〕「任士」疑爲「佳士」。編者按：劉説至確。查伯三八六二卷子影印件，此字爲「佳」之俗字而非「任」字，二字形近而易混淆。詳《法藏敦煌西域文獻》第二十九卷第二十頁。

奉寄平原顔太守 并序 伯三八六二

皇皇平原守，駟馬出關東。銀印垂腰下，天書在篋中。自承到官後，高枕揚清風。豪富已低首，逋逃還力農。始余梁宋間，甘予（與）麋鹿同。散髮對浮雲，浩歌追釣翁。如何顧疵賤，遂肯偕窮通。耿介出憲司，慨然見群公。賦詩感知己，獨立爭愚蒙。金石誰不仰，波瀾殊未窮。微軀往多價，朽木懸良工。上將拓邊西，薄才忝從戎。豈論濟代心，願効匹夫雄。驊騮滿長皂，弱翮依彫籠。行軍動若飛，旋旆信嚴終〔一〕。屢陪投醪醉，竊賀銘山功。雖無汗馬勞，且喜沙塞空。去去勿復道，所思積深衷。一爲天崖〔二〕客，三見南飛鴻。應念蕭關外，飄飖隨轉蓬。

〔一〕嚴終，嚴助、終軍也。二人乃漢武帝時文士有武略者。蘇東坡詩：「一時冠蓋盡嚴終。」

〔二〕「崖」當作「涯」。

雙六頭賦送李參軍 伯三八六二

有物兮四方故城，六面砥平，白質黑文，花攢星明。主張爾手談，決斷爾心爭。推得失似關乎天命，而消息乃用乎人情。若行之尤，思之精。雖懈逅而小比〔一〕，必指掌而大亨。李侯李侯保令名，無怨敓於垂成。朝影入平川，川長復垂柳〔二〕。明年有〔三〕一擲分，君不先鳴誰先鳴？

〔一〕「小比」當作「小屯」。俞平伯云：「『小比』疑當作『小疵』。」

〔二〕「柳」字不叶韻，疑是「平」之誤。此句説苦練不已。

〔三〕疑「有」當作「儻有」。王重民云：「『明年有一擲分』不成句，疑『分』字是衍文。」俞平伯云：「似亦不誤，説明年還有一擲的機會（大約指官場的考績等事），您一定便得意的。『分』字仄聲。」

自武威赴臨洮謁大夫不及因事即事案河西隴右幕下諸公 伯二五五二

浩蕩去鄉縣，飄飄瞻節旄。揚鞭發武威，落日至臨洮。主人未相識，客子心忉忉。顧見征戰歸，始知士馬豪。戈鋋耀崖谷，聲氣如風濤。隱軫戎旅間，功業競相褒。獻狀陳首級，饗軍烹太牢。俘囚駈面縛，長幼隨巔毛。氈裘何蒙茸，血食本羶臊。漢將乃兒戲，秦人空自勞。立馬眺洪河，驚風吹白蒿。雲屯寒色苦，雪合群山高。遠戍際天末，邊峰連賊壕。我本江海遊，逝將心利逃。一朝感推薦，萬里從英旄〔一〕。飛鳴蓋殊倫，俯仰忝諸曹。鷰鵠（頷）知有待，龍泉惟所操。相士慙入幕，懷賢願同袍。清論揮麈尾，乘酣持蟹螯。此行豈易酬，深意方鬱陶。微効儻不遂，終然辭佩刀。

〔一〕「旄」當作「髦」。

房元陽

秋夜彈碁鼓琴歌　伯三七七一

流月泛豔兮露色圓，拂孤□兮弄清絲〔一〕。幽態窈窕兮斷復連，驚風中路兮迢流年。浮榮輕薄兮欲何賢，流商激楚兮不能宣。

〔一〕「絲」當作「絃」。

鄭　愿

守歲　斯五五五

吾家貴主鳳樓開，故歲□更亂箭催。願奉神仙長獻酒，請留哥（歌）吹遂〔一〕行□〔二〕。

〔一〕「遂」當作「逐」。

〔二〕「行」下所缺疑當是「盃」字。編者按：劉説至確。查斯五五五卷子影印件，此字並未缺損，爲「杯」字，即「杯」、「盃」之異體。詳《英藏敦煌文獻》第二卷第五十六頁。

李□□

過王璿〔一〕墓　斯五五五

青史高遺迹，黄壚掩舊封。寧知陌上□〔二〕，何羡水中龍。

〔一〕「璿」當是「濬」字。編者按：劉説至確。查斯五五五卷子影印件，此字確爲「濬」字，左半部分爲「三點水」之連寫而非「王」旁。詳《英藏敦煌文獻》第二卷第五十六頁。

〔二〕「□」疑是「虎」字。

樊　鑄

及第後讀書院物詠〔一〕十首上禮部李侍郎　斯五五五

〔一〕「物詠」當是「詠物」。

鞭鞘　斯五五五

幸約策爲名，提攜道正〔一〕行。卜隣貞幹並，□質直繩并。節峻根堪託，柔多指可縈。希看着鞭處，下下振聲明。

〔一〕「正」當是「上」。

藥臼〔一〕 斯五五五

器重性仍堅，□庸響即傳。口因良藥苦，心爲中規圓。繼務精三代，輸攻孕十全。終齊善救理，莫謂枉陶甄。

〔一〕「臼」與「救」同，聲爲上去，故可作音源。

濾水羅 斯五五五

經緯既縱横，偏承啓沃情。含虚素心浄，樂水知囊成。密愼〔一〕能藏垢，疏通自去盈。不□垂善濾，何問下流清。

〔一〕「愼」當是「慎」。王重民曰：「余疑『愼』是『緻』通用俗字，或音誤。」俞平伯曰：「校作『緻』，較遠，疑當作『慎』，因濾水羅正不必『密緻』也。『密慎』與下文『疏通』對文。」王重民按：「俞先生説較好。」

井轆轤 斯五五五

有幸奉陶甄，時行即轉圓。從繩每合轍，遇坎本〔一〕周旋。□是循環正，何曾汲引偏。已承鈞軸力，不慮墜諸泉。

〔一〕「本」當是「奉」。

□□ 伯三三四八

鑄劍本來讎殺〔一〕人，懷珠本來報國士。信知善惡皆相報，如何不肯樹桃李。物情飜覆難可論，莫言權勢長頭〔二〕存。鼎食却爲□□子，布衣還啓丞相門。丈夫立身須自省，知禍知福如形影。乍可惠人一飯恩，不得唾人千里井。

〔一〕「讎殺」當作「殺讎」。

〔二〕「長頭」二字乃俗語。「頭」，尾聲。

桓　顒

秋夜

伯三六一九　又三八八五

數夜獨無歡，客心恒不安。近城聞鼓異（易），寺遠〔一〕聽鐘難。月照窗邊暖，風吹簾外寒。誰能羅帳裏，獨坐抱琴彈。

〔一〕「寺遠」當作「遠寺」。

［本文據《全唐詩外編》第一編《補全唐詩》（王重民輯録，中華書局一九八二年版）整理。據該書序言，劉盼遂先生當在一九六二年左右應好友王重民之約爲《補全唐詩》作校訂。王氏序言中曾言：「我在初稿内曾根據伯二五五五號卷子迻録了一首無名氏的《拗籠籌》詩，疑當爲李嶠、樊鑄的作品，因附在樊鑄《詠物》十詩之後，其實都是主觀臆測，經劉盼遂先生指出，乃是朱灣的《奉使設宴戲擲籠籌》詩，載《全唐詩》第五函第六册。這對我的初稿來説是極好的糾正。」爲王氏《補全唐詩》作校訂者，除劉盼遂先生外，另有俞平伯、王仲聞、劉修業和《中

華文史論叢》編輯諸人，王氏將諸家校語一併録入稿内。另據柴劍虹《魂歸敦煌——我送王重民先生的敦煌研究資料回敦煌》（載《敦煌學人和書叢談》，上海古籍出版社二〇一三年版）一文，一九八四年，王氏部分敦煌學研究資料經柴劍虹之手，交敦煌研究院保管，《補全唐詩》原稿（上有劉盼遂先生朱筆批校，有俞平伯先生的校語和覆信）即在其中。本次整理時，除將《補全唐詩》中的劉盼遂先生校語析出外，若見他校與劉校内容有關涉，亦一併録入；又曾以近年來影印出版的敦煌卷子與劉校對照，遇吻合之處，則以按語注明，以便讀者參考。另文中引用《補全唐詩》原詩時，根據需要作了節選，在此説明」

敦煌曲子詞集校語

上卷

菩薩蠻　斯四三三二

枕前發盡千般願，要休且待青山爛。水面上秤搥（錘）浮，直待黄河徹底枯。白日參辰現，北斗迴南面。休即未能休，且待三更見月〔一〕頭。

〔一〕「月」當作「日」。三更見日頭，不可能之事也。與水面秤錘等事同。《校録》云：「三更見月，乃常事；謂見日，始與參辰日現一類。」王重民因據改。編者按：劉説至確。查斯四三三二卷子影印件，此字作「日」而非「月」，見《英藏敦煌文獻》第六卷第三十八頁。

又　伯三一三三

自從涉遠違（爲）遊客，鄉關條（迢）遞千山隔。求宦一無成，摽（操）勞不漸亭（暫停）。路逢寒食節，處處櫻花發。攜酒步金瓶〔一〕，望鄉關雙淚垂。

〔一〕「金瓶」疑應作「金隄」。《校録》改「隄」。

又　伯三一三三

數年學劍工（攻）書苦，也曾鑿壁偷光路。蹔雪冣〔一〕飛螢，吕（屢）〔二〕年事不成。每恨無謀識，路遠關山隔。權隱在江河，龍門終一過。

〔一〕「最」與「聚」通，譌作「冣」。

〔二〕「吕」疑是「多」。《校録》説同。俞平伯云：「劉校『多』是。」

又 伯三一二八

再安社稷垂衣理，受（壽）同山岳長江水。頻見老人星，萬方休戰爭。良臣安國部〔一〕，金（今）喜迴鸞鳳。從此後太皆（階）清，齊欽孚（酹）聖明。

〔一〕「部」疑當是「棟」。

又 伯三一二八 斯二六〇七

千年鳳闕爭雄棄，何時獻得安邦計。鸞（鑾）駕在三峰，天同地不同。宇宙憎嫌〔一〕側，金（今）作蒙塵客。闕外有忠常，思佑聖人王〔二〕。

〔一〕「嫌」當作「歉」。俞平伯云：「『嫌』字不誤。」

〔二〕「忠」下當補「臣」字，刪「王」字。校作「闕外有忠臣，常思佑聖人」。王重民曰：「乙卷無『王』字。」

西江月 斯二六〇七

女伴同尋烟水，今宵江月分明。駄〔一〕頭無力别一舡横，波面微風暗起。　嬾棹乘舡無定正〔二〕，拜詞處處闇（聞）。聲連天紅浪侵秋星，悟（誤）入蓼花叢裏。

〔一〕「駄」當作「柁」。啓功校同。

〔二〕「正」當作「止」。孫貫文、《校録》説同。

又

斯二六〇七

皓（浩）渺天涯無濟（際），吕〔一〕人舡薄〔二〕孤舟。團團明月照江樓，遠望秋花風起。　東去不迴千萬里，乘舡整置（正值）高秋。此時變作望鄉愁，一夜苦吟雲□。

〔一〕「吕」當作「旅」。孫貫文、楊殿珣校同。

〔二〕「薄」疑當是「泊」。孫貫文校同。

又

斯二六〇七

雲散金波初吐，烟迷沙渚（渚）沈沈。棹歌驚起亂西（栖）禽，女伴各歸南浦。　船押波光遥（摇）野〔一〕虜〔二〕。歡〔三〕不覺更深。楚詞哀怨出江心，整置（正值）明月當南〔四〕干〔五〕。

〔一〕「野」字衍。

〔二〕「虜」當作「艣」。孫貫文校同。

〔三〕「歡」上脱一字。

〔四〕「南」字衍。《校録》以爲衍「明」字。
〔五〕「干」當作「午」。《校録》説同。

浪淘沙　伯三一二八

結草城樓不忘恩，些些言語莫生嗔。比死共君緣外客，悉安存。百鳥相憶投林肅（宿），道逢枯草再迎春。路上共君先下拜，如若傷蛇口含真〔一〕。

〔一〕「真」借作「珍」，用隨蛇含珠報恩事。《校録》説同。

又　斯二六〇七

八十頽年志不迷，一竿長地坐磻磎。釣□□□□□□，□時清〔一〕。直道守池頻負命，子鱗何必用東西。我不□□□□□，□□□。

〔一〕「時清」應作「清時」。

浣溪沙　斯二六〇七　伯三一二八

倦〔一〕却詩書上釣船，身被莎笠（蓑笠）執魚竿。棹向碧波深處去，幾重灘。不是從前爲釣者，蓋緣時世掩良賢。所以將身巖藪下，不朝天。

〔一〕「倦」當作「捲」。孫貫文、啓功校同。《校録》改「捲」。

又　伯三八二二

玉雲〔一〕初垂草木彫，鴈飛南去鷰離巢。寸步如同雲水隔，月輪高。遠客思歸砧杵夜，庭前□葉墮銀篠。蟋蟀夜鳴堦砌下，恨長霜（宵）。

〔一〕「雲」當作「露」。用杜詩「玉露彫傷楓樹林」句。孫貫文：「第二字應用仄，故疑是『露』。」

又　伯三八二二

雲掩茅庭書滿床，永川松竹自清凉。幽境不曾凡客到，起〔一〕尋常。出入每交（教）猿閉户，迴來還伴鶴歸裝。夜至碧溪垂釣處，月如霜。

〔一〕「起」應作「豈」。啓功校同。

又　伯三八二二

海鷰喧呼別渌波，雙飛迢帶（遰）歷山河。堅志一心思舊主，壘新窠。出入豈曾望（忘）故室，往來未有不經過。辭主南歸聲上〔一〕切，感恩多。

〔一〕上亦切也。

獻忠心　伯二五〇六

臣遠涉山水，來慕〔一〕當今。到丹闕，御龍樓，棄氈帳，弓與劍，不歸邊地。學唐化，禮儀向，休（沐）恩深。見中華好，與舜日同。垂衣理，菊花濃。臣霞（遐）方無珍寶，願公千秋住。感皇澤，垂珠淚，獻中（忠）心。

〔一〕「來慕」當作「來暮」。出《後漢書·廉范傳》：「廉叔度，來何暮。」王重民按：「此説可通，但未免生硬，通作『慕』亦可。」

編者按：劉説至確。查伯二五〇六卷子影印件，此字確爲「暮」而非「慕」，詳《法藏敦煌西域文獻》第十四卷第三百七十七頁。

酒泉子 伯二八〇九 三三二九 《敦煌詞掇》

三尺青蛇斬判注乾〔一〕鋒刃崩，沙魚泉霸用銀帳，寶見（劍）七星光。曾經長蛇陧（偃）月陣，一遍離通神鬼怕。紅（鴻）門會上佐明王，緣用一條槍。

〔一〕「注」爲「鑄」之借，「乾」爲「就」之誤。孫貫文云：「金元石刻『鑄』作『鉒』，劉校可從。」

望江南 伯三一二八 斯五五五六

曹公德，爲國託西關。六戎盡來作百姓，壓壇〔一〕河隴定羌渾。雄名遠近聞。盡忠孝，向主立殊勳。静難論兵扶社稷，恒將籌略定妖氛。願萬載作人君。

〔一〕「壓壇」當時用語，鎮壓之意。王重民曰：「乙卷作『押擅』。」

又 伯三九一一 二八〇九

娘子麵，磑了再重磨。昨來忙暮行里小，蓋緣傍伴迸夫〔一〕多。所以不來過。莫攀我，攀我大心偏。我是曲江臨池柳，者（這）人折去那人攀。恩愛一時間。

〔一〕「迸夫」應是「迸麩」。「迸」借作「姘」，「夫」借作「麩」，即言姘夫也。

生查子 伯三八二一

三尺龍泉劍，俠（匣）裏無人見。金落鴈一張弓〔一〕，百隻金花箭。爲國竭忠貞，苦處曾征戰。未（先）望立功勳，後見君王面。

〔一〕此句衍「金」字。《校録》改爲：「一張落鴈弓。」俞平伯云：「疑衍『落』字。『金雁』、『金花』故意叠用。『金雁』乃弓韜之飾。」

定風波 伯三〇九三

陰毒傷寒脉又微，四支（肢）厥冷猒難依（醫）。更遇盲依（醫）與宣謝（瀉），休也。頭面大汗永分離。時當五六日，頭如針刺汗微微。吐逆黏滑全沈細，胷〔一〕脉潰。思〔二〕須兒女獨孤恓。

〔一〕「胷」即「胃」之俗體。周一良疑是「夜」字。

〔二〕「思」當作「斯」。《校録》説同。

長相思 《敦煌零拾》《敦煌詞掇》

作客在江西，得病卧毫釐。還往觀消息，看看似别離。村人曳在道傍西，耶孃父母不知。□上剟排〔一〕書字，此是死不歸。

〔一〕「剟排」當是「綴牌」。《校録》説同。

魚歌子 月《敦煌詞掇》

繡簾前，美人睡，廳前猧子頻頻吠。雅奴卜，玉郎至，扶不（下）驊騮沉醉。出屏幃，正雲起〔一〕，鶯啼濕盡相思被。
共別人，好説我不是，得莽辜天負地。

〔一〕疑「起」是「髻」之聲誤。孫貫文云：「可從。」

南歌子 《敦煌詞掇》

獲幸相邀命，攀連坐未閒。卑微得接葑〔一〕尊顏。今日同〔下缺〕

〔一〕「葑」應作「對」。

失調名 斯二六〇七

與君別後，何日再相逢。關山阻隔信難通。情恨切，氣田（填）胸。連襟淚落重重。世通榮貴受（壽）如松，寒雁來過附書縱〔一〕。謂〔二〕君憔悴損形容，交（教）兒淚落千重。

〔一〕「縱」應作「蹤」。孫貫文校同。《校録》改「踪」。

〔二〕「謂」應作「爲」。孫貫文校同。

又 伯三九一一

〔上缺〕羊子遍野巫山，醉翁子樓頭飲宴。醉思鄉千日動動〔一〕，下水舡盞酌十分。令籌更打江神。

〔一〕「動動」應作「醺醺」。孫貫文校、《校録》説同。

又

伯三八三六

〔上缺〕心在枋〔一〕阿誰邊，天天天，因何用以偏。

〔一〕「枋」不是字，當衍。周一良疑「旁」。

又

伯三八三六

〔上缺〕春色漸舒榮，忽覩雙〔一〕飛鸞。時聞百囀鶯，日惠（思）處處管絲聲。公子王孫，賞玩諸芳情。

〔一〕「雙」即「雙」字。孫貫文校同，云：「六朝人『雙』字均如此，從兩從隻，乃會意字。」

又

伯三八三六

斜景〔一〕珠簾立，情事共誰親。分明面上指根（痕）新。羅帶同心誰綰，甚人踏綴裙。蟬嬪（鬢）因何亂，金釵爲甚分。紅泣垂淚憶（憶）何君。分明殿前實説，莫沉吟。

〔一〕「景」即「影」字。孫貫文校同，並云：「六朝人『影』字皆如此。」

又

伯三八三六

自從君去後，無心戀別人。夢中面上指根（痕）新。羅帶同心自綰，被緣（猻）兒踏裰裙。蟬嬪（鬢）朱（珠）簾亂，金釵舊古〔一〕分。紅泣垂淚哭郎君。信是南山松柏，無心戀別人。

〔一〕「古」應作「股」。孫貫文、啓功、《校録》同。

又　伯三八三六

楊柳連堤緑，纓（櫻）桃向日紅。舜吟迎紫陌秋風。滿院殘花楝竹，晚晚脱簾嚨〔一〕。荷葉排青沼，雲峰揆〔二〕碧空。舉盃摇扇畫堂中。時聽笙歌消暑，思無窮。

〔一〕「嚨」應作「櫳」。孫貫文、《校録》同。

〔二〕「揆」應作「簇」。

又　伯三八三六

争不交人億（憶），怕郎心自𨍏〔一〕。近來聞遂不多安，夜夜夢寤到錯，妄妄〔二〕到君邊。白日長相見，夜頭各自眠。終朝逕（竟）日意喧喧，願使合官（綰）裙帶，長鏡（繞）在你胸前。

〔一〕「𨍏」疑是「怯」。孫貫文疑是「煎」。

〔二〕「妄妄」應作「往往」。《校録》同。

中卷

雲謡集雜曲子

竹枝子

羅幌塵生，帡幃悄悄。笙篁（簧）無緒理，恨小郎遊蕩經年。不施紅粉鏡臺前，只是焚香禱祝天。垂珠淚，的（滴）點點，的（滴）成班（斑）。待伊來敬共伊言，須改往來段〔一〕却顛。

〔一〕「段」應作「斷」。

洞仙歌

悲雁隨陽，解引秋光。寒蛩響夜夜堪傷。淚珠串的（滴），旋流枕上。無計恨征人，争向金風漂蕩。擣衣寮亮。懒〔一〕寄迴文先往，戰袍待穩，絮重更薰香。慇懃憑驛使追訪。願四塞來朝明帝，令戎（戍）客休施流浪。

〔一〕「懒」即「懶」字。孫貫文校同。

破陣子

日煖風輕住（佳）景，流鶯似問人。正時越溪花捧豔，獨隔千山與萬津。單于迷虜（虜）塵。雪落停梅愁地，香檀往（枉）注歌脣。欄徑萋萋芳草緑，紅臉可知珠淚頻。魚牋豈易呈〔一〕。

〔一〕「呈」疑是「陳」。俞平伯云：「『呈』不須作『陳』。」

内家嬌

兩眼如刀，渾身似玉，風流第一佳人。及時衣着，梳頭京樣，素嬪豔孋情春。善别宫商，能調絲竹，歌令尖新。任從説洛浦陽臺，謾將比並無因。半含嬌態，逶迤換步〔一〕出闈門。搔頭重慵憹不插，只把同心千遍撚弄。來往中庭，應是降王母仙宫，凡間略現容真。

〔一〕「換步」即「踥步」，見卷上《蘇幕遮》。

下卷

鬭百草詞　斯六五三七　伯三二七一

第一

建士〔一〕祈長生，花林摘浮郎。有情離合花，無風獨摇草。喜去喜去覓草，色數莫令少。

〔一〕「建士」當作「健士」。《校録》改「建寺」。竇作哲疑是「道士」。

第三

望春希長樂，南樓對北華。但看結李草，何時憐頡〔一〕花。喜去喜去，鬭罷且歸家。

〔一〕「頡」當作「纈」。

苏幕遮 五臺山曲子六首　伯三三六〇　斯二〇八〇　四六七

第二

上北臺，登嶮道。石逕峻〔一〕層（嶒），躞（緩）步行多少。遍地莓苔異軟草，定水潛流，一日三過到。駱駝嶋，風裊裊。來往巡遊，須是身心好。羅漢巖頂觀淙河，不得久停，唯有龍神操。

〔一〕「峻」應作「崚」。王重民云：「甲卷作『峻』，乙卷作『崚』，與劉合。」

〔據王重民輯《敦煌曲子詞集》（商務印書館一九五六年修訂二版）整理。據該書《再版叙例》，該書一版時得周一良、孫楷第、趙萬里、陰法魯、萬斯年、曾毅公、楊殿珣七人校正；二版時又獲得劉盼遂、啓功、孫貫文的校本，又書末附《增訂版校勘補記》。本次整理時，除輯録劉盼遂先生校語外，如書中他人校語與先生校語有關涉，亦以小字注文形式轉引；如劉校字與敦煌原卷相符，則另作按語指出，以備學人參考〕

海日樓札叢批校

海日樓札叢

截截善諞言　葉三一

《書·秦誓》：「惟截截善諞言，俾君子易辭。我皇多有之，昧昧我思之〔一〕。」《傳》以「截截」爲「察察」，「諞言」爲「辨佞之言」。「截截」與「察察」，音訓無徵。

〔一〕朱筆眉批：「昧昧我思之」一語不應聯引。

陳止齋論頌　葉三四

樓宣獻《陳止齋神道碑》末云：「主上在宫邸，寮寀以詩爲壽，惟贊善黄公與公皆有諷諫。上爲置酒，各親書所上詩謝之。公後嘗奏知，以御札刻石，而跋其下，其略云：季札觀樂，爲之歌頌，曰：哀而不愁。太史公讀《虞書》，至於君臣流涕〔一〕，惟是幾安，未嘗不流涕也。成王作頌，推己懲艾，可不謂戰戰恐懼，善守善終哉。頌者，不專美盛德之形容，皆敕戒之詩〔二〕。秦斯以來，此義殆絶〔三〕。鑰讀之，爲之嗚咽。」〔四〕此又先儒所未發也。《全拙庵温故録》。

〔一〕朱筆校「流涕」爲「相勑」。

〔二〕朱筆校「詩」字爲「辭」字。

〔三〕朱筆爲「季札觀樂……此義殆絶」一句加引號。

〔四〕朱筆眉批：見《攻媿集》九十五。

儌侲　葉五五

《後漢・文苑・杜篤傳》，《論都賦》有「獲昆彌，虜儌侲〔一〕」句，注云：「侲，音真。字書無『儌』字，諸家並音『儌侲』爲『粟犢』，西域國名也。傳讀如此，不知所出。今有肅特國，恐是也。」按：粟犢、肅特，即《魏略》之粟特。據此知東漢初已通中國，而呼爲儌侲，兩字甚新異。《周書・王會》篇：「數楚每牛。」孔晁注：「數楚，北戎。」向來注家不知所出。據此，「儌侲」正當作「數楚」。楚轉爲辰，後加人旁耳。《東軒温故録》。

〔一〕朱筆眉批：「肅慎」之音轉。

報達　葉一二二

報達即波斯，即唐之勃達。《諸蕃志》謂之白達。《志》云：「白達國，係大食諸國之一都會，王乃麻霞勿，直下子孫相襲，傳國至今二十九代，經六七百年。大食諸國或用兵，皆不敢侵其境。以佛之子孫故，諸國歸敬焉。」疑報達蓋教王所居之地。自陳宣帝時至元初，約六七百年。麻霞勿即謨罕默德也。《雜札》。

「土耳其之美索不達米亞部，不達、報達，一音之轉。〔一〕兩河圍繞爲東土。中原境内有八塔者，昔回部都城，今成廢墟。」以上出《志略》。此報達故城也。巴比倫故城，亦在美索不達米亞境内，見《志略》。《雜札》。

〔一〕朱筆將「布達、報答，一音之轉」一句注語置於「中原境内有八塔者」之後。眉批曰：勃達、白達、報答、八塔，皆音轉。

籠袖驕民〔一〕 葉一三六

董元有《籠袖驕民圖》〔二〕，向來不得其解。今按：《元曲大都新編關目》，《公孫汗衫記》有「鳳城中士〔三〕庶，童〔四〕袖里嬌民」句。《武林舊事》三：「輦下驕民，無日不在春風鼓舞中，而游手末技爲尤甚也。」卷六有驕民一門，次游手。《筆記》。

〔一〕於題下朱筆批：《雕丘襍録》七。又批曰：《圭齋文集》四：「七月争乞巧，龍袖嬌民兒女狡。」乃七月都城也。

〔二〕朱筆眉批：元有《龍宿郊民圖》。《清河書畫舫》。陸深《玉堂漫筆》云，龍袖嬌民爲文皇白溝之役時事，《圭齋詞》即有之，

〔三〕朱筆校「土」字爲「士」字。

〔四〕朱筆校「童」字爲「竜」字。

跋抄本廣雅之支硎山人 葉一三八

支硎山人抄本《廣雅》，跋云支硎山人。錢遵王惜其名氏無考。今跋後餘葉有書札草藁一通，筆迹正同，末署庠拜告劉太守賢友，中稱曾任河南巡撫，壬申歲以户侍歸，别墅曰東溪，有《東溪吟藁》、《續藁》，求楊儀部作序，似非不可考者。按：雷禮《列卿表》、《河南巡撫表》，劉庠〔一〕，湖廣郴州人。成化壬辰進士，正德六年，任升南京户部尚書。致仕。《南京户部尚書表》同。户部侍郎則無之。他亦别無名庠而爲河南巡撫户侍者。又壬申爲正德七年，則餘葉書札之庠爲鄧庠無疑也。庠湖廣人，何以自署支硎，則不可解。《題名碑》：「鄧庠壬辰三甲進士，湖廣宜章縣民籍。」《皇朝通考》：「《東

溪藁》十卷，明鄧庠撰。」《護德瓶齋涉筆》。

〔一〕朱筆眉批：劉庠當是鄧庠之誤。陳德芸《古今人物別名》頁五七三「支硎山人鄧庠」。

李鼎祚所著書　葉一四一

《唐志》五行類有李鼎祚《連珠明鏡式經》十卷。注云：「開耀中上。」開耀元年辛巳，爲唐高宗之三十二年。《宋志》作李鼎祚《明鏡連珠》十卷。《協紀辨方》多引李鼎祚説，蓋出於此。又《文獻通考》〔一〕五行類，有《京氏參同契律歷志》一卷。陳氏云：「虞翻注專言占象，而不可盡通，字亦多誤，未有別本校。」此皆易師緒餘，惜完書不傳也。《宋志》五行類有李鼎祚《易髓》三卷，目一卷。《瓶子記》三卷。《東軒温故録》。

〔一〕朱筆於地脚批曰：《書録解題》十二《卜筮門》有京氏書并陳氏説，不必轉引《文獻通考》。又朱筆眉批：又《文獻通考》以下至尾，與鼎祚無干。注文可升爲大字。

王敦詆謝混語　葉一五九

王敦詆謝混〔一〕曰：「正使殺君輩數十人，何損於時。」吾讀此爲之汗下。《潛究室劄記》。

〔一〕朱筆眉批：「鯤」誤作「混」。

務財訓農，通商惠工　葉一六〇

務財訓農，通商惠工，敬教勸學，授方任能〔一〕。前八字是用，後八字是體。無後八字功夫，前八字一件行不得。授方而後能可任，敬教而後學可勸。後八字又有本末焉，先後焉。《冶城客話》。

〔一〕朱筆眉批：十六字乃《左傳・閔公二年》衛文公事。

用人 葉一六一

唐太宗所用，隋末人材也。宋太祖所用，五代人材也。王陽〔一〕不易馬而御，由基不易矢而射，御之術在轡，射之力在弓。

〔一〕朱筆眉批：「王陽」疑「孫陽」之誤，或「王良」之誤。

王叔和 葉一七〇

又一條云：「高平王熙叔和曰：食不欲雜，雜則或有犯者，當時或無交患〔一〕，積久爲人作疾。」即《千金》所引，與衛汎記同也。

〔一〕朱筆眉批：交患，近患也。猶陶詩「交虞」之「交」。

劉戴甘阮 葉一七一

《肘後備急方》葛稚川序，稱「省覽仲景、元化、劉戴《秘要》、《金匱》、《緑秩黄素方》〔一〕，近將千卷，患其混雜煩重，有求難得，乃收拾奇異，捃拾遺逸，選而集之。

〔一〕朱筆眉批：緑帙（秩）黄素，猶赤目、青領、緑囊。

杜昺 葉二四一

《洞仙·杜昺傳》〔一〕與《南史·杜京産傳》，於道家本末，頗有關係。

〔一〕朱筆旁批：《七籤》一一一。

宋文明 葉二四三

《太平御覽·道部八》引《道學傳》：「宋文同，字文明，吴郡人也。梁簡文時，文明以道家諸經，莫不敷釋，撰《靈寶經義疏題目》，謂之通門。又作《大義》，淵學者宗賴〔一〕，四方延請。長於著述，訥於口辭。」

〔一〕朱筆眉批：宋版《御覽》：「又作大義，名曰「義淵」，學者宗賴。」

泉郎〔一〕 葉二四九

《輿地紀勝》：泉州景物引《寰宇記》云：「泉郎即此州夷户，亦曰游艇子，即盧循之餘。循爲劉裕所滅，遺種散居山海，唐武德初招撫之，使自相統攝，不爲寇盜。」〔二〕云云。按：盧循所據交、廣，史不言其寇閩。此泉郎疑即《辨惑論》所謂閩疆種民，非盧循之餘，乃盧悚之餘耳〔三〕。《筆記》。

〔一〕題下朱筆批曰：《唐音癸籤》一六四頁：盧亭居海島，「亦名盧餘」。又朱筆旁批：盧循遺種，《寰宇記》一〇二《泉州》。

〔二〕朱筆眉批：《寰宇記》一〇二《泉州下》存此文，不必引《紀勝》也。《記》九十八《明州下》有「白水郎」，又名「庚定子」，又名「盧亭子」。

〔三〕朱筆旁批：見《通鑑》頁三二一六「晉簡文咸安二年冬」。悚當時被殺，其弟子許龍由吳逃走。

道藏權輿　葉二四九

《續高僧傳》二十《唐潤州牛頭釋法融傳》：「丹陽南牛頭山佛窟寺，現有辟支佛窟，故得名焉。有七藏經書，一佛經，二道書，三佛經史，四俗經史，五醫方圖符。昔宋初劉司空造寺，其家巨富，用訪寫之，永鎮山寺，相傳守護。貞觀十九年，燬於火。」此第二藏道書，寫自宋初，尚在陸脩静前，當爲道藏權輿之始〔一〕。唐太清宮《道藏經目録碑》，在京兆縣，秦守正書，趙盈篆額，太和二年立。見《寶刻叢編》。《筆記》。

〔一〕朱筆眉批：權輿之始，不詞。

白香山爲栝蒼山主録大夫　葉二五五

「訪問是夕居易卒於洛中，臨終謂所親曰：昔自蓬萊，與帝原注：謂武帝〔一〕也。有閻浮之因，帝於閻浮爲麟德之别。言畢而逝，人莫曉也。較其日月捐館之時，乃上宴麟德殿也」云云。然則樂天來自蓬萊，仍歸蓬萊。白老〔二〕再生，誠哉妄論；兜率上生，亦成虛願歟？

〔一〕墨筆眉批：《廣記》三二一引注是武宗。會昌六年五月武宗死，八月居易死。

〔二〕朱筆眉批：白老，李義山兒名。見《驕兒詩》馮注引《蔡寬夫詩話》。

曇陽子　葉二五九

菩薩行化衆生，不辭舍尊就卑，以示出入之無間，觀自在之所以達摩、僧伽，文殊、普賢之所以寒山、捨得〔一〕，彌勒之所以傅大士也。

〔一〕朱筆校「捨」字爲「拾」字。

三靈侯　葉二六二

和林金石有《三靈侯廟碑》，昔年與順德、重黎徧求其證，未得也。其後葉焕彬刻出《搜神大全》〔一〕，上卷有吴客三真君條，乃得其事。

〔一〕朱笔眉批：出像《三教源流搜神大全》七卷。

陶詩歸園田居　葉二七六

「桑麻日已長」至「零落同草莽」四句，意其有滋蘭樹蕙之感歟？公曠達過人，憂患亦過人，識公心者，無如子朱子矣。「但使願無違」，此所云願，即前章曰〔一〕廣之志。

〔一〕朱筆校「曰」字爲「日」字。

欒枝花入題詠　葉二八二

誠齋《山居雜興》詩：「金作林檎花絶濃，十年花少怨東風。即今徧作欒枝錦，不則梢頭幾點紅。」此當爲欒枝花〔一〕見題詠之始。《雜札》

〔一〕朱筆眉批：越縵堂説是桃梅。

弇州論金荃蘭畹詞 葉二八四

弇州云：「温飛卿詞曰《金荃》，唐人詞有集曰《蘭畹》，蓋取其香而弱也，然則雄壯者固次之矣。」此弇州妙語，自明季國初諸公，瓣香《花間》者，人人意中，擬似一境，而莫可名言者，公以香弱二字攝之，可謂善於侔色揣稱者矣。《皺水》勝諦，大都演此〔一〕。

〔一〕朱筆眉批：賀裳《皺水軒詞筌》一焉。

劉公㦷論詞須上脱香籢，下不落元曲 葉二八五

劉公㦷謂詞須上脱香籢，下不落元曲，乃稱作手。亦爲一時名語。然不落元曲易耳，浙派固絶無此病。而明季諸公宗《花間》者，乃往往不免。若所謂上脱香籢者，則韋莊、光憲，既與致光同時，延巳、熙震，亦與成績〔一〕並世，波瀾不二，風習相通，方當於此津逮唐餘，求欲脱之，是欲升而去其階已。國初諸公不能畫《花間》、《草堂》界限，宜有此論。《菌閣瑣談》。

〔一〕朱筆眉批：承績，和凝字。

五代之詞促數，北宋盛時嘽緩 葉二八六

五代之詞促數，北宋盛時嘽緩，皆緣燕樂音節蜕變而然。即其詞可懸想其纏拍。《花間》之促碎，羯鼓之白雨點也；樂章〔一〕之嘽緩，玉笛之遲其聲以媚之也。慶曆以前詞情，可以追想。唐時樂句，美成不伐，以後則大晟功令日趨平整矣〔二〕。

《菌閣瑣談》。

〔一〕朱筆爲「樂章」二字加書名號。

〔二〕朱筆訂正此句句讀爲：可以追想唐時樂句。美成不伐以後，則大晟功令日趨平整矣。

歐詞俚語　葉二八六

《琴趣》中若《醉蓬萊》、《看花迴》、《蝶戀花》、《詠枕兒》、《惜芳時》、《阮郎歸》、《愁春郎》〔一〕、《滴滴金》、《卜算子》第一首、《好女兒令》、《南鄉子》、《鹽角兒》、《憶秦娥》、《玉樓春》、《夜行船》，皆摹寫刻摯，不避褻猥。

〔一〕朱筆校「愁春郎」之「愁」字爲「怨」字。

歐詞好用斷字　葉二八七

歐公詞好用斷字，《漁家傲》之「花氣酒香相〔一〕斷釀」、「蓮子與人長斷類」、「誰斷惹」皆是也。山谷亦好用此字。

《菌閣瑣談》。

〔一〕朱筆校「相」字爲「清」字。

山谷俗語　葉二八八

山谷《步蟾宫》詞：「蟲兒真個惡靈利，惱亂得道人眼起俊〔一〕。」起俊，俗語也。《樂章集·征部樂》：「但願〔二〕

蟲蟲心下，把人看待，長似初相識。」直以蟲蟲作人人卿卿用，更奇。《菌閣瑣談》。

〔一〕墨筆眉批：宋刊《琴趣》作「眼起醉」，是也。

〔二〕朱筆於「願」字後補一「我」字。

私家按樂器　葉三〇〇

《醴泉筆録》〔一〕云：「持國〔二〕按樂，見弦斷弦續者，笙歌之類，吹不成聲，詰之曰：自有按樂器〔三〕。國家議黍尺，數年，造樂器，費以萬計，乃用樂家私器，以享宗廟。」按：《樂書》多引大晟樂法，意即取私器法以爲官法歟？此所謂私家按樂，意竟是隋、唐以來相承舊法舊器，未可知也。《菌閣瑣談》。

〔一〕朱筆旁批：江休復。

〔二〕「持國」二字加專名線，朱筆眉批：韓維也。

〔三〕朱筆校訂此句句讀爲：詰之。曰自有按樂器。

譜字　葉三〇一

陳之靚〔一〕《事林廣記》總叙訣曰：「折聲上生四位，掣聲下隔一宮，反聲宮閏相頂，丁聲上下相同。」

〔一〕朱筆校「陳之靚」之「之」字爲「元」字。眉批曰：陳氏《歲時廣記》。

急就磚　葉三一八

漢《急就磚》〔一〕僅存廿餘字，猶有古隸筆勢，今在周景叔家。《菌閣瑣談》。

〔一〕朱筆眉批：收入鄒安《草隸存》。

禮器碑　葉三一八

《禮器》細勁，在漢碑中自成一格。或疑師宜官〔一〕書，雖無確證，然非中郎派，可決定也。

〔一〕朱筆爲「師宜官」加專名線。

校官碑　葉三一九

嘗謂大令改右軍簡勁爲縱逸，亦應江南風氣而爲之。所謂一群白項鴉〔一〕者，王氏之同化於吴久矣。

〔一〕朱筆校「白項鴉」之「項」字爲「頸」字。

劉懿墓志　葉三三六

《劉懿墓志》叙畫平順，而古雅之質，勃鬱行間。上承李仲璇，下開□□□。胡甘石〔一〕、趙撝叔小楷，從此得筆。《菌閣瑣談》。

〔一〕朱筆校「胡甘石」之「石」字爲「伯」字。

鵶青紙　葉三四二

《山谷集》有《從范子默求鵶青紙》七絶。鵶青紙即今磁青紙也。云「漫染鵶青襲舊書」，是亦以作裝池之用〔一〕。《潛究室劄記》。

〔一〕朱筆眉批：磁青紙書皮。

海日樓題跋

目録　卷一

抄本張來儀文集跋　葉五

其後墨筆補目：宋刻《古文集成·前集》跋。《北圖善本書目》八。

目録　卷二

曹恪碑跋　葉六

其後朱筆補目：元拓《普炤寺興造記》跋。王師手録。

東觀餘論跋　四篇　葉二〇

癸丑〔一〕臘月，傅沅叔以所得宋本殘帙見示，每半頁十行，行二十字，錢牧齋以墨筆校於眉間。勞季言〔二〕跋云……

〔一〕「癸丑」旁補「宣統」。

〔二〕朱筆眉批：「季言」二字疑是「㽞卿」之誤。

唐人寫經跋 四篇 葉二三

光緒丁未，乙厂題記於盛唐〔一〕學署持明安中。

〔一〕朱筆在「盛唐」二字上加專名綫。朱筆眉批：六安縣，在漢爲盛唐。

孟冬野〔一〕詩集跋 葉二八

〔一〕朱筆校「孟冬野」之「冬」字爲「東」字。

明徐文山大令手抄賈浪仙長江集跋 葉二八

今張集已燼刧灰，賈集偶隨行笈，得以無恙，將非刧木菴道人〔一〕默爲呵護耶？

〔一〕朱筆眉批：刧木菴道人。

南宋拓本聖教序跋 四篇 葉九二

《聖教》宋拓未斷本，收藏家往往有之，所謂此紙此墨〔一〕者，每以烟墨澶漫，不無霧裏看花之感。如覃溪所辨導群生於十地，群字雙乂直貫第一層，斷後本尚有可尋，而最煊赫之未斷本世〔二〕無之，令人不無遺憾。此本紙墨獨精，真有華容照爛、俯仰若神之概。僕於此碑不甚措意，於此本乃摩挲不能遽捨，而每行首末諸字，尤多〔三〕可與定武《蘭亭》、高紳《樂毅》互相印證者。唐代刻工之精，惟此〔四〕宋拓能顯出耳。庚申夏五，餘齋老人題於海日樓中。

〔一〕朱筆校「此紙此墨」之二「此」字爲「北」字。

〔二〕朱筆校「世」字爲「或」字。

〔三〕朱筆校「多」字爲「有」字。

〔四〕朱筆校「此」字爲「北」字。

頁上朱筆眉批：依王師國維手録本校。

唐人真蹟卷書譜跋　葉九四

孫過庭《書譜》，至妙品〔一〕惟竇泊評辭少損耳，其結構極得山陰遺意。

〔一〕朱筆於「至妙品」後斷。

明祝枝山草書秋聲賦卷跋　葉一一七

論京兆書〔一〕弇州最詳，鑑亦獨真。

〔一〕朱筆於「書」字後斷。

穴硯齋藏王雅宜小楷千文真迹册後〔一〕　葉一二二

《無錫縣志》〔二〕：「秦柱，字汝立，秦金之孫。工書，師歐陽率更，草師孫虔禮。以薦授中書舍人。」〔三〕

〔一〕朱笔眉批：《讀書敏求記》三上《默記》。

〔二〕朱筆旁批：康熙二十九年佟。

〔三〕朱筆旁批：與大學士高拱友。

金劉貫道畫金顯宗西泠探梅圖軸跋 葉一二五

西泠探梅，猶是海陵立馬吴山故意。劉貫道因〔一〕嘗以貌海陵得官者也。

〔一〕朱筆校「因」字爲「固」字。

元陳仲美金山圖卷跋 葉一二七

陈仲美〔一〕世多以爲明初人，蓋《畫史彙傳》之誤耳。

〔一〕朱筆眉批：《佩文齋書畫譜》五十三陳琳列於元初。

明谢樗仙山水卷跋 葉一二九

假令弇州老人〔一〕，當不免復作戴、沈評語也。

〔一〕朱筆眉批：有捝。

明文衡山養鶴種松圖卷跋 葉一二九

畫學衰絶，祖惲尊王，祇益塵陋耳。〔一〕此卷爲徵仲八十四歲作，老筆紛疎，略不用意，而規矩神明，自然雅逸。卷尾有王蓮涇印，蓮涇藏書〔二〕多見之，藏畫罕見，彌難得也。

〔一〕朱筆校改此句標點爲：畫學衰絶。祖惲尊王。祇益塵陋耳。

〔二〕朱筆於「蓮涇藏書」後斷。

李澹園先生叱犢歸耕圖卷跋　葉一三四

騎牛恣所適，不問郭椒與丁櫟〔一〕。試看閤中人，出入穩稻芳草香。

〔一〕删除「郭椒」、「丁櫟」之專名線。

石海山水畫册跋　葉一三四

石海何許人，年來遍檢不得，海王村人亦無知者。畫派固沿司農流派者，丙寅爲乾隆十一年，而人書俱老如是。此人或竟常〔一〕及見司農，而濡染於金、王、華、温諸子，未可知也？灊皤。

〔一〕朱筆校「常」字爲「嘗」字。

張夕庵崟山水卷跋　三篇　葉一三五

金尊斗十千，壽郎前，好春長在人長健，長繾綣。帬百裥，韈雙彎，隨郎行坐天花散，隨郎播□〔一〕天香盎，合　可知是江山是也昔人還〔二〕。

〔一〕朱筆補□字爲「梏」字。

〔二〕朱筆眉批：「盎」、「遝」二字疑，「遝」當是「遠」。

［據北京大學歷史系張帆教授藏劉盼遂先生手批校本《海日樓札叢》（中華書局一九六二年排印本）整理。原書中劉盼遂先生批校用朱、墨二筆。本文整理時將批校所在條目之頁碼標出，以便讀者查詢；至於《海日樓札叢》原文，依照中華本原文直録，部分原文過長，則根據需要節選］

魏晋南北朝歌謡選注

企喻歌

《樂府詩集》卷二十五

男兒欲作健〔一〕，結伴不須多。鷂子經天飛，群雀兩向波〔二〕。

〔一〕作健：去行豪健也。作，動詞。《世説新語·輕詆》篇庾恒説「頗似，足作健否」，與此處「作健」同義。又《任誕》篇阮渾「亦欲作達」，《華山畿》「憶歡作嬌時」，諸「作」字的文法，均與「作健」之「作」同。有人説「作健」是「作健兒」，非其義。辛志賢注：查「有人説」，指余冠英先生的《樂府詩選》，下同。

〔二〕兩向波：「波」是語尾足句字，後世作「啵」。兩向，即兩面分逃也。

雀勞利歌辭

《樂府詩集》卷二十五

雨雪霏霏，雀勞利〔一〕。長觜飽滿，短觜飢〔二〕。

〔一〕勞利：是勞碌或勞力的意思。雀勞利，是説雀勞苦找食。

〔二〕長觜飽滿短觜飢：雀在積雪裏找食，長觜的得食多，短觜的就要挨餓。

隔谷歌

《樂府詩集》卷二十五

兄在城中弟在外，弓無弦，箭無栝〔一〕。食糧乏盡若爲〔二〕活？救我來！救我來！

〔一〕箭無栝：箭桿後端有叉，用以夾住弦者，叫栝。

〔二〕若：有奈何的意思。若爲，猶今語「怎麼辦」，六朝和唐人多有這種用法。

捉搦歌 《樂府詩集》卷二十五

誰家女子能行步，反著裌禪後裙露〔一〕。天生男女共一處，願得兩個成翁嫗〔二〕。

〔一〕反著裌禪後裙露：裌禪不應該翻穿，後裙不應該暴露於外，而這女子竟這樣做者，是有討好男子的企圖。

〔二〕翁嫗：夫妻的意思，猶今北京話「公母倆」。

折楊柳歌辭 《樂府詩集》卷二十五

腹中愁不樂，願作郎馬鞭。出入擐郎臂〔一〕，蹀座郎膝邊〔二〕。

〔一〕擐郎臂：「擐」字音患，貫串的意思。擐郎臂就是鞭子週繞着胳臂。

〔二〕蹀座郎膝邊：蹀，古訓是行履、蹈踏，即實踐的意思。句謂郎下馬就座，則馬鞭仍得在郎膝邊也。省去一主動詞。

隴頭歌辭 《樂府詩集》卷二十五

隴頭流水，流離山下。念吾一身，飄然曠野。

朝發欣城〔一〕，暮宿隴頭。寒不能語，舌卷入喉。

隴頭流水，鳴聲幽咽。遥望秦川〔二〕，心肝斷絶。

〔一〕欣城：地名，無考。我疑「欣」是「秦」的誤字，其聲相近也。

〔二〕秦州：指北魏時的秦州。秦州距隴頭當時稱渭州隴西郡。約有三百餘里。秦州在東南，隴頭在西北，地高天寒，故詩人以到隴頭爲苦。

這三首歌辭，按其內容，我覺得應該是「朝發欣城」作第一首，「隴頭流水，鳴聲幽咽」作第二首，「隴頭流水，流離山下」作第三首。詩人發秦城到隴頭，回望秦城而眷戀，及見隴水四散，又自傷無所寄託也。

木蘭詩

《樂府詩集》卷二十五

唧唧〔一〕復唧唧，木蘭當户織。不聞機杼聲，唯聞女歎息。問女何所思，問女何所憶。女亦無所思，女亦無所憶。昨夜見軍帖，可汗〔二〕大點兵。軍書十二卷，卷卷有爺名。阿爺無大兒，木蘭無長兄。願爲市鞍馬，從此替爺征。東市買駿馬，西市買鞍韉。南市買轡頭，北市買長鞭。旦辭爺娘去，暮宿黄河邊。不聞爺娘唤女聲，但聞黄河流水鳴濺濺。旦辭黄河去，暮至黑山頭。不聞爺娘唤女聲，但聞燕山〔三〕胡騎鳴啾啾〔四〕。萬里赴戎機，關山度若飛。朔氣傳金柝〔五〕，寒光照鐵衣。將軍百戰死，壯士十年歸。歸來見天子，天子坐明堂〔六〕。策勳十二轉〔七〕，賞賜百千强。可汗問所欲，木蘭不用尚書郎〔八〕。願馳千里足，送兒還故鄉。爺娘聞女來，出郭相扶將。阿姊聞妹來，當户理紅妝。小弟聞姊來，磨刀霍霍〔九〕向豬羊。開我東閣門，坐我西閣床。脱我戰時袍，著我舊時裳。當窗理雲鬢，對鏡帖花黄〔十〕。出門看火伴，火伴皆驚忙。同行十二年，不知木蘭是女郎。雄兔脚撲朔，雌兔眼迷離。雙兔傍地走，安能辨我是雄雌？

〔一〕唧唧：是織布機摩擦的聲音。

〔二〕可汗：隋唐時西北藩王或稱可汗。「可」音「刊」之入聲，讀若「克」，「汗」音「寒」。《新唐書·太宗紀》：「西北君長請上號爲天可汗。」

〔三〕燕山：泛指北方的山，或謂係今蒙古國境内的杭愛山，不可信據。

〔四〕啾啾：馬鳴聲，有凄慘的氣氛。

〔五〕金柝：軍中的刁斗，用銅製作，夜裏用以打更，白天可以做飯。

〔六〕明堂：是秦漢以前天子祭祀、聽政、選士的地方，隋唐時代實無此制度。《木蘭詩》及唐人詩文中的明堂，都是擬古之詞。

〔七〕策勳十二轉：轉是升級的意思。唐代武功勳分十二級，最高一級爲上柱國。

〔八〕尚書郎：謂尚書省的諸郎官，是從四品的階級。有人説「木蘭不用尚書郎」是尚書省的侍郎，考侍郎是正四品，那就未免太高了。

〔九〕霍霍：磨刀急遽的聲音。《説文・雔部》「霍」字下説解云：「雨而雙飛者，其聲霍然。」有人説「霍霍」是「磨刀疾速貌」，則殊誤。

〔十〕帖花黄：隋唐女子往往額間涂黄色，稱「佛妝」。又將花子貼面。從敦煌出土唐人所畫仕女，可以看到這種面妝。

丁督護歌

《樂府詩集》卷四十五

督護初征時，儂亦惡聞許〔一〕。願作石尤風〔二〕，四面斷行旅。

聞歡去北征，相送直瀆浦〔三〕。只有淚可出，無復情可吐。

〔一〕許：語尾助詞，南朝歌謠常見。

〔二〕石尤風：打頭逆風也。古傳石氏女嫁尤郎，尤出不歸，石悵恨而死。臨亡歎曰：「吾當作大風，爲天下婦人阻之。」後行人遇打頭風，便唤作「石尤風」。

〔三〕直瀆浦：此歌託爲劉裕女哭其夫徐逵之作，故云「相送直瀆浦」。直瀆浦在今南京城東北三十五里，依幕府山東北一帶，係吴主孫皓所開，詳見《輿地紀勝》卷十七《建康府》。

華山畿

《樂府詩集》卷四十六

華山畿〔一〕，君既爲儂死，獨生爲誰施？歡若見憐時，棺木爲儂開。

隔津歎〔二〕，牽牛語織女，離淚溢河漢。

相送勞勞渚〔三〕，長江不應滿，是儂淚成許〔四〕。

〔一〕華山畿：此三字無義，當是詩的發語詞，等於《蜀道難》的「噫吁嚱」。

〔二〕隔津歎：意如《古詩十九首》的「盈盈一水間，脈脈不得語」。

〔三〕勞勞渚：據陳文述《秣陵集》卷首附圖，云東晉時南京勞勞亭，在長江中的白鷺洲邊。《華山畿》裏的勞勞渚，當即指這一帶地方。

〔四〕許：語尾助詞。

隴上爲陳安歌

《古謡諺》卷八

隴上壯士〔一〕有陳安，軀幹雖小腹中寬，愛養將士同心肝。驌驄父馬〔二〕鐵瑕鞍〔三〕，七尺大刀奮如湍〔四〕，丈八蛇矛左右盤。十蕩十決〔五〕無當前，百騎俱出如雲浮，追者千萬騎悠悠。戰始三交失蛇矛，十騎俱蕩九騎留〔六〕，棄我䯀驄〔七〕竄巖幽。天大降雨追者休，爲我外援而懸頭〔八〕，西流之水東流河〔九〕。一去不還奈子何，阿呼嗚呼奈子何，嗚呼阿呼奈子何。

〔一〕隴上壯士：據《晉書·劉曜載記》，陳安據隴城與劉曜作戰，兵敗被殺。隴城在今甘肅清水縣北，城北有隴山。這一帶通稱隴上。

〔二〕䯀驄父馬：「䯀」應是「躡」的假借字，躡是「蹈」的意思，這裏當「駛」講。「驄父馬」是青色的公馬。「驄」的語根是「葱」，在此作形容詞用。

〔三〕鐵瑕鞍：「瑕」當是「鍛」的誤字。《太平御覽》卷四十六引作「鍛」。鐵鍛鞍，用鐵製成的馬鞍。

〔四〕奮如湍：水流太急，洄旋如花朵的叫作「湍」。陳安舞大刀，團團不絶，故曰「奮如湍」。

〔五〕十蕩十決：蕩、決是古代衝鋒陷陣的術語，猶如今語「打缺口」。

〔六〕九騎留：陳安等十騎衝擊敵陣，九騎被敵所留，陳安獨得突圍。

〔七〕䯀驄：所䯀（躡）的驄，猶云「坐騎」。

〔八〕爲我外援而懸頭：據《晉書》説：「陳安匿於溪澗。輔威呼延清尋其徑迹，斬安於澗曲。劉曜大悦。」未説明呼延清是誰所遣。這或者是呼延清原是來聲援陳安的，及見其失敗，乃斬安以邀功。所以詩中説「爲我外援而懸頭」。

〔九〕西流之水東流河：據《水經注》，陳安死處正在清水河流域，此河發源大、小隴山，西南流入渭水，故云「西流之水」；而「東流河」自是指渭水而言。有人説指洮水，此處離洮水尚遠，於地理不合。按：此詩作於公元三二三年。

李波小妹歌 《北魏書》卷五十三《李安世附傳》

李波小妹字雍容，褰裙逐馬如卷蓬〔一〕。左射右射必疊雙〔二〕。婦女尚如此，男子安可逢。

〔一〕逐馬如卷蓬：謂趕馬而上，其易如卷蓬。

〔二〕疊雙：兩個獵物，一箭同落也。

（本文在劉盼遂先生生前並未刊發。一九八六年由其弟子辛志賢整理，刊於《文教資料》當年第三期。今據辛本重新整理）

影宋本陶淵明集眉批 摘抄

連雨獨飲

運生會歸盡，終古謂之然。世間有松喬，於今定何間。故老贈余酒，乃言飲得仙。試酌百情遠，重觴忽忘天。天豈去此哉，任真無所先。雲鶴有奇翼，八表須臾還。自我抱茲獨〔一〕，僶俛四十年。形骸久已化，心在復何言。

〔一〕《莊子》：「唯松柏獨也。」

贈羊長史 松齡

左軍羊長史銜使秦川，作此與之。

愚生三季後，慨然念黃虞。得知千載外，正賴古人書。賢聖留餘迹，事事在中都。豈忘游心目？關河不可踰。九域甫已一，逝將理舟輿。聞君當先邁，負痾不獲俱。路若經商山，爲我少躊躇。多謝綺與甪，精爽今何如？紫芝誰復采？深谷久應蕪。駟馬無貰患，貰，侍夜切，賒也，貸也。貧賤有交娛〔一〕。清謠結心曲，人乖運見疎。擁懷累代下，言盡意不舒。

〔一〕《宋書・禮志》：「今古既異，賒促不同。」《晉書》卷六七郗超云：「雖如賒遲，終亦濟克。」《南史》卷十：「後主曰：『鋒刃之下，未可交當，吾自有計。』乃逃於井。」《通鑑》卷二一九：「戎事交切，須即區處。」《通鑑》卷一五〇：「進而擊賊，死交而賞賒；退而逃散，身全而無罪。」《宋書》卷九二《徐豁傳》：「今若減其米課，雖有交損，考之將來，理有深益。」《洛陽伽藍記》卷四「宣忠寺」條：寇祖仁被捶死，「時人以爲交報」。《宋書》

卷七二《始安王休仁傳》明帝云：「事計交切，不得不相除。」阮籍《詠懷》詩第六首注。《南齊書・豫章文獻王傳》：「此目前交利，非天下大計。」《顔氏家訓・風操》：「交疏造次，一座百犯，聞者辛苦，無僇賴焉。」交，謂親近焉。《通鑑紀事本末》卷三二：「延齡誕妄小人，用之交駭物聽。」《通鑑》卷二三四。《宋書》卷七三顔延之表：「時制行及，歸慕無賒。」《列子・楊朱》：「善治外者，物未必治，而身交苦；善治内者，物未必亂，而性交逸。」按：此係《列子》書出六朝之證。《養生論》：「交賒相傾。」《攝生論》：「宅之吉凶，其報賒遥。……若以交賒爲虚，……守藥則棄宅，見交則非賒。」《樂府詩集》卷三八王融詩：「河曲萬里餘，情交襟袖疎。」《高陽樂人歌》：「可憐白鼻騧，相將入酒家。無錢但共飲，畫地作交賒。」按：交、賒（貰），魏晉時常語。交，近；賒，遠也。

有會而作

弱年逢家乏，老至更長飢。菽麥實所羨，孰敢慕甘肥！惄如亞九飯，當暑厭寒衣〔一〕。歲月將欲暮，如何辛苦悲。常善粥者心，深恨蒙袂非。嗟來何足吝，徒没空自遺。斯濫豈彼志，固窮夙所歸。餒也已矣夫，在昔余多師。

〔一〕厭，讀去聲，足也。句謂暑天猶穿寒天之衣。

詠貧士七首

其五

袁安困積雪，邈然不可干。阮公見錢入，即日棄其官〔一〕。芻藁有常温，采莒足朝飡。豈不實辛苦，所懼非飢寒。貧富常交戰，道勝無戚顔。至德冠邦閭，清節映西關。

〔一〕《南史·阮長之傳》：「長之去武昌郡，代人未至，以芒種前一日解印綬。」

桃花源記 并詩

晉太元中，武陵人捕魚爲業。緣溪行，忘路之遠近。忽逢桃花林，夾岸數百步，中無雜樹，芳草鮮美，落英繽紛〔一〕，漁人甚異之。復前行，欲窮其林。林盡水源，便得一山，山有小口，髣髴若有光。便捨船，從口入。初極狹，纔通人。復行數十步，豁然開朗。土地平曠，屋舍儼然，有良田美池桑竹之屬。阡陌交通，雞犬相聞。其中往來種作，男女衣着，悉如外人。黄髮垂髫，並怡然自樂。見漁人，乃大驚，問所從來。具荅之。便要還家，設酒殺雞作食。村中聞有此人，咸來問訊。自云先世避秦時亂，率妻子邑人來此絶境，不復出焉，遂與外人間隔。問今是何世，乃不知有漢，無論魏晉。此人一一爲具言所聞，皆歎惋。餘人各復延至其家，皆出酒食。停數日，辭去。此中人語云：「不足爲外人道也。」既出，得其船，便扶向路〔二〕，處處誌之。及郡下，詣太守，説如此。太守即遣人隨其往，尋向所誌，遂迷，不復得路。南陽劉子驥，高尚士也，聞之，欣然規往〔三〕。未果，尋病終，後遂無問津者。

〔一〕徐堅《初學記》卷二八《果木類·桃類》下引作「芳華鮮美，落英繽紛」。宋渤海吴淑集并注《事類賦》卷二六《果部·桃》下注：「芳華鮮美，落英繽紛。」臧庸《拜經日記》卷九「芳華鮮美」條：「晉陶淵明《桃花源記》：『忽逢桃樹林，夾岸數百步，中無雜樹，芳草鮮美，落英繽紛。』宋本《陶集》亦如是。唐歐陽詢《藝文類聚》、徐堅《初學記》載此文，『芳草鮮美』作『芳華鮮美』。按：此二句承上『忽逢桃花林，中無雜樹』來，『芳華鮮美』者，言在樹之花也；『落英繽紛』者，言落地之花也。《爾雅》：『木謂之華。』桃正應言『華』矣。既言『中無雜樹』，不當忽舉『芳草』，此『草』字應定從二書作『華』。」

〔二〕《博物志》：「海陵縣扶江接海。」陽休之《秋》詩：「夜蛩扶砌響，輕蛾繞燭飛。」鮑照《擬古八首》其七：「秋蛩扶户吟，寒婦成夜織。」《通雅》卷三四「黄屑」條：「陳後主……又送扶月供，沈后致書送扶月供。」《晉書》卷七六《王舒傳》：「扶海立栅。」鮑照《代結客少年場行》：「扶宫羅將相，夾道列王侯。」李周翰注：「扶，亦夾也。」曹植《仙人篇》：「玉樹扶道生，白虎夾門樞。」樂府古辭《隴西行》：「桂樹扶道生，青龍對道隅。」辛志賢按：查《玉臺新詠》、《樂府詩集》，「扶道」本作「夾道」，作「扶道」不知所據。《晉書·謝安傳》：「（羊曇）嘗因石頭大醉，扶路唱樂，不覺至州門。左右白曰：『此西州門。』」《舊唐書·列女傳》：「蘭英扶路乞丐捃拾。」《南齊書·周盤龍傳》：「軍人扶淮步下也。」按：扶，魏晉六朝時常語，循也，沿也。

〔三〕通行本「**梘**往」作「規往」。黄丕烈《百宋一廛賦》顧千里注，「規往」作「䂓往」。《集韻》「規」或作「槼」，「木」字遂下方作「⿰⿱夫木見」，故或誤作「**梘**」，形相近也。

五柳先生傳

贊曰：黔婁〔一〕有言：「不戚戚於貧賤，不汲汲於富貴。」其言兹若人之儔乎？酬觴賦詩，以樂其志，無懷氏之民歟？葛天氏之民歟？

〔一〕《汲古閣珍藏秘本書目》：「宋版《陶淵明集》二本，與時本夐然不同。……《五柳先生贊》注云：『一本有「之妻」二字。』」

與子儼等疏

余嘗感孺仲〔一〕賢妻之言，敗絮自擁，何慙兒子。

〔一〕孺仲，王霸字。詳《後漢書·列女·王霸妻傳》。

［本文據辛志賢先生摘抄本整理。原抄本未提及此影宋本《陶淵明集》具體爲何種版本，整理者將文中所涉字詞與《四部叢刊》本《陶淵明集》（據涵芬樓藏元翻宋本影印）對照，皆一一相符，大體可知劉盼遂先生所藏本與涵芬樓影印本爲同一系統］

古小學書輯佚表

《古小學書輯佚表》，蓋繼定興郭質之女士《小學考補目》而作也。女士天資開團，降意丘索，尤耽揚、許之業。嘗以南康謝氏《小學考》一書，卷袠緐眲，幡檢成勞，爲補細目四卷。予覽而善之，因更廣稽群籍，於考中著録及未著録亡佚諸書，凡有輯本，或新發見者，皆楬櫫眉端，大氐取材於任幼植之《小學鈎沈》，馬竹吾之《玉函山房輯佚書》，黄右原之《漢學堂叢書》，顧震福之《小學鈎沈續編》諸書，再益以師友間所聞見者，而盼遂擬著之《小學鈎沈三編》稿本，亦闌入焉，凡得書無慮三百餘種，足云奢矣。女士偶覩此稿，則以爲有便學者，不須獺祭之勞，克奏狐白之美，亟慫臾寫定一編，並顔曰「古小學書輯佚表」，傳諸藝苑，或亦小學元士之所不廢歟？丁卯歲除之夜，息縣劉盼遂叙於西郊清華園。

一、訓詁類

犍爲文學爾雅注

《隋書·經籍志》：「《爾雅犍爲文學注》三卷。」

王氏謨輯一卷，入《漢魏遺書鈔》。

馬氏國翰輯三卷，入《玉函山房輯佚書·經編》。

黄氏奭輯一卷，入《漢學堂叢書》。

爾雅劉歆注《隋書·經籍志》：「劉歆《爾雅注》三卷。」

馬氏輯一卷。

黄氏輯一卷，附李巡書後。

爾雅樊光注《隋書·經籍志》：「《爾雅樊光注》三卷。」《唐志》及《經典釋文序録》作六卷。

馬氏輯一卷。

黄氏輯一卷。

爾雅李巡注《隋書·經籍志》：「中黄門李巡《爾雅注》三卷。」

馬氏輯三卷。

黄氏輯一卷。

爾雅孫炎注《隋書·經籍志》：「《爾雅孫炎注》七卷。」《唐志》作六卷，《釋文序録》作三卷。

馬氏輯三卷。

黄氏輯一卷。

吴氏騫《孫氏爾雅正義拾遺》一卷，刻入《拜經樓叢書》。

爾雅孫炎音《隋書·經籍志》：「梁有《爾雅音》二卷，孫炎、郭璞撰。」

馬氏輯一卷。

黄氏與注合一卷。

爾雅郭注佚存訂補

王氏樹枬輯二十卷，刻入《陶廬叢刊》。

爾雅郭璞音義

《唐書·藝文志》：「郭璞《爾雅音義》一卷。」

馬氏輯一卷。

黄氏輯一卷。

爾雅郭璞圖贊

《隋書·經籍志》：「梁有《爾雅圖贊》二卷，郭璞撰。」

王氏謨輯一卷。

馬氏輯一卷。

黄氏輯一卷。

嚴氏可均韻輯一卷，收入《四録堂類集》及《全晉文》。

爾雅沈旋集注

《隋書·經籍志》：「沈旋《爾雅集注》十卷。」

馬氏輯一卷。

黄氏輯一卷。

爾雅施乾音

《經典釋文序録》。

馬氏輯一卷。

黄氏輯一卷。

爾雅顧野王音

《經典釋文序録》。

馬氏輯一卷。

黄氏輯一卷。

爾雅謝嶠音 《經典釋文序録》。

馬氏輯一卷。

黄氏輯一卷。

爾雅裴瑜注 《宋史·藝文志》：「唐裴瑜《爾雅注》五卷、《音》一卷。」

馬氏輯一卷。

黄氏輯三條附入《衆家注》中。

嚴氏輯《爾雅一切注音》十卷。

黄氏輯《衆家注》二卷。

江灌爾雅圖贊 《唐書·藝文志》：「二卷。」

曾氏燠《影宋本爾雅圖》四卷，謂圖疑出唐人江德源手也。

母昭裔爾雅音略 《文獻通考》：「三卷。」

曾氏燠《影宋本爾雅圖》四卷經文有《音訂》，爲母昭氏之書。

孫炎爾雅疏 《宋史·藝文志》：「十卷。」

吴氏騫輯一卷，名《孫氏爾雅正義》。

廣雅佚文

王氏念孫補輯四百九十一則，羼入《廣雅疏證》。

盼遂又得廿餘則，尚待寫定。

方言要目

按：此書不見諸家書目，無可稽。日本《倭名類聚鈔》引數條，盼遂録出，收入《小學鈎沈三編》。

韋昭辨釋名 《隋書・經籍志》：「《辨釋名》一卷，韋昭撰。」

任氏大椿輯一卷，刻入《小學鈎沈》。

馬氏輯一卷。

黄氏輯一卷。

黄氏以周輯一卷，刻附《禮書通故・官制通故》後。

服虔通俗文 《隋書・經籍志》：「《通俗文》一卷，服虔撰。」

任氏輯一卷。

馬氏輯一卷。

黄氏輯一卷。

顧氏震福輯一卷，刻入《小學鈎沈續編》。

李虔續通俗文 《唐書・藝文志》：「續通俗文二卷，李虔撰。」

黄氏輯一卷，已附入《小學卷》中。

王隆漢官解詁《隋書·經籍志》：「《漢官解詁》三篇，漢新汲令王隆撰。」

孫氏星衍輯一卷，刻入《平津館叢書》。

黄氏輯一卷，刻入《漢學堂經解·職官類》。

胡廣漢官解詁注《隋書·經籍志》「漢官解詁」下注云：「胡廣注。」

孫氏與《漢官解詁》合輯爲一卷。

張揖古今字詁《隋書·經籍志》：「《古今字詁》三卷，張揖撰。」《唐志》作《古今字訓》。

陳氏鱣輯一卷，編入《小學拾存》。

任氏輯一卷。

馬氏輯一卷。

黄氏輯一卷。

張揖雜字《唐書·藝文志》：「《雜字》一卷，張揖撰。」《隋志》作《難字》。

任氏輯一卷。

馬氏輯一卷。

顧氏輯一卷。

周成雜字解詁《隋書·經籍志》：「《雜字解詁》四卷，魏掖庭右丞周成撰。」

任氏輯一卷。

馬氏輯一卷。

顧氏輯一卷。

按：任、顧皆以《雜字解詁》屬張揖，以《雜字》屬周成，又從玄應「雜字」作「難字」，似不及馬説之長，今從馬。

宋世良字略 《北史》本傳：「撰《字略》五篇。」

任氏輯一卷。

顧氏輯一卷。

黄氏輯一卷。

顏延之詁幼 《隋書·經籍志》自注：「梁有顏延之《詁幼》二卷。」

馬氏輯一卷，入《玉函山房輯佚書·補遺》中。

黄氏輯附入《小學卷》，作《幼詁》。

二、文字類

史籀篇 《漢書·藝文志》：「《史籀》十五篇。」

馬氏輯八卷。

王静安師著《史籀篇疏證》一卷，刻入《廣倉學宭叢書》中，又入《王忠慤公遺書》第一集。

八體六技 《漢書·藝文志》：「八體六技。」

馬氏輯一卷，有目無書。

華氏學涑著有《秦書八體原委》，可藉見一斑。

李斯倉頡篇 《漢書·藝文志》：「《倉頡篇》上七章，秦丞相李斯作。」

趙高爰歷篇 《漢書·藝文志》：「《爰歷》六章，趙高作。」

胡毋敬博學篇 《漢書·藝文志》：「《博學》七章，胡毋敬作。」

以上三書，總稱「三蒼」，或統稱「倉頡」。

孫氏輯二卷，單刻篆文本。孫氏重輯三卷，刻入《岱南閣叢書》。

陳氏鱣校補一卷。

任氏輯二卷。

任氏兆麟《蒼頡篇補正》二卷，《三蒼補正》二卷，附刊《有竹居士集》後。

陸氏堯春《倉頡篇佚文考》一首，見阮氏編《詁經精舍文集》二卷中。

程氏廷猷輯《蒼頡佚文》不分卷。張鑑《楓溪程君祔墓記》云：「復感發輯《蒼頡》、《字林》尤備，視孫、任兩家，不啻有積薪之歎焉。」

馬氏輯一卷。

黃氏輯一卷。

梁氏章鉅著《倉頡篇校證》二卷、《補遺》一卷，蘇州坊本單行。

陶氏方琦《補本》二卷，刻入《漢孳室遺書》。

陳氏其榮《增訂倉頡篇》三卷，《觀自得齋叢書》本。

王氏仁俊《蒼頡篇輯補校證》三卷，自刻本。

曹氏元忠著《蒼頡篇補本續》一卷，刻入《南菁札記》。

羅氏振玉得敦煌石室中《蒼頡篇》殘簡四十一字，印入《流沙墜簡考釋》及《廣倉學宭叢書》中。

顧氏輯一卷。

諸氏可寶編《蒼頡篇續本》一卷，蘇州坊本單行。

龔氏道耕《蒼頡篇補本續》一卷，自刊本。

姬氏覺彌《重輯蒼頡篇》二卷，由倉聖明智大學印行，蓋由王靜安師代筆。

司馬相如凡將篇

《漢書·藝文志》：「《凡將》一篇，司馬相如作。」

任氏輯一卷。

馬氏輯一卷。

黄氏輯一卷。

顧氏輯一卷。

揚雄訓纂篇

《漢志》：「《訓纂》一篇，揚雄作。」

馬氏輯一卷。

鄭氏文焯輯《揚雄説故》一卷，《大鶴山房全書》本。

揚雄蒼頡訓纂

《漢志》：「揚雄《蒼頡訓纂》一篇。」

馬氏輯與《訓纂》混爲一卷。王靜安師跋馬輯本後曰：「按此卷所集，除首尾二條，皆子雲《蒼頡訓纂》語，非《訓纂》

也。《蒼頡訓纂》與《訓纂》非一書，觀《漢志》甚明。《訓纂篇》者，續《蒼頡》之書；《蒼頡訓纂》則注《蒼頡》之書也。」

盼遂按：先師手校《玉函山房輯佚書·小學類》考訂甚多，今藏百鶴樓。

杜林蒼頡訓詁　《漢志》：「杜林《蒼頡訓纂》一篇。」

任氏輯一卷。

馬氏輯一卷。

蒼頡解詁　《漢志》：「杜林《蒼頡故》一篇。」

任氏輯一卷。

顧氏輯一卷。

三蒼　《隋志》合《倉頡篇》、《訓纂篇》、《滂喜篇》三書爲《三蒼》。

任氏輯一卷。

馬氏合下二種爲一卷。

顧氏輯一卷。

張揖三蒼訓詁　《唐書·藝文志》：「《三蒼訓詁》三卷，張揖撰。」

王静安師《跋馬國翰輯杜林蒼頡訓詁》曰：「所引《蒼頡訓詁》皆張稚讓書，非杜伯山書。」

盼遂按：據師説，宜將馬輯杜氏《蒼頡訓詁》逐入《三蒼訓詁》卷中即可。

任氏輯一卷。

郭璞三蒼解詁《隋志》：「《三蒼解詁》三卷，郭璞撰。」

任氏輯一卷。

顧氏輯一卷。

張揖埤蒼《隋志》：「《埤蒼》三卷。」

陳氏鱣輯二卷。

任氏輯一卷。

黄氏輯一卷。

馬氏輯一卷。

樊恭廣蒼《隋志》：「梁有《廣蒼》二卷，樊恭撰。」《唐志》：「一卷。」

陳氏輯一卷。

馬氏輯一卷。

玉篋日本狩谷望之《倭名類聚鈔箋》一云：「《玉篋》無考。」

盼遂輯一卷。

庾儼默演説文《隋志》：「梁有《演説文》一卷。庾儼默注。」

馬氏輯一卷。

盼遂輯一卷。

説文逸文考《杭州府志》：「楊文杰著，一卷。」

說文逸字

鄭珍輯一卷，刻入《天壤閣叢書》。

說文逸字附録

鄭知同著，有原刊本。

說文佚字考四卷

張鳴珂著，寒松閣刊本。

字林

《說郛》本。

說文解字補逸

黄以周著，見葉銘《說文書目》。

說文逸字辨證

李楨著，有原刊本。

說文逸字輯補

王廷鼎著，刻入《小學類編》。

無名氏說文音隱 《隋志》：「無名氏《說文音隱》四卷。」

畢氏沅輯《說文舊音》一卷，刻入《經訓堂叢書》。

胡氏玉縉輯《說文舊音補注》一卷，《補遺》一卷，《續》一卷，刻入《南菁書院叢書》四集。

按：所輯蓋出《音隱》，特未質言之耳。其輯而未刻者，有臧鏞堂《説文舊音》一卷，見葉銘《説文書目》引。

陳其榮《説文舊音》一卷。見《國朝未刊遺書志略》引。

蔡邕勸學篇 《隋志》：「《勸學》一卷，蔡邕著。」《唐志》作《勸學篇》。

任氏輯一卷。

馬氏輯一卷。

黄氏輯一卷。

蔡邕聖皇篇 《隋志》注：「梁有蔡邕《聖皇篇》一卷。」

任氏輯一卷。

黄氏輯入《小學卷》中。

蔡邕女史篇 《隋志》注：「梁有蔡邕《女史篇》一卷。」

馬氏輯一卷，有目無書。

衛宏古文官書 《隋志》：「《古文官書》一卷。」《唐志》作「《詔定古文字書》一卷」。

任氏輯一卷。

馬氏輯一卷。

顧氏輯一卷。

費氏廷璜《重輯古文官書》一卷，刻入《南菁札記》。

郭顯卿古文奇字 《隋志》：「《古文奇字》一卷，郭顯卿撰。」

任氏輯一卷。

黄氏輯入《小學卷》中。

郭顯卿雜字指 《隋志》：「《雜字指》一卷。」《唐志》作「《字旨篇》一卷」。

任氏輯一卷。

馬氏輯一卷。

黄氏輯入《小學卷》中。

李彤字指 《隋志》：「《字指》二卷，晉朝議大夫李彤撰。」

任氏輯一卷。

馬氏輯一卷。

黄氏輯一卷。

顧氏輯一卷。

索靖草書狀 《晉書》本傳。

馬氏輯一卷。

李彤單行字 《隋志》注：「梁有李彤《單行字》四卷。」

馬氏輯附入《字指》後。

朱育異字 《隋志》：「《異字》二卷，朱育撰，亡。」

馬氏輯一卷。

項竣始學篇《隋志》：「《始學》十二卷，吴郎中項竣撰。」

馬氏輯一卷。

葛洪要用字苑《唐志》：「《要用字苑》一卷，葛洪撰。」

任氏輯一卷，顧氏輯一卷，皆只名「字苑」。

馬氏輯一卷。

字統《隋志》：「《字統》二十一卷，楊承慶撰。」

任氏輯一卷。

馬氏輯一卷。

黄氏輯一卷。

顧氏輯一卷。

異字苑

任氏輯一卷。

馬氏輯一卷。

黄氏輯入《小學卷》中。

四聲字苑

盼遂輯一卷。

王義小學篇《隋志》：「晉下邳内史王義《小學篇》一卷。」

馬氏輯一卷，有目無書。

任氏輯一卷。

黄氏輯入《小學卷》中。

盼遂按：《隋志》「下邳内史王義」，當是「臨川内史王羲之」之誤。魏收《魏書·元順傳》云：「順初學王羲之《小學篇》數千言。」又《顔氏家訓·書證》篇云「軍陣」之「陣」，「惟王羲之《小學章》獨阜傍作車」。皆不作「義」，可證。傳世《淳化閣帖·右軍法帖》中，俗體特多，往往不講偏傍，乖於六書。張守節《史記正義·論字例》云：「鍾、王等家，以能爲法，致令楷文改度，非復一端。咸著秘書，傳之歷代。」韓文公《石鼓歌》云：「羲之俗書趁姿媚。」皆足以略摹右軍《小學章》匡剌之梗概。又按郭氏《佩觿序》亦云：「軍陳爲陣，始於逸少。」自注云：「《小學章》。」則《小學章》爲王羲之所作益明。自《隋志》誤爲「王義」，盧文弨並欲據之以改《家訓》，真可謂倒施矣。

束晳發蒙記

《隋志》：「《發蒙記》一卷，晉著作郎束晳撰。」

馬氏輯一卷。

顧愷之啓蒙記

《隋志》：「《啓蒙記》三卷，顧愷之撰。」

馬氏輯一卷。

吕忱字林

《隋志》：「晉惤令吕忱《字林》七卷。」

任氏輯八卷。

程廷獻輯本，詳上文《倉頡篇》下。

陶氏方琦《補輯》一卷，刻入《漢孳室遺書》。

友人唐立庵《重輯》八卷，稿本未寫定。

陸善經新字林 《小學考》云「五卷」，佚。

任氏輯附《字林》各部後。

黄氏輯一卷。

陸機纂要 不見於隋、唐《志》。

盼遂輯一卷。

戴逵纂要 《隋志》：「《纂要》一卷，戴安道撰。」

盼遂輯一卷。

何承天纂文 《隋志》：「梁有《纂文》三卷，亡。」

任氏輯一卷。

馬氏輯一卷。

顧氏輯一卷。

顔延之纂要 《唐志》：「顔延之《纂要》六卷。」

任氏輯一卷。

馬氏輯一卷。

顧氏輯一卷。

曹氏元忠輯附梁元帝《纂要》後。

梁元帝纂要 不見於隋、唐《志》。

馬氏輯一卷。

曹氏元忠輯一卷，刻入《南菁札記》。

顔延之庭誥 不見於隋、唐《志》。

馬氏輯一卷。

阮孝緒文字集略 《隋志》：「《文字集略》六卷，阮孝緒撰。」《唐志》作「一卷」。

任氏輯一卷。

馬氏輯一卷。

黄氏輯一卷。

顧氏輯一卷。

彭立文字辨嫌 《隋志》：「《文字辨嫌》一卷，彭立撰。」

黄氏輯入《小學卷》内。

梁武帝千字文注 不見於《隋志》。

盼遂輯一卷。

無名氏字書 《隋志》：「《字書》三卷。」

陳氏鱣輯二卷，編入《小學拾存》。

任氏輯一卷。

顧氏輯一卷。

黄氏輯一卷。

曹憲文字指歸 《唐志》：「《文字指歸》四卷，曹憲撰。」

任氏輯一卷。

顧氏輯一卷。

馬氏輯一卷。

諸葛潁桂苑珠叢 《唐志》：「《桂苑珠叢》一百卷，諸葛潁撰。」

馬氏輯一卷。

黄氏輯一卷。

曹氏元忠輯一卷，考訂爲曹憲所修，刻入《南菁札記》。

桂苑珠叢鈔 《唐志》：「《桂苑珠叢略要》二十卷。」

盼遂輯一卷，今訂爲《唐志》「桂苑珠叢略要」之别名。

義雲章

馬氏輯一卷，有目無書。

李商隱字略

馬氏輯一卷，有目無書。

顧野王玉篇 《隋志》：「顧野王《玉篇》三十卷。」

黎氏庶昌以日本唐寫本殘卷刻入《古逸叢書》。羅氏振玉又加補葺影印單行，注文較今多數倍。近日本印卷子本，別加卷八、卷十九、卷二十二。

玉篇佚文

家弟銘恕輯一卷。

友人葛天民更從《倭名類聚鈔》、慧琳《一切經音義》、《萬象名義集》、《醫心方》、《弘決輔行記》、《弘決外典鈔》、《新撰字鏡》、《古文舊書考》等書輯爲三卷。

顔師古字樣《中興書目》：「顔師古字様一卷。」

黄氏輯一卷。

汪氏黎慶輯一卷，刻入《小學叢殘四種》。

唐玄宗開元文字音義《唐志》：「《開元文字音義》三十卷。」

馬氏輯一卷，有目無書。

黄氏輯一卷。

汪氏輯一卷。

王安石字説《宋史·藝文志》：「《字説》二十四卷，王安石撰。」

家弟銘恕輯一卷，刊於國立北平師範大學《師大月刊》。

顔之推訓俗文字略不見於各志。

馬氏輯一卷，有目無書。

無名氏證俗文 不見於各志。

任氏輯一卷。

無名氏字類 不見於各志。

任氏輯一卷。

黄氏輯入《小學卷》。

顧氏輯一卷。

無名氏字諟 不見於各志。

任氏輯一卷。

顧氏輯一卷。

黄氏輯入《小學卷》。

無名氏字體

任氏輯一卷。

顧氏輯一卷。

無名氏字譜

黄氏輯入《小學卷》。

無名氏字説

黄氏輯入《小學卷》。

釋遠年兼名苑　《新唐書·藝文志》：「釋遠年《兼名苑》二十卷。」

盼遂輯一卷。

無名氏兼名苑注

盼遂輯一卷。

三、聲韻類

李登聲類　《隋志》：「《聲類》十卷，李登撰。」

陳氏鱣輯一卷。

任氏輯一卷。

馬氏輯一卷。

黄氏輯一卷。

顧氏輯一卷。

吕静韻集　《隋志》：「《韻集》六卷，晉安復令吕静撰。」

陳氏鱔輯一卷。

任氏輯一卷。

馬氏輯一卷。

顧氏輯一卷。

證俗音

任氏輯一卷。

顧氏輯一卷。

古今字音

任氏輯一卷。

黄氏輯入《小學卷》中。

異字音

任氏輯一卷。

黄氏輯入《小學卷》中。

無名氏韻海

黄氏輯入《小學卷》中。

無名氏韻圃

黄氏輯入《小學卷》中。

李槩音譜 《隋志》：「《音譜》一卷，李「槩撰。」

任氏輯一卷。

馬氏輯一卷。

黄氏輯一卷。

顧氏輯一卷。

無名氏聲譜

任氏輯一卷。

黄氏輯附《音譜》後。

顧氏輯一卷。

張諒四聲韻林

《隋志》：「《四聲韻林》二十八卷，張諒撰。」

黄氏輯附入《小學卷》中。

陽休之韻略

《隋志》：「《韻略》一卷，陽休之撰。」

任氏輯一卷。

馬氏輯一卷。

黄氏輯一卷。

顧氏輯一卷。

沈約四聲

《隋志》：「《四聲》一卷，沈約撰。」

紀氏昀輯《沈氏四聲考》二卷，刻入《畿輔叢書》。

陸法言切韻

鄭樵《通志·藝文略》云「五卷」。

任氏輯一卷。

顧氏輯一卷。

敦煌石室出《切韻》殘編三種，由王静安師影寫付印，其第一種即《切韻》原本也。日本大谷氏著《西域考古圖譜》載原本《切韻》二殘片。

長孫訥言切韻箋注 鄭樵《通志·藝文略》云「五卷」。

敦煌三種本，其二、三兩種即長孫氏書。

孫愐唐韻 《通志·藝文略》云「五卷」。

紀氏容舒輯《唐韻考》五卷，刻入《守山閣叢書》。

錢氏恂《重斠唐韻考》五卷，刻入《檅輔叢書》。

定興郭昭文女士質之再定紀、錢之書甚精，藏稿待刊。

黄氏輯二卷。

王静安師輯《唐韻佚文》一卷。

盼遂别輯《叙目》一卷。

蔣氏黼印傳世吴彩鸞寫本入《國粹叢書》。

敦煌出土唐刊本《唐韻》，藏巴黎圖書館，盼遂有影印本。

武玄之韻銓 《唐志》：「武玄之《韻銓》十五卷。」

汪氏輯一卷。

陳王友元庭堅韻英 《南部新書》：「陳王友元庭堅撰《韻英》十卷。」

按：王静安師據《太平廣記》引謂是陳王之友姓元名庭堅也，今從之。

汪氏輯一卷。

顔真卿韻海鏡源 《封氏聞見記》：「顔真卿撰《韻海鏡源》二百卷。」

黄氏輯一卷。

李舟切韻 《唐志》：「李舟《切韻》什卷。」

黄氏輯一卷。

顧氏輯一卷。

薛峋切韻 《唐韻序録》有「薛峋增加字」。《日本見在書目》：「薛峋《切韻》五卷。」

盼遂輯一卷。

王存乂切韻 《日本見在書目》：「王存藝《切韻》五卷。」「藝」、「乂」聲通字。

盼遂輯一卷。

義雲切韻 《汗簡》及《古文四聲韻》首載所用書有義雲《切韻》。

盼遂輯一卷。

釋氏切韻 《日本見在書目》：「釋弘演《切韻》十卷。」

盼遂輯一卷。

郭知玄切韻 《日本見在書目》：「郭知玄《切韻》五卷。」

顧氏輯一卷。

張戩考聲切韻 慧琳《一切經音義序》引。

顧氏輯一卷。顧氏别有《考聲切韻纂要》五卷，刻入《函雅故齋叢書》。

王仁煦刊謬補缺切韻 《日本見在書目》：「王仁煦《切韻》五卷。」

顧氏輯一卷。

羅氏振玉覆清故宫藏王氏《切韻》石印單行，惟書中朱筆未能入版，今故宫博物院復以珂羅板套印，則神采奕奕矣。

祝尚丘切韻 《日本見在書目》：「祝尚丘《切韻》五卷。」

顧氏輯一卷。

裴務齊切韻 《日本見在書目》：「裴務齊《切韻》五卷。」

顧氏輯一卷。

按：王仁煦《切韻》結銜名下，有「承奉郎行江夏縣主簿裴務齊正字」一行，是裴與仁煦同修《刊謬補缺切韻》，則裴韻當與王韻相近。

麻果切韻 《日本見在書目》：「麻果《切韻》五卷。」

顧氏輯一卷。

李審言切韻 郭忠恕《佩觿》首列李審言《切韻》。

顧氏輯一卷。

蔣魴切韻 《日本見在書目》：「蔣魴《切韻》五卷。」

顧氏輯一卷。

廣韻逸字

黄季剛師輯一卷，刊入北京大學《國故》雜志，未完。

附例：凡正目旁有規識者，皆《小學考》所未著録。

（原載《北大圖書部月刊》第二卷一、二期合刊，北大圖書部月刊編輯會一九三〇年三月出版。後收録於《文字音韻學論叢》，北平人文書店一九三五年出版，所輯古小學書數量較前刊爲多，而無前刊之序。今主要據《文字音韻學論叢》本整理。文末附例所言「有規識者」，原刊已不見，在此説明）